米州の貿易・開発と地域統合

新自由主義とポスト新自由主義を巡る相克

所 康弘 著
Tokoro Yasuhiro

法律文化社

はじめに

　2016年2月、12ヵ国が参加する環太平洋パートナーシップ協定（TPP：Trans-Pacific Partnership）の調印式が行われ、協定発効に向けて各国が議会承認を求める国内手続きを進めようとしていた。ところが、である。TPPを最も熱心に主導してきた米国で、大勢の国民のみならず民主・共和両党の大統領選挙候補者からTPP反対論が噴出した。その結果、2016年11月にTPP反対論者で、かつ大統領就任直後に即刻TPP離脱を表明すると強弁してきたドナルド・トランプ（Donald J. Trump）候補が勝利した。公約通り2017年1月の就任初日にTPP離脱を表明し、そのための大統領令に署名した。

　さらに、同大統領は北米自由貿易協定（NAFTA：North American Free Trade Agreement）を「史上最悪の貿易取引であった（NAFTA was the worst trade deal）」と断じ、国内巨大企業がこぞってメキシコへ進出した結果、NAFTAは「これまでも、そして今なお国内雇用者の職を奪っている」と主張した。TPPと同様にNAFTAに関しても国内産業の一層の空洞化が進むことへの懸念から、強く反対している。もちろん2016年11月の連邦議会議員選挙で共和党が上院・下院ともに過半数を獲得しており、「自由貿易」それ自体に急ブレーキが掛かるとは限らない。NAFTA再交渉の行方も現時点では不透明である。今後は同大統領が主張する通り、二国間貿易交渉を通じて、他国への非関税障壁の撤廃を含めた市場開放圧力を強化する可能性が指摘されている。

　そうした中、TPP批准を一早く決定した日本でも、現在までTPPのメリットやデメリットが盛んに論じられてきたし、今も様々な議論が提起されている。いわく自由貿易によって生産力拡大や経済的効率化が図られるとか、低関税によって消費者利益が拡大するとか。他方、農林水産や畜産品の関税撤廃によって食糧自給率が減少するとか、地方経済への悪影響が生じるとか。また、輸入農畜産物に対する安全性への不安なども根強く残っている。ここでの個々の論点ならびにTPPに対する評価や判断は、論ずる人々の立場や諸産業の諸

利害によっても大きく異なり、簡単に集約できない。

　ところで、このTPPに象徴されるように、現行の国際貿易秩序の一特徴として、自由貿易協定（FTA：Free Trade Agreement）や経済連携協定（EPA：Economic Partnership Agreement）を含めた地域貿易・経済統合の深化と促進があげられる。その点で地域貿易・経済統合の実践と蹉跌の歴史、統合体の形態の多様性とその枠組下における開発過程の問題性を捉える上で、本書で取り上げる米州地域（南北アメリカ）は豊富で有益な先行事例を有している。

　例えば、TPPの前例となる1994年発効のNAFTAの20数年の経過を考察することでNAFTA型の貿易協定が持つ課題やその教訓を学ぶことができるであろう。米国、カナダ、メキシコが加盟するNAFTAは経済大国の米国を中軸に、経済力の劣った国メキシコが加盟国となっている点に特色を持つ。そして1990年代後半から米国は一貫してNAFTAの内容・基準を参照しながら貿易協定交渉を進めてきており、TPPもその延長線上にある。

　かつて異能の国際政治経済学者アルバート・ハーシュマン（Albert O. Hirschman）は、大国と小国、富裕国と貧困国、工業国と農業国などの間の通商関係は、経済力も政治力も隔絶した諸国家で繰り広げられる、自国や自国企業の利害、国力追求を最優先しようとする、不均衡な闘争の場である旨の指摘をした[1]。

　むろん日本はメキシコほど経済力が劣っているわけではない。NAFTA下のメキシコに起こったことが、TPP批准を決定した日本にも起こるだろうと主張したいわけでもない。そもそもトランプ大統領のTPP離脱の大統領令署名によって、米国を含む12ヵ国のままでのTPP発効は事実上、頓挫した。とはいえ、NAFTAやTPP型の先進国と途上国、経済大国と経済小国が参加するような貿易協定においては、NAFTA下のメキシコのように経済力・政治力に劣った加盟国の経済社会にそれが及ぼす影響について、本書で扱う事例は何かしらの教訓を与えるのではないか（第Ⅰ部第2～3章）。

　また本来、大国であるはずの米国において、なぜ多くの市民や世論が自由貿易やTPPに対して懐疑的、もしくは反対であったのか。NAFTA下の米国の産業・経済・雇用において生起した問題群を検討することで、その背景の一端が示されるであろう（第Ⅰ部第1章）。

強調するまでもなく、グローバル化が進む現代において貿易の果たす役割は極めて肝要である。それゆえにこそ各国の持つ歴史、風土、経済発展段階の度合い、加盟国間の政治・経済的権力の不均衡や階層性などに十全に配慮しながら、各国の国家主権を尊重し、人々の健康や安心・安全、環境を守り、ある特定の国の、ある特定業界の巨大多国籍企業や投資家・富裕層の利益のためだけではなく、自由貿易か保護貿易かという二択でもなく、互恵的で公正(フェア)な貿易・投資関係を構想・構築することが一層必要だと思われる。だが、それは如何ように実現可能なのか？　あるいは、もし現状においてその実現が困難だとすれば、その阻害要因・構造的問題は奈辺にあるのか？

　周知の通り、直接投資（FDI：Foreign Direct Investment）と貿易・開発との関係性の把握については、これまで多くの議論・論争が展開されてきた。従来型の先進国と途上国間の農工間分業を軸とした古典的な貿易・国際分業は大きく変貌を遂げ、1970年代以降はFDIを媒介にした新しい国際分業（new international division of labour）と呼ばれる形態が出現し[2]、資本集約的生産は先進国で担い、労働集約的生産は途上国で担う工程間分業体制がその代表的な形態になった。その後、1980～90年代にかけて累積債務途上諸国では国際諸機関を通じて構造調整が導入され、新自由主義的な開発政策が断行されていった。それによりFDIの形態も戦略的資産志向型へシフトし、巨大多国籍企業による越境的なM&Aが展開され、「国家の富と資産のほとんどを、一握りの……エリートと外国企業・金融機関が掠め取っていった」[3]。加えて、途上国では先進国との自由貿易・投資協定が次々と締結されてきた。これらの協定によって途上国は新自由主義路線の固定化が促迫され、もって国家の政策選択権限は劇的に弱体化してきた。

　そのため後半（第Ⅱ部第4～6章）では、20世紀後半から21世紀初頭にかけての新自由主義期およびポスト新自由主義期の米州（主に南米）地域の貿易と開発の動向・特徴、ならびに新たな地域貿易・経済統合の構築過程に焦点を絞って課題を設定し、当該地域のポスト新自由主義の潮流に対する批判的観点を含めつつ、考察している。

　もとより本書で取り上げる米州地域の事例分析は一部の国の一断面のみを対象としている点において、明らかに本書の限界がある。だが、本書が自由貿

易・自由投資協定の持つ問題性、巨大な権力と資金力・市場占有力を持つに至った多国籍企業とFDI主導による開発モデルの問題性の一端を理解するための一助になれば、幸いである。

 出版にあたっては法律文化社編集部の小西英央氏に大変お世話になった。厳しい出版事情にもかかわらず、執筆の遅れを辛抱強く見守っていただいた。この場をお借りして心より感謝申し上げたい。また、福田邦夫先生、柿崎繁先生、小林尚朗先生をはじめ、諸恩師や先輩の先生方のご学恩に記して深く感謝申し上げたい。

［注］
1) アルバート・ハーシュマン（飯田敬輔監訳）『国力と外国貿易の構造』勁草書房、2011年、48〜49ページ。なお、原著書の Albert O. Hirschman, *National Power and the Structure of Foreign Trade*, University of California Press. が出版されたのは、今から70年以上も前の1945年のことである。
2) F. Frobel, J. Heincrichs and O. Kreye, *The New International Division of Labour*, Cambridge Univ. Press, 1980.
3) エリック・トゥーサン（大倉純子訳）『世界銀行―その隠されたアジェンダ―』柘植書房新社、2013年、184ページ。

所　康弘

目　次

はじめに

図表一覧

略語一覧

プロローグ（本書の問題意識、各章の課題と構成） ……………………………………… 001

序章　米州地域の貿易と開発の史的過程と歴史的特質 …………………… 013

1　20世紀後半までのラテンアメリカの貿易と開発　013

- 1-1　植民地型経済構造の形成と帝国主義の遺制　013
- 1-2　戦後の貿易・開発戦略の展開と新自由主義の導入　020

2　20世紀後半から21世紀初頭における米国の新自由主義　025

- 2-1　「ワシントン・コンセンサス」と新自由主義的対外政策　025
- 2-2　ニュー・エコノミー期とIT革命到来以降の米国経済　031

第Ⅰ部　北・中米編

第1章　NAFTA下の米国の貿易と製造業 …………………………………… 045

1　米国の通商戦略の変遷と地域主義　045

- 1-1　1990年代の通商戦略の展開　045
- 1-2　FTAA交渉の角逐の論点と背景　047
- 1-3　米国の二国間・多国間FTA戦略とNAFTA　050

2　北米域内分業と米国多国籍企業　053

- 2-1　米国多国籍企業の北米展開の歴史的推移　053
- 2-2　NAFTA以前・以後の米国貿易　056
- 2-3　自動車産業・貿易とNAFTA　059

3 米国産業・経済・雇用とNAFTA　062
　　3-1 NAFTA下の在外労働力編成と在外子会社活動　062
　　3-2 米国雇用構造の変化——サービス部門の急増　070
　　3-3 米国の生産性上昇と労働コスト削減　073

第2章　NAFTA下のメキシコの貿易と農業　079

1 NAFTA加盟へと至る過程と契機　079
　　1-1 債務危機の発生の背景　079
　　1-2 構造調整と貿易自由化　082
　　1-3 サリナス政権とNAFTA締結　084

2 NAFTAの規定とその諸特徴　088
　　2-1 NAFTAの規定　088
　　2-2 NAFTAの目的とその成果に関する論点　090
　　2-3 NAFTAとISDS条項（Investor-State Dispute Settlement）　093

3 NAFTA発効20年とメキシコ農業　094
　　3-1 共有地エヒード改革を巡る議論　094
　　3-2 エヒードおよび土地所有構造に関する議論と実態　097
　　3-3 NAFTA下の農業貿易の動向　100

第3章　メキシコの新自由主義的開発と製造業　108

1 新自由主義改革の展開過程　108
　　1-1 新自由主義改革の第1段階（1982～88年）　108
　　1-2 新自由主義改革期の経済実績　110
　　1-3 新自由主義改革の第2段階（1989年以降）　111

2 新自由主義改革と生産諸部門停滞の因果関係　115
　　2-1 為替相場との関係（マクロレベル）　115
　　2-2 生産諸部門の連関欠如との関係（メゾレベル）　117
　　2-3 輸出促進のための特別措置制度との関係（ミクロレベル）　121
　　2-4 生産諸部門における中国ファクター　123

3 銀行部門の寡占的市場構造とその融資行動　126
　　3-1 銀行部門における対外開放・自由化　126
　　3-2 銀行部門における寡占的市場構造　128
　　3-3 銀行融資と中小零細企業を巡る諸問題　131

第Ⅱ部
南 米 編

第4章　米州貿易秩序の展開と地域主義（リージョナリズム） 141

1　米州における地域主義の歴史的変遷　141
- 1-1　1960年代の地域主義の隆盛　141
- 1-2　1960～70年代の地域主義の特徴　143
- 1-3　地域主義・地域統合が抱える諸問題　144

2　米州貿易秩序の再編と多元的潮流　146
- 2-1　1980年代の「開かれた」地域主義の台頭　146
- 2-2　米州の地域的諸統合の組織化の多元的潮流　147
- 2-3　開発主義型と社会政策型の両義性を持つMercosur　150

3　新たな域内地域主義と域外貿易関係　154
- 3-1　新しい地域主義プロジェクトの展開　154
- 3-2　域外貿易関係の進展——中国との関係を中心に　156

第5章　ポスト新自由主義下の「資源採掘型」開発と貿易 165

1　直接投資（FDI）動向と付加価値貿易　165
- 1-1　『World Investment Report』の論点　165
- 1-2　付加価値貿易と米州地域　169

2　米州地域の直接投資を巡る政治経済学　171
- 2-1　米州におけるグローバルM&Aの展開　171
- 2-2　米州地域の所得収支構造　176
- 2-3　資源採掘型開発と価値移転プロセスの深化　179

3　域内大国ブラジルの開発と貿易——J.ペトラスの議論　184
- 3-1　*New Developmentalism* の諸相　184
- 3-2　ルーラの開発戦略の成果——J.ペトラスの議論　187
- 3-3　ブラジルの自由貿易と *New Extractivism*　190

第6章　新自由主義とポスト新自由主義の相克 ……………… 195

1　ポスト新自由主義を巡る攻防　195
- *1-1*　「左派・中道左派」政権の類型化に関する議論　195
- *1-2*　ポスト新自由主義下の階級闘争―― J. ペトラスの議論　198
- *1-3*　*New Extractivism* と「略奪による蓄積」　201

2　ポスト新自由主義レジームの実践と模索――ベネズエラの事例　203
- *2-1*　チャベス運動の特徴と多様性―― S. エルナーの議論　203
- *2-2*　社会開発の深化と対外関係の変化　211
- *2-3*　ポスト新自由主義レジームの現局面と課題　216

終　章　米州からアジア太平洋地域へ
　　――アジア進出の橋頭堡：TPP ………………………………… 227

1　NAFTA と TPP の類似点と相違点　228
2　日本の通商戦略と TPP　233
3　むすびに代えて――「市民」目線に立った貿易　241

参考文献
初出一覧
索　　引

■ 図表一覧

表0-1　1990年代の各地域別（途上諸国）の民営化過程　023
図0-1　各国別の民営化による雇用減少率　025
表0-2　米国の国際収支表：経常収支赤字累積と国際資本移動　032
表0-3　ニュー・エコノミー期米国の家計の資産・負債および貯蓄率　034
表1-1　米国の国別・産業別FDIポジション（2015年）　055
表1-2　米国貿易収支：主要貿易赤字国との歴史的推移　056
表1-3　米国の対NAFTA貿易：主要上位10品目（2015年）　058
表1-4　米国自動車産業の貿易収支：NAFTAの以前・以後（1989〜2007年）　059
表1-5　米国多国籍製造業企業の海外展開：NAFTAと主要製造業　063
表1-6　米国多国籍製造業企業の在外子会社の生産性・研究集約度　065
表1-7　米国製造業の生産構造：賃金コスト比重の低下　066
表1-8　米国産業構造の推移①（1990年代〜2000年代半ばの非農業雇用者構成）　067
表1-9　米国産業構造の推移②（リーマン・ショック後の労働力構成）　072
表2-1　経営規模別の農場数、農地面積、農業就業者、生産額（1960年）　095
表2-2　メキシコの州別土地所有形態（2007年）①　098
表2-3　メキシコの州別土地権利形態（2007年）②　099
表2-4　主要基礎穀物の生産、貿易、国内消費の動向　102
表2-5　メキシコ・米国・カナダの農畜産業構造の比較表　103
表3-1　新自由主義的諸改革導入前後の経済実績の比較指標　110
表3-2　非中央統制組織・政府参加企業・公的信託基金の民営化実績（企業数）　112
図3-1　実質為替相場指数の変動と貿易収支の相関性　117
表3-3　メキシコ産業連関表 整理表①②（2003年）　119、120
表3-4　メキシコと中国の貿易収支の推移　124
表3-5　商業銀行の資産額上位10銀行（2012年8月時点）　129
表3-6　商業銀行による部門別の融資先比率　130
表3-7　商業銀行の融資効率化指数　131
表3-8　商業銀行の事業融資額と融資先（2008年12月）　133
表4-1　米国多国籍企業の対ラテンアメリカ戦略（1965年）　145
表4-2　直接投資の実行地域（対ラテンアメリカ・カリブ海向け）　149
図4-1　Mercosur機構組織図　151
表4-3　MercosurとAPの各経済指標（2013年）　152

表4-4	MercosurとAPの財輸出額・輸出先（2013年）	152
図4-2	アルゼンチンの対ブラジル貿易収支の推移	154
表4-5	世界・中国向け主要商品の輸出比率（全輸出比、2000～10年）	157
図4-3	コモディティ価格の推移（2000年1月～12年7月）	158
表5-1	FDI指標と国際生産の全体傾向（1990～2012年）	167
表5-2	FDI流出入の地域別分布＝途上国・新興国の台頭（2010～12年）	169
表5-3	米州主要5ヵ国の貿易指標（1995年と2009年の比較）	170
表5-4	米州主要5ヵ国の付加価値貿易指標	170
表5-5	米州地域における外資系銀行による巨大M&A	173
表5-6	米州地域の巨大M&A上位20社（2011年度）	174
表5-7	1994～2011年の中国石油関連企業の投資先国と金額	176
表5-8	ラテンアメリカ・カリブ海地域の国際収支と所得収支構成	177
図5-1	FDIストックの国別収益率＝価値移転①（2007～11年平均）	180
図5-2	部門別上位500社の総資産利益率＝価値移転②（2010年）	180
図5-3	アンデス諸国の所得収支推移＝グループの類型化	181
図5-4	ラテンアメリカでのFDIと雇用者の部門別の相関関係（2010年）	183
表5-9	南米の技術水準別の輸出品目比率（全体比、1991～2011年）	184
表6-1	ラテンアメリカ諸政権の経済政策の諸特徴とその評価・スコア	196
表6-2	南米主要国の海外直接投資の流入額（2004～13年）	200
表6-3	ベネズエラの総供給・総需要の項目別の額・前年比増減率・シェアの推移	206
表6-4	ラテンアメリカ主要国の貧困・極貧率指標の推移（対人口比）	212
表6-5	ラテンアメリカ・カリブ海地域の条件付き現金給付制度（2007年時点）	213
表6-6	ラテンアメリカ主要国の所得分配率の推移（第5分位）	214
表6-7	ベネズエラにおける巨大M&A（2008～11年度）	215
表6-8	主要国の一次産品輸出比率（全輸出額に占める比率）	217
図6-1	原油価格推移とCommodity Boomの時期	218
図6-2	石油価格動向と各四半期間の消費者物価増減率（2014～15年）	219
表6-9	ベネズエラの対外債務指標（金額と対GDP比率）	220
表7-1	TPPの条文構造と概要	229
表7-2	NAFTAとP-4の条文構造の比較	230
表7-3	日本のEPA発効状況（相手国）	234
表7-4	海外現地法人の業種別動向	236
表7-5	国際収支表＝第一次所得収支構成細目表	239
表7-6	日本の国際収支動向	240

■ 略語一覧

ALBA	Alianza Bolivariana para los Pueblos de Nuestra América-Tratado de Comercio de los Pueblos：米州ボリバル同盟・人民貿易協定
ALTEX	Programa de Empresas Altamente Exportadores：高度輸出企業計画（メキシコ）
ANC	National Constitutional Assembly：憲法制定議会（ベネズエラ）
ANCOM	Andean Common Marcket：アンデス共同体
AP	Alianza del Pacífico：太平洋同盟
APEC	Asia-Pacific Economic Cooperation：アジア太平洋経済協力機構
BIS	Bank for International Settlements：国際決済銀行
CACM	Central American Common Market：中米共同体
CAFTA	Central America Free Trade Agreement：中米自由貿易協定
CANACINTRA	Cámara Nacional de la Industria de Transformación：全国製造業会議所（メキシコ）
CCE	Consejo Coordinador Empresarial：企業家調整委員会（メキシコ）
CEC	Commission for Environmental Cooperation：環境協力委員会（NAFTA）
CEDIS	Certificados de devolución de Impuestos：輸出関税還付補償（メキシコ）
CLC	Commission for Labor Cooperation：労働協力委員会（NAFTA）
CNBV	Cimisión Nacional Bancaria y de Valores：国立金融証券庁（メキシコ）
COECE	Consejo Empresarial para el Comercio Exterior：外国貿易企業間調整委員会（メキシコ）
CONASPO	Compañóa Nacional de Subsistencia Populares：食糧関連公社（メキシコ）
CONCAMIN	Confederación de Cámaras Industriales：全国工業会議所（メキシコ）
CONCANACO	Confederación de Cámaras Nacionales de Comercio, Servicios y Turismo：全国商業・サービス・観光業会議所連合（メキシコ）
CSAD	Consejo Sudamericano de Defensa：南米防衛審議会（米国）
CSN	Comunidad Sudamericana de Naciones：南米共同体
CTM	Confederación de Trabajadores Mexicanos：メキシコ労働組合連盟
EAI	Enterprise for the Americas Initiative：エンタープライズ・フォー・ジ・アメリカス・イニシアティブ
EC	European Community：欧州共同体
ECLAC／CEPAL	Economic Commission for Latin America and the Caribbean：国連ラテンアメリカ・カリブ海経済委員会

EEC	European Economic Community：欧州経済共同体
EMS	Electronics Manufacturing Service：受託生産電子製造サービス
EPA	Economic Partnership Agreement：経済連携協定
EU	European Union：欧州連合
EZLN	Ejército Zapatista de Liberación Nacional：サパティスタ民族解放軍
FDI	Foreign Direct Investment：直接投資
FOBAPROA	Fondo Bancario de Protección al Ahorro：銀行預金保護基金（メキシコ）
FONAPRE	Fondo de Apoyo Preventivo a las Instituciones de Banca Múltiple：銀行再編基金（メキシコ）
FTA	Free Trade Agreement：自由貿易協定
FTAA	Free Trade Area of the Americas：米州自由貿易地域
FTAAP	Free Trade Area of the Asia-Pacific：アジア太平洋自由貿易圏
GATS	General Agreement on Trade in Services：サービス貿易に関する一般協定
GATT	General Agreement on Tariffs and Trade：関税と貿易に関する一般協定
IMF	International Monetary Fund：国際通貨基金
IMMEX	Decreto para el fomento de la industria manufacturera, maquiladora y de servicios de exportación.：輸出製造業、マキラドーラ、サービス産業の振興のための政令（メキシコ）
IPAB	Instituto para la Protección al Ahorro Bancario：銀行預金保護機構（メキシコ）
ISDS	Investor-State Dispute Settlement：ISDS条項
LAFTA	Latin American Free Trade Association：ラテンアメリカ自由貿易連合
Mercosur	Mercado Común del Sur：南米南部共同市場
MPE	Ministry of the Popular Economy：人民経済省（ベネズエラ）
MST	Movimento dos Trabalhadores Rurais Sem Terra：土地なし農民運動（ブラジル）
MUD	Mesa de la Unidad Democrática：民主統一会議（ベネズエラ）
NAFTA	North American Free Trade Agreement：北米自由貿易協定
NEC	National Economic Committee：国家経済委員会（米国）
NES	National Export Strategy：国家輸出戦略（米国）
NSC	National Security Committee：国家安全保障委員会（米国/日本）
PDP	Política de Desenvolvimento Produtivo：生産発展政策（ブラジル）
PEMEX	Petróleos Mexicanos：メキシコ石油公社（ブラジル）
PIRE	Programa Inmediato de Reordenación Económica：経済再編緊急プログラム（メキシコ）

PITAX	programas de Importación temporal para producir artículos de exportación：保税加工区マキラドーラと輸出製造のための一時輸入制度（メキシコ）
PITCE	Política Industrial Tecnológica e de Comércio Exterior：産業・技術・貿易政策（ブラジル）
PND	Plan Nacional de Desarrollo：国家開発計画（メキシコ）
PROFIEX	Programa Nacional de Fomento Industrial y Comercio Exterior：国家工業振興・貿易計画（メキシコ）
PRONAMICE	Programa Nacional de Modernización Industrial y del Comercio Exterior：国家工業化近代化・貿易計画（メキシコ）
PROSEC	Programa de Primoción Sectorial：産業部門別生産促進計画（メキシコ）
PSE	Pacto de Solidaridad Económica：経済連帯協定（メキシコ）
SAFTA	South American Free Trade Area：南米自由貿易地域
SDT	Special and Different Treatment：特別かつ異なる待遇
SPP	Secretaria de Programación y Presupuesto：予算企画省（メキシコ）
SPP	Security and Prosperity Partnership of North America：北米の安全と繁栄のためのパートナーシップ
SUCRE	Sistema Unitario de Compensación Regional：地域通貨スクレ
TCUNS	Tratado Constitutivo de la Unión de Naciones Suramericanas：南米諸国連合設立条約
TPA	Trade Promotion Authority：大統領貿易推進権限（米国）
TPCC	Trade Promotion Coordination Committee：通商促進調整委員会（米国）
TPP	Trans-Pacific Partnership：環太平洋パートナーシップ協定
UNASUR	Unión de Naciones Suramericanas：南米諸国連合
UNCTAD	United Nations Conference on Trade and Development：国連貿易開発会議
USTR	Office of the United States Trade Representative：米国通商代表部
WSF	World Social Forum：世界社会フォーラム
WTO	World Trade Organization：世界貿易機関

プロローグ

本書の問題意識

　当初、メキシコは米国と貿易協定を結ぶと国内経済・農業への影響が大きいとの懸念からNAFTA参加に消極的であった。だが、1982年に債務危機に陥った同国は借金減額の代わりに市場開放を米国や国際金融機関から求められた。そのため政府はNAFTAが経済成長と雇用拡大に繋がり、参加しなければメキシコの未来はないと国民に対して訴え、反対意見を封じて協定に締結した。

　では、NAFTAによってメキシコで何が起きたのか。本書の結論を先取りすれば、NAFTA締結後の同国は対米工業製品輸出を増加させることに成功したが、輸出品を製造する企業の多くは同国の低賃金労働を利用するために進出した外資系企業であった。それゆえそれら諸企業が生産のために投入する輸入中間財も輸出増加に比例して急増した。同国貿易収支は改善されず赤字基調が恒常化し、そのうえ中国がWTO（World Trade Organization）加盟を果たした2001年以降は米国市場を巡って中国産製品と激しい競争に晒された。さらにリーマン・ショック以降の米国景気後退によって対米輸出も減退し、2010年代に入ると貿易赤字額が劇的に膨張した。

　それでも輸出増加で経済成長が順調に伸びていれば構わないが、NAFTA以降の一人当たりGDP成長率はその他の期間と比べて低調に推移した。経済停滞の要因としてNAFTAの影響の部分だけを取り出して論じることは困難であるが、貿易協定が必然的に自動的にバラ色の未来を約束してくれるわけではないことの証左だといえる。

　他方、農業では懸念されていたことが現実に生起した。メキシコはごく一部の大規模な地主や資本家が大農場を展開し、圧倒的に人数が多いのは零細の小規模農家である。NAFTA下で米国から安いトウモロコシやその他穀物が大量に輸入された結果、小規模農家が生産したトウモロコシは市場に出回らな

なり、多くの農家がつぶれ、大量の失業者が発生した。この失業者は移民として米国に渡り、NAFTA発効後10年間で移民数は激増した。[1]

　2016年11月の米国大統領選挙に勝利し、2017年1月に就任したトランプ大統領は、米国人雇用がメキシコ人移民に奪われているゆえに、国境沿いに壁を築くと公約に掲げ、選挙戦で訴えてきた。だが他面で、メキシコ側からみると移民送金は同国の経常収支赤字幅の縮小に大きな役割を果たし、貧困層の家計を助ける重要なツールである。のみならず、中米5ヵ国（のちにドミニカ共和国も加盟）と米国が締結した中米自由貿易協定（CAFTA：Central America Free Trade Agreement）によって、いまやメキシコだけでなくニカラグア、ホンジュラス、エルサルバドルなどの中米諸国からも、（米国からの農産物輸入攻勢によって廃業に追い込まれた）農民や貧民たちが不法移民として米国へ大量流入している。そして彼らは主に低賃金職種の従事者として吸収され、米国内労働市場の需要・供給バランスや賃金水準そのものに影響を及ぼしている点に注意が必要である。

　NAFTA下のメキシコで大きな影響が出た分野は金融分野である。金融や保険分野は米国の比較優位産業であり、NAFTAによって金融自由化と金融分野の資本移動の自由化がなされると銀行部門では米国系の銀行がM&A（mergers and acquisitions）を繰り返した。その結果、メキシコの同部門は外資化と寡占化がドラスティックに進んだ。先進国の金融企業には資金力も金融技術のノウハウもあり、途上国金融システムの規制緩和・自由化は生産部門への低調な融資問題を解決するという古典的な議論があるが、本書で指摘するように同国経済や生産部門が本当に活性化されたかは、大きな疑問が残る。

　結論として2000年代を通じて新たな設備投資への融資は極めて低調であった。むしろ金融仲介機能は一変し、外資系銀行は証券化商品やデリバティブ商品の販売など投機的手段の事業を増やしてきた。その活動は同国に進出してきた外国企業や輸出企業・大企業に対する業務がメインになり、それ以外の多くの国内労働者を吸収する小規模企業や農家には融資されなくなった。結果、同国の銀行部門は収益性の観点からみれば向上したが、反面、"敗者"が多く生まれることになった。

　トランプ大統領就任および大統領令への署名によって事実上、仕切り直しと

なったTPPにおいても、金融・保険などのサービス貿易が自由化の対象にされていた。むしろTPPはNAFTAと制度面で類似性が極めて高い。両協定とも関税・非関税障壁の撤廃にとどまらず、投資、サービス、知的財産権、政府調達、紛争解決手続きなど広範囲に渡る、「WTOプラス」といえる包括的枠組みである。関税撤廃に関する基準も両協定とも極端な高水準が求められていた。

　ここで強調すべきはNAFTAと同様にTPPのルール作りと交渉も、米国政府と同国の特定分野の多国籍企業主導で進められてきた点である。例えば、知的財産権の交渉では製薬会社やアグリビジネスなどの利益や便宜を最大化することが図られてきた。薬の特許保護の強化は安価な後発医薬品生産の阻害要因となり、途上諸国の人々にとっては健康問題に直結する問題である。また、米国の競争力のある銀行・保険企業はTPPの枠組みの有無にかかわらず、これからも種々の貿易協定を活用して積極的に海外進出を図っていくことは間違いない。

　と同時に、これらの協定は米国政府や特定の多国籍企業、ならびに加盟国の政治権力や官・財界とのトランスナショナルな階級的連繋・同盟関係が礎石となって展開されている。一例をあげる。メキシコの外国貿易企業間調整委員会（COECE：Consejo Empresarial para el Comercio Exterior）のラファエル・ウルキサ会長は、かつて現地の有力紙上でこう述べた。「米国通商代表部とメキシコ経済省の会合で議論したテーマの一つは、TPP交渉でより強力な交渉力を得るためには両国がタッグを組む必要」があり、カナダを含めた「同じNAFTA構成国と方向性が一致する分野に関しては、互いに協力し合って交渉に臨むべきだ」、と。NAFTA発効以降、米国官・財界とメキシコ官・財界は極めて密接な関係を維持し、その関係はTPP交渉で共同歩調を築くに至ったのである。

　そもそも同国で強い影響力を持つ企業家団体の企業家調整委員会（CCE：Consejo Coordinador Empresarial）がNAFTA交渉に応じる際に設立したのが、COECEである。同国の全産業を網羅するCOECEは、NAFTA交渉では産業分野別委員会を通じて国内の反対派企業への説得工作に力を奮った。COECEは同国のFTA交渉に関する民間部門の調整役として、また政府交渉団の補佐役として、そして議会工作のロビー活動を活発に行う組織として、現在も極め

て大きな影響力と政治力を保持している[3]。

　そのため本書は、米州地域の分業・貿易と開発を通じた資本蓄積過程、ならびに地域貿易・経済統合を通じた地域的統治システムの構築過程において、その特徴を捉える問題意識として、国家横断的な諸支配層のトランスナショナルな（そして不均衡な）階級同盟関係を孕んだ政治経済学的視点に基軸を据えている。この問題意識は米国の経済学者デヴィッド・ハーヴェイ（David Harvey）に大きく拠っている。少し迂遠的説明になるが、重要な点なのでハーヴェイの議論を再確認しておく。

　冒頭の「はじめに」で触れた通り、1980年代以降の世界的分業・貿易形態は工程間分業が深化しており、かつこの機能的分業やそれを主導するFDIはグローバリゼーションとして世界的展開を遂行する一方で、他方、より積極的には地域主義としてある特定域内（リージョン）において（例えばNAFTAやEUなどで）劇的に進展している。また、ある特定の産業がある一定地域（ローカル）へ散在せずに集中して集積されるという事態——ピーター・ディッケン（Peter Dicken）が「局地化された地理的クラスター[4]」と呼んでいるそれ——も進行中である[5]。一例として、NAFTA下のメキシコでは電機・電子機器産業、繊維産業は主に北部国境地帯に集積し、輸送機器産業は北部および一部内陸部に集積してきた。

　かかる経済現象をハーヴェイは「生産の地理的配置（ジオグラフィ）における劇的な再編」によって、グローバル経済における全く新しい諸空間（例えばメキシコ北部の非課税の組立工場地帯であるマキラドーラなど）で工業化の驚く波が発生したと捉えている[6]。すなわち米国市場に近接するメキシコ北部の立地上の優位性や政府の外国投資への優遇政策、賃金格差などのローカルな要因が偶然呼び水となって、グローバル過剰資本が資本主義的活動のこれらの新たな諸空間の生産や貿易を促進するインフラに吸収されてきたのだと論ずる[7]。

　併せて、この「生産の地理的配置の再編」は、例えばメキシコ地域経済の不均衡をも深刻化させてきた。しかるに同国北部は多国籍企業の各企業戦略に規定されつつも保税加工区マキラドーラを梃子にFDI受入れが進み、他方で、農村部が集中する南部は貧困の改善がほとんど進んでいない（一国内における「二極分解」）。

もってハーヴェイは、むしろ空間経済をこのように慢性的な不均衡状態に追いやることで諸企業は資本蓄積の危機を回避し、ある特定地域（ローカル）で進出企業間の競争激化によって蓄積能力に限界（利潤圧縮）が生じると、諸企業は別の新たな諸空間に地域間の不均衡を積極的に作り出し、新たな資本蓄積の源泉を創出する構造を強調したのだった。

　メキシコで地理的な不均衡発展が生じたひとつの要因は、米国多国籍企業がNAFTAを通じて自らの事業活動に有利な空間経済を再構築し、対メキシコ投資効率の最適化を図ったことに求められる。ゆえにNAFTAは自由貿易協定にとどまらず、自由投資協定（国際資本移動の自由化）である必要があった。NAFTAはそのための地域的統治システムの構築＝国際的管理制度の整備に他ならなかった。

　加えて、ハーヴェイは様々な特徴を有する地域貿易ブロック相互の各域内における「生産の地理的配置の再編」を伴った分業・貿易と競争を通じた資本蓄積過程によって必然的に生み出される「一定の論理を持った領土的権力――『地域性』――」という政治経済学的観点から、以下の議論を展開している。少し長くなるが引用する。

　　地域の集団にとって益となるものを生産し維持するためには、何らかの統治の仕組みが必要であり、できればそれも公式の管理システムであることが望ましい。こうして地域内に支配階級と覇権的な階級との同盟関係が生まれ、その政治・経済活動に特色を付与する。支配者たちは公共の福祉に関心を持たざるをえず、ときに公衆にも利益を分け与えることを余儀なくされる。物理的・社会的なインフラの形成は、経済活動を支えるだけでなく、文化や教育面での価値や市民生活全般にわたる福利厚生を保障するためであり、それによってある一貫した特色を持った地域がグローバル経済のなかで立ち現われてくるのだ。貿易や競争のパターンや基幹産業への特化と集中、特定のテクノロジーの強調や特異な労使関係などが、こうした地域を特色のある経済領域として、さまざまな地理的発展のパターンが混在するグローバルな全体のなかに位置づける。つまり、<u>地域内部の力関係と外部との関係において実際に何が起きるかは、統治をめぐる階級相互の同盟や階級構造に依存する</u>。（下線、引用者）

　ハーヴェイの諸議論は米国との緊密な協調・協力関係構築を目指す資本蓄積形態（NAFTAといった複数国間FTAなど）であれ、米国と距離を置きつつ途上

国・新興国のみの「南の地域」独自による資本蓄積を目指す形態（南米南部共同市場など）であれ——米州貿易秩序の再編を巡る国際的角逐の動向に関しては、トランスナショナルな階級同盟（あるいは階級間対立）関係を含む国境を跨いだ階級論的視点による接近・分析視角が重要であることを提起している。

　覇権国の米国との関連上で、なおかつ米国およびその他諸国の多国籍企業・投資家らと米州域内の諸支配階級間の関係性の観点から米州地域の貿易と開発、地域統合を政治経済学的に検討する視点がこれまで不十分であったことを鑑みて、本書は可能な限りその点を念頭に置きつつ論を進めていく。

　そのうえで、米州地域（とりわけメキシコ以南地域）の貿易と開発、地域統合を検討する際には、新自由主義とポスト新自由主義のレジーム転換を巡る相克という21世紀初頭の当該地域の動向を念頭に置いた検討が不可分となる。なぜなら1980年代の累積債務危機を契機に新自由主義的システムが導入された結果、当該地域のほとんどでは従来の保護主義の放擲（ほうてき）と市場経済システムの徹底が——その徹底の度合いは各国で相違はあったものの——促迫されたが、21世紀初頭の10年で政治経済状況は劇的な構造変化を経験してきたからである。要するに新自由主義的レジームと違った経済・社会政策体系、すなわちポスト新自由主義的レジームを志向する「左派・中道左派」政権が、続々と誕生したのだった。

　ところが、である。2010年代以降、再び状況は混沌としてきた。もちろんこれまでも各「左派・中道左派」政権の新自由主義への距離感は様々であった。とはいえ近年の傾向は社会政策重視から再び市場重視型の新自由主義的開発主義レジームへ急旋回しつつある国が相当程度、散見できるようになった。米国による米州地域における政治・経済権力の「巻き返し戦略」も奏功しつつある。本書はかかる政治経済状況を踏まえつつ、上記の諸課題に接近する。

各章の課題と構成

　序章では、米州地域の貿易と開発の歴史的生成・発展を概観することを通じて、20世紀と21世紀におけるメキシコ以南のラテンアメリカ諸国経済の歴史的特質の一端、ならびに20世紀後半から21世紀初頭にかけての米国主導の新自由主義的対外政策とその政策遂行の背景となった米国経済構造の変容過程に関し

て、序論的に概観する。

　第1に植民地時代から20世紀前半までの植民地経済形成過程を簡潔にまとめる中で、当該地域の貿易と開発の歴史的特質が生じることになった前提を時系列的に整理する。第2に戦後ラテンアメリカの新たな開発論や貿易戦略の勃興と実践と挫折の歴史的文脈に、20世紀後半の新自由主義台頭の背景を位置づける。第3に米国主導の「ワシントン・コンセンサス（Washington Consensus）」と新自由主義的対外政策に関して、覇権国米国の経済的巻き返し戦略との連繋上で考察する。第4に1980年代以降の米国国際収支問題の検討を通じて、米国産業の国際競争力の弱体化による貿易赤字・経常収支赤字の拡大とその赤字分を海外資金流入によってファイナンスする恒常的な対外依存構造を析出する。そして同構造を遠因として、他国の物財・サービス市場をFTA戦略を梃子に全面開放させていく通商戦略が以後、常態化していく論理を提示する。

　続く第Ⅰ部第1章では、ポスト冷戦期に突入後も一貫して経済覇権の再強化を図ってきた米国経済の諸問題について、その対外貿易関係と対米州通商戦略の観点から考察する。第1に米国の対米州通商戦略・地域主義はいかに発現してきたのかを検証する。第2に経済・産業競争力復活をかけて展開された地域主義の北米地域市場統合＝NAFTAを取り上げ、それが北米域内の分業構造に与えた影響と米国産業・経済・雇用構造の変容へ与えた内部作用とを関連づけながら考察していく。

　第Ⅰ部第2章では、NAFTAにメキシコはいかにして加盟を果たしたのか。その経緯と政治経済的諸要因を1970年代後半にまで遡って再検討する。このNAFTAの起源に関する検討なくしてはNAFTAの本質を理解することはできない。そして、NAFTAの制度的諸特徴、ならびに同貿易制度が同国の農業部門にいかなる影響を及ぼしたのかに焦点を絞って考察を行う。

　第Ⅰ部第3章では、新自由主義的な開発政策によって生じてきたメキシコ経済社会の諸問題を、部分的ではあるが生産諸部門と銀行部門に焦点を絞って明らかにする。同国は国際諸機関による構造調整を契機に新自由主義政策を採用し、マクロ経済安定化の名の下に国内財政・金融政策の機能を形骸化してきた。また、経済開発政策の中心に貿易・資本移動の自由化、金融システムの規制緩和・対外開放、民営化などの諸政策を据えた。だが、新自由主義政策導入

後の四半世紀、その経済実績は期待を大きく裏切るものであった。のみならず生産諸部門は全般的な外資化（extranjerización）が進展し、いつそれらの多国籍企業が撤退するかわからず、想定外の結果を招く可能性を孕んでいる。事実、2008年リーマン・ショックが原因で、同国が経済政策を失敗したわけではないにもかかわらず、突然、進出企業の業績悪化、生産中止、撤退、委託契約の破棄などの深刻な事態に陥った。また、銀行部門でも1980～90年代に自由化が進んだ。そこで外資系銀行による市場の寡占的構造が形成されたことによる問題群を析出する。

第Ⅱ部第4章では、現行の国際貿易秩序において、FTAやEPAを軸とした地域的貿易協定の急増と地域主義の潮流が続く中、とりわけ力動的な貿易秩序構築が展開されている米州地域の諸機構の内容を整理した上で、その展開過程の特徴の一端を明らかにする。当該分野の先行研究ではNAFTAや南米南部共同市場（Mercosur：Mercado Común del Sur）などを中心に多方面から実証分析が蓄積され、個々の諸機構に関する立体的な把握が可能になっている[11]。これらの成果を踏まえ、各々の諸機構の試みへの評価を巡る論点を提起する。

第Ⅱ部第5章では、米州地域ならびにブラジルに焦点を当てて、現行のFDIと当該諸国の経済開発・貿易の現局面の一端を明らかにする。その際、1990～2000年代にかけて債務国が債務支払いのために資源採掘型経済開発モデルへ転換し、資源輸出戦略を採用したこと、そして天然資源部門への集中的なFDI受入れを進めたことは、持続可能な新たな開発（new development）モデルとなり得るのかに関して検討を行う。

次は第Ⅱ部第6章である。同章に関する重要な先行研究として、新自由主義的な政治経済体制の変遷と「左派・中道左派」政権との相関関係を階級闘争論的視角から分析を深めたジェームズ・ペトラス（James Petras）の一連の研究群がある。ペトラスは階級概念の範囲を先住民や失業者やインフォーマル部門の労働者に拡大させながら、政治経済体制や階級構造に重大な変化が生じた過去四半世紀（1990～2014年）の当該地域の階級闘争の役割に焦点を当て、民衆と新自由主義的エリート階級との権力関係の変動を明らかにした[12]。

同章では第1に「左派・中道左派」政権下における新自由主義とポスト新自由主義とのレジームを巡る相克を、階級闘争を基盤としたペトラスの議論を参

照しつつ、再整理する。第2にポスト新自由主義レジーム構築の政策実験を行った具体的な国（ベネズエラ）の政治経済的変革過程の諸特徴（経済・社会開発やチャベス運動内部の諸派集団の特質）を指摘し、ペトラスの議論の文脈上に位置づける。第3に2010年代以降の同国が抱える政治経済的課題を、米国の域内プレゼンスの再強化と新自由主義への揺り戻し傾向と関連づけつつ問題提起を行う。

終章は、本書全体の補論的な位置づけである。本書を締め括るにあたり、補論としてTPPの特徴に触れる。NAFTAに象徴されるように近年の米国主導の新自由主義的FTA・地域統合戦略の展開は、今次の国際通商秩序形成の動向を把握するための支柱である。現在、米国FTA網の地理的範囲はアジア、アフリカ、中東領域へと拡大し、2016年2月のTPP署名式へと至っている。米国がTPP離脱を表明したからといって、米国主導の貿易協定推進の潮流が急に終わるわけではない。むしろ今後は、TPPの代替策として日本と米国で二国間自由貿易協定交渉が開始され、米国側の利害を剥き出しにした協定内容を迫られる可能性も大いに考えられる。

そのため終章では、第6章までの検討内容との連繋を意識しつつ、NAFTAとTPPの類似点と相違点を明らかにすることを通じて、TPPが孕んでいた問題領域の一端を若干ながら検討する。

■注

1） 1991年には約37万人の移民数であったのが、その後増加し続けて2000年には約77万人にまで達した。ただし、2000年代半ば以降は一転して大幅な下落を記録し、これまでの移民急増の流れが大きな転換点を迎えた。1995～2000年と2000～05年の各5年間で比較すると、前者の方はメキシコからアメリカへの移民流入が約290万人で、アメリカからメキシコへの流出数（約67万人）を圧倒していた。だが、後者ではそれが逆転し、アメリカからメキシコへの流出数（約139万人）の方が流入数（約137万人）を僅差ではあるが上回ったのである。以上の数値は、以下の文献を参照。
　Public Citizen's Global Trade Watch, *NAFTA's 20-Year Legacy and the Fate of the Trans-Pacific Partnership*, 2014. <www.tradewatch.org>.
　なお、その背景には強制送還の増加や国境警備の強化などがあり、こうした傾向にプラスして2006年頃から漸次的にアメリカの国内経済成長が鈍化し始め、リーマン・ショック前後の2007～09年にはドラスティックな景気低迷に陥ったことも大きな要因であった。仕事を失った移民たちが故郷へと戻らざるを得なくなったのである。
　移民数は減少傾向とはいえ、旺盛な出生率によってアメリカ国内のヒスパニック系人口それ

自体は増え続けており、昨今のアメリカでは同国の雇用がヒスパニック系によって奪われているといった議論も提起され、排外主義を伴った移民排斥的な言説も台頭するなど、社会的な問題となりつつある。
2） *REFORMA*, 22 de Agosto, 2012.
3） COECEの構造と活動内容に関しては、本間芳江「サリナス政権と財界」『ラテンアメリカ・カリブ海研究』第11号、2004年、を参照されたい。
4） ピーター・ディッケン（宮町良広監訳）『グローバル・シフト（上）―変容する世界経済地図―』古今書院、2001年、15ページ。
5） この点に関しては、かつてアルフレッド・マーシャル（Alfred Marshall）によって、収穫逓増法則（規模の経済性）と特定地域への特定産業の集積を通じた外部経済性という枠組みで論じられてきた。アルフレッド・マーシャル（馬場啓之助訳）『経済学原理Ⅱ』東洋経済新報社、1966年、250～262、310～319ページ。また近年、ポール・クルーグマン（Paul Krugman）によって経済地理学的アプローチを通じた貿易理論の中で議論が深められてきた。以上、Paul Krugman, *Geography and Trade*, Leuven University press and the MIT press, 1991.
6） デヴィッド・ハーヴェイ（森田成也ほか訳）『資本の＜謎＞―世界金融恐慌と21世紀資本主義―』作品社、2012年、50～56ページ。
7） 同上書、50～56ページ。
8） デヴィッド・ハーヴェイ（松石勝彦ほか訳）『空間編成の経済理論―資本の限界―（下）』大明堂、1990年、571ページ。
9） デヴィッド・ハーヴェイ（本橋哲也訳）『ニュー・インペリアリズム』青木書店、2005年、106ページ。
10） 同上書、105～106ページ。
11） NAFTAに関しては、例えば国内研究では、田島陽一『グローバリズムとリージョナリズムの相克 ―メキシコの開発戦略―』晃洋書房、2006年。メキシコの産業発展パターンをNAFTAとの関連上で検討したものとして、所康弘『北米地域統合と途上国経済 ― NAFTA・多国籍企業・地域経済―』西田書店、2009年。

国外研究では、メキシコのマクロ経済パフォーマンスとNAFTAの関係を論じた研究として、Enrique Dussel Peters, *El Tratado de Libre Comercio de Norteamérica y el Desempeño de la Economía en México*, CEPAL, 2000.

Mercosurに関しては、国内研究では、貿易・投資動向および域内分業を検証した研究は、田中祐二「メルコスル（南米南部共同市場）と地域主義の性格」田中祐二、中本悟編著『地域共同体とグローバリゼーション』晃洋書房、2010年。谷口恵理「南米地域統合―現状整理とブラジルの位置付け―」『アジ研ワールドトレンド』アジア経済研究所、第14巻第2号、2008年。鶴田利恵「国際経済のグローバリゼーションとMERCOSURの地域主義」『四日市大学論集』第21巻第2号、2009年。

国際通貨制度の観点から南米共通通貨や域内決済システムを検討した研究は、松井謙一郎「メルコスルの通貨制度を考える視点」『国際経済金融論考』国際通貨研究所、2010年。

機構の制度設計（紛争解決取り決め、常設仲裁判所の設置、同一議会創設）に焦点を当てた研究や南米市場統合の物的基盤整備である大陸インフラ統合を取り上げた研究は、堀坂浩太郎「南米地域インフラ統合計画―市場統合を補完する物的基盤の整備―」『イベロアメリカ研究』上智大学イベロアメリカ研究所、第27巻第1号、2005年、などがある。

また、国外研究では、メルコスールの起源や動因を域内中心国ブラジルとアルゼンチンとの1980～90年代初頭の外交・政治関係から明らかにした、Gian Luca Gardini, *The Origins of MERCOSUR: Democracy and Regionalization in South America*, Palgrave, 2012.

同機構が近年になって整備している新制度、例えば域内不均衡の是正を目指す構造的格差是

正基金や国際通貨基金（IMF）に代わる地域のインフラ整備・農業・金融戦略を強化する制度（Mercosur 開発銀行や家族農家基金）の重要性を指摘した、Alfred Guerrera ed., *Panorama Actual de la Integración: Latinoamericana y Carribeña*, UNAM, 2012.

12) The Official James Petras web site, *Latin America: Class Struggle and Resistance in the age of Extractive Capitalism*, 2013a. <http://petras.lahaine.org/?p=1949>. The Official James Petras web site, *Latin America: Class struggle from Above and Below*, 2014a. <http://petras.lahaine.org/?p=1982>.

序 章

米州地域の貿易と開発の 史的過程と歴史的特質

1 20世紀後半までのラテンアメリカの貿易と開発

1-1 植民地型経済構造の形成と帝国主義の遺制

　アダム・スミス（Adam Smith）は『国富論』でヨーロッパによる「新大陸」の「発見」と植民地化によって得た一般的な利益について、次のように指摘した。第1に「新大陸」由来の生産物が輸入されるようになってヨーロッパの生活が豊かになった。第2に南北アメリカと直接に貿易する国々の産業が発達した。第3に直接貿易しているわけではないが、他国を経由して自国の生産物を植民地に送っている国などでも産業が発展した。これら諸国の剰余生産物の輸出先・販売先となる広大な市場が誕生したことで、生産拡大のインセンティブが増大したからである。¹⁾むろん重商主義的な植民地貿易の独占に対してスミスは否定的であったが、植民地貿易それ自体のヨーロッパへの影響は上記のように評価していた。

　他方、「発見」後、征服者の植民地化を通じた先住民や諸文明に対する破壊行為は熾烈を極めた。ラス・カサス（Las Casas）司教は有名な記録を残している²⁾。また、征服者は先住民を奴隷化し、過酷な強制労働や疫病などによって彼らの多くが死に絶え、「新大陸」の人口は激減した³⁾。先住民の労働搾取を制度的に支えたのがエンコミエンダ（encomienda）である。エンコメンデロス（encomenderos）は征服の論功行賞として、先住民の労働力を自由に利用できる特権が王室から与えられた。それと引き換えに「野蛮な」先住民のカトリック改宗を促す義務を負ったが、これは同制度と彼らの蓄財を可能にする大義名分

であった[4]。

　歴史学者エンリケ・セーモ（Enrique Semo）が指摘するように、国家固有の土地所有が支配的なエンコミエンダは官僚の配置を通じて封建的大土地所有制や領主制の台頭・発展を抑えつつ、貢納システムによって先住民共同体を搾取した[5]。封建的大土地所有地が拡大するのは17世紀以降、私的大土地所有が支配的になり始めるのは18世紀後半になってからである[6]。セーモはこの植民地時代の一特徴を「本源的喪失（desacumulación originaria）」として捉え、ヨーロッパの本源的蓄積期はラテンアメリカの富の略奪を通じた「本源的喪失」期に相呼応すると把握した[7]。ヌエバ・エスパーニャやリマ周辺スペイン領で産出された価値は副王政府やスペイン人がその大半を本国へ持ち出した。16世紀半ばの南米ポトシ銀山や中米サカテカス銀山発見後も大量の銀がヨーロッパへ流出した[8]。知られるようにこの銀は中国産の商品や金とも交換され、貨幣間の交換や商品交換を通じて、ヨーロッパのみならず世界中を銀が循環した。

　その後、16〜17世紀に鉱山開発や鉱山周辺都市の発展、ヨーロッパから持ち運んだ小麦、コメ、バナナ、コーヒー、タバコ、砂糖きびなどの新種植物による新農業、渡来の牛、豚、鶏などによる新牧畜業の導入で植民地経済は急拡大した[9]。ところが、17世紀後半に鉱山衰退や強制労働に駆り出された先住民人口の激減（＝エンコミエンダの弱体化）によって、経済は縮小傾向に転じた。17世紀後半の植民地産出の銀のヨーロッパ流入の絶対量が減少した背景として、近藤仁之は銀の固定価格に対する採鉱費増大、生産原価高騰、鉱山豊度減退、ペルーでの労働力減少、現地政庁の行政費用増大、隠匿の増大、東洋貿易の増大などをあげている[10]。この時期形成され始めたのが、21世紀現在も残存する私的大土地所有の歴史的基盤である。当初、土地所有より貢租の徴収に重点を置いた白人支配層が、貢納減少と鉱業衰退とともに徐々に都市部へ販売する農牧畜生産業へと関心を移したことがその背景にあった。鉱山業で巨万の財を成した[11]彼らは極端な安価で広大な土地を買占め、高い租税や鉱山労働への徴発を恐れた先住民を雇い入れて巨大な私有大農地ラティフンディオ（latifundio）を構築した[12]。結果、その対極に零細農民ミニフンディオ（minifundio）も誕生した。

　この大農地プランテーション型農業を担った膨大な低廉労働力に関してイマニュエル・ウォーラーステイン（Immanuel Wallerstein）は、大地主層は比較的

早い段階で先住民使役を諦めプランテーション用奴隷としてアフリカ人を頼り始めたと指摘した。使役先住民の逃亡を阻止するコストよりアフリカからの奴隷輸送コストの方が安上がりだったからであった[13]。輸送後の黒人奴隷の居住領域の地理的分布については、ローランド・メジャフェ（Roland Mellafe）が、それは気候条件・生産・労働力の諸関係に規定されると論じた。征服前のアンデス高地やメキシコ中央高原など温和な地方に多くの先住民が集中的に居住する一方、海岸地帯や南米内陸部の熱帯低地の人口密度は低く、ヨーロッパ由来の伝染病で先住民が絶滅し、それゆえ熱帯低地の自然の高生産性と熱帯作物需要によって黒人奴隷が同地方に大量に動員されたのであった[14]。

植民地期の対宗主国貿易

　バルマー＝トーマス（V. Bulmer-Thomas）は当該期の植民地経済の特徴を重商主義との関係で分析した。宗主国スペインとポルトガルは国内で十分な量の金銀を確保できなかったため、対ラテンアメリカ貿易によって金銀（正貨）を蓄積した。だが、当時の重商主義下ではラテンアメリカの輸入商品はスペインとポルトガル産品に制限される一方、他方で同地域の輸出商品は全て域内市場向けに限定された[15]。結果、宗主国との間で生じた商品貿易赤字は金銀輸出で補填され、宗主国は他国との貿易を抑制し、当該地域との貿易を独占した。同時に副王政府や王室が鉱山の産出物を分配するルートや鉱山課税のキント（quito）、その他の現地税収入——先住民に課せられた人頭税や実質的な売上税のアルカバラ（alcabala）などのルートを通じて——莫大な正貨がイベリア半島へ流れ込んだ[16]。以上の植民地遺産を嚆矢として同地域の社会経済構造の歴史的基盤は形成され、それは低生産力水準と奴隷制的な社会的生産関係、大土地所有として特徴付けられた。

　17世紀以降、特に18世紀に大西洋を跨ぐ複数の相互連関的な三角貿易が発達した。アンドレ・フランク（Andre G. Frank）はその中で２つの三角形型を強調する。第１の主要三角形はヨーロッパ（特にイギリス）から工業製品を南北アメリカやアフリカへ輸出し、アフリカからカリブ海や南北アメリカへ奴隷を輸出し、ヨーロッパへ戻って当地へカリブ海産砂糖、北米産タバコや毛皮などを輸出する循環。第２の三角形はカリブ海産砂糖や糖蜜を北米へ輸出し、北米からカリブ海へ穀物や材木、海軍用備品を輸出し、北米加工のラム酒をヨー

ロッパへ輸出する循環である。これには商品輸送のみならず金融業や奴隷貿易も伴っており、この交易利益で北米植民地人は対ヨーロッパ交易で累積させた貿易収支赤字を補塡し、資本蓄積を促進した。[17]

　18世紀は植民地の略奪が一層進んだ。ミシェル・ボー（Michel Beaud）は1720〜80年のラテンアメリカの金生産量は年間平均20トンに達し、前世期の最大限（1年10トン）から倍増したと指摘する。砂糖生産ではイギリスはバルバドスとジャマイカを、フランスはサント・ドミンゴを、ポルトガルはブラジルを一大砂糖生産地へ転換したとしている。[18]それに応じて対アフリカ奴隷売買貿易も隆盛を迎え、その数は18世紀の年間平均で5万5,000人（多い年では年間10万人程度）に至り、16世紀の年間2,000人弱の水準を遥かに上回った。その奴隷搾取から抽出した余剰価値は「貨幣形態をとって、主としてイギリスの仲買人と製造業者によって、だが同時にヨーロッパや北米植民地の銀行家や金融業者によっても、収奪・取得された」のであり、欧米の多種多様な産業領域に奴隷貿易は「貢献」した。[19]

「独立」時代の経済構造の編成替え

　その後、1810〜20年代（19世紀前半）にラテンアメリカ各国に「独立」の時代が訪れた。「独立」の火ぶたを切った国はベネズエラであった。これまで同国はスペイン王室が1728年設立の独占貿易会社ギプスコア社（Guipúzcoa）の貿易利益を独占し、かつ同社も王室からの貿易特権によって輸出用カカオやコットン、獣皮生産などで独占的利益を獲得していた。[20]だが、同社の成功と富の蓄積の一方、それに不満を持つベネズエラの先住民や混血、クリオージョ（criollo）らによるデモや抵抗運動が次第に頻出し始め、結果、クリオージョ達は1811年に独立宣言を発表した。[21]その後、解放者（el Libertador）シモン・ボリバル（Simón Bolívar）の活躍でグラン・コロンビア共和国が樹立された。時同じくメキシコでも1810年9月にイダルゴ神父の「ドローレスの叫び（el grito de Dolores）」を端緒に独立運動が開始（1821年にヌエバ・エスパーニャ副王政府は廃止、独立達成）。ブラジルでも1822年に独立戦争が発生し、独立宣言の後にペドロⅠ世が皇帝に即位した（ポルトガルから独立）。しかし、「独立」諸国のほとんどの政治体制は農園主や商人、白人の学識者・エリート層などの寡頭制支配（オリガルキー）体制であり、植民地経済構造の構成因である大土地所有制も残存し

続けた。

　かかる中、宗主国が重商主義下で規制した独占的貿易を破棄した「独立」国のいくつかは、次第にイギリスの経済・貿易体制に編入されていく。「独立」国の有力クリオージョはイギリス向けの輸出を促進した。品目は工業製品生産用の原料（綿花や鉱産物）と食料供給（小麦、コーヒー、砂糖、食肉）がメインであった。

　この間、「独立」後の各国内は改革の方向性や貿易政策を巡って対立が起き、激しい内戦も展開された。前出のフランクは対立の諸派をヨーロッパ派（＝自由貿易派）とアメリカ派（＝民族主義派）の勢力に大別し、前者はヨーロッパ輸出向け農・畜産業者のラティフンディオやそれと結びついた少数の大商社で、かつ自由貿易政策を奨励し、ヨーロッパから政治的・軍事的支持を得ていた。[22]後者はヨーロッパと距離を置き、借款も受けず、保護貿易政策によって民族主義的な地域開発を推進する現地派であった。[23]次第に両者の角逐は深まり、しばしば内戦に至り、最終的にヨーロッパ派が勝利した。

　国家権力を奪取したヨーロッパ派は19世紀中葉以降、自由主義の名の下に諸改革を進め、国内経済構造を一次産品生産・輸出型へ再構築していった。中でも農地改革を通じて教会の保有地や先住民の共同保有地の払い下げ、分割、没収、私有財産化を推進した。分割地は少数の富裕層に集中し、また国内外の実業家もそこへ進出した（外国資本導入）。そして外国市場向けのモノカルチャー（単一換金作物）経済構造へと編成替えした。[24]これによる階級間の政治経済的な軋轢や緊張関係が強まると容赦なく弾圧や軍事的措置を強行した。

　イギリスは第一次世界大戦まで同地域の経済権益の掌握する盟主となった。とりわけアルゼンチンでは多くの鉄道網や港湾建設用の大量資金が投入された。それに伴い1857〜1914年に対アルゼンチン移民純流入数は330万人に達した。内陸部パンパ平原で生産された農牧畜産品（トウモロコシ、小麦、食肉、羊毛）を運搬するインフラ投資も大規模に実行された。もって同国は「世界の食料庫」へ変貌した。アルゼンチン人学者アルド・フェレール（Aldo Ferrer）によれば、特に牧畜部門は生産過程（家畜飼育、皮革・食肉加工）への投資、賃金労働者の雇用管理を通じて土地の生産システムを確立し、「同国経済史上最初に出現した大規模な資本主義的発展企業」となった。[25]

生産構造の変容に加えて、前出のフランクは同国ヨーロッパ派が主導した開発政策全般に言及し、例えば関税、租税、通貨および外国為替政策、農業生産への新しい土地の編入と大土地所有者への土地分配、新たな労働力供給源としての移民受入促進、賃金政策、港湾、鉄道、その他のインフラストラクチャーなど、全般的な（輸出型経済に特化した）構造変化が生じた点を強調した。[26]

　イギリスはメキシコへの油田開発、チリへの鉱物投資を通じた海外資源開発を展開し、ブラジルに対して鉄道や鉱山開発、コーヒー産業（生産、運輸・輸出、流通、焙煎加工など全過程）など広範な部門へ巨額の投資を実行した。金融資本の進出も相次ぎ、1863年にロンドン＆ブラジリアン・バンクが設立され、その後はロンドンでバンコ・ブラジレイロ・エ・ポルトゲスも誕生した。これらは有利な事業機会を捉えて巨額の利益を獲得したのみならず、為替相場の激しい変動、財政不安定、商業活動に必要な流動資本の不足、金融市場で繰り返される縮小と拡大を好機に大々的な投機活動も行った。[27]

　経済史家のアンガス・マディソン（Angus Maddison）によって算定された統計データによれば、確かに1870～1913年の時期における一人当たり実質GDP成長率の数値では、上記のアルゼンチンは2.5％、メキシコは1.7％を記録し、サンプル56ヵ国の上位3位にどちらも入っている（ちなみに、同期間の西ヨーロッパ12ヵ国の算術平均は1.3％であった）。[28] イギリスなどからの大規模な投資によって国内公共事業や一次産品関連産業などが、当該地で活況を呈した。

米国とラテンアメリカの関係性の変質

　19世紀以降、ラテンアメリカ主要国は一次産品供給地域として覇権国イギリスを頂点とする国際分業体制に組み込まれつつも、19世紀中葉頃から同時並行的に米国への編入も始まった。当該期、急騰した米国の工業品原料（鉱物資源）や熱帯産食料需要を満たすためラテンアメリカがその供給地に位置づけられたからである。モンロー・ドクトリン（Monroe Doctrine）や膨張主義思想である「明白な使命（Manifest Destiny）」を政策的・思想的基盤として、米国は米州地域からヨーロッパ勢力の締め出しを図る一方、隣国メキシコや近隣カリブ海地域への領土的拡張の野心を露わにした。

　1846～48年にテキサス領土を巡る米墨戦争によって米国はメキシコから巨大な国土を割譲させた。また、セオドア・ルーズヴェルト（Theodore Roosevelt）

の対西半球外交戦略＝棍棒外交を契機に次第にスペイン領植民地にも触手を伸ばし、米国東部の砂糖企業はキューバ、ドミニカ共和国、プエルト・リコへ進出した。米国砂糖企業は砂糖きび栽培地を大規模化し、精製工場の機械化を進め、経済進出の足場を固めた。米国はキューバ独立運動の勃発とハバナ港での戦艦メイン号爆沈事件に乗じてスペインへ宣戦布告し、勝利した（1898年米西戦争）。その帰結として、プラット修正条項（Platt Amendment）を通じてキューバを実質支配した。これを転機に全世界を巻き込んだ植民地再分割と帝国主義時代が本格化した。

　キューバを「半植民地」化した米国はカリブ海へ米軍進出（グアンタナモ基地）を果たすと同時に砂糖産業で大量生産を開始し、20世紀前半においてもカリブ海では「砂糖が王様」であることを証明した。歴史学者エリック・ウィリアムズ（Eric Williams）は「キューバで砂糖を王様にしたのは、他でもない米国系資本であった」と述懐し、1897〜1930年の米国資本の大量流入によって同地域で大プランテーションへの極端な土地集中が生じ、とりわけ米国企業による生産集中の鍵は鉄道であったと指摘した。米国系の砂糖プランテーションは貨物用の鉄道線路施設を有し、自社用蒸気機関車、自社用の埠頭、倉庫施設も自前で所有した。この集中過程に呼応して大工場も出現し、1930年頃には製糖工場158のうち58工場は米国人所有（全生産量の55％を占有）となり、米国企業の平均産出量は島内平均を50％以上も上回る15万7,000トンに及び、同国の砂糖生産の従業員全体の60％近くは米国企業に属するに至った。

　カリブ海以外でも中米からコロンビアにかけて米国のユナイテッド・フルーツ（United Fruits）社は巨大農園でバナナ栽培を展開し、「バナナ共和国」を構築した。中米の資源大国メキシコに対する対鉱山・油田投資も活発化した。この時期の同国石油生産のほぼ全ては米国のスタンダード・オイル（Standard Oil）社やイギリスのロイヤル・ダッチ・シェル（Royal Dutch Shell）社など外国石油メジャーに領有された。地下資源はメキシコの国家財産ではなく地表（土地）を所有する外国資本の保有であり、これは地下資源の所有者はメキシコ人に限られるとしたメキシコ革命後の1917年憲法27条の発布後も、実態は変わらずであった。

1-2 戦後の貿易・開発戦略の展開と新自由主義の導入

　第二次世界大戦までの欧米資本とラテンアメリカの関係を従属という視座で把握した一人が、アグスティン・クエバ（Agustin Cueva）である。クエバは、同地域は自律的な資本蓄積メカニズムを発展させることができず、常に一次産品輸出部門とその国際市場の価格変動に依存し続けたと主張した[32]。しかも工業化過程それ自体も上から展開されたため生産財部門が発育不全にならざるを得ず、当該期の工業化は機械設備輸入に依存し、かつそれらは主に鉱業や油田開発、農工業複合的プランテーションに対して集中的に導入され、技術蓄積も進まなかった[33]。

　第二次世界大戦後の世界経済体制の新たな再編成＝パクス・アメリカーナ体制下でもラテンアメリカは従属関係の脱却を果たせず、米国への新たな従属（＝工業部門と金融部門の従属）が深化した。これに関して、広く知られるテオトニオ・ドス・サントス（Theotonio Dos Santos）の従属形態の概念規定と類型化は、以下の通りである。第1の形態は輸出＝商業植民地的従属（植民地主義者の同盟者である商業・高利貸資本が貿易独占を通じてヨーロッパや植民地経済双方の経済関係を支配し、土地・鉱山・労働力（農奴・奴隷）の植民地的独占によってそれを補完）、第2の形態は金融＝産業的従属（覇権国による植民地の原料・農産物生産への金融資本投下を通じた支配）、第3の形態は技術＝産業的従属（第二次世界大戦後の国内市場向け工業への資本投下は多国籍諸企業の技術的支配）、と類型化して論じた[34]。

　彼の明示した論理は「いわゆる諸国民経済を、商品・資本および労働力の単一の世界市場のなかに統合する世界経済の形成過程を分析すれば、この世界市場において生み出される諸関係が不均等かつ複合的なもの」、ということであった[35]。

　クエバやドス・サントスの議論を敷衍し、第二次世界大戦後のラテンアメリカ経済開発の従属性を理論化したのが構造学派である[36]。構造学派の潮流はその後、「低開発の開発（development of under-development）」の概念を通じて経済開発の歴史分析を深めたフランクの代表的従属学派（中枢・衛星アプローチ）[37]や、学派内部からの批判——例えば、連携従属的発展（associated-dependent development）テーゼを展開したフェルナンド・エンリケ・カルドーゾ（Fernando Henrique Cardoso）らの穏健派など——によって、従属分析の方法論のさらなる試行錯誤が深められた。カルドーゾらは「（従属は）外国との経済的な結びつきを構造的に維持しようとして支配体制に関与する階級・集団間の関係に、その真の特徴が表れる」ため国内の社会階級間の諸関係に基づいて分析する必要があるとし、また、従属と発展の概念を対立的に捉えず国内外の支配集団の諸利害の「連携」の可能性を論じたのだった。ゆえに先進工業国からの投資受入れを拒否し、世界資本主義体制からの離脱が必要としたフランク的な政治的結論とは画する開発政策が模索された。

　かかる貿易や開発を巡る理論的・政策的な諸議論が繰り返される中、1970年代にかけて輸入代替工業化戦略下のラテンアメリカでは特にブラジルやメキシコなど国内市場規模が大きい国において、耐久消費財・中間財や素材生産などを行う第二次輸入代替段階期に突入した。だが、多くの国々が一次産品輸出低迷と外貨収入減少に直面していた。中間財や資本財の輸入も増加し、国際収支悪化にも陥った。そのうえ重化学工業化は巨額の公共投資で賄われ、開発資金の大部分は国際金融市場から調達する債務依存型の実態を持つものだった。1970年代後半は石油ショックによる世界的不況と先進国の資金需要停滞が重なり、同地域は対外債務償還額を上回る新規借款が可能となり、増大する経常収支赤字を資本収支黒字で補塡し続けることができた。結果、工業化推進によって対外借入は一層増大した。

　その後、1970年代に入るとチリ、ウルグアイ、アルゼンチンが新自由主義導入の最初の「実験場」となった。東西冷戦体制下、民主的選挙で選出されたそれら諸国の政権は次々と軍事クーデターで転覆させられ、軍事政権が政治権力を掌握した。軍事政権を米国は公然と支え、中でも国民的選挙で誕生したチリのサルバドール・アジェンデ（Salvador Allende）政権が志向した社会主義的経済体制はCIAの介入などもあって崩壊に追いこまれた。その後、チリではレジーム転換が起き、急進的な経済改革が着手された。では、新自由主義とは何であったのか。

1970年代以降の新自由主義の「実験」

　アジェンデ政権を打倒したクーデター首謀者は陸軍総司令官アウグスト・ピ

ノチェト（Augusto Pinochet）である。彼が断行した新自由主義的経済改革を理論経済学的に支えたのがシカゴ・ボーイズ（Chicago Boys）と呼ばれた経済学者達で、その主要な者は米国側とチリ側の大学間交換留学プログラムなどを通じてシカゴ大学大学院に留学して経済学を修めたエリートであった[40]。短期間のうちにシカボ・ボーイズが続々と誕生し[41]、故郷チリへの凱旋帰国後は自らが勉強した経済理論に沿ってピノチェトとともに経済政策を実践していった[42]。そして、シカゴ・ボーイズの教祖でマネタリズムの代表的論者ミルトン・フリードマン（Milton Friedman）シカゴ大学教授がチリの「実験」を理論面から支えた[43]。

それ以後、ピノチェト軍政下でショック療法的改革が敢行され、インフレ撃退のための緊縮財政、政府支出の削減、金利自由化、貿易自由化（輸入関税撤廃）、外資受入促進、国営企業の民営化、価格統制の見直し・価格自由化が次々と打ち出された。

ピノチェトの政権掌握以降、国際諸機関による多国間援助実施額が急拡大した点に論及したのが、エリック・トゥーサン（Eric Toussaint）である。彼は世界銀行（以下、世銀）やIMFなどの国際諸機関による融資行動の選択幅は、多様な政治的地政学的要素の組み合わせによって柔軟に変化すると指摘した[44]。トゥーサンの分析に従えば、チリでは民主的な選挙で選ばれたアジェンデ政権は世銀から1ドルも受け取っていないが、他方、軍事クーデターで誕生したピノチェト軍政は国際諸機関から「信頼性のある国」との好評価を得たのだった。

トゥーサンは他の事例も紹介し、例えばブラジルでは1964年ゴラール大統領の民主的政権がクーデターによって転覆された後、3年間凍結されていた世銀・IMF融資が再開され、軍事独裁政権下の1970～80年代半ばまで融資額が順調に拡大した歴史的事実に着目した[45]。その他ニカラグア、ザイール、ルーマニアの事例も検討しつつ、トゥーサンは以下のような結論を得た。

有り体に言えば、……左翼政権にはより過大な要求をし、その国の人々の生活を困難にさせることで政権基盤を弱め、右派政党に政権が移りやすくなるように立ち回った。国際金融機関が右翼政権に厳しい要求をしないのも同じ理屈である。その政権が弱体化し、左派政権ができてしまっては困るのだ（中略）IMF・世銀が……その方が好都合だと判断したら、彼らはためらわず独裁政権を支援する[46]。

こうして刻印された新自由主義の一里塚は1980〜90年代を通じてチリのみならずラテンアメリカ全域を席捲した。その導入手法は累積債務諸国に適用＝強制された国際諸機関による構造調整政策や「ワシントン・コンセンサス」と呼ばれる開発戦略として、波及・浸透した。[47]

新自由主義と民営化の衝撃

　表0-1は新自由主義の導入過程の一例として、1990年代の民営化状況を示している。当該期の同地域の金額は他地域と比べて突出し、その対全体比は55％に達した。金額の年度毎推移は、1990年代後半から急増している。例えばメキシコは1988年以降、カルロス・サリナス（Carlos Salinas）政権によって大規模な民営化が開始された。対象業種も鉄鋼や銅などの鉱業、商業銀行、通信部門など広範囲に渡った。債務危機以降、一時国有化されていた商業銀行部門は、サリナスによる憲法改定で再民営化＝外資化された。並行して、農業部門（貿易や土地所有権）でも新自由主義が導入された。

　他国の事例としては、第1にボリビアは1993年以降ロサーダ（G. Lozada）政権下で石油・天然ガスなどが民営化された。売却された国有財産の落札先はほぼ全て外資企業であった。ベネズエラはルシンチ（J. Lusinchi）大統領（1984〜

表0-1　1990年代の各地域別（途上諸国）の民営化過程

(単位：10億ドル)

	東アジア・太平洋	ラテンアメリカ	東欧・中央アジア	中東・北アフリカ	南アジア	サブサハラ・アフリカ
1990	376	10,915	1,262	2	29	74
1991	834	18,723	2,551	17	996	1,121
1992	5,161	15,560	3,626	69	1,557	207
1993	7,155	10,488	3,988	417	974	641
1994	5,508	8,199	3,957	782	2,666	605
1995	5,410	4,616	9,742	746	916	473
1996	2,680	14,142	5,466	1,478	889	745
1997	10,385	33,897	16,537	1,612	1,794	2,348
1998	1,091	37,685	8,002	1,000	174	1,356
1999	5,500	23,614	10,335	2,074	1,859	694
1990-1999	44,100	177,839	65,466	8,197	11,854	8,264

(出所)　A. Chong and López de Silanes ed., *Privatization in Latin America: myths and reality*, Stanford Economics and Finances, an imprint of Stanford University Press, and the World Bank, 2005, p. 5.

89年)によって通貨切下げ、総需要抑制政策、外資受入促進、税制改革、貿易自由化が実施された。続くペレス(C. Pérez)第二次政権(1989～93年)下で改革の勢いは加速した。1989年に石油価格などの値上げを発端に、それに抗議する大勢の失業者や貧困層による大暴動が発生した。ブラジルでも1989年コロル(F. Collor)政権誕生以降、新自由主義が隆盛した。1995年からは(かつて従属論者であった)カルドーゾ大統領が巨大鉱業企業や巨大通信企業、鉄道会社や電力分野などの戦略的な基幹部門を中心に大規模な民営化を断行した。

　この間の民営化の特徴について、中山智香子は著書『経済ジェノサイド』の中で前出した従属論者アンドレ・フランクの指摘を紹介している。フランクは民営化(privatization)は「それが国家の手を離れた(de-statisation)だけでなく、文字通り国民の手を離れた(de-nationalisation)ということ……。単に私企業に売られたのではなく、外国の私企業だけに売られた」(傍点、引用者)ことだったと述べる。いわば多国籍諸企業や国際諸機関などの国外勢力と輻輳する形で新自由主義が展開されていった。

　ただし、それは劇薬であった。民営化に付随するリストラや解雇、労働力の柔軟化が進んだ。図0-1のように少数の例外(チリ)を除く多くの国々で民営化後の雇用者減少率が増加した。アルゼンチン、ボリビア、チリ、コロンビア、メキシコ、ペルーの6ヵ国の平均値で15%の雇用減少、ならびにボリビア、チリ、コロンビア、メキシコ、ペルーの5ヵ国の中央値で24%の雇用減少を記録するほどであった。

　改革を指導した国際機関(米州開発銀行)のエコノミストは「労働コストの削減は顕著であった」と認めつつも、「これによる労働者達から(民営化によってそれら企業の所有者となった海外投資家を含めた─引用者)株主達への価値移転は、明らかに民営化の一つの成功の部分であった」と強調した。だが、ラテンアメリカ側にとっては失業数が増え、所得税が減収し、よって国庫収入も減少した。併せて、経済学者ジョセフ・スティグリッツ(Joseph Stiglitz)が民営化に伴う収賄と腐敗の問題性について言及したように、政府事業を市場価格より安く売る不正操作を通じて政府閣僚や高官が不正蓄財を行う契機になった。それゆえ民営化の売却益の全てが国民に還流されることはなかった。

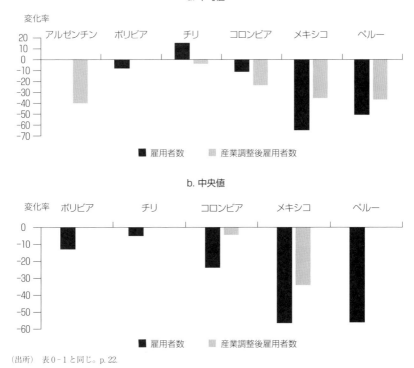

図 0-1　各国別の民営化による雇用減少率（単位：%）

(出所)　表 0-1 と同じ。p. 22.

2　20世紀後半から21世紀初頭における米国の新自由主義

2-1　「ワシントン・コンセンサス」と新自由主義的対外政策

　米国の対外政策やその基礎となる理論・イデオロギーは戦後一貫して IMF・世銀などの国際金融機関や GATT の国際通商ルールを通じて、世界的に追求されてきた。1980年代以降本格化する新自由主義的な対外政策の先兵を担ったのもこれら国際諸機関であり、国際機関とアメリカは事実上一体となって自由競争・自由貿易・脱規制原理を展開してきた（＝国際機関の「アメリカ化」）。

1995年にGATTを改組し誕生したWTOも、端的に米国多国籍企業の世界大の活動領域拡大に貢献し、アメリカン・グローバリズムの実体化として「水平な競技場」を創り出すことを企図していた。その協定内容は、①関税・貿易、②農業、③サービス貿易、④知的所有権、⑤投資措置、⑥技術的貿易障壁、⑦紛争解決機関、に関する諸協定が主要なもので、GATTと比べてカバーする対象や加盟国の国家主権の制限範囲が大幅に拡大された。機構には紛争処理制度が設けられ、承認方式も一括受託原則が規定されるなど、その権能はあらゆる国際経済活動を規定するものになった。重要な点は、WTOは農業、サービス、研究開発（知的財産権）で高い国際競争優位を保有する米国を中心とした「世界における極端な企業支配」を強化し、かつ同機構の権能それ自体がグローバル化推進の主動因になっている点にあった。

　IMFに関しては——周知の通り信用創造を伴わない同機関の機能の根幹はそれまで国際流動性の供給にあったが——1982年メキシコ債務不履行宣言から波及した途上国全体の危機対応を契機に、その役割を劇的に変質させた。この対応は、①1982〜84年、②1985〜88年（ベーカー提案）、③1989年以降（ブレディ提案）の3期間に区分でき、①期はIMFが厳しい融資条件（コンディショナリティ）を課し、緊縮的な経済調整、債務繰り延べ、ニューマネー供与を実施するなど主に流動性不足を克服するための短期的対策が採られたが、②期は1985年のIMF・世銀総会で米財務省ジェームズ・ベーカー（James Baker）長官（当時）によって国際債務戦略（ベーカー構想）が提案され、ニューマネー供与のほか多年度スケジュールなど長期的対応へ転換することになった。具体的には主要債務国は国際金融開発機関が支援する総合的な構造調整政策と整合的な財政・金融・為替政策の自助努力を行うことを約束させられ、ベーカー長官はこの政策原則に従わない反抗的な債務国は融資の恩恵を受けられないと半ば脅迫する形で同政策を強要した。つまりは、②期は国際機関IMFと米政策当局が一体化する過程であり、いわゆる「ウォール街＝米財務省＝IMF複合体」の形成期であった。もって同「複合体」は危機に陥った債務国救済よりも先進国（G7）銀行資産の価値保全の役割を担うようになった。

　ところがベーカー提案は、成長促進、構造調整、新規貸付の組み合わせ政策で展開されたが、重債務国への資金フローは多くの債権商業銀行が対外貸付を

削減したことで利払い額と比べて、結果的に低水準にとどまった。また、主要輸出品目の一次産品市況の長期低迷と高金利の継続は、むしろ重債務国の利払い能力に対する懸念を高めることになった。この高金利の背景は1979年以降、米国がインフレ抑制やドル防衛のために高金利政策を実施し、これに伴いユーロ市場の利率が急騰したことに大きな原因があった。こうして途上国債務は「双子の赤字」に苦しむレーガン政権下の経済再編過程（＝ドルの高金利政策→海外支払いで流出したドルを米資本市場へ還流→経常収支赤字の補塡）と密接に連繫しており、その影響を直接的に受けた。かかる状況下でベーカー戦略の恩恵を享受できたのは、米国の主要商業銀行を中心とした債権者のみであった。

その後、1989年のブレトン・ウッズ委員会でニコラス・ブレディ（Nicholas Brady）米財務長官（当時）によって重債務国に対する債務の株式化と民間債務削減を骨子とした新債務返済戦略（ブレディ構想）が提案された。1990年にメキシコがこのブレディ債券発行の初の適用国となって以降、多くの債務国が過酷な国内市場の自由化改革とその迅速化を条件に、同構想にこぞって同意させられた。同「複合体」によって勧告された政策は、まさしく「ワシントン・コンセンサス」の骨子である10項目（①財政規律、②公共支出の優先順位見直し、③税制改革、④金利自由化、⑤為替レートの適正化、⑥貿易自由化、⑦外資受入促進、⑧国営企業の民営化、⑨規制緩和と競争促進、⑩知的財産権の保護）とほぼ同一の内容であった。

「新自由主義的景気循環」の到来

この「ワシントン・コンセンサス」と新自由主義的対外政策の帰結として重要な点は、第1に多くの途上国（債務国）の金融市場および資本移動の自由化が急劇に進められた点である。まさに「ワシントン・コンセンサス」はレーガノミクスによる米政府支出・各種規制の撤廃とマネタリズムの教義を「国内政策から国際的プログラムへと格上げ」するものだった。

その後1990年代に入り、金融資産価格の動向が個人消費・投資パターンに極めて強い影響を与える「新自由主義的景気循環」の時代に本格的に突入した米国は、世界経済における役割を「国際的資本取引を中心に形成されたドルを基軸とする『世界の投資銀行』」へ転換させていった。この「世界の投資銀行」として金融覇権を確立するためには国際的な金融自由化が必須であり、簡潔に

言えばこの任務をIMFと一体となって先導したのである。こうして抉じ開けた資本市場に対して米国は「金融工学」の商品を積極的に「輸出」した。

1990年代は10年近く続いた好況で米国経済再生論が盛り上がりをみせ、「急速な生産性成長、所得の増加、低い失業率と適度なインフレーション」によって定義づけられる「新しい経済（ニュー・エコノミー）」論が登場した。その背景は米ソ冷戦期の1950～60年代「軍事における革命」によって米国防総省・航空宇宙局（DOD＝NASA）主導で開発が進められた集積回路（IC）産業が1970年代にその集積度の飛躍的上昇とIC一機能当たりの価格の急低下（「集積の弁証法」）を実現させ、1980年代以降ICのLSI化→VLSI、ULSI化への移行およびMPU（マイコンの汎用化）の開発によってME（micro electronics）革命の第2段階が生じていたことがあげられる。

この流れは1980年代半ば以降一層加速し、コンピュータシステムの「パーソナル化」とその演算速度の高速化・大容量化と通信技術発達で人間の労働とコンピュータが一体化する「PC＝WS（パソコンとワークステーション）の時代」に突入した。さらに米国防総省の軍事企画Arpanet（1969年）に起源を持つインターネットが、1990年代に入りWWW（the World Wide Web）登場で商用化されると、PC＝WSの基礎上での「ネットワーク化」が実現し、「PC＝WSベースで人々を自律＝分散的かつグローバルに連結してゆく新種の電子情報空間＝世界共同休機構の創出と利用……（から）マルチメディア化へ」という「ME＝情報化」・IT（information technology）革命の時代へ発展した。

1990年代の米国経済はこのIT革命を抱え込む形で展開され、ゴア元副大統領の情報スーパーハイウェイ構想→国家情報基盤行動計画（NII）→世界情報基盤構想（GII）によってITは一層のグローバル展開をみせた。歴史的な高投資も情報処理関連産業が過半を占めることになった。民間固定資本投資の対GDP比率の上昇もあり（1991年12.2％→1997年15.6％）、当該期は設備投資主導型の回復として注目を集めた。稼得所得ベースでみたIT関連部門（コンピュータ・通信）の対名目GDP比率は1985年4.9％、1990年6.1％、1998年8.2％と増大し、ハードウェア（コンピュータハード、電子部品、計測機器など）とソフトウェア販売額も激増し、付加価値額は1990年3,470億ドルから1998年6,800億ドルへ倍増した。そして「逆プラザ」（1995年）以後は巨額の遊休貨幣資本が世界中から米

社債・株式市場に流入し、インターネット関連のベンチャー・キャピタルへの大量流入がこの流れを加速化し、「歴史的」株価急騰＝バブルの代名詞といえるNASDAQを中心としたIPO（新規株式公開）ブーム（およびNASDAQと連繫する形でのニューヨーク証券取引所NYSEの株価指数上昇）を招来させた。

　こうしてIT産業の発展は1990年代の米国金融部門に支えられたものであり、世界的な金融・資本市場の統合化とそれを促迫してきた金融自由化・国際化は端的に「資本の《Net対応》のための新しい金融的枠組み（＝蓄積様式）」を創出するものであり、その意味では「Net＝株式バブルをファイナンスする巨大な水路と新機構の形成へと進んだアメリカ型の道の一帰結」──すなわち金融グローバリゼーションと呼ばれる現象として現れたのだった。

　なお、金融自由化の流れは金・ドル交換停止による為替リスク発生に端を発し、1970年代半ば～1980年代にかけてニューヨーク証券取引所の会員資格の開放、証券手数料の自由化、銀行対外投融資規制の撤廃、金利規制の撤廃など、一連のデレギュレーション政策（金融市場の開放および制度改革→リスク対応のための金融技術革新＝「デリバティブ化」→1990年代マネーゲームによる価値保全・投機的利殖化の新水路開設＝「証券化」・「ファンド化」）が、最初は米国内から、その後は他の先進国や途上国へと波状的に展開された。国際決済銀行（BIS）によれば主要国1営業日当たりの平均外国為替取引額も1992年8,200億ドルから2008年世界金融・経済危機の発生直前（2007年）は3兆2,100億ドルに膨張するに至った。

　このため為替取引は実体経済から乖離した投機的なものが大部分で、1990年代半ば以降の途上国金融市場を「新興市場（emerging-market）」として持ち上げる一方、前述したブレディ債務戦略と相まって「21世紀型危機」と呼ばれる度重なる金融危機をラテンアメリカやその他地域（アジアやロシア）で頻発させたのだった。ブレディ戦略で多額の銀行債務を短期（1年未満）のドル建て国債（テソボノス債 tesobonos）に置き換えることを余儀なくされたメキシコは、1994～95年にかけて不良債権問題や政治不安による売り圧力に晒され、「新型」通貨危機発症の第1号の「被害者」となった。

　自由化後の国際金融市場は金融工学の発達した米国金融機関の国際競争力を軸にドル建て中心の金融市場が形成され、外国為替取引もドルが為替媒介通貨

として重要なポジションを握り続けるなど、「国際的資本移動の結節点にアメリカが位置する」状況に至った。換言すれば、これは金融自由化を世界大で展開することが米国による国際金融仲介機能を担保していたこと、そして1980年代半ばに純債務国に転落して以来の課題であった国際収支問題を解決する仕組み、すなわち他の一部特定国・地域に偏在する過剰蓄積を公債で吸引する構造であった。

米国通商戦略・為替政策の台頭

　すでに1980年代初頭に米国の輸出拡大が頭打ちとなっていた中、1981年の「強いアメリカ」再生を掲げたレーガン政権の軍拡路線と景気浮揚のための減税政策は急激な財政赤字を惹起させ、インフレ回避・ドル還流を目的とした高金利＝ドル高政策は、結果的に米国産業の輸出競争力低下と産業空洞化を促進した。そこで登場したのが大統領諮問機関「産業競争力委員会」（1983年）であり、翌々年に公表された「ヤング・レポート」であった。ここでは競争力をどう回復させるかの処方箋が「極めて実践的で政策的な性格、それも米国経済の根幹にかかわる国家的な重大関心事」であったにもかかわらず、それは生産性向上や新規産業開発──官民プロジェクト「セマティック」が設立された半導体産業など一部は除くが──という方向性よりは、当該期に「集中豪雨的」対米輸出を記録していた日本への内需拡大要求（減税・公共投資拡大・金利引下げ）と対ドル円高要求という国際協調（＝プラザ合意）と為替政策（＝各国通貨高・ドル安政策）が、対外不均衡是正のための主軸となった。

　加えて、1986年には日米半導体協定（およびその後の一連の対日輸出自主規制要求）などを相次いで成立・展開させ、かつ累積債務問題への対応であるベーカー提案（1985年）も中南米債務国への市場開放・輸出増を明確に企図しており、こうした積極的な通商政策や地域統合戦略が米国の巻き返し戦略として展開された。

　この流れはその後の日米構造協議からクリントン政権下の日米包括協議を経て1994年のメキシコ通貨危機勃発まで続いたが、メキシコ市場に多額の投機資金を投入していた米国は危機による米国債券・株式市場からの資金流出・ドル安懸念を回避する必要性に迫られた。その対応こそ、1995年の「逆プラザ」と呼ばれる米日独による金利・為替協調（米利上げ・日独利下げ／ドル買い・円マ

ク売り）であった。これにより1990年代半ば以降も引き続き、米国高金利・主要国低金利の局面を作り出すことで対米資金流入を維持し、かつ貿易黒字国（特に日本・中国）が為替相場による対ドル自国通貨高を回避するために行う基軸通貨ドルの買い支え（為替差損リスク解消のための米国債購入）として、輸入代金ドルを本国（米国）へ還流させる循環が恒常的に機能することになった。

　この構造はプラザ合意以降、米国が膨大な貿易赤字（経常収支赤字）を、輸出競争力強化や生産性上昇という産業再生の方向ではなく、一貫して通商政策や為替政策でその解決を図り、のみならず節度なき基軸通貨発行特権の乱発により対外赤字を垂れ流し、為替差損リスクを含有するドル建て債券の購入を黒字国に事実上強制＝寄生するシステム、として要約される[77]。それはまさに、各国通貨当局による為替介入や金利操作といった（国際決済の効率性を追求する私的レベルの国際決済メカニズムでは説明しきれない）公的レベルの「国際協力」により、「減価するドルを……（主要な黒字国が―引用者）あえて買い支え、これを持ち続けるという経済原則に反した行為が行われて」きたのであった（傍点、引用者）[78]。

2-2　ニュー・エコノミー期とIT革命到来以降の米国経済

　表0-2は米国の国際収支を1980年代半ばから21世紀初頭のリーマン・ショック直前まで示している。その特徴として、第1に1980年代の経常赤字ファイナンスは1970年代における黒字国・産油国政府からの公的資金流入が太い、いわゆる「公的体制支持金融」の形態から、民間資本流入によって補填[79]——例えば1985年は経常赤字額（1,181億ドル）のほぼ全てが民間資本黒字（1,072億ドル）でファイナンス——される形態に変化した。

　第2にその後1990年代に突入すると、2007年までほぼ一貫して経常赤字を超える額の資本流入が継続し（アジア危機直後など一部を除く）、資本収支黒字額も「逆プラザ」以後は爆発的に伸び、1996年1,344億ドル億ドルから2006年8,093億ドルに拡大した。したがって1990年代前半にすでに経常赤字額との差額分を世界に再投資する仕組み、つまりは「経常収支という貿易活動などの実物経済活動とは相対的に独立した金融資産選択運動」[80]が活発化していた。

　第3に1980年代に停滞していた公的部門も1990年代以降再び上昇し、特に外

表 0-2　米国の国際収支表：経常収支赤字累積と国際資本移動

(100万ドル)

年　度	1985	1990	1992	1994	1996	1998	2000	2002	2004	2006	2007
経常収支	-118,155	-78,968	-50,078	-121,612	-124,764	-215,062	-417,426	-461,275	-624,993	-788,116	-731,214
（財貿易収支）	-122,173	-111,037	-96,897	-165,831	-199,000	-248,221	-454,690	-484,955	-669,578	-838,270	-819,373
資本収支	99,477	58,123	93,938	124,237	134,476	66,965	477,701	500,515	532,331	809,364	767,849
民間資本収支	107,275	24,054	51,228	79,698	2,073	94,073	436,174	387,906	130,061	313,705	379,186
対外投資	-38,074	-81,393	-76,644	-183,893	-419,088	-346,624	-559,292	-291,310	-1,005,385	-1,259,469	-1,267,459
対米投資	145,349	105,447	127,872	263,591	421,161	440,697	995,466	679,216	1,135,446	1,573,174	1,646,645
直接投資収支	815	11,311	-28,444	-34,046	-5,383	36,401	162,062	-70,088	-170,257	717	-95,729
対外投資	-18,927	-37,183	-48,266	-80,167	-91,885	-142,644	-159,212	-154,460	-316,223	-241,244	-333,271
対米投資	19,742	48,494	19,822	46,121	86,502	179,045	321,274	84,372	145,966	241,961	237,542
証券投資収支	67,230	-13,121	29,094	48,640	115,130	68,539	258,641	353,995	317,853	262,182	431,269
対外投資	-7,481	-28,765	-49,166	-63,190	-149,315	-130,204	-127,908	-48,568	-170,549	-365,204	-288,731
対米投資	74,711	15,644	78,260	111,830	264,445	198,743	386,549	402,563	488,402	627,386	720,000
（国債）	20,433	-2,534	37,131	34,274	147,022	28,581	-69,983	100,403	93,608	-58,204	156,825
（社債・株式）	50,962	1,592	30,043	56,971	103,272	156,315	459,889	283,299	381,493	683,363	573,850
（通貨）	3,316	16,586	11,086	20,585	14,151	13,847	-3,357	18,861	13,301	2,227	-10,675
非銀行部門収支	-491	17,309	13,186	-35,034	-32,597	-15,064	31,882	45,849	13,306	78,130	155,584
対外投資	-10,342	-27,824	-387	-36,336	-86,333	-38,204	-138,790	-50,022	-152,566	-164,597	-706
対米投資	9,851	45,133	13,573	1,302	53,736	23,140	170,672	95,871	165,872	242,727	156,290
銀行部門収支	39,722	8,555	37,391	100,138	-75,077	4,197	-16,411	58,150	-30,841	-27,324	-111,938
対外投資	-1,323	12,379	21,175	-4,200	-91,555	-35,572	-133,382	-38,260	-366,047	-488,424	-644,751
対米投資	41,045	-3,824	16,216	104,338	16,478	39,769	116,971	96,410	335,206	461,100	532,813
公的資本収支	-7,798	34,069	42,710	44,539	132,403	-27,108	41,527	112,609	402,270	495,659	388,663
米公的準備	-3,858	-2,158	3,901	5,346	6,668	-6,783	-290	-3,681	2,805	2,374	-122
その他米政府資産	-2,821	2,317	-1,667	-390	-989	-422	-941	345	1,710	5,346	-22,273
在米外国公的資産	-1,119	33,910	40,476	39,583	126,724	-19,903	42,758	115,945	397,755	487,939	411,058

（出所）U.S. Department of Commerce, BEA, *U.S. International Transactions Accounts Data.* より作成。

国公的資産は1996年は1,267億ドルに達し、その後2000年代に入ってからも伸び続け、2007年は4,110億ドルにのぼった。その地域別構成比（2007年）はアジア太平洋56.1％、中南米・西半球19.5％、ヨーロッパ17.8％、OPEC加盟国6.6％で[81]、日本および中国や中南米を軸とした新興市場地域の比重が大きくなり、これら諸国がドル買い支えのための外貨（ドル）準備を蓄積してきた。

　第4に民間資本の構成をみると、対外投資は直接投資や銀行部門以外の証券投資や「非銀行部門」（ミューチャル・ファンド、年金ファンド、ヘッジ・ファンドなど）での資金流出が1990年代前半〜2000年代を通じて一貫して巨額で（1990年565億ドル→1996年2,356億ドル→2006年5,298億ドル）、この間極めて投機性の高い

対外投資を行ってきた。他方、対内投資は直接投資、証券投資ともに1980年代～2000年代にかけて変動しながらも流入額を増大させてきた。中でも民間の社債・株式への投資は「逆プラザ」以降、劇的に伸び、1994年569億ドル→2006年6,833億ドルへ約12倍増（民間投資流入全体比は同21.6%→同43.4%）となった。この巨額の社債・株式向け投資はニュー・エコノミーとIT革命に沸いた1990年代米国経済を牽引した。この間国民の個人消費も絶好調に推移し、これを下支えしたのが株高ブームによる莫大な資産効果（企業価値と家計資産、その結果による担保物件の名目上の増加）であった。

　同時期の投資・消費の急膨張の異常さをロバート・ブレナー（Robert Brenner）は以下のように指摘する。

　この膨張した担保物件が基礎となって、家計も企業も米国史上最大規模の貯蓄の取り崩しに走ったが、……ほとんど疑問が投げかけられることなく、貸手が喜んで資金を融通した。……資本を必要とする企業は、ますます熱狂的になる投資家に対して、極度につり上げられた価格で株式を発行しさえすれば、並外れて安く資本を確保することができた。

　表0-3は、ニュー・エコノミー期の家計資産（負債）の動向と貯蓄率の推移を示している。家計の総資産は1991～99年で約90%の伸び率（25.7兆→48.9兆ドル）で、このうち金融資産に限った伸び率は約112.8%（16.1兆→34.3兆ドル）となった。金融資産の内容は、株式の伸び率が254.1%（2.7兆→9.7兆ドル）と顕著で、その対純資産の構成比も12.7%→23.2%に増加した。これに年金基金を加えると同構成比は45.1%超（1999年）となり、当該期を通じて家計資産の「証券化」（のみならず直接金融システムへのシフト化）が急速に進展した。株高持続の含み益の増大により、高所得者層を中心に消費性向が飛躍的に高まるとともに貯蓄率も一挙に低下し、可処分所得に占める比率は7.3%→2.4%（1991～99年）で推移した。

　これが米国の個人消費と高成長を支えた背景である。他方、負債をみると、こちらも急激に増加し、その伸び率は72.7%（1991～99年）、そしてその可処分所得比率は88.1%→101.5%へ拡大した。同比率は2000年代に入ってから急上昇し、2007年は140.9%（負債が可処分所得を1.5倍近くも上回る事態）に達した。

表 0-3　ニュー・エコノミー期米国の家計の資産・負債および貯蓄率

(10億ドル)

年　度	1991	1992	1993	1994	1995	1996	1997	1998	1999	2000	2007
資　産	25,739	26,941	28,580	29,681	32,753	35,163	39,044	43,354	48,911	49,418	77,019
実物資産	9,592	9,956	10,326	10,762	11,243	11,773	12,388	13,412	14,539	16,238	27,265
不動産	7,540	7,823	8,082	8,393	8,767	9,195	9,711	10,604	11,570	13,077	22,993
耐久消費財	1,972	2,044	2,149	2,270	2,371	2,468	2,562	2,683	2,835	3,014	4,026
金融資産	16,147	16,985	18,254	18,920	21,510	23,390	26,656	29,943	34,372	33,181	49,754
預金	3,318	3,281	3,215	3,170	3,357	3,500	3,666	3,882	4,051	4,378	7,330
株式	2,759	3,094	3,437	3,295	4,434	4,712	6,144	7,511	9,770	8,148	9,158
年金基金	3,825	4,130	4,606	4,889	5,715	6,378	7,355	8,265	9,265	9,167	13,247
総負債	3,933	4,136	4,405	4,732	5,054	5,415	5,762	6,217	6,794	7,401	14,329
住宅モーゲージ	2,683	2,854	3,013	3,181	3,334	3,540	3,756	4,058	4,435	4,820	10,495
消費者信用	816	825	886	1,022	1,168	1,274	1,344	1,441	1,554	1,742	2,552
純資産	21,806	22,805	24,175	24,950	27,699	29,748	33,282	37,137	42,117	42,018	62,690
(参考)											
可処分所得	4,464	4,751	4,912	5,151	5,408	5,689	5,989	6,396	6,695	7,195	10,171
（うち個人消費）	4,140	4,385	4,628	4,902	5,157	5,460	5,771	6,119	6,536	7,026	10,113
（うち個人貯蓄）	324	366	284	250	251	228	218	277	159	169	57
貯蓄／可処分所得(%)	7.3	7.7	5.8	4.8	4.6	4.0	3.6	4.3	2.4	3.3	0.6
負債／可処分所得(%)	88.1	87.0	89.7	91.9	93.4	95.2	96.2	97.2	101.5	102.9	140.9
株式／純資産(%)	12.7	13.6	14.2	13.2	16.0	15.8	18.5	20.2	23.2	19.4	14.6

（出所）　FRB, *Flow of Funds Accounts of the United States*, march, 2009. U.S. Department of Commerce, BEA, *National Income and Product Accounts Data*. より作成。

　これは端的に1990年代以降の同国個人支出が「債務依存」型であったことを明示する。しかもその構成も銀行部門の高収益業務である消費者信用の対負債比率が20.7％→22.8％(1991～99年)へ増加するなど、個人破産件数の急増と相まって家計部門の不安定化が一層深化した。但し、ブッシュ政権下の住宅ローン減税政策により、サブプライムローン問題発生直前の2007年はモーゲージ負債比率73.2％、消費者信用比率17.8％となり、モーゲージ負債比率が極めて高いが、消費者信用負債額それ自体は2.5兆ドルにまで急増した。

　以上によって、21世紀初頭の米経済は、過剰な個人消費およびその相関としての他国からの（米国民が消費するためのモノ・財の）過剰輸入と（その輸入支払いを通じた）膨大な経常赤字問題を抱えるに至った。2008年のリーマン・

ショックによる信用収縮はこの問題・不安定性を一挙に顕在化させた。そして、本書の文脈上でこの構造問題を位置づけると、米国の過剰な個人消費・輸入・経常赤字の循環をモノ・財といった生産面で支えたひとつが、主に隣国メキシコ（や中国）の労働力であり、かつ制度面で支えたひとつが第Ⅰ部で検討するNAFTAであった。

■注

1) アダム・スミス（水田洋監訳、杉山忠平訳）『国富論(3)』岩波文庫、2001年、173〜177ページ。
2) ラス・カサス（染田秀藤訳）『インディアスの破壊についての簡潔な報告〔改訂版〕』岩波文庫、2013年。
3) 疫病に関しては「生態学的帝国主義」と呼称される細菌の「コロンブス的交流」も始まった。アルフレッド・クロスビー（佐々木昭夫訳）『ヨーロッパ帝国主義の謎—エコロジーから見た10〜20世紀—』岩波書店、1998年、を参照。なお、天然痘などヨーロッパ人が「新大陸」に持ち込んだ病原菌によって免疫を持たない先住民は絶滅の危機に瀕した。カリブ海域では1492年の人口300万人から30年で10数万人へ、アステカ帝国のメキシコでは2,500万人から100年後には100万人へ、インカ帝国の中央アンデスでは1,200万人から50年後には240万人へと激減したとの説もある。例えば、国本伊代『概説ラテンアメリカ史』新評論、1992年、34〜35ページ。
4) 高橋均、網野徹哉『ラテンアメリカ文明の興亡』中央公論社、1997年、124〜125ページ。
5) エンリケ・セーモ（原田金一郎監訳）『メキシコ資本主義史—その起源1521-1763年—』大村書店、1994年、79ページ。
6) 同上書、79ページ。
7) 同上書、225〜226ページ。
8) ヌエバ・エスパーニャ副王領から1821〜23年の3年間で2,000万ポンド相当の資産が本国送金され、またリマ副王領からも1819〜25年までに数隻のイギリス艦隊が搬出した貴金属だけで2,690万ポンドに達したとの推定もある。アグスティン・クエバ（アジア・アフリカ研究所訳）『ラテンアメリカにおける資本主義の発展』大月書店、1981年、14〜15ページ。

　また、16世紀の「新大陸」産の銀（1万7,000トン）の多くがヨーロッパに送られ、17〜18世紀にはそれぞれ3万7,000トン、7万5,000トンが生産され、2世紀合計で8万1,000トンがヨーロッパに送られ、うち約半分はアジア（特に中国）へ送金されたとする議論もある。アンドレ・グンダー・フランク（山下範久訳）『リオリエント—アジア時代のグローバル・エコノミー—』藤原書店、2000年、265〜267ページ。
9) 斉藤広志、中川文雄『ラテンアメリカ現代史Ⅰ　総説・ブラジル』山川出版社、1978年、22ページ。
10) 近藤仁之『ラテンアメリカ銀と近世資本主義』行路社、2011年、123ページ。
11) 斉藤広志、中川文雄、前掲書、22〜23ページ。
12) 同上書、23ページ。
13) イマニュエル・ウォーラーステイン（川北稔訳）『近代世界システムⅠ—農業資本主義と「ヨーロッパ世界経済」の成立—』岩波現代選書、1981年、127ページ。しかしながら、アフリカ人奴隷の供給が豊富だったとはいえ、やはり人数の限界があったため、あらゆる部門や場所で奴隷制が採用されたわけではないという見解もウォーラーステインは示している。例えば、穀物栽培や家畜の飼育、鉱山業などでは基礎的な生産過程に従事する労働者の場合でさえ砂糖生産

よりも高度な熟練を要したため、奴隷制は採用できなかったし、ましな労働管理の形態をとる必要に迫られたとしている。この形態をウォーラーステイン自身は「換金作物栽培のための強制労働制」と呼称し、封建的ではなくむしろ資本主義的な労働管理であったとしている。すなわちラティフンディオは次第に資本主義的世界市場向けの生産活動を行う「資本主義的企業」になっていったという歴史認識を明示した（同書、127～129ページ）。

14）　ローランド・メジャフェ（清水透訳）『ラテンアメリカと奴隷制』岩波現代選書、1979年、41ページ。
15）　ビクター・バルマー＝トーマス（田中高、榎股一索、鶴田利恵訳）『ラテンアメリカ経済史』名古屋大学出版会、2001年、19～20ページ。
16）　同上書、19～23ページ。
17）　アンドレ・グンダー・フランク、前掲書、2000年、152～153ページ。
18）　ミシェル・ボー（筆宝康之、勝俣誠訳）『資本主義の世界史』藤原書店、1996年、73～74ページ。
19）　同上書、73～74ページ。
20）　詳細は、以下を参照。Edwin Lieuwin, *Venezuela*, Oxford University Press, 1961.
21）　だからといって、独立運動が大衆を排除したクリオージョだけのものであったという考え方は、正確ではない。むしろラテンアメリカ歴史学者の増田義郎が主張するように、クリオージョ階級は先住民やメスティソとの激しい階級間の緊張関係のうちに各国の独立運動を進め、政治的主権を掌握したのであった。増田義郎「ラテン・アメリカの植民地時代と文化的アイデンティティーの問題」増田義郎編『ラテンアメリカのナショナリズム』アジア経済研究所、1977年、14ページ。
22）　アンドレ・グンダー・フランク（西川潤訳）『世界資本主義とラテンアメリカ―ルンペン・ブルジョワジーとルンペン的発展―』岩波書店、1978年、68～69ページ。
23）　同上書、68～69ページ。
24）　一次産品輸出経済の具体的な内容については、主要輸出品目により3形態に分類する見解がある。それに従うと、第1に温帯農産物輸出国としてアルゼンチン、ウルグアイ、ブラジル南部があげられ、主要産品は穀物、羊毛・皮革、食肉などとなっている。主に小作人がエスタンシア（estancia）というラティフンディオの一形態の大土地所有制の下で農作業した。第2に熱帯農産物輸出国としてブラジル、コロンビア、エクアドル、中米、カリブ、メキシコがあげられ、主要産品はコーヒー、砂糖、バナナ、カカオ、ゴムなどとなっている。主に賃労働者がプランテーションにおいて生産した。第3に鉱産物輸出国としてメキシコ、ペルー、ボリビア、ベネズエラがあげられ、主要産品は銀、銅、貴金属、硝石、石油となっている。加えて、同地域では大農園アシエンダ（hacienda）で従事するペオン（peon）と呼ばれる債務奴隷や賃労働者もいた。以上、宇佐見耕一、浜口伸明「一次産品輸出経済から輸入代替工業化へ」宇佐見耕一ほか『図説ラテンアメリカ経済』日本評論社、2009年、10～12ページ、を参照。
25）　アルド・フェレール（松下洋訳）『アルゼンチン経済史』新世界社、1974年、57ページ、108ページ。
26）　アンドレ・グンダー・フランク、前掲書、1978年、73～74ページ。
27）　カイオ・プラド（山田睦男訳）『ブラジル経済史』新世界社、1978年、362～363ページ。
28）　アンガス・マディソン（金森久雄監訳、［財］政治経済研究所訳）『世界経済の成長史　1820～1992年―199ヵ国を対象とする分析―』東洋経済新報社、2000年、76～77ページ。
29）　エリック・ウィリアムズ（川北稔訳）『コロンブスからカストロまで　Ⅱ』岩波現代文庫、2014年、241ページ。
30）　同上書、242～254ページ。
31）　ようやく憲法が効力を発揮したのは1938年になってからで、当該期は貧富格差改善と農民へ

の土地分配を大義としたメキシコ革命を源流とする民族主義の高揚期となった。第二次世界大戦直前のラサロ・カルデナス（Lázaro Cárdenas）政権下（1934〜40年）で外資規制や国有化路線（外資所有の鉄道やスタンダード・オイル社の資産を含む石油産業の接収）や国営企業の整備が徐々に実現され始めた。

32) アグスティン・クエバ、前掲書、178〜179ページ。
33) 同上書、178〜179ページ。
34) テオトニオ・ドス・サントス（青木芳夫ほか訳）『帝国主義と従属』柘植書房、1983年、125〜146ページ。
35) 同上書、127ページ。
36) ラウル・プレビッシュ（Raul Prebish）や国連ラテンアメリカ・カリブ海経済委員会（CEPAL）のエコノミストらが主導した同学派はその分析枠組みに植民地時代以来の収奪構造と一次産品輸出経済構造の形成という歴史的視点を組み入れ、ウォルト・ロストウ（Walt Whitman Rostow）の5段階発展経路的な近代化論や単線的発展史観に対するアンチテーゼを提唱したのであった。W.W. Rostow, *The Stages of Economic Growth: A Non-Communist Manifest*, Cambridge University Press, 1960. 邦訳は、木村健康、久保まち子、村上泰亮『経済成長の諸段階——一つの非共産主義宣言—』ダイヤモンド社、1961年。

と同時に、構造学派は一次産品交易条件の長期的悪化説を提唱し、同説から導出した政策的手段として工業化達成のためのモノカルチャー生産構造の変革と輸入代替工業化戦略の採用があった。

37) ラテンアメリカは中枢（metropolis）の先進国によって外的に規定された衛星（satellite）であり、発展途上の「未」開発（un-development）の状態ではなく、中枢国との歴史的関係を通じて「低」開発（under-development）を強制されたと規定する。この中枢・衛星関係が存続する限り、世界資本主義体制の発展と構造の中では半永久的に低開発が再生産されると論じた。アンドレ・グンダー・フランク（大崎正治訳）『世界資本主義と低開発——収奪の＜中枢－衛星＞構造—』柘植書房、1976年。
38) フェルナンド・エンリケ・カルドーゾ、エンソ・ファレット（鈴木茂ほか訳）『ラテンアメリカにおける従属と発展』東京外国語大学出版会、2012年、55ページ。カルドーゾらは現地の支配層（現地ブルジョアジー）と多国籍企業との階級的利害の一致に基づいた「連携従属的発展」（associated-dependent development）という発展形態を提起し、その「階級同盟」が国家と国民の諸関係（政治的力学）に及ぼす動態的な作用を分析枠組みに組み込んだ。
39) 詳細は、岡倉古志郎、寺本光朗編著『チリにおける革命と反革命』大月書店、1975年。
40) 当初、政策遂行担当者の米国人パターソンは最高学府である国立チリ大学経済学部との交換プログラムの提携を進めようとしたが、失敗に終わった。当時の同大では構造学派が優勢だった。かかる中、米国側は連携強化を図る別の候補として私立チリ・カトリック大学が浮上した。その結果、竹内恒理によれば短期間のうちに同大では「シカゴ大学と同一のカリキュラム（とりわけ数学を用いた実証型経済学の手法）、英文のテキストが採用され、……1963年には……常勤教員のうち、当初の予定を上回る15名がシカゴ大学の出身者で占められ、シカゴ・ボーイズの第一世代であるデ・カストロが経済学部長に就任した」のだった。竹内恒理「『シカゴ・ボーイズ』とチリーネオリベラリズム『理念』の形成と浸透—」仙石学、村上勇介編『ネオリベラリズムの実践現場』京都大学学術出版会、2013年、84ページ。
41) シカゴ・ボーイズが出現した理由として、米国側が積極的に留学生を受け入れるに至った背景を、ナオミ・クライン（Naomi Klein）は次のように活写した。「二人の男（米国際協力局チリ支局長パターソンとシカゴ大学経済学部長シュルツ—引用者）が考え出した計画は、やがて国家主導型経済の中心の舞台だったサンティアゴをその対極、つまり最先端の自由市場経済の実験場へと転換し、ミルトン・フリードマンに、現実の国家で自説の有効性を試す願ってもな

いチャンスを与えることになる。当初の計画はきわめてシンプルであった。アメリカ政府の資金でチリの学生を、大方の評価によれば当時の世界でもっとも『反左翼的』とみなされたシカゴ大学で学ばせるというものである」。ナオミ・クライン（幾島幸子、村上由見子訳）『ショック・ドクトリン（上）』岩波書店、2011年、82ページ。

42) この留学は、まさに米国側の国家的戦略として進められたのであった。再びナオミ・クラインの筆を借りると、「1956年に正式にスタートとしたこのプログラムにより、1957年から1970年までの間に約100人のチリ人学生がシカゴ大学で大学院レベルの教育を受け、その学費と諸経費はアメリカの納税者や基金によって支払われた。1965年、このプログラムの対象はチリだけなくラテンアメリカ全域の学生へと拡大されたが、なかでも数が多かったのはアルゼンチン、ブラジルおよびメキシコの学生だった。この拡大に伴う資金はフォード財団からの助成金によって賄われ、この助成金を元にシカゴ大学にはラテンアメリカ経済研究センターが創設された。（中略）わずか10年の間に、海外で経済学を学びたいと考えるラテンアメリカ人にとって超保守的なシカゴ大学が第一の留学先になったのは、じつに驚くべきことだ。同時にそれは、ラテンアメリカのその後数十年間の歴史の流れを形づくることにもなった」。同上書、83～84ページ。

43) これに関連して、ニューヨーク大学教授でラテンアメリカ史専門家のグレッグ・グランディン（Greg Grandin）はフリードマン教授とチリの関係について、以下の卓見を示した。「フリードマンは、次のように述べてピノチェトとの関係を自己弁護した。すなわち、もしアジェンデが政権に留まることが許されたならば、チリ人は『数千の排除やたぶん大規模な餓死……拷問や不正な投獄』を被ったであろうと。しかし、数千の排除、飢え、拷問、不正な投獄は、まさにシカゴ学派経済学者がその秘蔵っ子（ピノチェトのこと―引用者）を擁護していたその瞬間に、チリで起こっていたことであった」のだと。グレッグ・グランディン（松下洌監訳）『アメリカ帝国のワークショップ―米国のラテンアメリカ・中東政策と新自由主義の深層』明石書店、2008年、217ページ。

44) エリック・トゥーサン（大倉純子訳）『世界銀行 ―その隠されたアジェンダ―』柘植書房新社、2013年、86ページ。

45) 同上書、87～89ページ。

46) 同上書、86ページ。

47) なお、この構造調整政策はその後、ラテンアメリカのみならず他地域へと拡散していった。アフリカにおける債務拡大および構造調整政策の導入過程を論じたものに、福田邦夫「一次産品経済と対外累積債務 ―サハラ以南のアフリカ諸国―」『明治大学社会科学研究所紀要』明治大学社会科学研究所、第38巻第1号、1999年。また、構造調整以後のアフリカ、とりわけナイジェリアの一次産品経済構造・貿易構造の矛盾点を多国籍諸企業との関連で論じたものに、福田邦夫「世界経済システムと第三世界 ―サハラ以南のアフリカ―」福田邦夫編著『21世紀の経済と社会』西田書店、2015年、を参照。

48) 中山智香子『経済ジェノサイド ―フリードマンと世界経済の半世紀―』平凡社新書、2013年、49ページ。

49) Chong and López de Silanes ed., *Privatization in Latin America: myths and reality*, Stanford Economics and Finances, Stanford University Press and the World Bank, 2005, p. 22.

50) ジョセフ・スティグリッツ（鈴木主税訳）『世界を不幸にしたグローバリズムの正体』徳間書店、2002年、93～94ページ。

51) 中本悟「アメリカン・グローバリズム：展開と対立の構造」中本悟編『アメリカン・グローバリズム―水平な競争と拡大する格差―』日本経済評論社、2007年、8ページ。

52) ナオミ・クライン（松島聖子訳）『貧困と不正を生む資本主義を潰せ―企業によるグローバル化の悪を糾弾する人々の記録―』はまの出版、2003年、126ページ。

53) WTOの「アメリカ化」に関する検討は、スーザン・ジョージ（杉村昌昭訳）『WTO徹底批判！』作品社、2003年。武藤一羊「アメリカ帝国と『グローバル化』の歴史的位相」渡辺治、後藤道夫編『「新しい戦争」の時代と日本』大月書店、2003年を参照されたい。
54) この呼称は、Jagdish Bhagwati, "The Capital Myth: The Difference between Trade in Widgets and Dollars", *Foreign Affairs*, vol. 77, no. 3, 1998. Robert Wade and Frank Veneroso, "The Asian Crisis: The High Debt Model Versus the Wall Street-Treasury-IMF Complex", *New Left Review*, no. 288, 1998.
55) 吉川久治「『失われた10年』と中南米」『経済』新日本出版社、2005年6月号、76ページ。
56) 民間商業銀行の借款の多くは変動金利の契約で実行され、その金利の基準となるユーロ市場のロンドン銀行間貸出金利（LIBOR）は1977年6％→1981年16％へと上昇し、その後も1980年代を通じて高金利が続いた。細野昭雄「累積債務問題」小池洋一、西島章次編『ラテンアメリカの経済』新評論、1993年を参照。
57) 途上国債務の中でも最大規模となったメキシコ債務において、同国の民間資金流入の国別比率（1978年末）は、アメリカ46％、日本10％、カナダ9.5％、ドイツ7.8％とアメリカが圧倒的であり、とりわけ米大銀行（当時）の、Citibank, Bank of America, Manufactures Hanover, Chase Manhattan, Chemical Bank, Morgan Guaranty Trustの6行だけで米商業銀行の借方残高総額の50％を占めるに至った。Rosario Green, *Estado y Banca Transnacional en México*, CEESTEM y la editorial nueva imagen, 1981, pp. 206-214.
58) John Williamson, "What Washington means by policy reform", in J. Williamson ed., *Latin America Adjustment: How much has happened?*, Institute for International Economies, 1990, pp. 7-17. なお、スティグリッツは、「ワシントン・コンセンサス」10項目のうち、特に財政改革、民営化、市場開放・自由化を基本の3本柱とし、これらが途上国に与えた影響を批判的に検討している。ジョセフ・スティグリッツ（鈴木主税訳）『世界を不幸にしたグローバリズムの正体』徳間書店、2002年、87〜134ページ。
59) ヤン・ネーデルフェーン・ピーテルス（原田太津男、尹春志訳）『グローバル化か帝国か』法政大学出版会、2007年、23ページ。
60) 萩原伸次郎『米国経済はいかにして世界経済を支配したか』青灯社、2008年、164〜166ページ。
61) 同上書、172〜173ページ。
62) 大統領経済諮問委員会（萩原伸次郎監訳）『2001年米国経済白書』エコノミスト臨時増刊号、毎日新聞社、2001年、35ページ。
63) 柿崎繁「IC産業の特質について」『明大商学論叢』明治大学商学研究所、第72巻第1号、1989年。
64) この段階区分は、70年代初頭のLSI化およびCPUとRAMのワンチップ化＝量産化の段階（マイコンの時代）をME革命の第1段階とした、南克巳「ME＝情報革命の基本的性格―ポスト冷戦」段階への基礎視角―」『三田学会雑誌』慶応義塾大学、第87巻第2号、1994年、を参照されたい。
65) 南克巳「冷戦体制解体とME＝情報革命」『土地制度史学』土地制度史学会編、第147号、1995年、34ページ。
66) なお、南理論では、この「ME＝情報化」に至る直接の背景である戦後＝冷戦段階においては、WWMCCS（World-wide Military Command & Control System）下で核ミサイル軍事機構が隆盛を極めるという、「軍事＝情報化」がその前段階として位置づけられている。同上書、34ページ。
67) 矢吹満男「1990年代アメリカ資本主義の新展開」大西勝明・二瓶敏編『日本の産業構造―ポスト冷戦期の展開―』青木書店、1999年、48〜49ページ。
68) 米国商務省（室田泰弘編訳）『ディジタル・エコノミーⅡ』東洋経済新報社、1999年、107〜

111ページ。

69) 世界的な金融取引の隆行にとって、コンピュータ技術と国際的な通信網の発達、エレクトロニクスによる国際決済システムの形成が果たした役割は極めて大きく、米商務省の指摘のように金融関連産業それ自体が「IT多使用産業」であり、情報化のための巨額の設備投資を吸収してきた。IT（情報技術）とFT（金融技術）の「一体化」である。なお、90年代半ばにおいて産業部門毎の全設備に対するIT機器への支出割合は、通信86.3％、保険代理店86.0％、証券業80.7％、持株・投資会社79.6％など、8割を超える業種も多くあった。同上書、113～116ページ。

70) 南克巳『情報革命の歴史的位相―インターネットの生成史に照らして―』（ポスト冷戦研究会報告要旨）2002年、3ページ。<http://www.fdev.ce.hiroshima-cu.ac.jp/~keizai/ARCHIVE/011215/011215KM.PDF>.

71) 同上報告書、3ページ。

72) BIS, *Triennial Central Bank Survey: foreign exchange and derivatives market activity*, 2007, p. 4.

73) 毛利良一「アメリカ主導の金融グローバル化とアーキテクチャ改革」信用理論研究学会編『金融グローバリゼーションの理論』大月書店、2006年、288ページ。なお、同国の通貨危機発生と金融自由化の関連性にかんする詳しい分析は、安原毅『メキシコ経済の金融不安定性―金融自由化・開放化政策の批判的研究―』新評論、2003年、を参照。

また、「21世紀型危機」の呼称は、IMFカムドシュ専務理事（当時）が94年の同危機をそう名付けたことに起源を持つ。その定義は諸説あるが、ひと先ずは、①投機的民間短期資本の急激な流出入、②ドル・ペッグから変動相場制への移行、③通貨危機から金融危機への波及・拡大、④金融危機の世界的伝染、などをその特徴としてあげられる。高懸雄治「途上国の国際金融 債務危機と金融危機」信用理論研究学会編『金融グローバリゼーションの理論』大月書店、2006年、195ページ。

なお、「21世紀型危機」を国際金融市場の投機性の観点からだけでなく、ポスト冷戦期アメリカ・ユニラテラリズム下でのグローバリゼーションとIT革命の本格化を背景として立ち現れた、経済のバブル化、価値破壊と呼ばれる価格低下競争、国内外における貧富格差の急拡大をその内容として特徴付けたものとして、増田壽男「ポスト冷戦と『21世紀型危機』」『経済志林』法政大学、第71号第4巻、2004年、を参照されたい。

74) 増田正人「グローバリゼーションとパックス・アメリカーナの再編」萩原伸次郎、中本悟編『現代アメリカ経済―アメリカン・グローバリゼーションの構造―』日本評論社、2005年、235ページ。

75) 周知の通り、こうした高金利＝ドル高政策はニクソン政権以来の積極的財政金融政策によるスタグフレーションへの対応であり、ケインズ的有効需要策に対するマネタリズムの対応であった。ベトナム戦争下のスタグフレーション発生要因を戦後段階の諸特徴、とりわけマイクロ・エレクトロニクス（ME）革命の視角から説明を試みたものとしては、矢吹満男「現代帝国主義の構造とスタグフレーション」『社会科学年報』専修大学社会科学研究所、第19号、1985年。同「現代帝国主義の構造的危機の現局面」『専修経済学論集』専修大学、第42号、1987年、を参照されたい。

76) 関下稔「ポスト冷戦時代のアメリカ経済―国内産業再生と対日交渉の政策史的展開をもとにして―」『土地制度史學』土地制度史学会、第147号、1995年、12ページ。また、その後の「ジョーンズ・レポート」、「ギボンズ・レポート」を検討したものに、関下稔『日米経済摩擦の新展開』大月書店、1989年を、参照。なお、「ヤング・レポート」そのものについては、John A. Young, The Report of President's Commission on Industrial Competitiveness, *Global Competition the New Reality*, 1995. を参照。

77) エマニュエル・トッドは、このアメリカが輸入し、その代金を支払うための貨幣記号物を世

界中から徴収するやり方を、古代ローマ帝国による周辺朝貢国からの「貢納物」に擬している。とはいえ、「帝国」や「権力」概念を過大に重視することはせず、むしろ今次の金融フローはグローバル資本主義段階における帝国的経済の新たな安定的な要素となる可能性についても言及している。エマニュエル・トッド（石崎晴己訳）『帝国以後―アメリカ・システムの崩壊―』藤原書店、2003年、128～133ページ。

一方、このシステムを「寄生的国際循環」と論策し、同循環は黒字国の対米投資がひとたび困難に陥ればドルが暴落する可能性を孕んでおり、その永続性に疑義を呈したものは、二瓶敏「現代（ポスト冷戦期）帝国主義をめぐって」経済理論学会編『季刊　経済理論』桜井書店、第41巻第3号、2004年、7ページ。また、同循環を「帝国循環」（1980年代）および「新帝国循環」（1990年代）と呼んだものは、吉川元忠『マネー敗戦』文春新書、1998年、32、162ページ。

78）　二瓶敏「冷戦体制とその解体について―山本孝則氏の批判に答える―」『専修経済学論集』専修大学、第33巻第2号、1998年、149ページ。

79）　知られるように、この70年代と80年代の資金流入形態の違いを「公的体制支持金融」と「私的体制支持金融」という言葉で区別し表現したものは、松村文武『体制支持金融の世界―ドルのブラックホール化―』青木書店、1993年。松村文武『債務国アメリカの構造』同文舘、1988年、を参照。なお、1980年代のこうした対米投資の中核を担ったのが日本であり、その対世界比は、1980年11.4％からプラザ合意を契機に1985年22.3％、1986年22.3％、1987年17.8％、1988年35.2％へと上昇し、その額も1980年69.5億ドルから最盛期1988年には863.7億ドルにまで膨張した。そのうち直接投資額は172億ドル（1988年）と対全体比で19.9％にとどまり、残りの投資はほぼ米国債の購入に充てられた。その主体は大蔵省の行政指導による生保など機関投資家であった。数値は、U.S. Dept. of Commerce, BEA. <http://www.bea.gov/international/index.htm#iip>.

80）　立石剛「国際金融システム不安とドル本位制」萩原伸次郎、中本悟編『現代アメリカ経済―アメリカン・グローバリゼーションの構造―』日本評論社、2005年、216ページ。なお、IMFはこの経常赤字を超える形での資本流入は1990年代以降のアメリカが「相対的に安全で流動性の高い金融資産を、相対的に高い利回りで提供する」ことで実現し、これを「流動性は低いが、高い利回りで国際市場を経由して」再投資するという形態で現象する「国際金融仲介」機能として捉えている。IMF, *International Capital Markets: Developments, Prospects, and Key Policy Issue*, 1997, p. 3.

一方、このIMFの解釈を、①膨大な対外債務というアメリカ側の資金需要の要因が捨象されている点、②金融仲介機能を担うアメリカの金融システムを他国と比べ効率的であると認識している点（効率的というよりはむしろITバブルという点で投機的であり、レバレッジを通じた過剰資金という点では不安定なシステムであること）に問題があると、批判的見解を示したものとして、立石、同上論文、218～225ページ。立石剛「アメリカ金融活況と国際通貨金融システム」立石剛、津守貴之、星野郁『現代世界経済システム―グローバル市場主義とアメリカ・ヨーロッパ・東アジアの対応―』八千代出版、2004年、75～77ページ。

81）　U.S. Dept. of Commerce, BEA. <http://www.bea.gov/index.htm>.

82）　知られるように、この「非銀行部門」の非関連外国人取引を地域区分でみると、債務・債権ともにイギリス（ロンドン）とカリブ海諸国（英領バージン諸島、ケイマン諸島、バミューダなど）に集中しており、アメリカの信託・年金資金、ヘッジ・ファンド資金などの運用中心拠点となっている。奥田宏司「1990年代のアメリカ国際収支構造とマネーフロー―ドル体制の『回復』局面への移行と流動資金による信用連鎖―」『立命館国際研究』立命館大学、第12巻第2号、1999年、62～63ページ。

83）　ロバート・ブレナー（石倉雅男、渡辺雅男訳）『ブームとバブル―世界経済のなかのアメリカ―』こぶし書房、2005年、249ページ。

第Ⅰ部

北・中米編

第1章

NAFTA下の米国の貿易と製造業

1 米国の通商戦略の変遷と地域主義

1-1 1990年代の通商戦略の展開

　米国産業再生を懸けて1990年代に展開された「財・モノ」取引面での対外政策＝通商戦略の特徴は何だったのか。冷戦体制崩壊後に誕生したビル・クリントン（Bill Clinton）政権は、戦後の大統領として初めて軍事や同盟関係から「解放」され、国内経済の復活・産業再生のための政治経済的政策を十全に展開することができた。その象徴は国家安全保障委員会（NSC：National Security Committee）から国家経済委員会（NEC：National Economic Committee）への軸足の転換＝改組であった。NECの主要目的は、悪化の一途である経常赤字と財政赤字（双子の赤字）の改善とそのための米国資本の国際競争力強化、そして雇用増大によって持続的経済成長を軌道に乗せることにあった。膨大な軍事費・援助負担（ドル Spending ＝体制維持支出）が続いた冷戦下、1980年代半ばに世界最大の債務国に陥り、日本・欧州はもとよりアジアNIEsからも大量の商品輸出を許した米国は対外政策の転換を図ることになる。

　通商政策では国内市場保護を目指すスーパー301条を復活させ、輸出促進のために通商促進調整委員会（Trade Promotion Coordination Committee）の作業において、国家輸出戦略（National Export Strategy）を策定した。これにより、それまでの「一方的な」市場開放を放棄し、交渉を通じて相手国の経済改革を要求し、市場を強引に抉じ開けることで輸出先を開拓する方式を採ることになった。のみならず、知的財産権分野においてスペシャル301条を新設し、広く対

外的に知的財産権戦略を領導するとともに、それを一層強化するための研究開発支援体制も国家的に整備し始めた。1980年代以降、衰退著しい米国製造業多国籍企業の国際競争力を、国際戦略提携やアウト・ソーシングを通じた生産の外部化と、コア・コンピタンスの確保・維持を図ることで産業復活を果たし、経営体として生き残りを賭ける戦略に転換した。

　さらにGATTの多角的貿易主義を補完する対外政策として、1985年イスラエルとの最初の二国間FTAを契機に1989年にカナダと二国間FTAを発効させるなど、新たに地域主義が同国通商戦略の中軸に加わった。1990年に父ブッシュ（George Herbert Walker Bush）政権によって南北アメリカ大陸全域を一体化する地域統合構想エンタープライズ・フォー・ジ・アメリカス・イニシアティブ（EAI：Enterprise for the Americas Initiative）が提唱され、EAI構想を発展させたのが、クリントン政権が推進した米州自由貿易地域（FTAA：Free Trade Area of the Americas）構想であった。同構想は、貿易・投資自由化、国家規制撤廃の法的枠組みを、（キューバを除く）「米国の裏庭」であるラテンアメリカ・カリブ海34ヵ国との間で構築し、加盟国全体（当時）で人口8.5億人超、域内GDP総額14兆ドル超の自由貿易圏創出を企図した野望であった。

FTAAと米国の対西半球戦略

　冷戦崩壊後という文脈上でFTAA構想を位置づけると、それは端的に米国の西半球戦略の再定義、あるいは米国とラテンアメリカ地域との諸関係の再定義であった。つまり冷戦下キューバ革命やチリ革命に対する「反革命」闘争に象徴されるように、それまでの米国の対西半球戦略は共産主義イデオロギーに対する広範な政治・軍事的闘争が主であった。だが、冷戦崩壊と経済的グローバル化の中で次第に経済領域での市場開放を巡る闘争へ変化した。

　FTAA草案それ自体は、投資自由化や知的財産権の項目にNAFTA条項が参照されていた。ゆえにその特徴は「NAFTAの南方拡大」であった。そこでは米国輸出に対する市場アクセスの提供や途上国特恵条項の排除など、米国多国籍企業の利益が重視された。ところが農業補助金やアンチダンピング措置問題、およびシンガポール・イシュー分野に関して、主要な南米諸国と米国との間で2003〜05年に対立が顕在化し、FTAA交渉は現在（2016年時点）まで中断中である。

特にブラジルは米国の対西半球イニシアティブに警戒感を露わにし、NAFTAが締結された同年、フェルナンド・カルドーゾ（Fernando. H. Cardoso）ブラジル大統領はそれに対抗し、南米自由貿易地域（SAFTA：South American Free Trade Area）創設を提案した。この南米地域独自のアイデンティティ構築戦略の延長線上に、第4章で触れる南米南部共同市場（Mercosur）も位置づけられる。

1-2 FTAA交渉の角逐の論点と背景

では、FTAAを巡る対立の基本的論点は何だったのか。第1に農業補助金の問題である。農業貿易自由化を主張する米国は、他方、自国の多額の農業補助金問題はWTO交渉で決着するまで不問に付す算段であった。Mercosur加盟国（ブラジル、アルゼンチンなど）やベネズエラ（後にMercosurに加盟）はこれに強く反発し、同問題を条文に明記することを要求した。ブラジルらの主張は、自国農業には保護政策を遂行する一方で、他国には農業貿易自由化を要求する米国のご都合主義的な二枚舌を非難するものだった。

第2に投資・政府調達・知的財産権・サービス分野の規定など、いわゆるシンガポール・イシュー問題である。米国はWTO交渉で妥結できない困難なイシューを、極めて高い水準で自由化・規制緩和することをFTAA交渉で要求した。Mercosur諸国はこれにも反対した。

交渉が停滞する中、2003年マイアミ首脳会談宣言で「二つの水準」の交渉進行が決定された。すなわち34ヵ国の合意はミニマムアクセスにし、「第二の水準」では相互利害が共通する二国間・多国間の自由交渉が可能となった。要するに2段階交渉レベル（アラカルト方式）や全会一致の合意原則（コンセンサス方式）を設定し、南米主要国との決定的決裂を回避する交渉方式である「軽度のFTAA（FTAA-light）」とした。

以降、米国はFTAA交渉より対ラテンアメリカ二国間・多国間FTA戦略を加速させた。2004年に米国をリーダー格としてG14を組織し、複数交渉を一挙に進めながら巨大な米国市場へのアクセスを求める国々（の市場開放度）を競わせる競争的自由化（competitive-liberalization）戦略を推進した。

以上の経緯ゆえに、翌2005年アルゼンチン最大のビーチリゾート地であるマ

ル・デル・プラタ（Mar del Plata）で開催された首脳会議（IV Cumbre de las Américas）でFTAA交渉中断は決定的となった。

交渉決裂に関するネグリとハートの議論

『＜帝国＞』の著者である左派知識人アントニオ・ネグリ（Antonio Negri）とマイケル・ハート（Michael Hardt）は、近年、米国が国際的な経済協定交渉において、自国の経済的覇権に関する同意を他国に承認させることが益々困難になっていることを指摘した[1]。その困難さの最も象徴的な事例として、米国の敗北例としたのが、FTAA交渉の頓挫であった。そのことについてネグリとハートは以下の認識を示した。

ラテンアメリカ諸国政府は合衆国の経済的ヘゲモニーからの独立を一部なりとも宣言したのである。これは単に国家主権の政治的肯定であるだけでなく、……こうした国々の支配層が、<u>アメリカのヘゲモニーを自分たちの経済的利害にプラスになるとはみなさなくなったことを示している</u>。……つまり米政府の意向に対する抵抗はすべて、アメリカのソフトパワーに対する一連の「不信任」票——その単独行動主義的経済プロジェクトの失敗の徴候——と読み取ることができる[2]。（下線、引用者）

なぜ南米主要国の支配層は、FTAAが自分達の経済的利害にプラスに作用しないと考えたのか。この点、ジェームズ・ペトラス（James Petras）の議論は示唆に富む。彼は述べる。「ブラジルのFTAA調印の意欲を損なったのは、『すべてを支配する』——1990年代のように——という米国政府の頑な信念だった」[3]。他方、その上で、ペトラスは次の持論も展開した。「彼（ルーラ大統領—引用者）は<u>ネオリベラル経済を強化し、米国の企業や金融機関の利益を促し、世界市場へのさらなる統合を進めてきた</u>。米国がブラジルをそのイデオロギーに従わせ、一方的な貿易協定を受け入れさせようとすることは、米国がブラジルでの影響力を増す上で大きな障害」になったのだと[4]（傍点、引用者）。重要な論点は、外資系企業（米国系を含む）の対ブラジル進出傾向とその大きな比重は、同国がFTAA交渉や米国の西半球戦略に対抗・反対していた時期であっても、<u>一貫して維持されていた</u>点である。

要するにルーラ（Luis Inácio Lula da Silva）の大統領就任以降、ブラジルは農産物・鉱物輸出戦略への劇的な転換を通じて市場開放・自由貿易志向が加速し、

それだからこそ、米国の保護主義的な農業政策（＝米国農産物市場参入への高い障壁）、およびFTAAを通じた農業補助金漬けの米国農産物輸出の拡大政策（＝対ブラジル農産物市場参入の促進）に対する、両国間の利害対立が生じたのだった。

第5章で詳述するが、FTAAに抗するブラジルやアルゼンチンの「中道左派」政権による対米自主路線戦略は、新自由主義・自由貿易からの脱却を（部分的な修正や妥協などはあったものの）直接的に目指したわけでは決してなかった（但し、ベネズエラは両国のケースと異なる）。

「反帝国主義」という物語と現実

市民社会の側も米国流のグローバル・ルール——「必然的に課されることになる強制的な均質化」(A. ネグリ)[5]——を反映したFTAAに沿って貿易・投資自由化を進めることに、大勢が反対した。前述のマル・デル・プラタでは首脳会議直前にFTAAに反対する大規模民衆サミット（Cumbre de los pueblos de América）が開催され、その他、首都ブエノスアイレスをはじめ全国各地で数万人による大規模な反対デモも展開された。

一見すると、ポスト新自由主義志向の「左派・中道左派」政権の対外政策と市民側の多様なアンチ・グローバリゼーション運動や反自由貿易運動とが連携しているかにみえるが（それらのいくつかの諸運動体は確かに諸政権の支持基盤を形成してきたが）、廣瀬純の視座は重要である。長めに引用する。

確かにアルゼンチン政府は、ブラジル政府などとともに、USA政府が押し進めようとするALCA（FTAAのスペイン語—引用者）に反対し、メルコスルによるラテンアメリカ経済の自律性の確保を模索してはいますが、しかしながら、このことは、<u>諸々の運動が資本制の外で展開しつつある多様な自律的経済活動を支援するというようなことでは、まったくありません</u>。(中略)。現在のラテンアメリカ諸政府が行っていることは、≪USA諸政府による「帝国主義的」支配に抗い、ラテンアメリカ諸国の「主権」を確保する≫というような抵抗の大きな物語……のなかに、シチュエイショナルで多様な運動を均一的に再統合していくことで、近代国家の枠組みを、その代表制政治システム及びその資本制経済システムとともに、再建するということなのです。[6]（下線、引用者）

第5章で触れるが、近年ラテンアメリカのあらゆる国や地域で、農民・先住

民・都市部貧困層などによる多種多様な社会運動や新自由主義への反対運動が頻出しているが、それらと対峙し、時に粉砕・抑圧するのが実はポスト新自由主義志向の「左派・中道左派」政権それ自体であるといったひとつの構図が浮かび上がる。

1-3 米国の二国間・多国間FTA戦略とNAFTA

米国でのNAFTA反対運動

　二国間・多国間FTA戦略転換の結果、米国は立て続けに対チリ（2004年発効）、対中米5ヵ国＋ドミニカ共和国（2009年までに全て発効済）、対パナマ（2012年発効）、対ペルー（2009年発効）、対コロンビア（2012年発効）などと、FTAネットワークを構築した。米国はFTAAより相対的に合意形成の障害が少ない二国間FTAにおいて、自国の多国籍企業の利害を十全に反映させており、近年はFTA戦略の地理的範囲も米州地域を超えアジア（韓国）、中東・北アフリカ諸国、豪州へと拡大し、二国間主義（バイラテラル）を急進している。もってWTO交渉を通じた多国間主義のみならず、NAFTAや二国間FTAなどの地域的貿易協定を連繋させた、重層的通商戦略を展開している。

　この重層的展開の中、米国の地域主義の先発例であり、かつ代表格として発効後20数年を経たのがNAFTAである。1989年に成立済みの米加FTA——その起源は1965年に両国間で結ばれた自動車協定に遡り、当時からカナダ自動車産業はGM、フォード、クライスラーの生産工場・分工場として機能——に新たに1992年メキシコが参加表明する形で合意し、世界最大規模の貿易圏＝NAFTAは誕生した。背景にはレーガン政権以来、米国が積極的にメキシコに対し、FTA締結を働き掛けてきた過去があった。十数年に渡って交渉拒否を続けていたメキシコは、1990年代にサリナス大統領（当時）が対外政策を大転換したことでNAFTA成立に至った。この転換は1980年代の債務危機と「ワシントン・コンセンサス」による新自由主義の導入が大きく影響した。

　むろん米国市場への有利なアクセス権確保は、輸出実現（外貨獲得）と債務返済の二重の意味でメキシコにとって最優先課題であった。また、同国はNAFTAの制度的（*de jure*）な成立を待たずとも、実質的（*de facto*）な米国多国籍企業依存は1980年代以降、急速に深まっていた。しかるに同国輸出（1990年）

の45％は、すでに米国多国籍企業の在外子会社生産の製品だった[7]。

米国ではNAFTA反対を主張するグループも、数多く存在した。環境保護団体や労働団体（AFL-CIO）、NGOなどがその中心である。彼らはメキシコへの「職の輸出」による失業増加や労働条件・環境悪化の観点から、NAFTAに反対した。とりわけ繊維産業など手厚く保護されてきた産業は、特恵関税や割当制度削減により多大な悪影響を受けることは必至であり、AFL-CIOの一部労組は強力な反対運動を展開した。

しかし、レーガン政権下で実行された反労働・反福祉的リストラクチャリング戦略は、「資本と国家の側が……これまで奪われてきたものを労働者階級から再び奪取する営為、すなわち階級闘争における明らかな攻勢」[8]であり、航空管制官組合スト弾圧に代表される労働組合に対する相次ぐ弾圧、産業の海外移転圧力により、もはや労働者側は極端にその力を失っていた。

NAFTAの基本的な特徴（統計面）

NAFTAの基本的な特徴をあげる[9]。第1にEUのように理念として加盟国間の経済格差の縮減を掲げ、統一通貨や統一憲法を採用する地域統合と異なり、米国多国籍企業の国際競争力強化を目指している。カナダとは単一市場を形成しマーケットの一層の拡大を図ることで「規模の経済」を発揮し、また、メキシコとは同国の比較優位である稠密かつ低廉な余剰労働力を活用することでコスト削減を狙うという、階層的な地域統合の相貌を呈している。

第2にNAFTA域内の名目GDP総額（2014年）は3ヵ国計約20.48兆ドルで、EU（28ヵ国）の約18.51兆ドルを凌駕する巨大な経済規模である。

第3に各国の名目GDP総額（2014年）は、カナダ約1.78兆ドル、米国17.42兆ドル、メキシコ1.28兆ドル。その人口規模は、カナダ約3,599万人（2015年）、米国約3億875万人（2010年）、メキシコ約1億2,701万人（2015年）である。その内部連関を国別域内貿易比率（2013年）でみる。輸出は、米国→NAFTA（対世界比率：34.1％）、カナダ→NAFTA（77.5％）、メキシコ→NAFTA（82.9％）で、輸入は、NAFTA→米国（27.3％）、NAFTA→カナダ（60.0％）、NAFTA→メキシコ（51.3％）である。そのうちカナダの対メキシコ比率（輸出1.1％、輸入5.6％）およびメキシコの対カナダ比率（同2.7％、2.5％）は数パーセント程度にとどまっており、3ヵ国の地域統合とはいえ、米国経済・市場のプレゼンスが強力な磁

力となって各国が結びつけられる。

　第4に各国一人当たり名目GDP（2014年）はカナダ5万1,570ドル、米国5万4,596ドルであった一方、メキシコは9,009ドル。メキシコは対米国比で約6倍超の差が存在する。NAFTAが先進国＋途上国型の地域統合と呼ばれる所以である。

　第5に協定の内容は、商品・サービスの貿易障壁撤廃が主要な目的であり、かつ直接的な関税・非関税障壁の撤廃にとどまらず、投資、サービス、知的財産権の保護、政府調達における優遇措置、紛争解決手続きの導入など広範囲に渡る包括的枠組みとなっている。また、重要産業分野は厳しい原産地基準も定められ、域外国に対する域内多国籍企業の競争力強化が図られている。例えば、自動車産業では隣国メキシコで生産される対米輸出向け完成車の場合、その生産にあたって一定比率の域内部品を使用しなければならない（北米域内調達率）。基準を満たさないとNAFTA産の自動車と認定されず、米国側の低関税率が適用されない。これによりメキシコに進出する非米国系の自動車メーカーは本国などからの北米域外部品輸入を減らし、域内調達を増やさざるを得ない状況に陥った。また、同国で膨大な点数に渡る部品調達を可能にする取引基盤がない新規参入企業にとって不利な条件にもなった。つまり米国自動車企業（ビッグスリー）にとって原産地基準はメキシコの戦略的活用、および日本とドイツ自動車メーカーに対する競争力強化策という意味で、有利な仕組みであった。

　第6に農業分野は、3ヵ国共通の合意は設けず、各国間で段階的な関税引下げや関税割当制度が策定され、また、一部で数量制限や特別セーフガードの発動も盛り込んでいる。

　第7にNAFTAは事実上、自由貿易・投資協定の形態であり、環境や労働基準はあくまで「補完協定」での対応にとどまっている。環境協力委員会（Commission for Environmental Cooperation）、労働協力委員会（Commission for Labor Cooperation）、国境環境協力委員会や北米開発銀行（環境改善のための融資機関）が設置されたものの融資拠出額の不十分さが指摘されるなど、有効に機能しているとは言い難い。

　第8に世界貿易に占めるNAFTAの規模をみると、その総輸出額約2.29兆

ドル（2015年）は世界総輸出額約16.48兆ドルの13.89％を占める。うち域内輸出比率（域内輸出額約1.15兆ドル／総輸出額）は50.21％である。参考にEUの数値をみると総輸出額約5.38兆ドルで、その対世界総輸出比は32.64％、うち域内輸出額は約3.39兆ドルで、域内輸出比率は63.01％であった。両者を比較すると、NAFTAはEUの数値に達していない。[12]

第9にNAFTAとEU両統合体の輸出額の差（EUが約2.3倍強の金額）は、両者の加盟国数（3ヵ国と28ヵ国）の違いに因るが、その域内貿易比率でも差があることが指摘できる。この差の最大要因は、NAFTA－日本－東アジアのトライアングル貿易・生産・投資の依存構造の深化があげられる。同構造を貿易（輸出）額からみると、NAFTA・日本・東アジア（中国、韓国、台湾、ASEAN）の各国・地域の輸出総額は約7.19兆ドル（2015年）で、その対世界構成比は43.65％であった。これはEUの同率32.64％を10％以上凌ぐ比重である。また、三地域間貿易（輸出）額の各地域の各世界向け輸出総額に占める構成比では、それぞれ、①「NAFTA→NAFTA＋他の二地域向け輸出額」／「NAFTA→世界全体向け輸出額」の比率は、66.31％、②「日本→他の二地域向け輸出額」／「日本→世界全体向け輸出額」の比率は、68.44％、③「東アジア→東アジア＋他の二地域向け輸出額」／「東アジア→世界全体向け輸出額」の比率は、54.42％であった。[13]これらの数値はおおむねEU域内向け輸出比率63.01％と比肩し得る。世界貿易は両地域のそれぞれの域内貿易（①EU域内、②NAFTA・日本・東アジア域内）の比重が大きい構成となっている。

では、NAFTAは米国を基点とした北米域内分業にいかなる影響を与えたのか。

2　北米域内分業と米国多国籍企業

2-1　米国多国籍企業の北米展開の歴史的推移

NAFTA発効後、10年程度を経た時期（2006年時点）の米国多国籍企業子会社（非銀行過半数所有会社）のプレゼンスは総資産10.7兆ドル、総売上4.1兆ドル、総付加価値9,956億ドル、総従業員949.7万人で、かつ業種別構成（付加価値

額ベース）は順に製造業（4,554億ドル）、卸売業（1,425億ドル）、専門・科学・技術サービス業（577億ドル）、情報産業（406億ドル）、金融・保険業（380億ドル）であった。製造業の対全体比は約半分（45.7％）を占めていた。その在外販売額（総額4.1兆ドル）と従業員数の地域別構成は、順にイギリス（販売額555億ドル、従業員数119万）、カナダ（同499億ドル、108万人）など先進国が上位を占め、途上国ではNAFTA加盟国のメキシコが圧倒的な比重を占めた（同148億ドル、88万人）。その従業員数はイギリス、カナダに次ぐ世界3位を占め、NAFTAの2国だけで世界全体の20.1％にのぼっていた。[14]

　米国産業や巨大工業都市は隣国メキシコの北部国境地域と強い補完性を持ち、かつてツイン・プラント（twin plant）と呼ばれたように、メキシコ側の保税加工区に下請工場を進出させながら発展してきた。ツイン・プラントを通じた生産のメキシコ化、アウト・ソーシング戦略によって米国はアジア（日本を含む）に対する国際競争力低下の回復を果たそうとした。米国多国籍企業はこれまでも自動車や電子・電気、アパレル・縫製産業など特定産業において、隣国の北部地域へ立地戦略を展開してきた。NAFTA発効後も、保税加工区マキラドーラへの米国多国籍企業進出は一貫して拡大し（立地事業所数および対米輸出額の急増）、そのFDI受入額は1990〜93年の総額16.1億ドルから1994〜2000年の総額785.6億ドルへ一挙に急増した。[15]

　以上の歴史的推移を前提に、米国FDIの現況（2015年）を統計面で押さえる。表1-1は米国FDIの国別・産業別（主要国のみ）の動向である。

　第1に世界全体向けは持株会社形態のFDIが51.2％を占め、圧倒的である。米国多国籍企業はいまや対外事業活動を主目的とした投資よりも、対欧州ではオランダ（8,581億ドル、対世界比17.0％）やルクセンブルク（同比9.9％）、対アジア太平洋ではシンガポール（同比4.5％）、対西半球地域ではバミューダ（同比5.3％）、英領カリブ諸島（同比5.1％）といった、税務上の優遇措置のある国や地域への節税対策を含めた集中的な（金融子会社設立を中心とした）持株会社設立投資が主流となっている。加えて、世界全体に占める金融・保険向けFDIの金額（6,139億ドル）が製造業向け（6,608億ドル）とほぼ同額であることから、米国多国籍企業の海外展開・戦略の主軸は製造業・鉱業・卸売業などの生産・流通部面からサービス（管理を含む）・金融部面へ転換を果たしてきた。

表 1-1　米国の国別・産業別 FDI ポジション（2015 年）

(100万ドル)

	全産業計	鉱業	製造業	卸売業	情報	預金機関	金融・保険	科学・技術サービス	持株会社	その他
合計（全ての国）	5,040,648	212,650	660,809	229,305	180,275	112,835	613,941	116,009	2,582,215	332,608
カナダ（NAFTA）	352,928	22,352	109,938	23,940	7,865	3,349	45,900	8,109	86,542	44,933
メキシコ（NAFTA）	92,812	9,842	31,841	3,280	2,824	823	9,281	348	22,725	11,849
欧州連合（28）	2,949,235	30,710	309,718	79,805	117,899	66,328	254,899	70,805	1,824,458	194,612
ベルギー	45,087	(D)	28,649	5,977	502	(D)	4,562	1,602	793	(D)
フランス	78,282	(D)	21,001	5,235	2,934	2,363	17,028	4,219	17,030	(D)
ドイツ	108,094	288	30,120	12,003	6,010	2,490	14,677	4,526	37,564	416
アイルランド	343,382	(D)	23,876	1,395	40,019		8,472	12,162	174,721	(D)
ルクセンブルグ	502,998	(D)	17,623	209	2,183	(D)	13,252	943	447,108	9,005
オランダ	858,102	1,289	55,338	14,879	15,514	(D)	40,899	6,602	693,917	(D)
スイス	155,221	(D)	33,962	12,012	8,564	2,245	18,345	4,398	49,083	(D)
イギリス	593,028	8,218	49,929	10,529	30,317	16,835	122,662	31,977	274,789	47,773
ラテンアメリカその他西半球	847,571	56,503	64,045	29,465	20,736	8,703	188,470	3,234	431,846	44,569
ブラジル	65,272	7,428	19,647	3,021	6,114	(D)	9,900	777	12,298	(D)
チリ	27,331	12,765	5,286	1,070	402	(D)	5,673	440	444	(D)
バミューダ	269,329	(D)	-6,700	(D)	3,629	210	30,894	282	206,311	23,083
英領カリブ諸島	257,256	9,696	221	895	3,280	-1,287	81,004	212	159,847	3,386
アフリカ	64,040	39,865	4,440	2,378	759		3,102	1,437	8,396	(D)
中　東	48,525	13,201	10,515	2,375	2,028	(D)	2,242	1,972	12,958	(D)
アジア太平洋	778,349	50,020	162,153	91,342	30,988	30,931	119,328	30,453	218,013	45,121
オーストラリア	167,401	29,655	15,315	7,278	5,602	391	19,697	8,733	72,897	7,832
中　国	74,560	3,325	42,442	6,046	2,194	4,255	3,002	1,702	3,464	8,130
日　本	108,535	4	22,593	8,546	7,370	(D)	53,690	2,722	3,432	(D)
シンガポール	228,666	1,302	35,966	40,071	7,932	735	19,688	922	114,775	7,274

(出所) U.S. Dept. of Commerce, BEA, *Survey of Current Business Online*, July 2016. < http://www.bea.gov/scb/>. より作成。

　第2に上記の全体状況の中、北米・NAFTA の文脈ではカナダ・メキシコ両国向け FDI が4,457億ドルを記録し、対全体（5兆406億ドル）比は約1割程度（8.84％）を占有した。ちなみに両国への FDI 流入額は、カナダが3,529億ドル、メキシコが928億ドルで、その金額差は約3.8倍である。両国の名目 GDP 額にほぼ差がないことから、現況は対カナダ向け FDI が重視されている。

　第3に対両国向け FDI の産業別（・投資形態別）では、対カナダ向け全体比は順に製造業向け31.1％、持株会社形態24.5％、金融・保険向け13.0％で、対メキシコ向け全体比は順に製造業向け34.3％、持株会社形態24.4％、鉱業向け

10.6％であった。NAFTA両国に対する米国多国籍企業戦略は――「世界の工場」中国向けFDIに関してのみ、例外的に製造業の対全体比が56.9％と高い水準であるものの――対世界向けFDI展開と異なり、製造業向けFDIが主軸となっている。

2-2 NAFTA以前・以後の米国貿易

次にNAFTA下での米国製造業多国籍企業の展開過程と特徴を検討する。

第1にNAFTAは米国の北米域内分業構造にいかなる影響を与えたのか。貿易収支赤字の観点から、表1-2は1980年代半ば時点の同国貿易相手上位3ヵ国との取引額推移を、リーマン・ショック直前の2007年まで示している。当該期は米国産業（とりわけ製造業）の空洞化が劇的に進み、在来的な重化学工業のみならず、戦後米国経済の屋台骨（＝圧倒的な政府支出の基盤）の軍事産業・軍事技術開発にその起源を持つ新鋭先端工業においてもアジア製品の後塵を拝し、対日貿易摩擦が本格化し始めた時期であった。

したがって1986年は対日輸入額および対日貿易赤字（各807億ドル、544億ドル）が際立っていた。ところが米加FTAが発効（1989年）されてから、輸入額（1994年）でカナダ（1,311億ドル）が日本（1,191億ドル）を凌ぐまでになった。以後、NAFTA発効（1994年）を契機に北米域内の貿易取引額が急増し、同時にこの

表1-2 米国貿易収支：主要貿易赤字国との歴史的推移

(100万ドル)

		1986年	1994年	2000年	2007年	増加率*
対カナダ	収支	-13,198	-16,500	-55,207	-70,611	-
	輸出	56,495	114,651	178,877	249,712	117.8
	輸入	-69,693	-131,151	-234,084	-320,323	144.2
対メキシコ	収支	-5,355	584	-25,657	-77,589	-
	輸出	12,310	50,635	111,172	135,962	168.5
	輸入	-17,665	-50,051	-136,829	-213,552	326.7
対日本	収支	-54,401	-66,710	-83,238	-85,139	-
	輸出	26,352	52,433	63,473	60,898	16.1
	輸入	-80,753	-119,143	-146,711	-146,037	22.6

(注) ＊増加率は、1994～2007年の数値。
(出所) U.S. Dept. of Commerce, BEA, *U.S. International Transactions Accounts Data*, より作成。

急増過程は米国貿易収支赤字の急増と軌を一にしてきた。

とりわけ対メキシコ貿易赤字の伸長率は凄まじかった。2007年は対カナダ赤字（706億ドル）を超える775億ドル赤字を記録し、1986年の同額から14.4倍増を果たし、カナダの同5.3倍増を大幅に上回った。1994〜2007年の輸出入額の増加率も輸出168％、輸入326％（輸出入平均247％増）となった。カナダ（同117.8％、144.2％）や日本（同16.1％、22.6％）を大きく引き離し、対米貿易額を大きく伸ばしてきた中国の2000〜07年の同増加率303％、221％（同平均262％増）と比べて遜色がないほど[16]、その伸び幅は甚大であった。

第2に、域内取引の主要品目をNAFTA発効10年目の2004年時点（SITC 2桁分類）と発効約20年目の2015年時点とを、比較しながら確認する。2004年のカナダ・メキシコ両国の対米輸出入は、（乗用車および同部品を中心とした）道路走行車両類（第78類）、（集積回路を含む）電気機器・同部品（第77類）、（コンピュータを含む）事務用機器・自動データ処理機械（第75類）、（テレビ・ラジオを中心とした）通信機器・同部品（第76類）など、自動車と電気機器（同部品）関連品目が大きい比重を占めていた。その全取引額に占める上記産業のシェア上位は、対カナダ輸出（78類39.9.％、77類13.0％）、対カナダ輸入（78類63.2％）、対メキシコ輸出（77類32.4％）、対メキシコ輸入（78類31.2％）であった[17]。

もって、対カナダは自動車関連の輸出入がメインで、電気機器・同部品関連は対カナダ輸出が一定の比率を持ち、他方、対メキシコ輸出は電気機器・同部品関連が最も目立ち、対メキシコ輸入は自動車関連が高い比率であった。

第3に2015年の主要品目を表1-3で確認する。対カナダ輸出は変わらず上位品目が自動車関連（乗用車、トラック・バス等）、同部品・アクセサリーで占められ、他方、電気機器・同部品の比重は相当低下した。対カナダ輸入は原油、乗用車および自動車部品・アクセサリーの比重が大きい。対メキシコは輸出入ともに電気機器関連が以前と比べて減少し、自動車部品・アクセサリーが最上位を占めた。米国の対NAFTA完成車輸入に関しては、カナダからの乗用車輸入金額が大きい。メキシコからの輸入に関しては、乗用車に加えてトラック・バス・特殊車両を含めると、その金額がカナダからの乗用車輸入額を大幅に上回る。

表 1-3　米国の対 NAFTA 貿易：主要上位 10 品目（2015 年）

(単位：ドル)

	対カナダ輸出品目	金額	対カナダ輸入品目	金額
対カナダ貿易	自動車部品・アクセサリー	22,419,874,015	原油	46,946,234,336
	乗用車（新車・中古車）	14,309,248,611	乗用車（新車・中古車）	42,193,042,953
	トラック・バス・特殊車両	13,588,758,375	米国財の返品・再輸入	12,834,463,034
	産業用機械	10,065,453,471	自動車部品・アクセサリー	11,883,677,916
	石油製品	8,376,129,834	石油製品	6,987,868,381
	民間航空機・同エンジン・同部品等	8,284,810,528	天然ガス	6,834,435,550
	原油	7,211,028,336	ボーキサイト・アルミニウム	6,013,570,078
	電気機器	7,074,713,099	プラスチック原料	5,783,373,972
	ミニマム・バリュー・シップメント	6,513,613,212	民間航空機	5,757,026,404
	プラスチック原料	6,043,636,735	産業用原料	5,587,546,820

	対メキシコ輸出品目	金額	対メキシコ輸入品目	金額
対メキシコ貿易	自動車部品・アクセサリー	21,623,788,979	自動車部品・アクセサリー	42,936,026,575
	電気機器	15,244,852,019	トラック・バス・特殊車両	29,141,826,978
	コンピュータ装置	14,988,612,239	乗用車（新車・中古車）	23,408,352,391
	石油製品	11,664,480,697	コンピュータ	15,395,142,790
	その他産業用原料	8,189,207,131	通信機器	14,334,444,720
	通信機器	8,167,183,892	電気機器	12,571,527,272
	プラスチック原料	8,024,857,956	テレビ・ビデオ製品	12,487,152,390
	半導体	7,329,493,901	原油	12,473,329,980
	産業用機械	7,018,401,466	エンジン・同部品（キャブレーター・ピストン・バルブ等）	9,416,882,021
	エンジン・同部品（キャブレーター・ピストン・バルブ等）	6,894,825,352	家庭用小型器具	7,160,350,014

（注）　輸出価格は FAS：船側渡し価格。輸入価格は CIF：価格。
（出所）　U.S. Dept. of Commerce, BEA, *U.S. International Trade Data* 2010. <https://www.census.gov/foreign-trade/statistics/product/enduse/exports/c2010.html>. より作成。

2-3 自動車産業・貿易とNAFTA

域内最大の取引品目である自動車関連産業に関して、米国の世界的位置を確認しながらNAFTAの意義を鮮明にする。表1-4は同産業の貿易取引（対主要国）のNAFTA以前・以後（1989～2007年）の推移を国・地域別に示した。

その特徴は第1に、米国は「自動車の祖国」である一方、主要な自動車生産国全てに対し入超であるなど、最大の自動車消費・輸入国である。表で示した期間に輸入額は年々膨らみ、当該期は187.9％の増加率を記録し、貿易赤字は

表 1-4　米国自動車産業の貿易収支：NAFTAの以前・以後（1989～2007年）

(単位：100万ドル)

	年度	1989	1990	1992	1994	1996	1998	2000	2002	2004	2006	2007
対世界	自動車収支	-42,239	-39,093	-44,031	-50,889	-55,743	-70,188	-102,122	-104,598	-107,214	-109,866	-97,508
	同部品収支	-14,538	-8,827	-5,044	-7,834	-7,340	-7,558	-13,239	-19,002	-30,816	-36,315	-36,768
	全収支	-56,777	-47,920	-49,075	-58,723	-63,083	-77,746	-115,360	-123,600	-138,030	-146,181	-134,276
	（輸出）	31,025	39,011	47,413	58,811	65,081	71,269	78,389	77,896	87,207	105,171	118,550
	（輸入）	87,802	86,931	96,488	117,534	128,164	149,015	193,749	201,497	225,237	251,352	252,826
対NAFTA‥カナダ	自動車収支	-10,981	-12,311	-14,286	-19,600	-21,481	-23,651	-30,508	-25,496	-28,163	-25,088	-21,420
	同部品収支	0	4,583	6,286	8,773	9,589	10,586	11,967	10,751	9,751	11,475	12,556
	全収支	-10,981	-7,728	-8,000	-10,827	-11,892	-13,065	-18,540	-14,745	-18,413	-13,612	-8,864
	（輸出）	8,592	21,774	23,522	31,430	34,423	39,165	44,464	43,863	48,290	54,888	58,267
	（輸入）	19,573	29,503	31,523	42,257	46,315	52,230	63,005	58,609	66,703	68,500	67,130
対NAFTA‥メキシコ	自動車収支	-1,259	-2,187	-2,877	-4,131	-10,052	-10,827	-17,204	-16,972	-14,926	-19,109	-18,307
	同部品収支	-1	-162	312	-2,039	-4,567	-4,978	-6,104	-8,744	-11,800	-13,572	-14,374
	全収支	-1,260	-2,349	-2,565	-6,170	-14,619	-15,805	-23,308	-25,716	-26,725	-32,682	-32,681
	（輸出）	57	4,563	6,746	8,319	8,331	11,865	16,357	15,256	15,447	17,107	18,712
	（輸入）	1,317	6,912	9,311	14,489	22,950	27,670	39,665	40,972	42,172	49,788	51,393
対ドイツ	自動車収支	-4,633	-5,183	-4,663	-5,030	-6,149	-9,793	-13,463	-15,002	-16,419	-14,186	-10,623
	同部品収支	-1,467	-1,629	-1,195	-1,350	-1,646	-2,090	-2,900	-3,395	-4,891	-5,541	-6,702
	全収支	-6,100	-6,812	-5,858	-6,380	-7,795	-11,883	-16,364	-18,397	-21,310	-19,727	-17,326
対中国	自動車収支	13	3	162	195	26	25	18	26	125	511	678
	同部品収支	-33	-68	-176	-379	-581	-905	-1,410	-1,898	-3,249	-6,112	-7,395
	全収支	-20	-66	-14	-184	-555	-880	-1,393	-1,872	-3,124	-5,602	-6,717
対日本	自動車収支	-22,437	-21,292	-21,496	-23,952	-18,232	-24,129	-31,833	-35,015	-32,402	-43,161	-43,119
	同部品収支	-9,968	-9,540	-9,782	-12,853	-11,368	-9,737	-12,318	-11,213	-13,961	-13,629	-12,482
	全収支	-32,405	-30,831	-31,278	-36,805	-29,600	-33,866	-44,151	-46,228	-46,363	-56,790	-55,600
対韓国	自動車収支	-1,562	-1,057	-690	-1,397	-1,682	-1,689	-4,829	-6,709	-9,986	-8,512	-7,835
	同部品収支	-522	-481	-270	92	336	-398	-628	-1,051	-1,400	-3,166	-3,338
	全収支	-2,084	-1,537	-960	-1,305	-1,346	-2,087	-5,456	-7,761	-11,386	-11,678	-11,173

（出所）U.S. Dept. of Commerce, International Trade Administration, *Office of Automotive Industry Affairs*, 2008. より作成。

リーマン・ショック直前の2006年に最高額（1,461億ドル）に達した。赤字額は1994年（587億ドル）から12年間で約2.5倍を記録した。その最大の寄与国こそ、NAFTA発効以後、爆発的に対米輸出を増加させたメキシコであった。当該期の対世界赤字の増加率148.9％に対し、日本の同率は54.2％であった一方、メキシコの同率は429.6％であった。同国の対世界赤字額に占める比率も1994年10.5％から2006年22.3％へ急上昇し、1994年以降はカナダ・ドイツを一挙に抜き世界2位の赤字相手国となった。

第2にNAFTA加盟国に絞ると、対カナダ収支額は1989年以降一貫して（2000年、04年除く）100億ドル赤字前後で推移する一方、対メキシコ収支赤字は激増した。米国の両国に対する輸出額の差は、輸入金額差と比べると大きな開きがある。これは米国自動車産業にとってカナダが現地生産拠点であると同時に、高い所得水準ゆえに重要な完成車販売市場になっているのに対し、メキシコは組立加工生産＝対米輸出基地としての役割が強いからである。[18]

両国向け完成車輸出額のみを抽出すると、2007年は対カナダ輸出256億ドル、対メキシコ輸出48億ドルと5倍超の差があり、[19]表1-3で確認できる通り直近の2015年時点の対カナダ輸出の上位2位・3位の品目が完成車（乗用車、トラック等）である一方、対メキシコ輸出の上位10品目に完成車は入っていない。

米国ビッグスリーのNAFTA活用戦略

若干ながら米国ビッグスリーのNAFTA活用戦略・対メキシコ戦略を概観する。GMは1990年代前半に相次いだ生産小型乗用車・同商用車の導入・販売（メキシコ国内向け）とともに、NAFTA発効後は北米向け以外にも中南米向け輸出を強化した。フォードはそれまで隣国の北部チワワ州（Chihuahua）に新鋭エンジン工場（1983年）を建設し、エンジン輸出基地として同国を活用してきた。NAFTA以降は小型乗用車・同商用車の対米輸出を積極的に展開し始めた。こうして各メーカーのNAFTA戦略は若干の違いはあるものの、基本路線は「組立生産・輸出基地」の機能強化＝日・欧メーカーに対する競争力強化にあった。

顕著な空間的変化として各社の主要工場の立地選択変化があげられる。1960〜70年代にかけてビッグスリー各社は首都圏メキシコ州（Estado de México）トルーカ市（Toluca）、クアウティトラン市（Cuautitlan）、レルマ工業団地（parque industrial Lerma）など首都圏にて生産集積を形成してきた。だが、1980〜90年代以降はGMとクライスラーが北部コアウイラ州（Coahuila）ラモスアリスペ・サルティージョ市（Ramos Arizpe/Saltillo）で、フォードが北部ソノラ州（Sonora）エルモシージョ市（Hermosillo）や北部チワワ州都で、北部における生産集積を構築してきた。

また、GMは北部のみならず中部サンルイスポトシ州都（San Luis Potosi）や中部グアナファト州（Guanajuato）シラオ市（Silao）において、中部集積を構築した。したがって、各メーカーはメキシコの輸入代替期には人口と需要規模の巨大な首都圏で工場化を展開し、同産業の対外開放が進んだ1980〜90年代以降の輸出志向期には、主要輸出先の米国と近接した北・中部地域に特化した工場立地を主導してきた（かたやメキシコは産業地理上の地域的偏在を伴う生産集積が導入・移植されてきた）。

そして表1-4の特徴の第3は、収支の品目構成で対カナダは完成車貿易の赤字規模が大きく、同部品貿易は出超となっている一方、対メキシコは両品目とも入超が続いた。カナダとは同国市場向け完成車輸出も多いがカナダ産の高級車などの輸入がそれを大きく上回るという構造であった。他面メキシコとはNAFTA以後の自動車部品赤字の急増（1994年20億ドル赤字→2007年143億ドル赤字へ615％増）ゆえに、従来型の組立加工生産＝輸出基地という側面に加えて、部品関税の削減・撤廃（＝NAFTA）により「部品調達基地」化も深化してきたといえる。

2015年も同構造に変化はない。表1-3より米国の対カナダ完成車（乗用車）輸入額は421億ドルである一方、対カナダ完成車輸出額（乗用車とトラック・バスなど）は280億ドル弱程度。米国の対メキシコ完成車輸入額（乗用車とトラック・バスなど）は525億ドル、対メキシコ自動車部品・アクセサリー輸入額は429億ドルと、部品輸入額の規模もまた大きいことが看取できる。

メキシコからの輸入調達部品は労働集約的なかさばる部品や低付加価値部品がメインで、高付加価値部品やエレクトロニクス・コンポーネントなどの生産は基本的に米国が担う。これら調達部品は主にビッグスリーに随伴する形でメキシコへ進出した外資系および外資合弁の受託＝国際下請企業（一次サプライヤー）が製造しており、主に北・中部地域で集積企業として展開してきた。

3　米国産業・経済・雇用と NAFTA

3−1　NAFTA 下の在外労働力編成と在外子会社活動

　米国本国においては、多国籍製造業企業の域内産業立地再編と域内 FDI の増加によって、国内固定資本形成比率の低下という形で徐々にその影響が出始めた。固定資本形成の年平均成長率（資本蓄積）の低下傾向は、1960年代4.0％、1970年代3.8％とすでに1960年代以降から現出していたものの、1980年代（同2.8％）にそれが一挙加速した。その後 IT 関連財への設備投資ブームに沸いた1990年代（同3.0％）に一時的に回復したが、2000年代に入ると（2000～04年は同2.0％）再び急減し始めた。[20]

　では、このことは個別資本の対外移転による国内産業（製造業）空洞化と雇用構造の変化にいかなる影響を及ぼしたのか。とりわけ地域主義の展開（NAFTA）による米国多国籍企業の国際競争力強化戦略は、国内産業・雇用に対してどのような影響を与えてきたのか。NAFTA 発効前後の1990年代から2000年代に時期を絞って、その変化の特徴を考察する。

　まず在外労働力編成の推移・変化から検討する。表 1−5 は米国多国籍製造業企業の海外展開を地域別投資ポジションと海外雇用者の観点から示している。投資・雇用者ともに世界的範囲で拡大し、米国企業のグローバル戦略が積極的に展開されている（対外投資残高は1982年834億ドル→2004年4,116億ドル→その後、2007年5,313億ドルへ）。地域別構成は年毎の増減はあるものの傾向的にカナダ、ラテンアメリカへの投資比率が徐々に低下し、他方ヨーロッパとアジア太平洋地域の比率が増加している。

　こうした中、米国製造業の海外雇用者の地域・国別構成は、NAFTA の 2 ヵ国が対世界比で21.5％もの雇用を占有し、とりわけメキシコは52.6万人で世界 1 位の雇用保有国となった（2004年時点）。うち業種別内訳は電気・電子11.5万人（中国に次ぐ世界 2 位）、自動車を中軸とした輸送機械は17.5万人（世界 1 位）であった。

　同表では示されていないが、2009年時点における同全体数は中国51.6万人、

表 1-5　米国多国籍製造業企業の海外展開：NAFTA と主要製造業

(単位：100 万ドル)

	1982 年					1992 年				
	海外雇用者数（万人）			対外投資ポジション		海外雇用者数（万人）			対外投資ポジション	
	全体	電気・電子	輸送機械	ストック	全体比	全体	電気・電子	輸送機械	ストック	全体比
総　計	335.7	56.4	57.8	83,452	100.0	326.9	48.6	63.7	186,285	100.0
北米 (NAFTA)	68.4	11.5	13.1	22,746	27.3	75.8	13.6	21.8	42,286	22.7
カナダ	45.7	5.9	10.2	18,825	22.6	38.6	3.1	10.3	32,740	17.6
メキシコ	22.7	5.6	2.9	3,921	4.7	37.2	10.5	11.5	9,540	5.1
ヨーロッパ	162.7	21.8	31.9	37,820	45.3	152.7	14.9	31.9	94,013	50.5
フランス	20.8	1.6	2.2	4,318	5.2	20.2	2.0	2.3	13,093	7.0
ドイツ	40.4	5.4	13.7	9,089	10.9	40.1	2.8	12.6	19,474	10.5
イギリス	51.6	3.9	11.0	10,704	12.8	42.5	3.6	7.0	22,825	12.3
ラテンアメリカ	68.2	8.1	6.6	15,789	18.9	39.1	3.1	5.8	26,710	14.3
アジア	28.7	15.6	n.a.	6,142	7.4	35.8	14.0	n.a.	18,227	9.8
シンガポール	3.1	2.0	2.2	615	0.7	6.7	2.8	0.3	3,231	1.7
マレーシア	4.8	4.2	0.0	245	0.3	7.1	4.8	n.a.	929	0.5
中　国	n.a.	n.a.	n.a.	11	0.0	1.3	0.8	0.5	363	0.2
日　本	4.7	0.5	n.a.	3,058	3.7	8.2	1.5	0.1	11,873	6.4

	1998 年					2004 年				
	海外雇用者数（万人）			対外投資ポジション		海外雇用者数（万人）			対外投資ポジション	
	全体	電気・電子	輸送機械	ストック	全体比	全体	電気・電子	輸送機械	ストック	全体比
総　計	392.1	72.1	63.7	290,070	100.0	432.3	89.6	93.8	416,643	100.0
北米 (NAFTA)	89.0	18.6	21.8	56,165	19.4	93.1	16.4	28.2	98,099	23.5
カナダ	37.0	2.9	10.3	40,504	14.0	40.5	4.9	10.7	81,596	19.6
メキシコ	52.0	15.7	11.5	15,661	5.4	52.6	11.5	17.5	16,503	4.0
ヨーロッパ	177.7	24.1	31.9	149,351	51.5	186.6	27.2	46.6	207,938	49.9
フランス	23.4	2.1	2.3	19,739	6.8	23.7	3.4	4.3	25,475	6.1
ドイツ	41.8	6.9	12.6	22,749	7.8	36.4	5.8	13.4	21,429	5.1
イギリス	45.2	4.4	7.8	42,354	14.6	36.8	4.2	8.6	55,855	13.4
ラテンアメリカ	40.3	2.7	5.8	48,321	16.7	43.3	3.6	8.5	44,109	10.6
アジア	59.3	22.5	3.7	36,290	12.5	90.3	38.0	8.0	62,483	15.0
シンガポール	7.3	1.6	0.3	7,045	2.4	6.1	4.1	0.3	11,641	2.8
マレーシア	10.7	5.9	0.0	3,679	1.3	8.2	6.3	0.1	4,075	1.0
中　国	13.9	7.3	0.5	3,862	1.3	27.5	13.6	1.6	9,008	2.2
日　本	6.6	1.5	0.1	11,428	3.9	7.0	2.2	0.4	13,534	3.2

(出所) U.S. Dept. of Commerce, BEA, *U.S. Direct Investment Abroad*, 各年度版。U.S. Dept. of Commerce, BEA, *Survey of Current Business Online*. <http://www.bea.gov/scb/index.htm>. より作成。

メキシコ48.7万人と順位が逆転し、メキシコは世界2位となり雇用者の絶対数も減少したものの、輸送機械のみの雇用者数は相変わらずメキシコが世界1位であった。

メキシコのこれら業種の旺盛な雇用吸収力は、1982年時（22.7万人）からNAFTA発効前（92年）の時点ですでに63.8％増（37.2万人）を記録し、世界全体の同28.7％増（1982年→2004年）と比べて、高い数値であった。

対メキシコに関してはNAFTAの影響もさることながら、1980年代に同国に導入した一連の対外開放（1986年GATT加盟）・規制緩和策（輸入保護関税構造の解体、外資受入規制撤廃）などの新自由主義的な政策が奏功していた。

米系多国籍製造業企業の在外子会社

次に米国多国籍製造業企業の在外子会社の生産活動の内容をみる。表1-6から米国地域主義におけるメキシコの位置づけ、すなわち国際的な企業競争力強化戦略としてのNAFTAの特徴が確認できる。

雇用者数に対する付加価値額の比率を労働生産性指標とすると、1982年数値で126.8（世界平均297.2）となり、これはヨーロッパやシンガポールに及ばないもののマレーシアは凌ぐ程度であった。だが、2004年は282.8（世界平均950.4）にとどまり、マレーシア（421.6）にも中国（304.3）にも抜かれ、生産性の低さが看取できた。

この在メキシコ子会社の低生産性は研究集約度とも関連がある。売上高に占める研究開発支出額の比率を研究集約度指標とすると、世界平均は1982年1.2→2004年1.6と米国多国籍企業は研究集約度を世界中で上昇させてきたが、メキシコでは0.4→0.2へ逆に低下してきた。これは他国と比べて際立って低く、同国では米企業による技術革新・研究開発活動が進展してこなかったためである。

このことは世界最大の米国製造業雇用者を有する生産移転国において、一貫して労働集約的組立＝低賃金活用戦略（直接的な人件コスト圧縮）が追求されてきたことのひとつの証左である。これは米国経済、とりわけ国内労働者に対しても賃金低下圧力や製造業雇用者の減少としてある程度跳ね返って来ざるを得ない。

次に表1-7は米国製造業の生産構造を（同国製造業の退潮と対外進出傾向が現れ

表 1-6 米国多国籍製造業企業の在外子会社の生産性・研究集約度

(万人、100万ドル)

	1982年						1992年					
	海外付加価値(生産性指標)			研究開発支出(研究集約指標)			海外付加価値(生産性指標)			研究開発支出(研究集約指標)		
	雇用数(a)	付加価値(b)	(b)/(a)	R&D (c)	売上高 (d)	(d)/(c)	雇用者	付加価値	(b)/(a)	R&D	売上高	(d)/(c)
総計	335.7	99,756	297.2	3,123	271,099	1.2	326.9	182,739	559.0	9,345	622,608	1.5
北米(NAFTA)	68.4	19,292	282.0	421	62,661	0.7	75.8	29,129	384.2	891	120,452	0.7
カナダ	45.7	16,413	359.1	383	53,224	0.7	38.6	21,668	561.3	822	94,720	0.9
メキシコ	22.7	2,879	126.8	38	9,437	0.4	37.2	7,461	200.6	69	25,732	0.3
欧州	162.7	54,727	336.4	2,299	144,739	1.6	152.7	112,713	738.1	7,031	380,584	1.8
フランス	20.8	7,423	356.9	197	19,326	1.0	20.2	13,889	687.6	n.a.	n.a.	n.a.
ドイツ	40.4	15,292	378.5	847	38,057	2.2	40.1	35,456	884.2	n.a.	n.a.	n.a.
イギリス	51.6	17,254	334.4	711	40,556	1.8	42.5	23,740	558.6	n.a.	n.a.	n.a.
ラテンアメリカ	68.2	17,531	257.1	90	30,063	0.3	39.1	25,172	643.8	207	61,588	0.4
アジア太平洋	28.7	7,375	257.0	62	n.a.	n.a.	35.8	13,840	386.6	492	n.a.	n.a.
シンガポール	3.1	570	183.9	(D)	1,877	n.a.	6.7	2,143	319.9	339	12,317	2.8
マレーシア	4.8	373	77.7	1	1,617	0.1	7.1	1,209	170.3	12	4,832	0.2
中国	n.a.	4	n.a.	n.a.	n.a.	n.a.	1.3	116	89.2	n.a.	n.a.	n.a.
日本	4.7	2,178	463.4	71	n.a.	n.a.	8.2	7,911	964.8	531	28,477	1.9

	1998年						2004年					
	海外付加価値(生産性指標)			研究開発支出(研究集約指標)			海外付加価値(生産性指標)			研究開発支出(研究集約指標)		
	雇用者	付加価値	(b)/(a)	R&D (c)	売上高	(d)/(c)	雇用者	付加価値	(b)/(a)	R&D	売上高	(d)/(c)
総計	392.1	246,991	629.9	12,819	938,537	1.4	432.3	410,875	950.4	18,736	1,177,141	1.6
北米(NAFTA)	89.0	37,511	421.5	1,297	182,305	0.7	93.1	66,687	716.3	2,348	259,727	0.9
カナダ	37.0	26,076	704.8	1,156	130,446	0.9	40.5	51,812	1,279.3	2,167	178,249	1.2
メキシコ	52.0	11,435	219.9	141	51,859	0.3	52.6	14,875	282.8	181	81,478	0.2
欧州	177.7	151,619	853.2	9,130	530,898	1.7	186.6	248,526	1,331.9	11,928	619,979	1.9
フランス	23.4	18,898	807.6	1,194	64,935	1.8	23.7	26,464	1,116.6	1,599	75,518	2.1
ドイツ	41.8	39,024	933.6	2,900	123,502	2.3	36.4	49,765	1,367.2	3,364	113,708	3.0
イギリス	45.2	34,654	766.7	2,616	131,829	2.0	36.8	54,133	1,471.0	3,322	141,113	2.4
ラテンアメリカ	40.3	23,767	589.8	515	71,961	0.7	43.3	22,173	512.1	446	68,001	0.7
アジア太平洋	59.3	24,043	405.4	(D)	115,538	(D)	90.3	48,560	537.8	2,062	162,148	1.3
シンガポール	7.3	5,048	691.5	56	32,200	0.2	6.1	9,489	1,555.6	387	38,517	1.0
マレーシア	10.7	1,770	165.4	30	14,329	0.2	8.2	3,457	421.6	(D)	21,841	n.a.
中国	13.9	2,266	163.0	48	10,904	0.4	27.5	8,368	304.3	606	28,642	2.1
日本	6.6	7,925	1,200.8	830	29,571	2.8	7.0	20,256	2,893.7	1,385	53,250	2.6

(出所) U.S. Dept. of Commerce, BEA, *U.S. Direct Investment Abroad*, 各年版。U.S. Dept. of Commerce, BEA, *International Economic Accounts*. 〈http://www.bea.gov/intarnational/〉. U.S. Dept. of Commerce, BEA, *Survey of Current Business Online*. 〈http://www.bea.gov/scb/index.htm〉. より作成。

表 1-7　米国製造業の生産構造：賃金コスト比重の低下

年度	雇用者 (a) 1000人	労働時間 100万時間	労働賃金 (b) 100万ドル	付加価値 (c) 10億ドル	出荷額 (d) 10億ドル	新投資 (e) 100万ドル	(c)/(a) 付加価値の対雇用者比 (千ドル)	(b)/(d) 賃金の対出荷額比率 (%)	(e)/(d) 新投資の対出荷額比率 (%)	(c)/(d) 付加価値の対出荷額比率 (%)
2005	13,169	19,070	337,490	2,204	4,735	128,325	167.37	7.13	2.71	46.55
03	13,873	19,854	330,480	1,923	4,015	112,176	138.64	8.23	2.79	47.90
01	15,846	22,384	342,268	1,851	3,968	142,985	116.80	8.63	3.60	46.64
1999	16,686	24,210	355,791	1,954	4,032	150,325	117.14	8.82	3.73	48.48
97	16,805	24,183	338,267	1,826	3,835	151,511	108.64	8.82	3.95	47.61
95	17,419	25,072	317,768	1,711	3,594	134,318	98.25	8.84	3.74	47.61
93	16,944	23,845	290,293	1,483	3,128	108,629	87.53	9.28	3.47	47.42
91	17,081	23,383	270,601	1,341	2,878	103,153	78.53	9.40	3.58	46.61
89	18,046	24,934	273,120	1,325	2,840	101,894	73.45	9.62	3.59	46.66
87	17,718	24,303	251,450	1,166	2,476	85,662	65.79	10.16	3.46	47.08
85	17,508	23,732	235,791	1,000	2,280	91,245	57.12	10.34	4.00	43.86
83	17,453	23,612	212,416	882	2,046	67,480	50.54	10.38	3.30	43.11
81	18,920	26,233	212,201	838	2,018	83,767	44.27	10.52	4.15	41.51
79	19,757	28,324	192,882	747	1,727	65,797	37.83	11.17	3.81	43.28
77	18,516	26,687	157,164	585	1,359	51,907	31.60	11.57	3.82	43.07

（出所）　U.S. Dept. of Commerce, Economics and Statistics Administration, *Annual survey of Manufactures*, 各年度版より作成.〈http://www.census.gov/mcd/asm-as 1 .html〉.

始めた）1970年代末からリーマン・ショック前の2005年までの期間で示した。まず全雇用者数が1979年をピークに減少を続けた。この傾向は2000年代に入りITバブルの終焉（2000年）からリセッション（2001年）を経て、再び景気拡大局面（2002年以降）に突入してからも続き、その減少幅は加速している。これが1990年代初頭の製造業部門の"job-less"リカバリーに対比させて、2000年以降が"job-loss"リカバリーと呼称された所以である。

　この点を表1-8の業種別労働力編成から詳らかにすると、製造業部門を耐久財と非耐久財で大別した場合、1990年～2000年代半ばにかけて両部門とも雇用を減少させたものの、非耐久財（特に繊維・アパレル産業）の減少幅は顕著で、当該期の176万人雇用減（695万人→519万人）は耐久財の同173万人減（1,073万人

表 1-8　米国産業構造の推移① (1990年代～2000年代半ばの非農業雇用者構成)

	雇用者数（千人）					平均時給（ドル）	
	1990年	95年	2000年	05年	06年	2000年	06年
雇用者総計（非農業雇用者）	109,487	117,298	131,785	133,463	136,174	n.a.	n.a.
Ⅰ 製造業	17,695	17,241	17,263	14,232	14,197	14.32	16.80
1）耐久財	10,736	10,372	10,876	8,955	9,001	14.93	17.67
α（在来組立）	3,333	3,496	3,585	2,914	2,920	16.55	19.06
一般機械	1,408	1,440	1,455	1,162	1,191	15.22	17.20
電気機械	633	593	591	436	436	13.23	15.53
輸送機械	1,292	1,463	1,539	1,316	1,293	21.20	25.18
β（先端＝ME基幹）	2,640	2,096	2,222	1,700	1,716	16.51	20.89
コンピュータ・周辺機器	367	296	302	207	199	18.39	23.00
通信設備	232	233	248	148	144	14.39	18.99
半導体・電子部品	574	571	676	451	463	13.46	17.30
電子機器	626	482	479	438	438	15.83	18.89
航空・宇宙	841	514	517	456	472	20.52	26.30
2）非耐久財	6,959	6,869	6,388	5,272	5,197	13.31	15.32
Ⅱ 鉱業・公益事業	1,505	1,307	1,200	1,183	1,233	19.65	23.66
Ⅲ 建設	5,263	5,274	6,787	7,277	7,689	17.48	20.02
Ⅳ 輸送・倉庫	3,476	3,838	4,410	4,347	4,466	15.05	17.28
Ⅴ 情報	2,688	2,843	3,631	3,066	3,055	19.07	23.23
Ⅵ 商業	18,450	19,330	21,213	21,005	21,217	13.57	15.74
Ⅶ 金融・不動産	6,614	6,827	7,687	8,141	8,363	14.98	18.80
Ⅷ サービス	35,381	41,206	48,805	52,412	53,865	12.63	15.25
1）専門（技術）サービス	4,557	5,101	6,734	7,053	7,372	20.61	25.26
2）管理・支援サービス	4,624	6,057	8,136	8,142	8,371	11.66	13.91
雇用サービス	1,494	2,425	3,817	3,578	3,657	11.83	13.76
3）レジャー・娯楽	9,288	10,501	11,862	12,816	13,143	8.32	9.75
飲食・宿泊サービス	8,156	9,042	10,074	10,923	11,216	7.92	9.18
Ⅸ 公務（政府）	18,451	19,432	20,790	21,803	21,990	n.a.	n.a.

（出所）US. Dept. of Commerce, *Statistical Abstract of the United States*, 各年度版より作成。

→900万人）を上回った。同部門は平均時給において製造業平均を大幅に下回る「低賃金労働部門」であり（2006年15.32ドル）、とりわけアパレル産業などは縫製工程を中国や中米・カリブ海地域の低廉な労働力に依存しているため、外注・下請生産が進んでいる部門である。

対メキシコでも同部門（製靴含む）のマキラドーラ企業数と従業員数は各136企業／2万人（1980年）→1,150企業／29.1万人（2000年）へ激増し、マキラドーラ全体に占める同企業数の業種別比率も22%→32%へ伸長した[23]。これはメキシコと締結した「繊維品の好意的な取扱いに関する文書」（1988年）とNAFTAによる輸入数量割当撤廃や原産地規則適用が作用した結果である。

同国の一大アパレル集積地の北部トレオン市（Torreón）は1993年時の米国多国籍アパレル企業（製造業者、ブランドメーカー）進出はわずか4社であった（Farah, Sun Apparel, Levi strauss, Wrangler）。ところが、2000年以降は販売チャネルの役割を担う米国小売企業（Wal-Mart, K-Mart, JC Penny, Sears, Targetなど）やジーンズ以外の衣服メーカー（GAP, Guess, Limitedなど）および有名ブランド（Calvin Klein, Polo, Donna Karanなど）の進出が相次ぎ、これらの下請製造を担う地場OEM企業（一次下請）・中小企業（二次下請）を巻き込む形で、国境を跨いだ垂直的な産業組織が編成された[24]。

にもかかわらず、2000年代に入るとアパレル関連のマキラドーラ企業数・雇用者数は急減に転じた。2006年までに企業数は1,088から484へ、縫製産業は雇用者数が約11万人減となった[25]。多国間繊維協定が定めるメキシコ産の対米輸出品の輸入数量割当が全面廃止（2005年）となり、代わって中国からの対米輸出が激増したからであった。

また、耐久財に関しては在来組立産業（機械α）と先端的ME産業（機械β）に大別すると、在来組立（α）は1990〜2006年で雇用者は減少したものの（333万人→292万人）、1990年代は輸送機械を中心に一定の競争力の回復を取り戻すことで雇用数を微増させた。ところが、2000年代に入ると一転して減少基調となった。輸送機械においても同傾向は免れ得ず、2000〜06年で24.6万人減の雇用リストラが進んだ。これは表1-5で示した通り、当該期の米国多国籍企業（輸送機械）の海外雇用者増加と合わせ鏡になっている。なお、世界全体の増加雇用分30.1万人（1998年63.7万人→2004年93.8万人）のうちメキシコ一国でその約20％分を吸収した計算になる。この点に米国製造業のダウンサイジングとNAFTAを活用したアウト・ソーシングとの関連性を看取することができる。

他方、冷戦体制の「遺産」である核＝ミサイル軍事機構を基盤として生成してきた先端的ME（β）に関しては、在来組立を遥かに上回る下げ幅を記録し、

1990年代の航空・宇宙産業の凋落は特に激しかった（1990年84.1万人→2006年47.2万人）。2001年9.11以降（そして2004年のブッシュ軍拡予算・弾道ミサイル防衛MMDシステム整備の影響で）、2005～06年にかけて減少分を多少取り戻したものの、1991年ソ連崩壊の影響を受ける構図自体に変化はなかった。2000年代以降はITバブル崩壊により、コンピュータ・周辺機器、通信設備、半導体・電子部品などの先端ハイテク産業でも雇用減少が一挙に加速した（1990～2000年の年平均減少数4.18万人、2000～06年の同8.43万人）。[27]

　このことは冷戦体制下の同国が軍事主導的な産業体系を基礎として生成・発展してきたという観点からみると重要な意味を持っていた。なぜなら同部門こそ、大規模な国家予算＝研究開発費（R&D）を投入することで技術革新を先導し、戦後米国の経済・技術競争力強化の源泉となってきたからである。

　知られるように、航空・宇宙産業に関しては、冷戦期を通じた主力兵器の転換（長距離爆撃機→核爆弾の運搬装置・長距離弾道ミサイル）に乗じて、米国政府（国防総省）とのミサイル契約生産および国防予算に計上されたR&D（宇宙関連機器を含む）によって急成長し、かつ国家との融合関係（＝政府による利潤保障）を構築することで資本蓄積を遂げてきた。同産業はまさに鉄鋼業および自動車産業と並んで、寡占市場から生じる超過利潤と従事労働者の高賃金を基礎上に、戦後ニューディール体制（戦後～1960年代）として展開された支配的な寡占資本階級と労働者階級との広範な連合＝「ケインズ連合（keynesian coalition）」[28]の基盤を形成した基幹産業であった。

　また、エレクロニクス産業も科学主導的な産業体系（原子力・エレクトロニクス・宇宙産業）として戦後米国の技術革新と生産力展開の性格を規定してきた産業である。[29]すなわち、現代の先端的ME基幹である同産業の発展の基礎をなすコンピュータや半導体など電子部品・同システムの研究・開発それ自体が、宇宙空間にまで拡大した戦略兵器の統括管理と有機的配置のために軍事研究機関に必要とされた電子システム開発とコンピュータ解析によってもたらされてきた。[30]

　付言すると、それは戦後世界体制の外的制約＝冷戦対抗による政治・軍事的原理に導かれて国家的プロジェクトで強力的に創出＝寄生された産業であった。とはいえ、こうした個別資本レベルでの生産の海外移転によって経済基盤

をなす製造業（とりわけ機械β）の競争力の源泉（＝技術基盤）そのものが揺らいでいるというわけでなく、いまや米国多国籍製造業企業の事業活動と利潤獲得の中軸はR&D活動による新技術開発と（ネットワーク情報を含む）その管理、および知的財産権保護（特許収入の維持）へ劇的にシフトしている。ゆえにNAFTAでもTPPでも明確に規定されている通り、米国通商戦略にとって知的財産権保護は極めて重要なのである。要するに「技術開発の中枢を残してますます企業のアウト・ソーシング化を加速」している[31]。

　一方、1990年代半ば以降エレクトロニクス産業における生産のNAFTA（メキシコ）化は進展し、一例として超小型電算機組立はティファナ（Tijuana）、シウダフアレス（Ciudad Juárez）、チワワ、モンテレー（Monterrey）の各都市で、電子部品生産はノガレス（Nogales）、アグアプリエタ（Agua Prieta）、マタモロス市（Matamoros）で展開された。さらに中西部ハリスコ州（Jalisco）グアダラハラ市（Guadalajara）は電子産業の一大生産集積地帯となった。同市ではプリンタ、PC本体、マザーボード、プリント基板での受託生産電子製造サービス（EMS）メーカーによる契約生産が活発化し、NAFTA発効直後（1997年）は巨大米系EMSが一斉進出し、併せてHewlett PackardやIBMなどのブランド企業も進出し、コンピュータ、通信機器の投入財・最終財組立に特化した生産を実施するなど、かつては「南のシリコンバレー」と呼ばれる生産集積を形成した（だが、第3章で述べるように2001年以降はこれらの生産集積は中国へ移転）。

3-2　米国雇用構造の変化──サービス部門の急増

　序章で述べた通り米国は金融経済化を1990年代以降強力に推進してきた。結果、2000年代以降金融部門ならびに住宅ブームに煽られた不動産部門（両部門で2000～06年67.6万人）、建設部門（同90.2万人増）で雇用を伸ばしてきた。加えて重要なのが、サービス部門の顕著な伸びである。その増加率（1990～2006年）は、雇用者数全体の24.3％増と比べてかなり高い52.2％増を記録し、絶対数も1,848万人増であった。当該期の全雇用者数の純増は2,668万人であるから、その7割近くを同部門で吸収した計算になる。この時期はニュー・エコノミー論が台頭した時期と重なっている。

　サービス部門の詳細は、法律サービス、経理・会計、コンピュータシステム

設計、管理・技術コンサルタントなどの「専門(技術)サービス」分野が伸びる一方、他方で人材派遣業を中心とした雇用サービスや住宅・ビル管理サービスなど業務補助サービスで構成される「管理・支援サービス」分野(462.4万人→837.1万人)や、レストランを中心とした飲食業や宿泊サービスで構成される「レジャー・娯楽、飲食、宿泊」分野(928.8万人→1,314万人)の伸びが圧倒的であった。これは端的に、製造業の海外展開によって吸収できなくなった労働者やリストラされた労働者が同部門へ大量に流れ込んだこと、あるいはまた、労働コスト削減と企業競争力の回復のため雇用の派遣化・パートタイム化が進み、それにより人材派遣業が拡大したことを示している。

サスキア・サッセン(Saskia Sassen)によれば、製造工程の海外移転によりニューヨークなど大都市は大企業の管理・本社機能が集中するグローバル・シティ(global city)となり、その特徴は、①製造業拠点から金融・サービス関連拠点への移行、②技術革新・イノベーション都市としての機能化、であるとした[32]。

ここでの要点は、これらグローバル・シティ機能を支える「専門(技術)サービス」が拡大し、高賃金職種が増加する一方(平均時給は2006年25.26ドル、以下、時給の数値は表1-8)、他面でビル管理業、家政婦、飲食店給仕、電話コールセンターなど単純・労働集約的な低賃金サービス業(平均時給は「管理・支援サービス」13.91ドル、飲食・宿泊9.18ドル)も急増した点にある。これら業務の新たな担い手として合法・非合法のヒスパニック系移民労働なども充当されてきた[33]。実際に在米メキシコ移民総数(2007年)は3,026万人で、近年の趨勢と変わらず同国は世界最大の対米移民送り出し国となってきた(2005年度の全移民の29.5%を占有)。絶対数も1990年の1,409万人から倍増した。また、1994～2007年で居住権資格を持つ移民も648万人から1,181万人に増えた[34]。

NAFTAの下でメキシコの比較優位の労働集約的部門へ特化すれば新規雇用が生じ、対米移民問題は解決するという当初の想定は実現しておらず、かえって米国内における「NAFTA(＝メキシコ/ヒスパニック)の内部化＝移民流入」ともいえる事態が進行中である。

また、企業向けサービスである雇用サービス(主に人材派遣業)も低賃金水準に抑えられている(平均時給は13.76ドル)。製造業の先端的ME(β)のコンピュー

表 1-9 米国産業構造の推移②（リーマン・ショック後の労働力構成）

(単位：千人)

産業 年	2007\1	2009\1	2010\1	2010, percent\1			
				女性	黒人系\2	アジア系\2	ヒスパニック系3
雇用者計（全産業）	146,047	139,877	139,064	47.2	10.8	4.8	14.3
農業・農業関連	2,095	2,103	2,206	24.5	2.7	1.1	21.8
鉱業	736	707	731	13.8	5.1	1.1	15.3
建設業	11,856	9,702	9,077	8.9	5.4	1.7	24.4
製造業	16,302	14,202	14,081	28.0	9.0	5.7	15.5
耐久財	10,363	8,927	8,789	24.4	7.6	6.1	13.0
非耐久財	5,938	5,275	5,293	34.1	11.3	5.1	19.7
卸売業	4,367	3,808	3,805	28.6	7.5	4.8	14.8
小売	16,570	15,877	15,934	49.4	10.6	4.6	13.6
運輸・倉庫	7,650	7,245	7,134	22.9	15.9	3.8	14.4
情報	3,566	3,239	3,149	40.9	10.9	5.5	9.9
金融・不動産	10,488	9,622	9,350	54.3	9.0	5.3	10.3
専門サービス、ビジネス・サービス	15,621	15,008	15,253	41.3	8.7	5.7	14.5
専門・技術サービス	9,208	9,159	9,115	43.2	5.6	7.8	7.1
管理・支援サービス	6,412	5,849	6,138	38.6	13.2	2.5	25.5
教育・健康サービス	30,662	31,819	32,062	74.7	14.1	4.8	10.4
教育サービス	12,828	13,188	13,155	68.6	10.2	3.9	9.5
ヘルスケア・サービス	17,834	18,632	18,907	79.0	16.8	5.4	10.9
レジャー・宿泊サービス	12,415	12,736	12,530	51.4	10.7	6.4	19.6
飲食・宿泊サービス	9,582	9,717	9,564	52.9	11.2	6.8	22.2
その他サービス	6,972	6,935	6,769	51.6	9.2	6.3	16.8
公務（連邦政府）	6,746	6,875	6,983	45.0	15.4	3.3	10.8

(注) 1. 人口数、2. 人種の分類は本人の選択、3. ヒスパニック・ラティーノのオリジンは多様。
(出所) U.S. Bureau of Labor Statistics, *Employment and Earnings Online*, January 2011 issue, March 2011. 〈http://www.bls.gov/opub/ee/home.htm〉 and 〈http://www.bls.gov/cps/home.htm〉.

タ、通信、電子など主にそれまで IT 革命（ニュー・エコノミー）を担ってきた分野で、オフィス・サービス（間接部門である中間業務など）のリストラ・派遣化・労働コスト削減が進められ、のみならず在来組立（a）のダウンサイジング化＝（直接部門である）生産・製造過程の NAFTA（メキシコ）化によって、国内にて「新自由主義化のもとで（の）『使い捨て労働者』」[35]が、賃金低下圧力に晒されながら生み出されている。

リーマン・ショック後の不況下のサービス部門雇用

　最後に表1-9から、2010年時点の諸産業部門における各部門労働者人口に占める各部門の人種構成比率を確認する。ヒスパニック系は他人種（黒人やアジア系）があまり従事していない農業（21.8％）や建設業（24.4％）などの肉体労働業種および単純・低賃金業種の管理・支援サービス（25.5％）や飲食・宿泊業種（22.2％）などの比率が高い。また、近年の米国雇用状況の特徴は、アウト・ソーシングによる固定費抑制・人件費流動化のための人材派遣業の隆盛とともに、パートタイムによる女性労働力の活用がある。とりわけ教育・健康サービス（74.7％）の女性労働比率が高く、介護サービスを含むヘルスケア・サービス産業の女性雇用率（79.0％）の増大が顕著である。

　さらにリーマン・ショック後の2007～10年の不況下の雇用調整で、住宅関係を含む建設業（1,185万→907万人）や製造業（1,630万→1,408万人）で雇用減少数が多かった一方、専門サービス、ビジネス・サービス（1,562万→1,525万人）はほぼ変化なし、逆に教育・健康サービス（3,066万→3,206万人）やレジャー・宿泊サービス（1,241万→1,253万人）は「100年に一度」の不況下でも雇用者数を伸ばす結果となった。

3-3　米国の生産性上昇と労働コスト削減

　米国経済再生論＝ニュー・エコノミー論が謳われた1990年代に増加した雇用者の多くはサービス産業で吸収され、中でも低賃金を特徴とする分野においてであった。ニュー・エコノミー論の虚実については諸説あるが、この労働コスト削減こそ米国経済「再生」のキーワードである「生産性上昇効果」[37]に寄与したことは強調しておきたい。米国政府の公式見解でも、1990年代後半～2000年の非農業企業セクターの年平均生産性上昇率への寄与度について、IT投資分は全体の5分の1程度に過ぎず、それよりも（コンピュータ製造部門以外の）経済における総要素生産性（TFP）の加速化に因るものであって、すなわちビジネス慣行と職場の改善、労使関係の再編などの効果の方が大きく作用したと指摘されている。[38]

　この点、労働コスト削減と生産性上昇の関係について、再び表1-7を使ってニュー・エコノミー期（1991～99年：以下Ⅰ期）とニュー・エコノミー以後（2001

〜05年：Ⅱ期）と時期を細分して検討すると、以下の特徴が指摘できる。第1に付加価値の雇用者一人当たり比率でみた生産性指標は、Ⅰ期においても上昇を看取できるが、上昇幅はⅡ期の方が顕著である。Ⅰ期の3.86万ドル増（年平均0.48万ドル増）に対しⅡ期は5.05万ドル増（同1.26万ドル増）であった。これはITバブル崩壊と株価暴落による企業利潤減少を食い止めるために、2001年以降、激しさを増した「まったく死にもの狂いのコスト削減」とリストラに起因していた。

第2に雇用者数それ自体も、Ⅰ期で年平均約4.93万人減少となったのに対し、Ⅱ期は同66.9万人減少（対Ⅰ期比で13.5倍）を記録した。他方、付加価値・出荷額はともにその年平均増加額をⅠ期よりⅡ期において、増加させた（付加価値の年平均増加額Ⅰ期→Ⅱ期：766億ドル→882億ドル、出荷額同：1,442億ドル→1,917億ドル）。賃金の対出荷額比率を労働コスト指標としてみると、Ⅰ期よりもⅡ期の方が減少幅を伸長させており、Ⅱ期において賃金コストのさらなる比重低下が看取できる。

第3に新投資の対出荷額比率を蓄積指標とすると、Ⅰ期は3.58％（1991年）→3.73％（1999年）と一定の資本蓄積が確認できるものの、Ⅱ期は3.60％（2001年）→2.71％（2005年）とポイントが落ち込んだ。これは米国製造業部門の実体的基盤がⅡ期において弱化しつつあることを示唆する。すなわち資本側は生産性上昇を新投資に求めるよりも、雇用削減とアウト・ソーシング＝生産の海外依存――その全てではないが、ひとつの代表例である生産のNAFTA（メキシコ）化――によって、また、国家側も新自由主義的な対外政策・地域主義戦略の展開によって、それぞれ対応を図ってきたのであった。

その要諦は、対外的には米国多国籍業の跳梁とNAFTA（を主軸とした地域主義・地域的FTA）を活用した「物財補填」が機能することになった一方、他面で国内的には対NAFTA財貿易収支赤字の恒常化という問題と同時に、1960年代まで続いた労使協調体制（戦後ニューディール体制）を1970年代の新自由主義的なレーガノミクスを契機として解体し、1990年代以降は地域主義戦略との関連をも孕みながら「職の輸出」や雇用の派遣化・パートタイム化によって所得格差拡大が深刻化してきた。

のみならず、この新自由主義の布教国は、2000年代にはITバブル崩壊で行

き場を失った投機マネーが家計部門とりわけ信用度の低い（主に経済的弱者・貧困層、ヒスパニックなど人種的マイノリティである）膨大なサブプライム層向け住宅ローンを主要な舞台装置にしながら、「国民全員にマイホームを！」という新たな"アメリカン・ドリーム"を餌にしつつ、「略奪的貸出（predatory lending）」の暴走を演じた。結果、2008年秋のリーマン・ブラザーズ破綻を端緒とした大規模な金融・経済危機を招来させ、実体経済を含め急激な不景気に陥り、直接的なリストラや労働者への賃金低下圧力の強化とともに国内雇用構造の変容、すなわちサービス部門の急増を一段と加速させた。

2011年9月に「ウォール街を占拠せよ（"Occupy Wall Street"）」といった抗議行動も生じ、「99対1（"We are the 99%"）」で表現される同国の社会的分裂・矛盾は――2016年米国大統領選民主党候補指名競争でヒラリー・クリントン（Hillary Clinton）と大接戦を演じた"民主社会主義者"を自称し、格差是正などを主公約として掲げたバーニー・サンダース（Bernard "Bernie" Sanders）への熱狂的な支持の広がりなどと併せて――もはや隠蔽できない水準に達している。

■注
1) アントニオ・ネグリ、マイケル・ハート（水嶋一憲監訳、幾島幸子、古賀祥子訳）『コモンウェルス―〈帝国〉を超える革命論―』NHKブックス、2012年、33ページ。
2) 同上書、34ページ。
3) ジェームズ・ペトラス（高尾菜つこ訳）『「帝国アメリカ」の真の支配者は誰か―金融支配階級が進める民営化・搾取・格差・貧困―』三交社、2008年、243ページ。
4) 同上書、244ページ。
5) アントニオ・ネグリ（廣瀬純訳、ラフ・バルボラ・シェルジ編）『未来派左翼―グローバル民主主義の可能性をさぐる―（上）』NHKブックス、2008年、139ページ。
6) 廣瀬純『闘争の最小回路―南米の政治空間に学ぶ変革のレッスン―』人文書院、2006年、28〜29ページ。
7) Eduardo Margain, *El Tratado Libre Comercio y la Crisis del Neoliberalismo Mexicano*, UNAM, 1995, pp. 178-180.
8) Joyce Kolko, *Restructuring the World Economy*, Pantheon Books, 1988, p. 14.
9) 以下のNAFTAに関する数値は、GDPおよび人口数に関しては、外務省ホームページ<http://www.mofa.go.jp/>。貿易統計に関しては、日本貿易振興機構ホームページ<http://www.jetro.go.jp/>。を参照した（2016年8月閲覧）。
10) この域内調達比率は、1995〜97年50％、1998〜2000年56％を経て、2001年以降は62.5％へと上昇する仕組みであった。数値は、Bancomext, *The Automotive Industry in Mexico: Business Opportunities 2002*, internet version, 2002.

11) 但し、農業分野では、米国農業補助金政策（2001年新農業法成立）の継続、衛生管理問題、ダンピングの解釈を巡り、NAFTA発効以降も紛争テーマとなってきた。米国メキシコ間では、トマト、フルーツ、砂糖、コメ、肉、アボガド、マグロ漁業、シロップ、野菜などの対米輸出で貿易摩擦が頻出した。Dussel Perters, *El Tratado de Libre Comercio de Norteamérica y el Desempeño de la Economía en México*, CEPAL, 2000, p. 10.

なお、NAFTA下で強行された新自由主義の諸矛盾は、とりわけメキシコでは農村地域に集中した。同国農村の危機と小農民の貧困の深刻化をNAFTAの文脈で巨視的に検討したものは、松下冽「メキシコ農村から見たNAFTAの軌跡と現実―農村の貧困化とトルティーリャ危機―（上）・（下）」『アジア・アフリカ研究』アジア・アフリカ研究所、第48巻第1号および第2号、2008年、を参照。また、米多国籍アグリビジネスと農産物貿易自由化を軸に、米メキシコ両国の農民への被害を論じたものは、萩原伸次郎「NAFTAと農業問題」進藤榮一、豊田隆、鈴木宣弘編『農が拓く東アジア共同体』日本経済評論社、2007年、を参照。

12) 数値はいずれも、日本貿易振興機構『世界貿易投資白書』2016年、111ページ、表2より。

13) 数値は、同上書。

14) U.S. Dept. of Commerce, BEA, *Survey of Current Business*, November, 2008, pp. 45-47.

15) Moreno-Brid y Peres, *Foreign Investment in Mexico after Economic Reform*, UN, 2002, p. 16. このFDI増傾向はNAFTA発効前より観察でき、1989～93年の年平均FDI増加率は18.3％を記録し、1980～88年の同率の2倍以上であった。但し、FDIの投資先構成では、1980～88年は製造業の対全体比が66％強であったのに対し、1989～94年は28％強と、急低下している。これは主に1980年代後半～1990年代前半にかけてメキシコで吹き荒れた巨大国営企業の民営化投資ブームに起因している。Dussel Peters, *El Tratado de Libre Comercio de Norteamérica y el Desempeño de la Economía en México*, CEPAL, 2000.

16) 数値は、U.S. Dept. of Commerce, BEA, *U.S. International Transactions Accounts Data*. <http://www.bea.gov/>.

17) 数値はいずれも、U.S. Dept. of Commerce, ITA, *U.S. Foreign Trade Highlight*. <http://censtats.census.gov/sitc/sitc.shtml>.

18) 同国における生産動向は1981年の60万台をピークに1982年債務危機により一旦、大幅に落ち込むものの、NAFTA発効によって1992年初の100万台突破を果たした後、2000年には192万3,584台にまで到達した。全生産に占める米ビッグスリーのシェア（2000年）は圧倒的で、GM23.1％、クライスラー21.0％、フォード14.6％と7割近くに至った。各社生産台数に占める輸出比率も極めて高いが、加えて、GM62.9％（1998年）→76.6％（2008年）、クライスラー83.7％（1998年）→91.2％（2008年）、フォード81.8％（1998年）→87.7％（2008年）と、当該期の10年間でさらに比率を増加させており、ビッグスリーによる同国の「組立生産＝輸出基地」化が一層強化されてきたことがわかる。なお、車種別生産の内訳では乗用車と小型商用車が大半で、また、メーカー別の仕向け地先（2008年）をみると北米向けが、クライスラー95.7％、フォード100％、GM91.5％と、9割以上が北米向けであった（GMは他社と比べて中南米向けが看取できる）。

数値は、Asociación Mexicana de la Industria Automotriz webページ。<http://www.amia.com.mx/>. および所康弘『北米地域統合と途上国経済―NAFTA・多国籍企業・地域経済―』西田書店、2009年、89～91ページの各図表より。

19) U.S. Dept. of Commerce, International Trade Administration, *Office of Automotive Industry Affairs*, 2008.

20) アンドルー・グリン（横川信治、伊藤誠訳）『狂奔する資本主義―格差社会から新たな福祉社会へ―』ダイヤモンド社、2007年、108ページ。

21) U.S. Dept. of Commerce, BEA, *Survey of Current Business Online*. 各年度版。<http://

www.bea.gov/scb/index.htm>.
22) 1980年代までアメリカの同製品の輸入相手先は主にアジアの香港、台湾、韓国が中心であったが、2000年時点の国別輸入額の対全体比では、中米がホンジュラス（4.0％）、エルサルバドル（2.6％）、グアテマラ（2.4％）、コスタリカ（1.3％）、カリブ海地域がドミニカ共和国（4.0％）と、1990年代以降これら地域の比重が高まってきた。なお、中国とメキシコの同比率は10％を超え、米国にとり世界最大のアパレル製品輸入国となっていた。Michael Mortimore, "Competitividad Ilusoria: el modelo de ensamblaje de prendas de vestir en la cuenca del Caribe", *Comercio Exterior*, vol. 53, núm. 4, Bancomext, 2003, pp. 307-308.
23) Henry Turner, "La Industria Maquiladora de Exportación Mexicana en los Procesos de Integración de América del Norte", in Vidal, G. ed., *México en la Región de Amécica del Norte: Problemas y Perspectivas*, Porrúa, 2004, los cuadros 4 y 5.
24) Jennifer Bair and Gary Gereffi, "Los Conglomerados Locales en las Cadenas globales: la industria maquiladora de confección en Trreón, México", *Comercio Exterior*, vol. 53, núm. 4, Boncomext, 2003, pp. 346-351.
25) 藤井嘉祥「メキシコにおける輸出工業化と移民予備軍の形成―輸出アパレル産業の発展にともなう労働観の変容―」池田光穂編『コンフリクトと移民』大阪大学出版会、2012年、82ページ。
26) なお、冷戦体制崩壊に伴い、クリントン政権時に産業再編＝寡占を構築した同産業は、2000年以降のブッシュ軍拡（国防省）の下での兵器契約生産・R＆D予算配分においても3社寡占体制（ロッキード、ボーイング、ノースロプ）が展開されてきた。詳細は、西川純子「アメリカの軍需産業に関する12章」『経済』新日本出版社、2008年6月号。

　また、同三大企業の分業構造＝生産の独占（ロッキードF22・F35、ボーイングF18・C17、ノースロプ航空母艦・潜水艦）およびそれによる価格高騰（ブッシュ財政逼迫）については、西川純子「アメリカ：ブッシュ軍拡とアメリカの兵器産業」『季刊 軍縮地球市民』明治大学軍縮平和研究所、第4号、2006年。
27) 但し、この先端的エレクトロニクス産業もまた、1980年代後半から1990年代前半にすでにその国際競争力の低下が問題視されており、それへの対応であるオフショア生産と生産のME化により雇用のjob-less問題も現出していた。この点について米国商務省報告（1990年）『米国エレクトロニクス部門の競争力の状況』を検討したものに、柿崎繁「米国エレクトロニクス産業の競争力強化をめぐる諸問題」『明大商学論叢』明治大学商学研究所、第75巻第2・3・4号、1992年、を参照。
28) 萩原伸次郎『アメリカ経済政策史―戦後「ケインズ連合」の興亡―』有斐閣、1996年、64～65ページ。
29) 南克巳「アメリカ資本主義の歴史的段階―戦後＝『冷戦』体制の性格規定―」『土地制度史學』土地制度史学会、第47号、1970年、22ページ。
30) 同上論文、24ページ。
31) 柿崎繁『現代グローバリゼーションとアメリカ資本主義』大月書店、2016年、226ページ。
32) Saskia Sassen, *The Global City: New York, London, Tokyo*, Princeton University Press, 2001, p. 4.
33) 詳細は、伊豫谷登志翁「アメリカ合衆国におけるメキシコ人移民労働」森田桐郎編『国際労働力移動』東京大学出版会、1991年。サスキア・サッセン（森田桐郎ほか訳）『労働と資本の国際移動―世界都市と移民労働者―』岩波書店、1992年など、を参照されたい。
34) CONAPO（メキシコ国立人口審議会）ホームページより。<http://www.conapo.gob.mx>.（2010年10月閲覧）。
35) デヴィッド・ハーヴェイ（渡辺治監訳、森田成也ほか訳）『新自由主義―その歴史的展開と現在―』作品社、2007年、234ページ。

36) 諸説の整理として、坂井昭夫「ニュー・エコノミー論の虚像」関下稔、坂井昭夫編『アメリカ経済の変貌―ニュー・エコノミー論を検証する―』同文舘、2000年、参照。また、情報通信技術の発達による生産性上昇のためのメリットは各産業部門へ均衡に分配されたわけでは決してなく、経済全体に対して期待された効果はもたらさなかった点に関しては、ロベール・ボワイエ（井上泰夫監訳、中原隆幸、新井美佐子訳）『ニュー・エコノミーの研究―21世紀型経済成長とは何か―』藤原書店、2007年、を参照。
37) 但し、この「生産性上昇効果」は、確かに「上昇」の率自体は記録したものの、経済全体としてみれば1990年代の同率（1.7％）は当該期のユーロ圏全体のそれ（1.8％）を下回り、かつブーム最隆盛期の1995～2000年の生産性水準も、歴史的な観点からすると決して優れた水準には達していなかった。ロバート・ブレナー（石倉雅男、渡辺雅男訳）『ブームとバブル―世界経済のなかのアメリカ―』こぶし書房、2005年、286～287ページ。
38) 大統領経済諮問委員会（萩原伸次郎監訳）『2001年 米国経済白書』エコノミスト臨時増刊号、毎日新聞社、2001年、38～41ページ。
39) アンドルー・グリン、前掲書、168～169ページ。

第 2 章

NAFTA下のメキシコの貿易と農業

1 NAFTA加盟へと至る過程と契機

1-1 債務危機の発生の背景

　NAFTAの起源は、1979年まで遡る。当時、ロナルド・レーガン（Ronald W. Reagan）がNAFTAと似た協定である北米共通市場の創設をメキシコ側に提案したことが契機である。これに対応したのが、当時のメキシコ大統領ロペス・ポルティージョ（López Portillo）であった。彼は即座に拒否した。その理由は、「北米諸国はわが国を同盟国として見ておらず、一つの属国として見ている」、「わが国の構造的問題に対する理解がなく、石油資源へのアクセスのみに関心がある」、「提案にはメキシコ人労働者の国境を越えた自由な移動に関する項目がない」、「相互補完的な生産戦略やわが国企業の低い競争力が考慮されておらず、統合は単に多国籍企業の利益のみに資する」、というものであった。[1]

　だが、この強気の姿勢と裏腹に同国の対外的ポジションはこの時期、弱体化していた。同大統領が政権の座についた1976年、同国経済は危機の只中にあった。前任のルイス・エチェベリア（Luis Echeverría）政権（1970～76年）末期は、従来の経常収支赤字拡大に加え、その補填のための対外借入れが膨らみ、緊急措置として通貨切下げ、銀行の外国為替取引の停止、IMFとの拡大信用供与協定に合意するに至っていた。

　この状況を引き継いだポルティージョ政権（1976～82年）は債務条件を遵守すべく、当初はIMFとの協定に従った経済安定化政策の実施を余儀なくされた。ところが大規模な石油埋蔵量が確認されると一転して、積極的な工業化を

推進した。1979年に「国家工業開発計画（1979～82年）」を策定し、臨海工業地帯の建設や重化学工業分野（石油化学・製鉄など）の拡充が図られた。

ところが、である。ここでの問題は、第1にこれが米国商業銀行を中心とした民間資金に依存した展開だった点である。例えば、石油公社（PEMEX：Petróleos Mexicanos）は全国パイプライン網、海上石油探査用プラットフォーム、製油所、港湾設備などに約268億ドルの投資を行ったが、うち60％は外国借款で調達した。1970年代後半は石油ショックによる世界的不況と先進国の資金需要の停滞が重なったため、同国は対外債務償還額を上回る新規借款が可能となり、増大する経常収支赤字を資本収支黒字で補塡し続けることができた。

民間資金の国籍別の流入額は米国が圧倒的であった。経済学者で政治家のメキシコ人ロサリオ・グリーン（Rosario Green）は、かつてこの状況を「メキシコの米国化（Norteamericanización）」であると指摘した。1978年末の対外国銀行借入れの国別比率は、米国46.0％、日本10.0％、カナダ9.5％、ドイツ7.8％、イギリス7.5％であった。うち同時期の米国商業銀行の内訳は、シティバンク、バンク・オブ・アメリカ、マニュファクチャラーズ・ハノーヴァー、チェース・マンハッタン、モルガン・ギャランティ・トラスト、ケミカルバンクの六大銀行によるものが圧倒的で、米国系商業銀行の全体に占める対メキシコ借方残高比率は50％を占めた（行名は当時のまま）。国際経済学者のジェフリー・フリーデン（Jeffry Frieden）は、このように工業化のための巨額な開発資金を国際金融市場から調達することを「債務依存型工業化（indebted industrialization）」と呼び、「対外借入増大は、そのままメキシコの工業化過程の重要な構成要素だった」と結論付けた。

問題の第2は、当該期に債務総額が急増し、1970年の約70億ドルから1982年の約861億ドルへ12倍超となり、かつ1980～81年に短期債務の比率が急増した点である。同比率は1980～82年に30％前後で推移し、同額（1981年）は約250億ドルに達した。この背景には、それまで借款を実行した多国籍銀行が次第にクレジット・ワージネスへの警戒感を強めた結果、スプレッドの上昇をもたらし、長期シンジケート・ローンが減少し、最終満期がより短期になる状況に陥ったことがあげられる。このため債務危機発生直前には同国は債務サービス充当のために短期債務への借り換えを行わざるを得なくなった。

債務危機の衝撃と資本逃避

　併せてこの時期、序章で触れたように膨大な「双子の赤字」を抱える米国がインフレ抑制とドル防衛のために高金利政策を実施し、これに伴いユーロ市場の利率が急騰した。借款の多くはユーロ市場のロンドン銀行間貸出金利（LIBOR）を基準とした変動利率で契約されていたため、同国は新規資金の調達コスト負担が過重された。のみならず既存債務への重い利子負担を強いられることになった[7]。こうして債務危機の契機は国内要因と併せて、レーガン政権下の米国経済再建戦略とも直接的に連動していた。その後1982年に急騰した利払いへの自転車操業的対応が間に合わなくなり、外貨準備を取り崩す状況に陥った。そのうえ1976～85年に計530億ドルもの巨額な資本逃避があった（『モルガン・ギャランティ報告書』[8]）。

　為替切下げ見通しを強めた国内民間銀行のドル投機（投機的な外貨運用）に対して、ポルティージョ大統領は議会演説でこう非難した。「金融の伝染病は、世界中でますます大きな混乱を引き起こし」ており、激しい資本逃避は「開闢（かいびゃく）以来われわれを搾取してきた諸帝国よりも多くの富をこの国から奪い去ってきたプライベートバンクによって指導され、助言・支援されている一群のメキシコ人」に因るものだ、と[9]。そして国内エリート達が貯め込んだメキシコの富はオフショアへの逃避資産として、主に「中南米のウォール街」[10]と言われるマイアミなどに置かれていった。結果、同国は流動性危機に直面した。

　同大統領は緊急の対抗措置を打った。国内ドル建て預金の引き出し停止を実施し、IMFの指示を無視して銀行の国有化と為替管理の導入を図った。だが、銀行とビジネス界と保守派はタッグを組んで、すぐさまこれらの政策を（銀行国有化以外は）撤回させることに成功した[11]。ポルティージョの債務国政府・銀行に対する挑戦の企てはこうして潰えた。1982年にIMFと国際決済銀行への融資申請、米国政府からの信用供与、さらには多国籍銀行に対する元本返済猶予（リスケジュール）を受け入れる以外の術を絶たれた。むろんこれらの措置は、IMFコンディショナリティ（融資付帯条件）と呼ばれる政策処方箋と世界銀行が唱導する構造調整政策の実行と引き換えに、であった。

1-2 構造調整と貿易自由化

　世銀は構造調整の目的として、財政・金融政策を通じた貯蓄率の引上げ、公共投資効率の改善と国営企業の民営化、規制緩和と民間投資効率の改善、貿易自由化、市場メカニズムの導入、などをあげる[12]。このために重要な役割を担うのが、経済活動全般の調整と管理を目的とした構造調整融資や部門別調整融資である。両者は主に適用範囲によって区別され、部門別調整融資は貿易・金融・公共支出などの特定部門改革に主眼を置く。両融資とも実行には受入国側の政策転換が必須となり、IMF コンディショナリティとも強く連繫している。

　危機に至った同国は、次のミゲル・デ・ラ・マドリ（Miguel de la Madrid）政権（1982〜88年）下で「国家工業振興・貿易計画（PROFIEX：Programa Nacional de Fomento Industrial y Comercio Exterior）」を策定し、続くカルロス・サリナス（Carlos Salinas）政権（1988〜94年）下で「国家工業化近代化・貿易計画（PRONAMICE：Programa Nacional de Modernización Industrial y del Comercio Exterior）」を公布した。貿易に関しては保護主義的な諸政策（輸入数量規制の撤廃、関税制度の合理化と関税率引下げ、公定輸入価格の撤廃、輸出規制削減など）を段階的に解体し、国際諸機関の処方箋に従った通りの貿易自由化を推進した。

　付言すべきことは、『ショック・ドクトリン』の著者ナオミ・クライン（Naomi Klein）が強調するように、「じつに賢いのは、エコノミスト自身、自由貿易は危機の抑制とはなんの関係もないことを知っているのに、その部分はみごとに『曖昧化』されている」ことであった（傍点、引用者）[13]。クラインは、経済学者ダニ・ロドリック（Dani Rodrik）が「構造調整」という概念そのものが独創的な市場戦略であったと評した点に着目しつつ、次のように彼の見解を参照している[14]。すなわちロドリックが述べるように、この概念はミクロ経済改革とマクロ経済改革をワンセットにパッケージ化したものであり、かつ構造調整は危機に陥った経済を救済するために必要とされるプロセスであるが、この政策を採用した政府にとっては対外均衡や安定的価格を維持するためのマクロ政策と、自由貿易のような対外開放政策との区別が曖昧化された。にもかかわらず、パッケージ化によって債務国はこれらの両改革を抱き合わせで受諾する以外に選択肢がなかったのである[15]。

こうして世銀は、債務国メキシコに対して輸出開発融資や貿易政策融資などを実施し、対外開放を急激に推進するための構造調整融資を強化してきた。

構造調整から貿易自由化への道程

　かかる状況下でデ・ラ・マドリ大統領は矛盾した態度を示す。前任者のポルティージョ大統領と同様、経済発展段階の非対称性とそのことが同国へ及ぼす負の影響を懸念して当初、NAFTA加盟に不支持を表明した。だが、その一方、その他の通商政策は国際諸機関の要請に従った。同大統領は1986年1月に「対外通商に関する憲法131条の規則法（新対外通商法）」を制定し、対外開放への法的枠組みを整備した。同年8月にGATT（関税と貿易に関する一般協定）加盟も果たし、直後の1987年に米国と二国間貿易拡大のための枠組み協定に調印した。

　ポルティージョ派のグループは対外開放で深刻な被害が予想される中小企業事業者連合である全国製造業会議所（CANACINTRA：Cámara Nacional de la Industria de Transformación）、および保護主義的な政策によって利益を獲得してきた内需向け産業・国内企業グループなどに対する配慮から、初めはGATT加盟に反対する向きもあった。ところが、多国籍企業・銀行および先進国政府や国際諸機関からの強い要請で、遂にはGATTに加盟せざるを得なかった。そして構造調整下で展開された1980年代の対外開放が決定因となり、その後1990年代に入りNAFTA加盟への道を準備することになった。

　ここで関税制度の変化を数量的に確認しておく。輸入ライセンスの対象範囲は1986年の28％から1989年は18％へ低下した。1982年の関税システムは税率数16タイプで平均税率は27％であったが、1989年は各5タイプ、13.1％へとタイプ数の簡素化と関税低率化が実現した。最大関税率も100％から20％へ低下した。この傾向は1990年代も継続し、NAFTA発効直後の1995年の輸入ライセンス制限品目率は7.2％まで低下した。

　この間の構造調整の影響として特記すべきは、国際諸機関の勧告に従ってデ・ラ・マドリ大統領が発表した「経済再編緊急プログラム（PIRE：Programa Inmediato de Reordenación Económica）」に関して、である。同計画は公的支出削減・財政改革を通じたインフレ対策に重点を置いていた。これにより公共支出の対GDP比は、1982～84年で36.3％から27.4％へ減少した。併せて準国家セ

クター（公企業）の民営化も劇的に断行されていった。

1-3 サリナス政権と NAFTA 締結

とはいえ、デ・ラ・マドリ政権下で全ての省庁の官僚エリート達が民営化や公共支出抑制、経済・社会領域の全般的な市場化を奨励したわけではなかった。それを強力に推進したアクターは、1976年のポルティージョ政権期に新設された予算企画省（SPP：Secretaría de Programación y Presupuesto、後に廃止）と同省のテクノクラート達であった。そして当該期の開発戦略を巡って、各省庁・エリート間で激しい主導権争いがあった。[19]

1980年代前半、経済への国家介入を是とする国有財産・工業振興省（後にエネルギー・鉱業・準国家産業省へ再編）と、他方、インフレ抑制と財政赤字削減を重視し「小さな政府」路線をサポートする大蔵省、中央銀行、商務省（後に通産振興省へ再編）との方針対立があった。結果、「小さな政府」路線派が勝利を収めた後、1980年代半ば以降は経済自由化の方策を巡って大蔵省と SPP との角逐が次第に激しさを増していった。

大蔵省は1970年代まで一貫して内務省と並立する国家中枢組織であった。同省の予算編成と経済全般の政策決定に関する絶大な権力を弱体化させる目的で新設されたのが、SPP である。SPP を通じて経済運営過程に対する大統領権限を強化し、同時に SPP は新規の経済政策の立案と予算計画での中心的な役割が与えられ、大蔵省の権限を徐々に剥奪していった。[20] そして、1980年代半ばからデ・ラ・マドリ政権の SPP 大臣として民営化に大鉈を振り始めたのが、次期大統領となるサリナスであった。彼は大蔵省が当初考えていた計画を上回るほどの劇的な新自由主義政策を同国に導入した。

さらに SPP の官僚は従来型と異なり、多くの海外留学（主に米国の大学）から帰国した経済学の専門家が配置された。このテクノクラート型エリート達による新たな統治システムはこの時期に確立した。サリナス自身も米国の大学（ハーバード大学）で博士号を取得している。[21] このテクノクラート型支配に関して、同国のエリート統治と経済危機の関連性を研究したメキシコ人学者のエドゥアルド・マルガイン（Eduardo Margain）は、その実態を以下のように喝破した。

彼らテクノクラートは米国や IMF を頂点とする多国籍連合体によってその権力を下支えられ、……国際金融コミュニティからの支援も取り付けた。国際権力クラブはメキシコの官僚たちが市場原理主義の護身役として、「ローマ法王よりも熱心なローマカトリック教徒（más papista que el Papa）」になったことを歓迎した。[22]

　NAFTA 交渉もこの時期、新展開を迎えた。1989年８月、サリナス政権下の同国外務省は突如として「NAFTA はわが国の労働者にとって新たな扉を開くものだ」と公表した。直後の10月、米国が突き付けた NAFTA 提案に対してサリナス本人は「今は条件が整っていない」と一旦は合意を拒絶したものの、経常収支の悪化が続く同国にとって債務支払いに必要な外貨獲得法はもはや NAFTA を呼び水とした FDI 受入れしかなかった（そのうえ米国からの FDI は当時、全体比で70％程度を占有していた）。

　1980～90年代の債務救済のためのベーカー、ブレディ両プランによる国際債務戦略では危機解決には至らず、また、世界的な供給過剰で価格下落が続く当該期の石油輸出収入や国際信用では持続的成長をファイナンスすることは不可能であった。かかる中、サリナス政権は米国からの投資促進のため、対米追従路線の政策立案を一層熱心に実行し始めた。外貨獲得の必要性と巨額の米国資金流入こそ、NAFTA 締結を肯定する決定的理由とされたのであった。[23]

　付言すれば、NAFTA 成立を待たずとも同国の貿易自由化と市場開放は実質的に急ピッチで進んでおり、石油輸出額減少と相反する形で工業製品輸出額は急増していた。同額の1983～89年の年平均増加率は28.6％を記録し、その対輸出総額比率も1982年14％から1989年は55％（うち米国向け輸出の割合は85％）へ拡大した。そのうえ同輸出（1990年）の45％は米国多国籍企業の在外子会社が生産した製品であった。[24] こうした状況ゆえに米国市場に対して有利な条件でアクセス・ルートを確保しておくことは、同国にとって輸出実現（＝外貨獲得）と債務返済の二重の意味で優先事項とされた。

　と同時に、多角的な対外関係強化と市場多様化を模索したサリナスの対ヨーロッパ外交（1990年に欧州地域を訪問）が不調に終わったことも NAFTA 締結への潮流を後押しした。また、冷戦構造解体によって資本主義体制に包摂されることになった東欧などへの資本流入・外資進出が猛烈に進み、結果、外資招致

を巡る途上国間の競争が激化したことも背景にあった。加えて、当該期は1992年にマーストリヒト条約が調印に至るなど、まさに EC（欧州共同体）から EU（欧州連合）へと地域的貿易圏の潮流の深化過程の只中にあった。しかるに域外国であるメキシコと EC 域内との経済関係強化は進まなかった。米・カナダ FTA の締結は北米域内でのメキシコ製品への差別性を深刻化させる一方であった。

同国の産業競争力ではアジア市場への参入も困難であり、もって同国は北米市場＝NAFTA へのアクセスを選択せざるを得なかった。さらに旧ソ連崩壊によって同国「左派」の知的地位は失墜し対抗力を失い、新自由主義を標榜するサリナスは一層、NAFTA 推進を加速させた。

NAFTA を巡る国内政治アクター間の攻防

しかしながら、まだこの時点では反対派も含めて NAFTA に対する企業集団・グループの立場は様々であった。同国はその時々の企業集団の意向が国の対外経済政策に色濃く反映された歴史的傾向を持つ。バルバラ・ジェンキンス（Barbara Jenkins）の研究によれば、例えば1940～50年代は、おおむね3つの潮流（企業諸集団とそれぞれが掲げる政策方針）に区分できるという。第1に商工業者の代表者で組織された資本家グループ、全国商業・サービス・観光業会議所連合（CONCANACO：Confederación de Cámaras Nacionales de Comercio, Servicios y Turismo）である。同連合は市場への国家介入に反対し、FDI 受入れに肯定的な立場を取った。第2に中小企業の代表者が中心の全国製造業会議所（CANACINTRA）である。同会議所は保護主義を支持し、FDI に慎重な姿勢を示した。第3に大規模な工業部門の代表組織である全国工業会議所（CONCAMIN：Confederación de Cámaras Industriales）である。同会議所は中間的な立場を維持した。

この1940～50年代の時期はメキシコ革命の源流である民族主義の高揚期であり、ラサロ・カルデナス（Lázaro Cárdenas del Río）政権（1934～40年）下で外資規制や国有化路線（外資所有の鉄道や米国スタンダード・オイル社の所有資産を含む石油産業の接収）、準国家セクターの整備が徐々に実現され始めた過渡期であった。そのため企業諸集団の種々の利害関係の転換や再構築などがダイナミックに展開された調整期でもあった。

その後1950～60年代に入り外国企業との競争が激化するにつれて、保護主義反対派のCONCANACOや中間派のCONCAMINも国内企業にとって有利なFDI規制強化を支持するようになった。このような主要企業集団の立場の転換によって、同国は保護主義的な輸入代替工業化政策を専ら促進することが可能となった。そして1970年代の対外収支危機が顕在化したのを契機として、1980年代に再び調整期に突入した。

　1980年代、諸集団の立場に再び離齬や相違が生じた。特に対外開放・自由貿易政策（GATTやNAFTA加盟）を巡って企業家集団のみならず、メキシコ全国民・市民達の間で支持か反対かで大きく揺れた。支持派には国内外の諸権力グループが合流した。外国債権者グループや米国政府、米国多国籍企業をはじめ、国内では輸出企業で構成される巨大企業グループや農村部の輸出部門を支配する富裕地主層、さらにはテクノクラートなどのエリート層らがトランスナショナルな階級同盟（協調）関係を取り結んだ。

　他方、労働組合、農民、低所得者層、キリスト教団体などは、自由貿易は貧困と格差を一層助長するものだと反対した。国内財界も、支持派、反対派、中間派（段階的な開放を望む）の3つの立場に割れていた[27]。その際、最も強い影響力を発揮したのが、支持派の企業家調整委員会（CCE）であった。CCEは1975年に成立し、企業部門の利益追求を最もラディカルに推進する同国最大の企業家集団である。CCEは国家の市場への介入や公共部門の拡大、独立系労働組合運動に対する妥協的立場、保護主義などの民族主義的な対外経済政策など、1970年代前半までの政府の諸政策に大いなる不満を抱いていた[28]。

　その後1970年代後半～1980年代の経済危機を分水嶺にして、一挙に反転攻勢に出る。サリナス大統領とCCEの蜜月関係を通じて1990年にNAFTA交渉の専門部署として外国貿易企業間調整委員会（COECE）を設けることで、序章で言及したようにNAFTA反対派の財界グループ（CANACINTRAなど）の抑え込みに成功した[29]。こうして1990年6月にサリナスとブッシュ米大統領の間でNAFTA締結の基本合意に至り、1992年12月に両国で協定調印が実現したのである（発効日は1994年1月1日）。

2　NAFTA の規定とその諸特徴

2-1　NAFTA の規定

　NAFTA は22章の構成である。主な条項は、「3章 市場アクセスおよび内国民待遇」、「4章 原産地規則」、「5章 税関手続」、「7章 衛生検疫措置および農業」、「10章 政府調達」、「11章 投資および紛争処理」、「12章 サービス貿易」、「14章 金融サービス」、「15章 競争政策」、「16章 業務一時入国」、「17章 知的財産」、「19章 紛争解決」、である。その目的として第1章に、⑴財とサービス貿易促進のための貿易障壁撤廃、⑵公正な競争条件の促進、⑶投資機会の拡大、⑷知的財産権の保護・執行、⑸投資家対国家の紛争解決（ISDS 条項）手続きの確立、が記載されている。

　一見してわかる通り、本協定は関税削減によって貿易障壁を撤廃する単なる FTA ではない。第1に流通・金融・保険など、その範囲が極めて多岐に渡る「サービス貿易」を自由化の対象にしている。

　第2に第11章の投資条項は、適用範囲（子会社設立・買収、株式取得、債券、対子会社ローン貸付、不動産、有形無形財の財産購入）が規定されており、投資可能分野は（メキシコのみ例外の）石油・天然ガスの発掘・加工・販売、電力、原子力、衛星通信、電信、鉄剛、郵便、貨幣発行、港湾・空港管理など国家主権の根本に関わる最低限の11分野以外は、原則全分野が対象である。

　第3に加盟国の外国投資家を国内投資家と同等に扱う「内国民待遇」や全ての加盟国を同等に扱う「最恵国待遇」が定められている。

　第4に投資受入れ条件として、外国投資家が遵守すべきパフォーマンス要求（現地調達義務、輸出義務、国内販売制限、技術移転など）を課すことを禁止している。また、利益や配当などの本国向け送金の制限も禁止である。

　第5に加盟国が違反を犯して、外国投資家に損失を与えたと当事者が認識した場合、当該国を相手に直接、紛争解決交渉を行うことができる ISDS (Investor-State Dispute Settlement) 条項が盛り込まれている。

　もって NAFTA は多国籍企業の投資空間＝市場アクセス権を拡大するため

の新たな法的枠組みであり、その法的根拠をグローバル企業に付与する「自由投資協定」の色合いが極端に濃い。他方、投資受入れ側にとっては国家規制を制限し、あらゆる国際経済活動を北米域内で一体化する制度となっている。

　それだけでは、ない。NAFTAは米国政府・米国多国籍企業の利害・関心が反映されている。例えば、投資以外にも金融・保険、知的財産権（特許・著作権）、アグリビジネスなど、米国が比較的優位を持つ競争的部門が全て網羅されている。また、第4章は原産地規制も設定されている。原産地規制によって、メキシコで生産された財が米国へ輸出される場合、その財生産にあたっては一定程度の割合で域内生産部品を使用する必要性が生じる。この基準（リージョナル・コンテント率）を満たさないと域内産の財と認定されず、NAFTAの低関税率が適用されない。

　同規制の最大の受益者は、域内最大の貿易品目である自動車関連産業、つまりビッグスリーと呼ばれる米国メーカーであった。これによりメキシコに進出しているドイツや日本自動車メーカーは本国からの域外部品輸入を減らし、域内部品調達比率を高める必要性が生じた。そのうえ同産業のリージョナル・コンテント率は1995〜97年は50.0％、1998〜2000年は56.0％、2001年からは62.5％と段階的に増加する仕組みであった[30]。

　メキシコ政府はNAFTAとの整合性を持たせるために、1995年に「自動車産業の発展、近代化のための政令（1995年政令）」を新たに公布した。主な内容は域内取引における完成車・同部品の段階的な関税撤廃と保護規制の緩和である。同政令により完成車メーカーに対する保護主義的な最低国内付加価値率が削減された（2004年からは完全撤廃）。その結果、ビッグスリーの対メキシコ投資・現地生産戦略は活発化した。ゼネラル・モーター（GM）は1990年代前半までの小型乗用車・商用車の対北米とメキシコ国内向け生産・販売戦略とともに、中南米向け輸出を強化した。フォード（Ford）はそれまでエンジン生産・輸出基地として同国（北部チワワ州）を活用してきたが、積極的に小型乗用車・商用車の対米輸出を展開し始めた。

　各メーカーの戦略は若干の相違はあったものの、基本路線は組立生産・輸出基地の機能強化であり、メキシコと米国市場におけるドイツ・日本メーカーに

対する競争力強化に重点が置かれた。そのためEUは同国と2000年7月にFTAを発効、日本も2005年1月に日墨FTAを発効させるなど、米国と競争条件を等しくする対抗策が相次いだ。

併せて自動車部品の調達に関しても10年間で保護規制が撤廃されることになった。第1章で検討した通り、米国の対メキシコ同部品貿易収支赤字はNAFTA以降急増し、メキシコの「部品調達基地」化が急速に進展した。これら調達部品は主にビッグスリーに随伴する形で同国へ進出した米国系や合弁の国際下請企業が受託生産している。ゆえに北米域内では自動車関連産業という労働集約的な組立加工工程を持つ典型業種において、生産工程の域内分割と部品調達のネットワーク化が進んだ。だが、メキシコ資本の中小企業が受託生産を行うケースはほとんどない。進出した国際下請企業へのメキシコ地場産業からの部品供給も制限的である。

2-2 NAFTAの目的とその成果に関する論点

さらに詳しくNAFTAの目的をみていく。同協定第1章第102条で次のように規定されている。(a) 当事国の領域間の商品とサービスの貿易の障壁を取り除き、その国境を越えての移動を促進すること、(b) 自由貿易地域における公正な競争の条件を促進すること、(c) 当事国の領域内での投資の機会を大きく増大させること、(d) 各当事国の領域における知的財産権の適切かつ効果的な保護と執行を提供すること、(e) 本協定の履行と適用、その共同での管理、紛争の解決のための効果的な手続きを創設すること、(f) 本協定によって得られる利益を拡大し高めるためのさらなる三者間、地域的および多国間の枠組みを創設すること[31]。

ところが、ホルヘ・ウィッカー (Jorge Witker) は、それらの所期の目的が達成されていないことを、NAFTA発効15年 (2010年時点) を振り返って批判的に検証している。要約すると、以下の論旨となる。

(a) 財貿易圏の構築は部分的には完成した。だが、サービス貿易・市場ではメキシコ側の輸送サービスが禁止されるなど、農業労働力の流入を制限する国境と同様に障壁はいまだ存在している。

(b) 農産物製品では、公正な競争など行われていない。米国は農業部門全

体に対して政府補助金を適用している。それらの段階的な廃止に向けた道筋は進んでいない。

（c）投資はNAFTA以前から活発だった小売業チェーンや収益性の高い保険会社の買収に振り向けられた。農村エリアでも、とりわけ沿岸地域に関しては、対観光産業投資がメインだった。だが、農業に関しては、1992年の同国憲法改正の後でさえ、農業生産のための投資はほとんど実施されなかった。米国は同国を単なる換金作物供給地と位置づけた。

（d）知的財産権は部分的には機能してきた。にもかかわらず、メキシコのインフォーマル経済の深化と海賊版（著作権侵害のコピー）商品市場の増大――これはコピー商品の中国発、米国経由、メキシコ流入というトライアングル貿易に拠る――は明白である。

（e）紛争解決は制限されたものであり、メキシコにとって不十分な結果となった。相手国（米国）との司法力の非対称性によって、制度の機能は限定された。

（f）9.11のテロ攻撃の結果、国際協力枠組みは「北米の安全と繁栄のためのパートナーシップ（SPP：Security and Prosperity Partnership of North America）」やメリダ・イニシアティブ（Merida Initiative, 通称Plan Mexico）を契機に、国家安全保障領域へと収斂した。同計画は米国にとって重要事項である。[32]

以上のウィッカーの議論は、第1にNAFTAは両国にとって「対等」な協定であるのかという論点を提起している。この点をNAFTAのみならず、これ以降の米国流の自由貿易ルール構築のための交渉全般にまで敷衍すると、例えば米国ピーターソン国際経済研究所のジェフリー・ショット（Jeffrey J. Schott）らは米国のTPP交渉担当官が加盟途上国に対して、「特別かつ異なる待遇（SDT：special and different treatment）」規定の適用を支持しない意向であることを著書で述べている。[33] ショットらは、米国が近年締結したFTAにおいて、コロンビア、パナマ、ペルーといった中所得途上国から中米諸国やドミニカ共和国などの低所得途上国に至るまで、それら諸国に対して（少数の特定品目で比較的長期の関税移行期間を設定しているものの）SDTを適用していない点を強調する。[34] そこには米国のFTA交渉に対する妥協なしの姿勢――すなわち国家間の経済的技術的格差を貿易面で考慮する例外的な制度を排除し、交渉相手

が貧困国であろうと「対等」な相互性を基盤に据えること——が徹底されている。ウィッカーの指摘は諸国家間に現に存在する政治経済的パワーの非対称性の文脈上で、果たして「対等」なFTAとは何かを問うている。

　第2の論点は、NAFTAは安全保障上の同盟強化に直結している点である。発効後10年を経た2005年、「NAFTAプラス」のための再定義が行われ、SPPの枠組みが3ヵ国間で創設された。これは「繁栄のためのアジェンダ」と「安全保障のためのアジェンダ」の両面で構成される。特に重視すべきは安全保障アジェンダの方である。その含意は北米経済統合を域内安全保障上の連携強化へと領域拡大することにあった。

　当初は対テロ戦争や対麻薬戦争が主要目標とされていたが、次第に麻薬密輸や組織犯罪対策のみならず、不法移民対策のための国境警備強化へと拡大された。ひとつには中米諸国からの移民に対するメキシコ南国境の「軍事化」が、もうひとつには米国によるメキシコ移民に対する米墨間国境の警備強化が、米国自らの機材や技術導入とともに深化した。その後、2008年のプラン・メキシコを経て、新たな「米墨同盟」の枠組みが誕生した。

　プラン・メキシコによって初年度4億ドル、その後3年間で14億ドルの予算がブッシュ政権下で計上された。それらは主にメキシコ軍や警察、司法の訓練費や関連設備購入費に充てられた[35]。強調すべきは、メキシコシティのNGO組織代表ラウラ・カールセン（Laura Carlsen）が告発するように、「同国に組み込まれた対麻薬撲滅と対テロ戦争モデルは、その適用範囲の線引きが曖昧となり、政治的な抵抗者に対する抑圧へと及んでいる」点にある[36]。カールセンの指摘は、米国の対テロ戦争にメキシコが巻き込まれる危険性はもちろんのこと、麻薬撲滅を口実にしてNAFTAを「武装化」し、メキシコ社会を「軍事化」し、国家機構の統制支配を強化し、結果、市民運動や社会運動や民主的勢力による抗議運動などを抑圧する可能性が飛躍的に高まったことを明示している[37]。

　事実、違法薬物の取り締まり捜査の名目で、チアパス（Chiapas）州のサパティスタ民族解放軍（EZLN：Ejército Zapatista de Liberación Nacional）の先住民自治区へのメキシコ軍兵士と警察の「侵攻」が正当化され——ちなみに同州は同国で最も天然資源が豊富に埋蔵しており——他にもチワワ州などで肥料生産の民営化などに抗議する農村部の社会運動の指導者やメンバーが暗殺・不法逮捕・

脅迫されるなど、各地で市民社会・社会運動への影響も出てきている。また、準軍事自警団（paramilitary）も暗躍し始めている[38]。

2-3 NAFTAとISDS条項（Investor-State Dispute Settlement）

NAFTAに規定されるISDS条項がメキシコに与えた影響も甚大であった。経済産業省『不公正貿易白書 2011』で紹介された通り、米国企業（Metalclad社）の対メキシコ政府の訴訟は、ISDS仲裁の有名な事例である（2000年8月、仲裁判断）[39]。その概要は以下である。

Metalclad社はメキシコのある州において有害廃棄物の埋立事業許可を取得した現地企業を買収した。同社は建設には連邦政府の許可のみが必要であり、地方政府はその許可を拒否できないと、説明を受けていた。だが、その後有害廃棄物施設に対する住民らの建設反対運動が展開され、地方政府も自ら許可していないことを理由に施設稼働停止を命じた。そこで同社はNAFTA違反を主張し仲裁を申立て、結局メキシコ側に約1,669万ドルの支払いが命じられた[40]。

また、『不公正貿易白書 2013』によれば、2011年末までの紛争案件（450件中、220件終了）のうち投資家が勝訴した割合（対全体）は約30％となった[41]。被提訴案件の多い国順（上位6ヵ国）では、アルゼンチン（51件）、ベネズエラ（25件）、エクアドル（23件）、メキシコ（19件）、チェコ共和国（18件）、カナダ（17件）となった。特に2000年代以降「保護主義的」と判断されることの多かった一部の南米諸国、ならびに米国企業・投資家との利害衝突が比較的多いNAFTA圏（カナダ・メキシコ）において、政府対投資家間の争いが激しかった。

もちろん訴訟には様々なケースがあり、投資家の主張が正しいと判断する法学者の見解や司法判断も存在するであろう。だが、開発経済学者のハジュン・チャン（Ha-Joon, Chang）による「法律を使って金融面で利益を奪おうとし、……競争に勝つため、弁護士を雇って他国の経済を破壊している」[42]という視点、および「現に、……NAFTAを結んだメキシコやカナダの政府は、『規制のせいで利益が下がった』との理由で米国企業から訴えられ、賠償金を払っている」とした批判[43]は、ISDSが孕む問題点を浮き彫りにしているといえる。要は、「投資自由化」の下で国際協定にISDS条項を付与することは、外国投資家・多国籍企業に新たな法的権限を付与することを意味し、他方、各国・各自

治体が固有に採り得る政策選択権限は制限されてしまう。

3 NAFTA発効20年とメキシコ農業

3-1 共有地エヒード改革を巡る議論

　債務危機後のIMF・世銀による構造調整を通じて、様々な法規はNAFTA以前より変更を余儀なくされてきたが、協定発効以後は同規定に準拠して国の最高法規である憲法すら、いくつか変更された。

　中でも強調すべきは、憲法第27条改定である。同条項は大都市首都圏周辺の共有地エヒード（Ejido）の所有権に関する規定である。エヒード制度はメキシコ革命後に制定された1917年憲法の革命的理念を最も強く体現する。植民地期の負の遺産である大土地所有制度の是正、すなわち土地（農地）改革とその再分配を目的とする。そして貧しい先住民の法的権利を保護し、エヒードの土地の集団的所有・利用を認めた。

　表2-1はラテンアメリカ主要国のラティフンディオ（Latifundio）とミニフンディオ（Minifundio）の構造を示している。1960年時点の数値であるが、21世紀初頭の現在も大きな変化はなく、農地面積には圧倒的な格差が存在し、土地集中問題は未解決である。特にチリとペルーは全体のわずか数％しか農場を有していないラティフンディオの農地面積が対全体比で80％超となっている。1930年代半ば以降、ラサロ・カルデナス政権下で一定の土地改革が進んだメキシコは、他国と比べてミニフンディオの農地面積の比率が38.5％と高い数値となっている。但し、その生産額はラティフンディオが占める対全体比が32.3％となっており、チリやブラジルに次いで高い数値であった。

　この構造はその後、1990年代まで続いたが、サリナス元大統領はNAFTAに従って、革命後80年以上も維持してきたエヒード制度の解体に着手した。彼はエヒードの「市場化」と私的所有および株式会社・外国企業のそこへの進出を許諾した（＝エヒードの民営化）。この含意は、1930年代の石油国有化に象徴され、そしてメキシコ革命から連綿と続いてきた革命的ナショナリズムの、放棄であったといえる。革命的ナショナリズムとは土地と地下資源の根源的な所

表 2-1　経営規模別の農場数、農地面積、農業就業者、生産額 (1960 年)

(単位：％)

	農場数	農地面積	農業就業者数	生産額 [d]
アルゼンチン				
零細規模（ミニフンディオ）	43.2	3.4	30	12
小規模（家族農業）	48.7	44.7	49	47
中規模	7.3	15.0	15	26
大規模（ラティフンディオ）	0.8	36.9	6	15
ブラジル [a]				
零細規模（ミニフンディオ）	22.5	0.5	11	3
小規模（家族農業）	39.1	6.0	26	18
中規模	33.7	34.0	42	43
大規模（ラティフンディオ）	4.7	59.5	21	36
コロンビア				
零細規模（ミニフンディオ）	64.0	4.9	58	21
小規模（家族農業）	30.2	22.3	31	45
中規模	4.5	23.3	7	19
大規模（ラティフンディオ）	1.3	49.5	4	15
チリ [b]				
零細規模（ミニフンディオ）	36.9	0.2	13	4
小規模（家族農業）	40.0	7.1	28	16
中規模	16.2	11.4	21	23
大規模（ラティフンディオ）	6.9	81.3	38	57
エクアドル [c]				
零細規模（ミニフンディオ）	89.9	16.6	-	26
小規模（家族農業）	8.0	19.0	-	33
中規模	1.7	19.3	-	22
大規模（ラティフンディオ）	0.4	45.1	-	19
グアテマラ [a]				
零細規模（ミニフンディオ）	88.4	14.3	68	30
小規模（家族農業）	9.5	13.4	13	13
中規模	2.0	31.5	12	36
大規模（ラティフンディオ）	0.1	40.8	7	21
ペルー				
零細規模（ミニフンディオ）	88.0	7.4	-	-
小規模（家族農業）	8.5	4.5	-	-
中規模	2.4	5.7	-	-
大規模（ラティフンディオ）	1.1	82.4	-	-
メキシコ				
零細規模（ミニフンディオ）	84.2	38.4	-	21.3
小規模（家族農業）	12.5	19.2	-	24.4
中規模	2.7	14.2	-	22.0
大規模（ラティフンディオ）	0.5	28.2	-	32.3

(注)　a) 農業就業者および生産額については1950年の数字。
　　　b) 農業就業者および生産額については1955年の数字。
　　　c) 生産額については1954年の数字。
　　　d) アルゼンチンについては付加価値額、その他の国については粗生産額。
(出所)　細野昭雄『ラテンアメリカの経済』東京大学出版会、1983年、185ページより引用。なお、原資料は、Barraclough y Domike, "La Estructura Agraria en Siete Paises de América Latina", *Trimestre Económico*, vol.3, no.2, 1966. メキシコに関しては、石井章編『ラテンアメリカの土地制度と農業構造』アジア経済研究所、1983年、30ページ。

有権を国家に帰属させることを意味していた。

　エヒード改革に関する重要な議論として、ラテンアメリカ先住民の土地権原問題の研究者ホセ・エイルウィン（José Elwin）の議論があげられる。彼は「この改革によって、先住民や"ejido"を共同所有する……農民たちは、彼らの土地や水の権利を……外部の者たちに徐々に奪われ」、そのため仕方なく「生産を放棄せざるを得なくなった農家の、近隣の町や他国への流出が増加（し、また―引用者）水利用に関する法改正は、水を商品価値のある経済財へと変換させ、貧窮している都市住民や小規模農家へ甚大な社会的影響を及ぼした」として、憲法改定の帰結を非難した[44]。

　また、運動論の水準では、NAFTA施行の当日（1994年1月1日）、南部最貧州チアパスで先住民と周辺的農民コミュニティが編成したEZLNが武装蜂起した背景として、この問題を位置づける議論もある。元来、チアパス州は大土地所有制が根強く残存し、マヤ系の血を引く自給自足的インディオや貧農達が多く暮らしていた。EZLNは、NAFTAは貧困農村部を直撃し、彼らの生存権の基盤そのものを破壊すると認識した上で反乱した。例えば、同組織のスポークスマンで指導者のマルコス副司令官は、「サリナスによる憲法27条の改定は決定打となった。農地分配が完全に放棄され、エヒードも含めたすべての土地が売買可能になった。……すべては終わった。もはや武装闘争しかない」と語り、なぜEZLNが急激に勢力拡大し、先住民や周辺的農民を数千人規模で集めることができたのかを説明している[45]。

　なお、その後20年以上を経た現在、実際に先住民や農民の土地がエヒード売却によって失われたり、奪われたりしたことは、後述するようにそこまで進まなかったと結論付けられる。但し、メキシコのエヒード以外の事例に関しては、第5章で扱うように資源開発を通じて先住民の土地が奪われたケースは数多い。ここでは一例だけあげる。例えばペルーでは、米国とのFTA締結を契機に森林・野生動植物法や先住民・小規模農民コミュニティ法が制定され、石油、天然ガス、鉱物資源採掘のために先住民らが所有する土地・森林への多国籍企業の進出が促進された。その結果、「アマゾン森林地域における新たな大規模な民間私有地拡大化"neolatifundización"（新たな土地集中化）」が推奨され、「先住民コミュニティを崩壊させ、彼らの領地をバイオ燃料生産の大投資家に

渡すこと」になった[46]。加えて、2009年6月に同国北部アマゾンのバクア地方で、多国籍企業の資源開発進出によって先祖伝来の土地を追われることを懸念した2,000人以上の先住民が抗議運動を行う事態に至った。その際、警察官と衝突し、発砲によって少なくとも40人の先住民が死亡した（正確な死者数は不明）[47]。

3-2 エヒードおよび土地所有構造に関する議論と実態

前述の共有地エヒードの賃貸・借と売買を自由化した結果、農民は土地を徐々に奪取されたという議論に対して、ラテンアメリカ経済研究者の谷洋之は別の見解を示す。谷は自由化後もエヒード農地の売買は当初の想定ほど拡大しなかったと指摘する[48]。その理由のひとつとして、憲法改定前にあっても商業的価値のある農地はすでに非合法ながら売買されていたからだという[49]。

また、ラテンアメリカ農業研究者である石井章も、エヒード農民は土地所有の権利認定には積極的だったが、農地の売却には消極的だったとし、「エヒードの土地を完全に私有地化することによって市場経済の荒波に晒されるよりは、組織としてのエヒードを存続させることで既得権益の維持に努め」たという解釈を示している[50]。

石井はこれまでもNAFTA発効以前の1990年代前半（1991年）のセンサス統計（INEGI, *Panorama agropecuario Ⅶ Censo agropecuario 1994*）の分析を通じて、同国の土地所有形態別の農地面積の特徴を明らかにしてきた。それによれば、エヒードによる土地所有形態の比率が高い11州を摘記した上で、それを2タイプに分類し、ひとつを後進的な農業地域（天水農地がメイン）に相当する南部・中央部の一部、そしてもうひとつを先進的な農業地域（灌漑農地がメイン）に属する北西部とおおまかに区分した[51]。

この石井章の先駆的研究を参考にして、ここでは新たに2000年代後半のセンサス（INEGI, *Censo agropecuario 2007: Ⅷ Censo Agrícola, Ganadero y Forestal*）の統計を接続し、NAFTA発効後の経過を押さえてみる。

表2-2から2007年時点における全農地面積に占めるエヒードと共有地を合算した面積の比率は36.3％、同じく私有地の対全体比は62.0％となっている。同国の土地所有構造が主にこの二形態から構成される点は、NAFTA以前も以後も基本的に変化は生じていない。むしろ2007年の方がエヒードの構成比が

表 2-2 メキシコの州別土地所有形態 (2007年) ①

(単位：ヘクタール)

州　名	全農地面積計	土地所有形態			
		エヒード	共有地	私有地	入植地	公有地
全国計	112 349 109.77	37 009 820.26	3 783 888.84	69 672 268.75	1 390 552.35	492 579.58
AGUASCALIENTES	336 191.99	123 994.32	835.27	229 429.13	0.00	1 933.27
BAJA CALIFORNIA	3 289 430.81	2 731 272.31	64 950.65	382 065.72	80 965.11	30 177.02
BAJA CALIFORNIA SUR	1 860 658.15	303 957.61	42.00	1 467 770.30	76 075.94	12 812.29
CAMPECHE	2 146 428.82	1 213 039.46	271.04	902 654.12	5 579.67	24 884.53
COAHUILA DE ZARAGOZA	10 264 745.27	2 593 165.00	4 816.75	7 574 187.42	49 154.02	43 422.08
COLIMA	426 800.66	245 394.06	1 416.62	179 163.01	0.00	826.97
CHIAPAS	3 972 673.13	2 182 891.74	184 183.51	1 559 826.22	16 760.81	29 010.83
CHIHUAHUA	18 360 955.51	2 973 377.27	162 003.46	14 504 204.94	683 961.99	37 407.85
DISTRITO FEDERAL	26 571.24	6 686.51	9 928.20	9 955.91	0.00	0.61
DURANGO	4 107 953.08	1 176 051.76	305 004.02	2 587 624.31	31 002.03	8 270.95
GUANAJUATO	2 147 855.03	823 979.28	2 632.43	1 316 660.51	43.07	4 539.73
GUERRERO	3 395 497.19	514 458.87	417 445.50	1 457 894.40	3 623.21	2 075.21
HIDALGO	1 147 601.24	470 936.55	64 783.89	608 846.72	1 702.47	1 331.61
JALISCO	5 320 657.36	1 681 779.87	183 732.34	3 393 813.71	787.61	60 543.82
MEXICO	1 273 553.57	650 411.61	133 540.31	485 074.26	279.36	4 248.03
MICHOACÁN DE OCAMPO	3 556 426.73	1 524 083.53	136 460.85	2 154 913.70	148.03	10 820.62
MORELOS	250 630.68	199 675.35	12 602.36	36 587.83	34.89	1 730.25
NAYARIT	1 276 490.53	765 486.92	95 256.81	381 622.85	19.46	34 104.48
NUEVO LEÓN	4 298 338.04	529 420.89	24 096.45	3 704 461.94	36 253.64	4 105.11
OAXACA	2 461 050.01	820 138.34	1 006 007.70	626 288.26	706.85	7 908.87
PUEBLA	2 520 413.50	1 048 920.72	122 999.41	1 333 404.98	320.54	14 767.85
QUERETARO	672 202.67	216 036.37	5 791.97	443 715.33	2 074.16	4 584.83
QUINTANA ROO	977 662.00	560 255.12	28.04	414 463.74	1.06	2 914.03
SAN LUIS POTOSÍ	2 754 442.90	1 162 315.70	71 737.77	1 495 675.87	20 931.07	3 782.49
SINALOA	2 644 859.48	1 637 551.23	263 385.95	708 540.53	2 498.63	32 883.13
SONORA	11 810 930.64	3 017 507.99	360 895.43	8 330 511.26	54 626.67	47 389.29
TABASCO	1 734 545.15	688 448.40	829.37	1 005 330.67	29 091.00	10 845.70
TAMAULIPAS	5 729 461.10	1 252 935.43	4 027.75	4 412 173.42	43 446.50	16 878.01
TLAXCALA	265 769.47	153 826.47	623.21	111 144.98	2.78	172.02
VERACRUZ LLAVE	6 213 302.98	2 673 034.33	104 204.58	3 172 281.38	244 671.40	19 111.28
YUCATAN	2 180 746.43	978 290.27	1 411.66	189 844.99	524.22	10 675.29
ZACATECAS	4 904 264.43	1 360 496.95	37 943.54	3 492 136.32	5 266.12	8 421.50

(出所) INEGI, Censo Agropecuario 2007, VIII Censo Agrícola, Ganadero y Forestal. 〈http://www.inegi.org.mx/est/contenidos/proyectos/agro/ca2007/resultados_agricola/default.aspx〉, より作成。

表 2-3 メキシコの州別土地権利形態 (2007年) ②

(単位：ヘクタール)

州　名	全農地合計	所　有	賃　借	分益小作	賃　貸	その他
全国計	112 349 109.77	106 061 496.19	2 644 163.48	659 426.12	1 553 462.76	1 430 561.23
AGUASCALIENTES	356 191.99	320 939.47	10 772.18	2 511.34	14 530.86	7 438.13
BAJA CALIFORNIA	3 289 430.81	3 145 161.41	98 515.15	6 457.53	3 773.02	35 523.69
BAJA CALIFORNIA SUR	1 860 658.15	1 789 996.00	15 509.44	8 819.14	24 330.57	22 003.00
CAMPECHE	2 146 428.82	2 087 223.19	21 720.97	800.66	11 029.70	25 654.31
COAHUILA DE ZARAGOZA	10 264 745.27	9 876 248.09	143 751.10	4 853.57	107 382.33	132 510.18
CHIAPAS	3 972 673.13	3 883 542.93	50 719.97	2 379.70	20 134.80	15 895.73
CHIHUAHUA	18 360 955.51	17 514 183.97	446 077.50	32 722.81	123 325.47	244 643.75
DISTRITO FEDERAL	26 571.24	22 884.04	2 538.57	145.64	881.62	121.36
DURANGO	4 107 953.08	3 792 201.94	76 757.09	85 758.90	98 597.19	54 637.97
GUANAJUATO	2 147 855.03	1 912 741.52	57 941.35	56 386.24	81 161.15	39 624.77
GUERRERO	3 395 497.19	3 234 233.57	54 929.47	5 688.35	76 154.64	24 491.17
HIDALGO	1 147 601.24	1 079 497.81	30 539.56	17 279.01	12 361.38	7 923.48
JALISCO	5 320 657.36	4 847 575.60	220 663.51	24 981.14	152 252.35	75 184.77
MEXICO	1 273 553.57	1 192 817.71	43 392.02	6 884.16	25 849.97	4 609.72
MICHOACAN DE OCAMPO	3 556 426.73	3 310 487.18	74 490.32	25 194.38	120 556.07	25 698.78
MORELOS	250 630.68	218 562.63	22 250.58	1 053.97	6 979.35	1 784.14
NAYARIT	1 276 490.53	1 133 792.72	66 292.37	3 083.71	34 456.89	38 864.83
NUEVO LEON	4 298 338.04	4 117 335.12	38 036.51	10 014.44	59 798.35	73 153.61
OAXACA	2 461 050.01	2 385 439.12	29 571.18	13 716.95	19 005.50	13 317.26
PUEBLA	2 520 413.50	2 303 963.33	59 631.88	50 833.51	48 799.22	57 185.57
QUERETARO	672 202.67	630 952.40	7 275.37	6 152.46	6 845.52	20 976.93
QUINTANA ROO	977 662.00	963 074.10	2 057.18	336.58	4 393.11	7 801.03
SAN LUIS POTOSÍ	2 754 442.90	2 626 350.42	24 580.36	14 855.93	43 648.96	45 007.25
SINALOA	2 644 859.48	2 301 793.61	281 416.40	9 690.78	29 763.24	22 195.45
SONORA	11 810 930.64	11 036 984.64	377 761.01	48 183.63	121 755.02	226 246.34
TABASCO	1 734 545.15	1 713 892.51	8 194.31	958.98	5 988.85	5 510.50
TAMAULIPAS	5 729 461.10	5 443 006.85	162 156.23	13 394.97	50 111.64	60 791.41
TLAXCALA	265 769.47	237 261.34	16 046.38	6 356.12	3 382.44	2 723.20
VERACRUZ LLAVE	6 213 302.98	5 985 406.94	92 989.91	10 492.86	69 498.50	54 914.76
YUCATAN	2 180 746.43	2 138 259.86	8 934.89	1 540.39	13 111.65	18 899.64
ZACATECAS	4 904 264.43	4 432 442.66	84 048.68	186 774.44	146 754.58	54 244.08

(出所) INEGI, Censo Agropecuario 2007, VIII Censo Agrícola, Ganadero y Forestal.〈http://www.inegi.org.mx/est/contenidos/proyectos/agro/ca2007/resultados_agricola/default.aspx〉。より作成。

若干微増となっている。したがって、数値上でもエヒードの売却が進んだとはいえない。

なおかつ、州別でエヒード・共有地面積の対全体比をみると、NAFTA以前と同様に南部オアハカ（Oaxaca）州（同74.20%）、チアパス州（59.95%）、ゲレロ（Guerrero）州（56.89%）、中央部モレーロス（Morelos）州（84.70%）は高い数値であり、北西部においてもバハ・カリフォルニア（Baja California）州（85.00%）、シナロア（Sinalao）州（71.87%）が1990年代前半と変わらず高い数値を記録している。

表2-3は土地所有・使用の権利を示している。全農地面積に占める賃貸・賃借および分益小作の土地面積比率は4.32%である一方、シナロア州などNAFTA以降、大規模な商業的農業が発展した州では州内の賃貸・賃借および分益小作の州内土地比率が高い数値（12.13%）となっている。総じてエヒードの売却は進まなかったが、土地所有形態に関しては、一部の地域において農地の賃貸・賃借および分益小作などが多少は進んだといえる。

3-3　NAFTA下の農業貿易の動向

次にメキシコ農業部門について、特に農業貿易の観点から検討する。この間の同部門はフェルナンド・レジョ（Fernand Rello）が述べたほどの衝撃だった。

> ごく一部の大規模農業の生産者たち（果実、野菜、牛の輸出業者）が巨利を得たが、生産者の大半である小規模農民は、国内価格の低下や農村部の労働賃金の減少に直面した。換金作物農業における雇用は、……契約農業労働人口の約5%にあたる50万人……が職を失った。[52]

大統領年次報告書（2008年時）では、2000年のメキシコ食料輸入額は野菜・果実輸出額の分を1億2,200万ドル超過して赤字を記録したが、2008年にはこの赤字額が39億7,200万ドルまで膨らんだと公表している。[53]

食料輸入の自由化（関税は15年かけて引下げられ、2008年に全廃）および農業補助金や融資制度などの保護政策削減によって、農畜産業・食料部門の成長率（全GDPに占める部門別GDP比の増減率）は1994〜2008年の総計で94.7%となった。

同値は、資源抽出部門の同286.4％、製造業部門の同237.4％と比べても極めて低調であった。[54]

　主食のトウモロコシに関しては、人類学者エリザベス・フィッティング（Elizabeth Fitting）が「新自由主義コーン体制」と指摘した通り、国内自給体制よりも輸入が重視され、農村開発の近代化や商業的農業が推進された。[55]また、小規模農家への価格支援および需給調整をしてきた食糧関連公社（CONASUPO：Compañia Nacional de Subsistencia Populares）は廃止・解体された。その結果、同国トウモロコシ市場は農業補助金を受けた米国産の輸入品が大量に溢れることになった。

　2008年の輸出入品目上位5品をみると、輸出は順にビール（20億5,772万ドル）、トマト（冷凍含む）（14億9,501万ドル）、テキーラ類（8億7,235万ドル）、アボカド（8億1,456万ドル）、胡椒（8億613万ドル）となっている。他方、輸入は、トウモロコシ（29億1,305万ドル）、そら豆（22億1,567万ドル）、牛肉（冷凍含む）（13億8,000万ドル）、種子（カブやキャベツ等）（10億9,326億ドル）、鶏肉類（9億1,935万ドル）となっている。[56]

　また、1994～2008年の同部門の種類別貿易収支を入超・出超別に大別すると、出超額の大きい品目は順に野菜類（318億5,500万ドル）、果実類（84億1,600万ドル）、加工食品類（65億8,500万ドル）、魚類（65億200万ドル）、カフェ類（61億1,300万ドル）であった。入超額の方は順に穀物類（254億6,400万ドル）、油脂類（218億5,300万ドル）、肉類（184億4,900万ドル）、乳製品（99億8,600万ドル）、その他（85億4,500万ドル）、花類（7,700万ドル）であった。[57]

　表2-4は同国の主要基礎穀物におけるNAFTA発効直後から直近までの動向を、それぞれ生産量、貿易量（輸出入）、国内消費量の指標で示している。1995年と2013年の数値を比較すると、コメの消費量は増加しているものの、生産量（約36.7万トン→約20.0万トン）は減少し、逆に輸入量（約37.7万トン→約87.1万トン）は倍増以上となった。

　フリホール豆は、生産量、消費量ともにほぼ変化なしであったが、輸入量（約2.5万トン→約14.3万トン）は6倍弱へ急増した。小麦は、生産量はほぼ変化なしで、こちらも輸入量（約120.0万トン→約414.6万トン）は急増している。同品目に関しては、輸出量も増加しているものの、その当該期の増加量は約40万ト

表 2-4　主要基礎穀物の生産、貿易、国内消費の動向

(単位：1,000トン)

年　度	1995	2000	2002	2004	2006	2008	2010	2012	2013
コメ									
生　産	367	351	227	278	337	224	216	178	200
輸　入	377	651	700	674	801	798	844	848	871
輸　出	0.9	0.4	0.7	1	2	10	5	1	5
消　費	743	1,002	927	951	1,136	1,011	1,055	1,025	1,066
フリホール豆									
生　産	1,270	887	1,549	1,163	1,385	1,111	1,156	1,080	1,159
輸　入	25	61	102	62	131	94	118	235	143
輸　出	41	5	8	17	12	22	30	16	29
消　費	1,255	944	1,643	1,207	1,504	1,183	1,243	1,299	1,272
トウモロコシ									
生　産	18,352	17,556	19,297	21,685	21,893	24,410	23,301	22,069	22,391
輸　入	2,660	5,326	5,497	5,477	7,584	9,145	7,855	9,454	9,002
輸　出	82	5	164	65	235	163	558	758	328
消　費	20,930	22,877	24,630	27,098	29,934	33,392	30,598	30,764	31,065
小麦									
生　産	3,468	3,493	3,236	2,321	3,378	4,213	3,676	3,274	3,731
輸　入	1,200	2,784	3,139	3,585	3,446	3,217	3,497	4,641	4,146
輸　出	431	548	439	342	537	1,397	436	624	827
消　費	4,236	5,729	5,936	5,563	6,287	6,032	6,737	7,291	7,050

(出所)　Enrique Peña Nieto Presidente de la República web site, *Primera Informe de Gobierno 2012-2013*, 2014, p. 528. 〈http://www.presidencia.gob.mx/informe/〉. より作成。

ン程度であり、輸入量の増加量（約300万トン）と比べものにならない。

　なお、主食であるトウモロコシに関しては、生産量（約1,835.2万トン→約2,239.1万トン）、輸入量（約266.0万トン→約900.2万トン）、輸出量（約8.2万トン→約32.8万トン）の全てが増加するという、一見すると矛盾するような傾向を示してきた。ここで注意すべき点は、「トウモロコシの多様性」に関して、である。

　前出の谷洋之の論文で考察されているように、メキシコ産トウモロコシの種別は食用の軟粒種（フラワーコーン）に分類され、他方、米国産の輸入品の種別は加工用・飼料用の馬歯種（デントコーン）、または硬粒種（フリントコーン）に分類される。これらの米国からの輸入品は主に投入財として食品加工業や牧畜業などに振り向けられるという。ゆえにデントコーン中心の輸入額は急増しているものの、谷によれば、メキシコ人の主食であるフラワーコーンは「生産量

表 2-5 メキシコ・米国・カナダの農畜産業構造の比較表

	メキシコ	米 国	カナダ
土地生産性（1985 ～ 1989 年）			
トウモロコシ（ton/ha）	1.7	7.0	6.2
フリホール豆（ton/ha）	0.542	1.7	1.9
米（ton/ha）	3.3	6.2	-
牛乳（lt/cab）	1,365	6,224	5,526
鳥肉（kg/u）	3.1	6.5	6.0
労働生産性（1 トン生産のための労働者数，1983 ～ 1989 年）			
トウモロコシ	17.84	0.14	-
フリホール豆	50.60	0.60	-
小麦	3.17	0.33	0.13
米	33.14	0.23	-
穀物などの生産コスト（1 トン生産のための費用，単位：ドル，1987 ～ 1989 年）			
トウモロコシ	258.62	92.74	-
フリホール豆	641.17	219.53	-
小麦	152.51	143.71	93.11
米	224.20	189.89	-
モロコシ	152.79	89.25	-
大麦	222.09	153.50	69.95
大豆	324.64	184.26	-
農業部門の資本装備指標			
トラクター（u/pp）	0.02	1.5	1.6
コンバイン（u/pp）	0.002	0.209	0.332
投入肥料（kg/pp）	191.9	5,812	4,574
平均耕作面積（ha/pt）	2.7	61.4	97.4
灌漑地	0.6	5.9	1.7
牧草地	8.1	79.0	68.9
森林地	5.0	86.7	754.0
農業補助金（農業部門 GDP に占める比率，%）	2.92	35.0	43.0

(注)　ton/ha ＝トン / ヘクタール、lt/cab ＝リットル / 頭数、kg/u ＝キロ / ユニット、u/pp ＝ユニット / 生産、kg/pp ＝キロ / 生産者、ha/pt ＝ヘクタール / 生産者

(出所)　Pablo Pérez Akaki, "Ganadores y perdedores en el Campo mexicano taras la firma del TLCAN", in José Luis de la Cruz Gallegos y Mario Gonzalez Valdés, *Efectos del TLCAN en Mexico después de 15 años de operación*, Miguel Angel Porrúa, 2011, pp. 118-119. Por elaboración propia con datos de José Luis Calva, *Probables efectos de un tratado de libre comercio en el campo mexicano*, Fontamara, 1991, pp. 14-34.

としては国内自給がほぼ成立して」いる[60]。

 ただし、トウモロコシの輸入量それ自体が634.2万トンも増加している点は、基礎穀物部門全体の貿易収支に与える影響という観点からすれば、むろん看過できる量ではない。もって全般的傾向では、メキシコの同部門の国際競争力はNAFTAによる農業貿易自由化に対して、この20年間太刀打ちできなかったと結論付けられる。

 表2-5はNAFTA発効直前期の北米3ヵ国の土地生産性、労働生産性、労働コストおよび当該部門の資本装備指標を示している。大幅な入超を記録する部門においては、米国とメキシコの競争力の差はすでに歴然であった。とりわけ資本装備率は米国・カナダの充実ぶりが確認できる。さらに農業部門GDPに占める農業補助金の比率も、メキシコはわずか2.92％に対し、米国は35.00％、カナダは43.00％と10倍以上もの格差があった。

 この状況では前述のメキシコの基礎穀物部門の惨状も必然であったといえる。ここであらためて問題とされるべきは、メキシコ側の関税撤廃のスピードを段階的に遅らせるといった「時間的」措置ではなく、米国の圧倒的な資本装備率と巨額の政府支援（農業補助金）などに象徴される、両国間の埋められない「構造的」差異の方であった。

■注

1) Eduardo Margain, *El Tratado de Libre Comercio y la Crisis del Neoliberalismo Mexicano*, UNAM, 1995, pp. 175-176.
2) 細野昭雄、恒川惠市『ラテンアメリカ危機の構図』有斐閣、1986年、98〜99ページ。
3) Rosario Green, *Estado y Banca Transnacional en México*, CEESTEM, 1981, pp. 206-214.
4) Jeffry Frieden, *Studies in International Finance*, Garland Publishing, 1993, p. 310.
5) 数値は、当該期の *World Bank, World Debt Table*, 各年度版より。
6) *Ibid*.
7) 例えば、対LIBORスプレッド率は、80/81年0.65％から繰り延べ分1.88％、新規融資分2.25％と大きく増加し、他に、満期の短縮（80/81年7.6年→繰り延べ分8.0年、新規融資分6.0年）や手数料率の上昇（80/81年0.70％→繰り延べ分1.00％、新規融資分1.25％）など、融資条件が悪化した。ECLAC, *External debt in Latin America adjustment policies and renegotiation*, UN, 1985, p. 64.
8) Ernesto Zedillo, "Mexico", in Lessard and Williamson ed., *Capital flight and third world debt*, Institute for International Economics, 1987, p. 175.
9) ニコラス・シャクソン（藤井清美訳）『タックス・ヘイブンの闇―世界の富は盗まれている！―』朝日新聞社、2012年、232ページ。

10) 同上書、231ページ、および第7章、を参照されたい。
11) 同上書、232ページ。
12) World Bank, *World Development Report*, Oxford University Press, 1987, p. 34.
13) ナオミ・クライン（幾島幸子、村上由見子訳）『ショック・ドクトリン―惨事便乗型資本主義の正体を暴く―（上）』岩波書店、2011年、230ページ。
14) 同上書、230ページ。
15) 同上書、230～231ページ。
16) 西村潔「メキシコ経済の現状と展望」『海外投資研究所報7月号』日本輸出入銀行、1993年、56ページ。
17) Banco de México, *The Mexican Economy*, 2000, p. 263.
18) Beristain and Trigueros, "The Three Major Debtor: Mexico", in Williamson ed., *Latin America Adjustment: How much has happened?*, Institute for International Economics, 1990, pp. 155-156.
19) 田島陽一『グローバリズムとリージョナリズムの相克―メキシコの開発戦略―』晃洋書房、2006年、第1章。
20) メキシコ官僚制の展開と変容の詳細は、松下冽『現代メキシコの国家と政治―グローバル化と市民社会の交差から―』御茶の水書房、2010年、第4章、を参照されたい。
21) この時期の権力構造の再編と同国政治の「テクノクラート化」については、同上書、第5章、を参照されたい。
22) Eduardo Margain, *op.cit.*, p. 187.
23) 所康弘「米国の地域統合戦略とNAFTA」平川均、小林尚朗、森元晶文編『東アジア地域協力の共同設計』西田書店、2009年、90～91ページ。
24) Eduardo Margain, *op.cit.*, pp. 178-180.
25) 但し、NAFTA発効はサパティスタ運動という新たな左翼運動を生起させる契機になった点は注意すべきである。NAFTA発効日にあわせて、同国最貧州チアパス州で農民層から構成されるサパティスタ民族解放軍が武装蜂起したが、この運動の基本的な特徴をアントニオ・ネグリ（Antonio Negri）は「ラテンアメリカにおける伝統的左翼のあらゆる理論に立ち向かい、それらをとことんまで批判した」（137ページ）ことだと論じているからである。そして、「サパティスタ運動とは〈オルターモダニティ〉[もうひとつの近代]を可能なものとして要求する試み（で）……つまり、後にシアトルで〈オルターグローバライゼーション運動〉となって表れたものを先取りしていた」（136～137ページ）と評価している。

しかるにサパティスタ運動が目指すものは、「コミュニティを新たに創出し直す能力を具体的にまとめ上げるということ」なのだと、ネグリは指摘する。どういうことか。この文脈でネグリが示す「コミュニティ」とは、500年以上も前の植民地化以前にもすでにみられたものであり、スペインの侵攻に対する抵抗の砦にもなってきたものである。

したがって、「コミュニティ」を新たに創出するということは、「解放を進めるためのこうした構築力を取り戻す試み」のことであり、しかし同時に、ネグリはこうも主張する。「社会主義の伝統からわれわれが受け継いできたような『権力と対抗権力の相同性』という考え方を拒否し、この意味でもまた、権力の奪取というイデオロギーそのものを拒否する運動」でもある、と（138～139ページ）。以上、アントニオ・ネグリ（廣瀬純訳、ラフ・バルボラ・シェルジ編）『未来派左翼―グローバル民主主義の可能性をさぐる―（上）』NHKブックス、2008年。

また、イマニュエル・ウォーラーステイン（Immanuel Wallerstein）は、サパティスタ運動の意義について、事実上、しっかりと機能している自治的な先住民コミュニティの確立に成功していることだと主張している。しかもそれは、先住民自治権の法制化などを盛り込んだ政府との合意（サンアンドレス合意）がこの20年間、完全に無視され続け、かつ日常的にメキシコ

軍にコミュニティを包囲され、絶えず脅かされていたにもかかわらず、実現させてきたのであると強調した。Immanuel Wallerstein, *What Have the Zapatistas Accomplished ?*, 2008. <http://iwallerstein.com/what-have-the-zapatistas-accomplished/>.

そのうえでウォーラーステインは、この運動の20年間の闘争の達成について以下のような評価を下した。第1にメキシコ軍と比べて圧倒的に貧弱な軍事力にもかかわらず、国内外に対する「政治力」によって先住民コミュニティの自治を依然として維持していること、第2に集団的かつ民主的に自らのコミュニティを統治することによって抑圧された先住民の尊厳を取り戻したこと、第3に国家権力を奪取することを目標とせず、その代わり政府に対して自分たちの自治権を認めるよう誠実に要求していたこと、第4にNAFTAへの抗議運動は、後に1999年のシアトルで反WTO運動へ、そして2001年にポルト・アレグレで開催された世界社会フォーラム(World Social Forum：WSF)の創設の成功へと繋がったこと、第5にこのWSFの闘争の潮流は現在、グローバル・ジャスティス(Global Justice)運動へと引き継がれていること、などをあげている。Immanuel Wallerstein, *The Neo-Zapatistas: Twenty Years After*, 2014. <http://iwallerstein.com/neozapatistas-twenty-years/>.

26) Barbara Jenkins, *The Paradox of Continental Production: National Investment Policies in North America*, Cornell University Press, 1992.
27) 本間芳江「サリナス政権と経財界」『ラテンアメリカ・カリブ研究―対外貿易企業間調整委員会COECEが比米自由貿易協定NAFTA締結に果たした役割―』第11号、2004年、30ページ。
28) 松下洌、前掲書、23ページ。
29) 本間芳江、前掲論文、36～38ページ。
30) Bancomext, *The Automotive Industry in Mexico: Business Opportunities 2002*, internet version.
31) 特許庁ホームページ『北米自由貿易協定 目次』(2014年7月閲覧)。<http://www.jpo.go.jp/shiryou/s_sonota/fips/nafta/nafta/chap 2.htm#anchor 1 sho>.
32) Jorge Witker, "El TLCAN, entre el ASPAN y la UNASUR", in Arturo Oropeza García ed., *América del Norte en el siglo XXI*, UNAM, 2010, pp. 390-391.
33) ジェフリー・ショット、バーバラ・コトロウォー、ジュリア・ミュール(浦田秀次郎監訳、前野高章、三浦秀之訳)『米国の研究者が書いたTPPがよくわかる本』日本経済新聞出版社、2013年、34ページ。
34) 同上書、34～35ページ。
35) Laura Carlsen, *Armoing NAFTA: the battleground for Mexico's future*, Nacla: North American congress con Latin America, 27/08/2008. <http://nacla.org/news/armoring-nafta-battleground-mexico%E2%80%99s-future>.
36) *Ibid.*
37) Democracy Now web page, *Plan Mexico and the US-Funded Militarization of Mexico*, 31/07/2008. <http://www.democracynow.org/2008/7/31/plan_mexico>.
   日本語監修版は、デモクラシーナウ ホームページ(中野真紀子監修)「『プラン・メキシコ』麻薬撲滅に名を借りたNAFTAの軍事化」。<http://democracynow.jp/video/20080731-2>.
38) Laura Carlsen, *op. cit.*
39) 経済産業省『不公正貿易白書 2011』、632ページ。<http://www.meti.go.jp/committee/summary/0004532/2011_03_05.pdf>.
40) 同上書、632ページ。
41) 経済産業省『不公正貿易白書 2013』、691ページ。<http://www.meti.go.jp/committee/summary/0004532/2013_03_05.pdf>.
42) エマニュエル・トッド、ハジュン・チャン、柴山桂太、中野剛志、藤井聡、堀茂樹『グロー

バリズムが世界を滅ぼす』文春新書、2014年、29ページ。
43) 同上書、29ページ。
44) ホセ・エイルウィン「TPPと先住民—ラテンアメリカの教訓—」ジェーン・ケルシー編（環太平洋経済問題研究会、農林中金総合研究所訳）『異常な契約—TPPの仮面を剥ぐ—』農文協、2011年、86〜87ページ。
45) イボン・ル・ボ・マルコス（佐々木真一訳）『サパティスタの夢—たくさんの世界から成る世界を求めて—』現代企画室、2005年、67ページ。
46) ホセ・エイルウィン、前掲書、90ページ。
47) 朝日新聞、2009年6月7日朝刊。
48) 谷洋之「メキシコにおける農地所有制度の変遷」北野浩一編『ラテンアメリカの土地制度とアグリビジネス』アジア経済研究所、2013年、13ページ。<http://www.ide.go.jp/Japanese/Publish/Download/Report/2012/pdf/C08_ch 2 .pdf>.
49) 同上論文、25ページ。
50) 石井章『ラテンアメリカ農地改革論』学術出版会、2008年、199ページ。
51) 同上書、163ページおよび165〜167ページ。
52) フェルナンド・レジョ（木田剛訳）「メキシコとサハラ以南のアフリカにおける構造改革」藤田和子、松下冽編著『新自由主義に揺れるグローバル・サウス—いま世界をどう見るか—』ミネルヴァ書房、2012年、195ページ。
53) Jorge Witker, *op. cit.*, p. 391.
54) Pablo Pérez Akaki, "Ganadores y perdedores en el Campo mexicano taras la firma del TLCAN", in José Luis de la Cruz Gallegos y Mario Gonzalez Valdés, *Efectos del TLCAN en Mexico después de 15 años de operación*, Miguel Angel Porrúa, 2011, p. 123.
55) エリザベス・フィッティング（里見実訳）『壊国の契約— NAFTA下メキシコの苦悩と抵抗—』農文協、2012年、129ページ。
56) Pablo Pérez Akaki, *op. cit.*, p. 126.
57) *Ibid*, p. 125.
58) 谷洋之「NAFTAを逆手に取る—メキシコハリスコ州におけるトウモロコシ・トマト生産の事例から—」谷洋之、リンダ・グローブ共編『トランスナショナル・ネットワークの生成と変容—生産・流通・消費—』上智大学出版、2008年、36ページ。
59) 同上論文、37ページ。
60) 同上論文、44ページ。

第3章

メキシコの新自由主義的開発と製造業

1 新自由主義改革の展開過程

1-1 新自由主義改革の第1段階（1982〜88年）

　最初に一連の経済的諸協定・計画の内容、民営化の推移、改革期の経済実績を確認する。そして、新自由主義改革の展開過程の特徴を考察する。

　1982年以降、メキシコ政府は改革の第1段階として、法的な制度改革（legislación para el Cambio）を進めた。1988年までの改革合意の主な内容は、経済的安定と信用を確立するために企業間で合意された連帯協定（Pacto：pacto de solidaridad）と、本格的に展開された民営化があげられる。Pactoに至るまでの政府主導の経済的諸計画とその特徴は以下の通りである。[1]

　第1に1982〜86年にデ・ラ・マドリ政権下で実施された「経済緊急再編計画（PIRE）」で、公的支出削減・財政改革を通じたインフレ対策が実施された。

　第2に同政権による貿易自由化策として「国家工業振興・貿易計画（PROFIEX）」が公布された。その後、輸入割当の漸次的廃止や輸出関税還付補償（CEDIS：Certificados de Devolución de Impuestos）の廃止が相次ぐなど、関税制度構造の改編と貿易保護の合理化が実施された。この流れは、次のサリナス政権下の「国家工業近代化・貿易計画（PRONAMICE）」にも引き継がれ、一層の貿易自由化と規制緩和が促進された。

　第3に1986〜87年に「経済活性化・成長計画（Programa de Aliento y Crecimiento）」が発表され、民間投資促進のため公企業の民営化と財政規律の健全化が実行された。

第4に1987～88年に「経済連帯協定（PSE：Pacto de Solidaridad Económica）」が定められ、税収拡大と公的支出削減が強化された。加えて、金融・財政規律のための物価・賃金管理も本格的に導入された。そこでは政府・企業・メキシコ労働組合連盟（CTM：Confederación de Trabajadores Mexicanos）の三者間で合意が図られ、PSEを通じて企業側と交渉できる労組は許可制となり制限が掛けられた。また、その他の労組は違法として扱われることになった。

　政府によって経済調整に関わる社会的合意の構築も進められ、インフレ管理のための賃金抑制策（価格変数の凍結）が導入された。その結果、1982～86年間で実質賃金は30％以上減少した[2]。公企業解体も進められ、中小企業の相当数と巨大企業のいくつかが民営化あるいは閉鎖され、膨大な失業者が生まれた。中でも二大鉄鋼企業のモンテレー製鋼所（Fundidora Monterrey）の閉鎖とアルトス・オルノス社（Altos Hornos）のストライキ弾圧、航空会社のアエロメヒコ（AeroMéxico）とメヒカーナ（Mexicana de Aviación）の事業リストラや世界有数のカナネア（Cananea）銅鉱山の売却などは社会的衝撃も大きかった。

　だが、結局これらは安値で買い叩かれることになる。鉄鋼業では上記の2つの企業と巨大企業ラサロカルデナス・ラス・トルチャス社（Siderúrgica Lázaro Cárdenas-Las Truchas）の売却益を加えた3社の総計は7.5億ドルで、当初の政府見込み60億ドルを大幅に下回った[3]。このわずかな売却資金すら、その多くが国内債務返済に充当された（1988～94年の債務返済規模は、例えば債務額の対GDP比率で換算すると19％から5％まで縮減するほどの規模であった）。

　以上のPSEや民営化を通じて労働組合は急速に力を失い、外国債権者や同国最大の民間企業連合の企業家調整委員会（CCE）、多国籍企業、国際諸機関、先進諸国などの連携的権力によって、民営化と貿易自由化圧力が加速した。

　最後に第5として、1988～91年に「経済安定と成長のための協定（PECE：Pacto para la Estabilidad y el Crecimiento Económico）」が策定され、反インフレ的な金融・財政政策、関税撤廃、輸出品製造の刺激策、所得・為替政策などが、段階毎に実施された。

1-2　新自由主義改革期の経済実績

　総じて1982～91年の政策改革の筋道はインフレ抑制が最優先で、そのための金融・貿易面の政策対応がメインであった。経済成長の回復や国内需要の刺激策は選好されず、マネタリストの主張や反インフレ策が強調されるあまり、雇用保護や生産性回復の観点は考慮されなかった。1989～94年に諸改革合意のプライオリティは頂点に達し、前述の経済的諸協定・計画を深化させるべく、第2波の改革が実行された。新自由主義政策の本格的導入である。

　表3-1から1983～2009年の改革期の経済実績を確認する。注目すべきは当

表 3-1　新自由主義的諸改革導入前後の経済実績の比較指標

年度	GDP 年平均成長	一人当たりGDP 年平均成長	固定資本形成 年平均成長	実質最低賃金(国平均) 年平均成長
▼新自由主義的諸改革導入前				
1935-40	4.48	2.25	－	3.50
41-46	6.13	3.89	16.88	-8.01
47-52	5.75	3.07	6.63	2.29
53-58	6.37	3.16	4.95	4.22
59-64	6.69	3.21	8.83	7.73
65-70	6.84	3.47	9.18	4.70
71-76	6.16	3.00	6.98	3.49
77-82	6.16	3.35	6.22	-5.51
平　均	6.07	3.17	8.26	1.42
▼新自由主義的諸改革モデル導入後				
1983-88	0.18	-2.08	-4.32	-9.94
89-94	3.90	1.92	7.63	-3.65
95-2000	3.14	2.06	4.78	-5.75
01-06	2.35	1.28	3.09	0.0023
07-09	-0.66	-1.50	0.11	-1.56
平　均	2.10	0.49	2.06	-4.54

（出所）　José Luis Calva, "Reforma económica para el crecimiento sostenido con equidad", *ECONOMÍA-UNAM*, vol. 7 , no. 21, UNAM, 2010, p. 16.

該期のGDP成長率が、わずか年平均2.1％にとどまった点である。また、一人当たりGDP成長率も同0.49％、固定資本形成比率も同2.06％と停滞した。最低賃金も購買力平価で勘案すると71.4％も低下した。

参考までに当該期以前の、つまり国家による市場介入がなされ、財政・金融政策を通じてGDPと雇用の持続的発展と保護貿易政策（国内市場・幼稚産業の保護）、外資規制、基幹産業の開発が展開された、1935～82年の年平均GDP成長率は6.07％、一人当たりGDPの同率は3.17％、固定資本形成の同率は8.26％、購買力平価での最低賃金推移は96.9％の増加を記録していた。数字上は新自由主義期の各数値がそれを大幅に下回り、同政策の効果は期待に反するものだった。

念のため時期区分について付言すると、1970年代から債務不履行までのルイス・エチェベリア政権期やロペス・ポルティージョ政権期に関しては、保護主義的な経済政策を実質的に継続できていたかの判断は難しい。すでに当該期は、経常収支の外貨ギャップが急拡大し、為替や財政政策などのマクロ経済運営は機能不全に陥っていたからである。危機後に登場したデ・ラ・マドリ政権以降はマクロ経済運営の失敗を修正する代わりに、1930年代からの保護主義を180度転換した。この時期は、まさしく「ワシントン・コンセンサス（Washington Consensus）」の導入期となった。

同国は1990年代以降も新自由主義政策の骨格と評される「ワシントン・コンセンサス」を忠実に実践するかのように、改革を徹底させていった。[4] インフレ管理と財政規律を最優先としたマクロ経済政策と構造改革を引き続き実施しつつ、インフラ、科学技術など一般的な経済促進に対する政府介入を縮減し、かつ産業促進（農業、製造業、エネルギー）への介入をも縮減させた。

これら諸政策の旗振り役を担ったのがIMFや世銀である。世銀は国家の役割を極力排除し、経済自由化を通じ市場メカニズムを導入することで資源配分の歪みを是正し、比較優位部門の労働集約的産業に特化して輸出志向性を促進する世銀流の開発モデルを主張した。

1-3 新自由主義改革の第2段階（1989年以降）

次に改革の第2段階である1989年以降の新自由主義政策の本格的導入期を検

討する。当該期の主な特徴は民営化であった。これは第１段階の改革期の延長線上にあり、資源移転を一層深化させるものだった。同国の公企業は３つの形態に分けられ、主に石油・電力など公的社会サービス分野を担う非中央統制組織（organismos descentralizados）、各種政府系銀行など資本金の過半が政府所有の政府マジョリティ参加企業（empresas de participación estatal mayoritaria）、公的信託基金（fideicomisos públicos）から構成される。

民営化実績の数的推移は表３-２の通りである。1982年の1,155企業から2003年の173企業に激減した。改革の第１段階の1982～88年は最終的に706企業が民営化や再編（廃止・合併・譲渡）の対象となった。第２段階の1989～94年は164

表３-２ 非中央統制組織・政府参加企業・公的信託基金の民営化実績（企業数）

	非中央統制組織	政府参加企業		公的信託基金	合計
		マジョリティ参加	マイノリティ参加		
1980	87	630	-	186	903
81	88	583	-	201	872
82	103	754	75	223	1,155
83	96	696	74	192	1,058
84	94	699	74	170	1,037
85	95	625	65	147	932
86	93	524	7	108	732
87	93	433	3	83	612
88	93	279	-	77	449
89	88	229	-	62	379
90	82	147	-	51	280
91	78	120	-	43	241
92	82	100	-	35	217
93	82	98	-	30	210
94	81	106	-	28	215
95	80	99	-	25	204
96	72	91	-	22	185
97	71	96	-	23	190
98	71	120	-	22	213
99	74	79	-	22	175
2000	74	80	-	21	175
01	77	80	-	20	177
02	79	81	-	20	180
03	83	71	-	19	173

（出所） Armando Labra, "Reformar las reformas: consenso de México a debate", *ECONOMIA-UNAM*, vol. 1, no. 1, UNAM, 2004, p. 47.

企業が対象とされ、メキシコ電信電話（Teléfonos de México）など大規模な民営化も行われた。

その結果、1982～2003年で982企業が民営化された。メキシコ人学者エミリオ・サクリスタン(Emilio Sacristán)は、同過程を３つに時期区分している。様々な業種の異なった企業が民営化され始めた第１期（1984～88年）、鉄鋼・商業銀行・電信電話などいくつかの部門で大規模な民営化が断行された第２期（1989～98年）、やや時期は重複するが、憲法改正をして鉄道や衛星通信部門の民営化を行った第３期（1995～2000年）とそれぞれを特徴付けている[5]。

1983年の公企業GDPの対全体比は約25％で、雇用者も約100万人を有するなど、経済部門の全雇用者の10％を占めていた。だが、民営化対象となった公企業の就業者数は1983年の１年間だけで20万人にのぼり、同GDPの対全体比も1989年は16％にまで急落した[6]。

また、1990年に憲法改正を行い、債務危機を契機に国有化されていた銀行部門でも再民営化のための法的整備が行われた。直後の1991年6～10月に民営化が相次ぎ、同国の二大銀行であるバナメックス（Banamex）の売却額分97億ドルとバンコメール（Bancomer）の同85億ドル分を含め、諸銀行の売却額は総計217億ドルに達した。これらの再民営化の含意は、単なる効率化のための構造改革パッケージにとどまらず、金融再編後の「少数寡占体制」の構築と併せて、同国金融市場がグローバル金融資本と「結合」する契機となったことである[7]。

一例として、2000年に有力銀行セルフィン（Selfin）はスペインのバンコ・サンタンデール・セントラル・イスパーノ銀行（BSCH：Banco Santander Central Hispano）の資本参加を受けた。2001年に同国は総額約268億ドルの直接投資を受入れたが、そのうち半分の120億ドル強は米国多国籍金融シティ・グループによるBanamex買収資金であった。また、2004年第Ⅰ四半期にも総額約103億ドルのFDIを受入れ、そのうち半分はスペイン金融バンコ・ビルバオ・ビスカーヤ・アルヘンタリア銀行（BBVA：Banco Bilbao Vizcaya Argentaria）によるBancomer買収（100％子会社化）と英国金融の香港上海銀行（HSBC：Hongkong and Shanghai Banking Corporation Limited）によるメキシコ金融会社ビタル（Bital）の買収資金であった[8]。

新自由主義改革の第２段階の特徴は、民営化された公企業への外資進出が顕

著となり、金融・保険サービス部門に限らず全般的部門で外資の市場占有力が浸透した点にある。資本移動の規制緩和や貿易自由化のための制度改革がこの趨勢を支えた。そのひとつの到達点が、1994年発効のNAFTAであった。換言すれば、民営化過程はNAFTAの第11章「投資分野」に即した形で最終的に米国多国籍企業へ売却された資産も少なくなかったのである。

民営化による「新たな階級」の形成

　様々な形態の民営化を通じてメキシコ人億万長者の台頭も一挙に加速した。例えば、民営化された電気通信部門を底値で買収したことで、メキシコ人事業家カルロス・スリム（Carlos Slim Helú）は米国雑誌『Forbes』（2012年3月）の長者番付で世界第1位の大富豪になった。彼の一族（カルソ・グループ）は小売、金融、製造業と幅広い事業をラテンアメリカ全土で展開している。1位になった年度の彼自身の総資産額（2012年）は690億ドルで、マイクロソフト社のビル　ゲイツ会長（同610億ドル）を上回る。ちなみに同年の億万長者の総数は過去最高の1,226人となり、うち日本は24人。他方、メキシコは11人、ブラジルは37人と、ラテンアメリカで最も大規模な民営化とその外資売却を行った2ヵ国に大勢の億万長者が集中していた。

　米国の社会学者ジェームズ・ペトラス（James Petras）はこう述べる。「億万長者になるプロセスは新旧の財に基づくものだった。……メキシコの億万長者の半数は、何百万ドルという相続財産をもとに頂点に上りつめた。そしてもう半数は、公営企業を安く買い、それを米国の多国籍企業に売って儲けを出すことによって、巨額のリベートを得る政治家との結びつきから利益を得た」もので、「億万長者にとって、その台頭の原動力は米国・IMF・世界銀行がまとめた米国政府の合意だった」[9]。すなわち、サリナス大統領（当時）は「1,000以上の国営企業を売却し、その多くは彼の政治仲間たちに売り払」[10]ったのであり、与党であった制度的革命党（PRI）の政治権力と米国多国籍企業・銀行とが結びつく形でメキシコ人大富豪は巨万の富を築き、経済権力を掌握していった。前出のカルロス・スリムしかり、同国の億万長者であるアルフレッド・アルプとロベルト・エルナンデスも同じく銀行の再民営化とその後の米国金融シティ・グループへの国内銀行バナメックス売却を通じて巨額の利益を得た[12]。

　民営化過程を通じた「新たな階級形成」プロセスは、国家権力と特別な関係

を築きながら、「安く買って高く売る」ための機会を無数に切り開いた(傍点、引用者)。[13]そのうえ彼らの活動領域はひとつの国民国家の範囲内に限定されているわけではなく、トランスナショナルな階級同盟によって深化してきた。[14]デヴィッド・ハーヴェイ(David Harvey)は、「カルロス・スリム……のような企業利益集団は、特定の国の国家機構を食い物にするとともにその国家機構を肥やしてもいる……。しかしながら彼らは、複数の国で同時に階級権力を行使することができるし、またそうするのが普通」だと強調する(傍点、引用者)。[15]

2 新自由主義改革と生産諸部門停滞の因果関係

2-1 為替相場との関係(マクロレベル)

第2章で問題提起した通り、NAFTAはこれまで様々な論点からその諸影響が議論されてきた。本章ではNAFTAを通じた米国向け工業品輸出という観点から論じてみよう。工業品輸出の対GDP寄与度に関しては1987年11.9%から1997年20.5%へ、また、製造業部門全体の対GDP寄与度も31.6%から73.0%へといった形で、NAFTA発効から短期間で効果を上げることに成功した。[16]だがしかし、この輸出戦略の支柱である製造業部門において構造的な問題が未解決となっている。それは、以下の3点に集約される。第1にマキラドーラを中心とした非工業化過程(des-industrialización)の問題、第2に非輸出部門と輸出部門の部門間格差の問題、第3に賃金低下の問題である。

著名なメキシコ人経済学者ドゥッセル・ペータース(Dussel Peters)は、これに関してマクロ、メゾ、ミクロの各レベルから新自由主義改革と製造業部門停滞の関連性を検証している。[17]ドゥッセル・ペータースによれば、マクロレベルは為替相場問題、つまり為替相場における通貨ペソの過大評価が停滞要因としてあげられている。メゾレベルは第1に他の生産諸部門との産業連関の欠如があげられている。第2に中国の対米・対メキシコ輸出の急増など、中国経済との関係の問題である。ミクロレベルは「保税加工区マキラドーラと輸出製造のための一時輸入制度(PITEX: programas de importación temporal para producir artículos de exportación)」という特別優遇措置による輸出促進戦略ゆえに、正規

部門で雇用が創出されないことが指摘されている[18]。以下、この議論を手がかりにして各論点の考察を深めてみる。

　為替相場に関しては、反インフレのためのアンカー政策を名目為替レートに適用したことで、1980年代から過大評価（ペソ高ドル安）が進んだ。インフレ管理こそがマクロ経済安定化の根幹であるとの認識の下、投入財輸入を通じた物価上昇やそれによるインフレ刺激効果、そして為替切下げ圧力の阻止を企図したからである。しかし、為替の過大評価は1990～2000年代以降も続き、2002年のピーク時は36.88％程度の過大評価率を記録、その他の年度でもおおむね20～30％の過大評価で推移することになった[19]。

　経済学者レネ・ビジャレアル（René Villarreal）は、同値は裏付けのない評価であり、高い労働生産性に起因するものでもない、と指摘する[20]。また、当時の『大統領教書』でも実質為替指数は基準値を1990年＝100とした場合、2000年は71.8％であったと算定されている[21]。この約28％の過大評価の下、ビジャレアルは為替問題を主要貿易相手国通貨との関係から検討した[22]。

　例えば、2001年ITバブル崩壊後の景気後退局面において、ユーロは約28％（1ユーロ＝1.19→0.84ドル）の対ドル切下げした（ユーロ安ドル高）。そのためEU向け輸出増を図っていたメキシコは、かえって対EU貿易赤字が膨らんでしまった。2000年の対EU赤字額は9.1兆ドルを記録し、前年比で21％も増加した。また、ブラジルも当該期に通貨レアルを対ドル比で50％切下げ、さらにカナダも1990年代一貫して競争的為替レートを維持したため、同国の対ブラジル、対カナダ貿易はともに赤字幅が拡大した。そのうえ為替の過大評価はドル決済を媒介にして輸出を抑制し、輸入を刺激するのみならず、ペソ高ドル安に起因する価格競争力を持つ輸入品に対し、国内生産部門が厳しい競争に晒されることにもなった。

　図3-1は為替相場変動と貿易収支の相関関係を示している。米国が「逆プラザ」合意によるドル高政策を採用した後の1995～96年のみ、例外的に貿易黒字を計上したものの、その他の年度はペソ過大評価と貿易赤字の連動性が看取できる。だが、為替政策を通じた安価な財輸入促進とそれによるインフレ緩和を図るマクロ経済安定化政策は、結果的に国内的には「高コスト」となって跳ね返った。輸入品が国内市場に氾濫し、国内生産力が弱体化したからである。

図 3-1　実質為替相場指数の変動と貿易収支の相関性

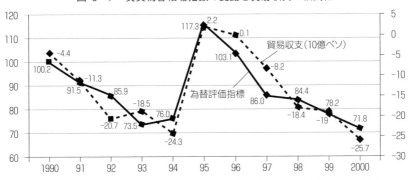

(出所)　René Villareal y Rocío Ramos de Villarreal, *México competitivo 2020: Un modelo de competitividad sistémica para el desarrollo*, Océano, 2002, p. 62.

失業や貿易赤字増加の問題も生じた。新自由主義下のインフレ削減策では需要刺激のための低金利・高賃金策は実施されず、実際には為替安定と外資流入のための魅力的な金利幅が維持された。また、低インフレ政策は生産力の低成長を伴うため労働者は低賃金状況に置かれ、個人消費の冷え込みと家計の借金依存を深めた。そして個人破産や返済負担はさらに消費＝内需の抑制を助長するという、悪循環が形成された。

2-2　生産諸部門の連関欠如との関係（メゾレベル）

次に、メゾレベルでの議論を考察する。生産諸部門間における産業連関の欠如に関して、である。以下では、製造業部門を重化学工業（Ⅰ）と軽工業（Ⅱ）に大まかに分類し、重化学工業をさらに素材産業（α）と機械産業（β）に区別し検討する。結論から言えば、生産財部門の産業発展が脆弱な同国は生産財供給を他の先進工業国に依存せざるを得ず、それゆえNAFTAを通じて工業生産大国の米国との貿易・投資関係を強化してきた経緯があった。

第1章で述べた通り、NAFTAは米国多国籍企業がアジアに対する国際競争力低下をアウト・ソーシング戦略＝生産のメキシコ化によって回復を図り、マキラドーラを活用して労働集約的生産工程を分割＝移植する枠組みであった。メキシコ側にとってNAFTAは、一方で電機・電子機器、繊維を中心にマキラドーラ輸出額を劇的に拡大させてきたが、他方でマキラドーラが消費す

る中間投入財・生産財に占める国内投入比率は数％台にとどまってきた。

　以上の点を、表3-3から詳らかにしていく。同表は2008年公表の産業連関表（5年毎に作成）から、中間需要（①項目）、最終需要（②～⑧項目）、国内総生産（⑨項目）および輸出入構成比などを摘記した整理表である。前提として、製造業部門GDPの対全体比は新自由主義期以前は1970年23.03％、1980年20.02％とほぼ20％前後で推移してきたが、新自由主義政策導入以後は32.67％（2003年）まで拡大した。

　強調すべきは各Ⅰ・Ⅱ部門のGDP寄与度に関して、である。1970年時のⅠ部門は10.00％、Ⅱ部門は13.04％、同じく1980年時では各9.50％、10.52％であったのが、2003年は各20.71％、11.97％と、その量的比率関係が完全に逆転している。それゆえ1980～2000年代を通じて同国は数字上では軽工業優位から重化学工業優位へと転換を果たしたといえる[23]。輸出額でもⅠ部門は1兆1,115億ペソ、Ⅱ部門は2,246億ペソで、Ⅰ部門が圧倒的に優勢となった。

　同表からⅠ部門内の比率構成をみると、機械産業βは10.70％で素材産業αの10.00％を凌ぐ数値である。βは重化学工業の中核であり、生産手段の中枢に位置する。であるならば、新自由主義期において資本財生産を含む設備投資主導型の重化学工業化は同国において達成されたのであろうか。同表よりβ内で特に輸送機械と電子機械の両器具がGDP寄与度（各5.03％、3.59％）でも輸出構成比（各20.24％、21.25％）でも、突出して高値となっていた。両器具だけで同国輸出全体の41％超を占有していた。

　だが、問題は第1に両器具の生産方式はともに労働集約的組立加工方式であり、半製品や部品など中間投入財を含む生産手段を最初から国外に依存＝輸入している点にある。ゆえに輸出構成比が高い値であるにもかかわらず、同時に輸入構成比（各13.15％、19.61％）も併せて高く、両計で全体の約33％を占めた。

　第2の問題はⅠ部門の中枢である一般機械（工作機械・装置など）のGDP寄与度はわずか0.68％に過ぎず、貿易収支も1,029億ペソ赤字を計上していた点である。それゆえ一般機械部門の輸入額に占める同部門の固定資本形成比率（輸入依存度）も86.34％と極めて高い比率となっていた。これは同国が自国設備投資の主軸である産業用機械を輸入に強く依存する構造であることを示す。

　第3の問題は、β全体でみても固定資本形成がGDP成長を力強く牽引して

▼整理表①

表 3-3 メキシコ産業連関表（2003 年）

(単位：100 万ペソ)

	中間需要 小計①	民間消費②	政府消費③	固定資本④	最終需要 在庫⑤	輸出⑥	輸入⑦	小計⑧	国内総生産（支出側）⑨
農林漁業	264,652	160,560	0	8,559	14,820	34,466	-59,499	158,906	423,558
鉱業（石油・ガス採掘を含む）	305,949	0	0	59,089	3,593	183,711	-10,853	235,540	541,489
製造業	2,454,081	1,445,363	1,816	362,194	280,319	1,335,165	-1,821,511	1,605,346	4,059,427
Ⅰ）重化学工業	1,943,446	505,790	0	352,067	175,648	1,111,522	-1,515,808	629,219	2,572,665
α（素材）	1,176,662	284,802	0	8,759	140,412	193,464	-561,079	66,358	1,243,020
基礎金属・金属製品	370,151	22,789	0	8,655	31,214	76,975	-179,329	-39,695	330,456
化学・化学製品	523,081	158,736	0	8	72,445	83,172	-328,299	-13,939	509,142
非金属鉱物製品	121,327	31,543	0	96	10,413	18,523	-20,521	40,054	161,381
石油・石炭製品	162,103	71,734	0	0	26,340	14,794	-32,930	79,938	242,041
β（機械）	766,784	220,988	0	343,308	35,236	918,058	-954,729	562,861	1,329,645
一般機械器具	52,498	2,372	0	126,333	5,793	43,406	-146,327	31,577	84,075
電子機械器具	327,665	34,863	0	68,717	13,234	385,317	-383,923	118,208	445,873
電気機械器具	147,221	29,281	0	33,671	8,824	122,366	-167,072	27,070	174,291
輸送機械器具	239,400	154,472	0	114,587	7,385	366,969	-257,407	386,006	625,406
Ⅱ）軽工業	510,606	939,573	1,816	12,127	104,673	224,644	-305,704	976,129	1,486,735
食・飲料品	169,721	756,264	0	0	72,860	39,981	-84,481	783,624	953,345
繊維・衣服	117,495	66,335	0	80	10,427	101,326	-97,934	80,235	197,730
皮革・木材など	187,720	65,425	1,816	64	15,001	23,091	-80,197	25,200	212,920
その他	35,670	51,549	0	11,983	6,385	60,246	-43,092	87,070	122,740
電気ガス水道業	153,378	84,427	0	0	0	839	-103	85,163	238,541
建設土木業	81,062	1,199	29	886,029	0	0	0	887,257	968,319
運輸郵便通信業	375,211	706,221	44	20,670	0	65,776	-17,449	775,261	1,150,472
（物的生産合計）	3,369,681	2,237,210	1,889	1,329,982	283,912	1,585,491	-1,819,916	3,588,567	6,958,248
商業	531,797	670,821	0	87,736	0	171,044	0	929,601	1,461,398
金融保険不動産業	410,178	770,625	30,083	0	0	12,589	-27,545	785,152	1,195,330
サービス業	637,709	889,073	448,087	0	0	9,616	-20,631	1,326,145	1,963,854
その他	5,759	4,263	412,665	0	0	0	0	416,928	422,687
（商業・金融・サービス計）	1,585,443	2,334,782	890,835	87,736	0	193,249	-48,176	3,457,826	5,043,269

(出所) Instituto Nacional de Estadística y Geografía (INEGI), *Matriz Insumo-Producto 2003* (http://www.inegi.org.mx/). より作成。

▼整理表②

	GDP構成比（％）(対全体)	貿易収支 ⑥－⑦	輸出構成比(%)(対全体)	輸入構成比(%)(対全体)	輸出／GDP (%) ⑥／⑨	固定資本形成／輸入 (%) ④／⑦	固定資本形成／GDP (%) ④／⑨
農林漁業	3.41	−25,033	1.90	3.04	8.14	14.39	2.02
鉱業（石油・ガス採掘を含む）	4.36	172,858	10.13	0.55	33.93	544.45	10.91
製造業	32.67	−486,346	73.64	93.05	32.89	19.99	8.97
Ⅰ) 重化学工業	20.71	−404,286	61.30	77.43	43.21	23.23	13.68
α（素材）	10.00	−367,615	10.67	28.66	15.56	1.56	0.70
基礎金属・金属製品	2.66	−102,354	4.25	9.16	23.29	4.83	2.62
化学・化学製品	4.10	−245,127	4.59	16.77	16.34	0	0
非金属鉱物製品	1.30	−1,998	1.02	1.05	11.48	0.47	0.06
石油・石炭製品	1.95	−18,136	0.82	1.68	6.11	0	0
β（機械）	10.70	−36,671	50.63	48.77	69.05	35.96	25.82
一般機械器具	0.68	−102,921	2.39	7.47	51.63	86.34	150.26
電子機械器具	3.59	1,394	21.25	19.61	86.42	17.9	15.41
電気機械器具	1.40	−44,706	6.75	8.53	70.21	20.15	19.32
輸送機械器具	5.03	109,562	20.24	13.15	58.68	44.52	18.32
Ⅱ) 軽工業	11.97	−81,060	12.39	15.62	15.11	3.97	0.82
食・飲料品	7.67	−44,500	2.2	4.32	4.19	0	0
繊維・衣服	1.59	3,392	5.59	5.00	51.24	0.08	0.04
皮革・木材など	1.71	−57,106	1.27	4.10	10.84	0.08	0.03
その他	0.99	17,154	3.32	2.20	49.08	27.81	9.76
電気ガス水道業	1.92	736	0.05	0.01	0.35	0	0
建築土木業	7.79	0	0	0	0	0	0
運輸郵便通信業	9.26	48,327	3.63	0.89	5.72	118.46	91.5
商業	11.76	171,044	9.43	0	11.70	0	1.80
金融保険不動産業	9.62	−14,956	0.69	1.41	1.05	0	6.00
サービス業	15.81	−11,015	0.53	1.05	0.49	0	0
その他	3.40	0	0	0	0	0	0

(出所) Instituto Nacional de Estadística y Geografía (INEGI), *Matriz Insumo-Producto 2003*. 〈http://www.inegi.org.mx/〉より作成。

いるわけではない点である。同部門のGDPに占める固定資本形成比率は25.82％に過ぎない。同数値は年度によって増減があるためあくまでもひとつの目安に過ぎないが、例えば強力に設備投資を押し進めた韓国の1980年時の同値は38.0％であった。[24] それと比べるとメキシコの数値はかなり低水準である。同国のⅠ部門は生産財生産部門として前後方の産業連関の要に位置し、自国工業の再生産を支える部門としては、いまだ脆弱であるといえる。[25]

2-3 輸出促進のための特別措置制度との関係（ミクロレベル）

最後にミクロレベルの議論である。

ここではマキラドーラや「輸出製造のための一時輸入制度（PITEX）」を中心とした諸制度の検討を行う。それにより輸出額の増加および同額の対GDP比率の増加にもかかわらず、なぜ同国製造業部門の実質賃金が低下してきたのか考察する。結論から言えば、これは同国の比較優位である低賃金労働力を活用し、政府による優遇税制措置を受けた輸出企業を梃子にする輸出促進モデルを構築したことに主因があるといえる。

すでに1993〜2003年の輸出全体の平均78.02％（約8割弱）がマキラドーラとPITEXという通関手続き上の優遇措置を通じたものであった。この点からジェームズ・サイファー（James Cypher）とラウル・デルガド（Raúl Delgado）は、1980年代半ば以降、マキラドーラとPITEXのメカニズムを通じて「低賃金労働輸出モデル」が確立されたと論じた。[26]

マキラドーラに関しては（後段の通りその後はIMMEX制度へ改組されたが）、これまで多くの先行研究が国内で蓄積され、その特質規定を巡り論争が繰り返されてきた。マキラドーラの自生的な発展を強調した研究群がある一方、他方、マキラドーラと国内経済は相変わらず非接合状態に置かれたままで下請地場企業からの投入財比率が極めて低水準であることを指摘した研究、あるいは国内投入財の調達比率が多少なりとも増加してきた諸部門において近年その輸出ダイナミズムが減退していることを明らかにした研究、また非マキラドーラ製造業部門におけるPITEXを通じた投入財輸入の急増と輸入誘発メカニズムを指摘し、マキラドーラ型輸出志向工業化の問題点を析出した研究など、[27] その内在的課題を浮き彫りにした研究も数多く蓄積されてきた。[28]

1990〜2003年間のマキラドーラ総生産額は約5.4倍増だったが、粗付加価値額は約2.3倍増にとどまった。多少古いデータであるが、この増加率の相違は輸入投入財消費の激増に求められる[29]。地場産業からのマキラドーラへの下請参加は制限的で、輸出部門と非輸出部門との連関欠如は深刻であった。

　次にPITEXに関しては、これは実質的に輸出企業（＝外資系・国内大企業）に対する「補助金制度」といえる。工業製品輸出のうち30〜40％（1993〜2005年度毎の推移）が同制度を通じて実現した。そもそもPITEXは大統領権限の政令である。その概念の範疇は同じ製造業・輸出産業向けの関税特別措置であるマキラドーラ、「関税払戻制度（drawback）」、「高度輸出企業計画（ALTEX：Programa de Empresas Altamente Exportadores）」、「産業部門別生産促進計画（PROSEC：Programs de Promoción Sectorial）」などと、内容は類似していた[30]。これら諸制度の手続き簡素化のため、主要制度であったマキラドーラとPITEXが統合される形で2006年に制定されたのが「輸出製造業、マキラドーラ、サービス産業の振興のための政令（IMMEX：Decreto para el fomento de la industria manufacturera, maquiladora y de servicios de exportación）」であった（同制度はその後、何度かの改定を経た[31]）。

　IMMEXの下、多国籍企業はPITEXを通じて中間投入財をメキシコへ輸入、加工後に米国へ輸出するトライアングル（triangulación）生産方式を採用した。前出のサイファーらはこの構造ゆえにPITEXを「偽装マキラドーラ（sector de la maquila encubierta）」と規定している。そして、PITEXを通じた当該期の輸出額の対工業輸出総額比率は35％に達するに至った[32]。

　ここでの問題は第1にPITEXからの輸出額とマキラドーラからの同額を合算した対全輸出額比率が平均78％（1994〜2005年）と極めて高かった。両制度とも「低賃金労働力の間接的輸出モデル」の基盤となっている。PITEXと米国本国の親企業との賃金格差は1：7、マキラドーラとの差はその倍にも及んでいた。両者の相違はPITEX企業の労働者賃金がマキラドーラと比べ50％程度高いことに拠る。その理由として親会社との委託加工形態が典型的業務であるマキラドーラは相対的に独立系企業が多い標準的なPITEXと比べて低生産性で、かつ加工賃料が相当圧縮される場合が多いことがあげられる[33]。

　問題の第2はPITEXに関わる多国籍企業取引の大部分は企業内貿易で、彼

らは多くのサプライヤー（中間財・部品供給企業）を戦略的提携または直接所有という形で自らの管理下に置いている。サイファーらの研究では、輸送機械や電機器具の企業内貿易率は2002年時点で各75.9％、67.5％と高水準であった。それゆえ PITEX の中間投入財の国内調達率も1993年の32.0％から2004年の22.6％へ年々、低下傾向となった。

2-4 生産諸部門における中国ファクター

　以上の各水準の議論に加えて、中国との競合関係という対外経済関係のファクターを通じても、メキシコ生産諸部門は困難な状況に直面した。

　第1の問題は米国市場におけるプレゼンスである。NAFTA 発効後、米国との市場統合を促進したメキシコはマキラドーラを軸に対米輸出額を増加させてきた。米国における輸入相手国別の構成比もカナダに次ぐ第2位（石油を除く）であった。だが、中国が WTO 加盟を果たした2001年以降、中国はメキシコを同順位で抜いた。第1章で触れた通り、繊維・アパレル・履物などの労働集約的製品は中国の競争力に太刀打ちできなくなっている[34]。この間、国内には中国を強力な競争相手国として脅威と見なす論調も散見された。

　第2の問題は、メキシコ市場における中国製品のプレゼンスである。本書第Ⅱ部で触れるように、天然資源や鉱物資源およびその関連製品を中心に対中輸出を拡大する南米と違って、メキシコは対中貿易赤字が拡大中である。表3-4によれば、その対中輸入額は2005年の約176.9億ドルから2010年の約456.0億ドル、2014年の約662.5億ドルへ激増している。対中貿易収支は2004年の約133.8億ドルの赤字から2014年の約602.7億ドル赤字へと、この10年間で約4.5倍に膨らんだ。地域別構成（2013年）は、米国（対全体比49.1％）に次ぐ同国第2位（同16.1％）の輸入相手国となり、第3位の日本（同4.5％）を大きく引き離している[35]。特に電気・電子機器に関しては、中国製品がメキシコ国内市場を席巻している。同機器は、同国最大の輸入品目（2013年の対全体比は21.5％）である。

　また、近年は中国からの自動車部品輸入（主な製品種別は、機械部品、タイヤ、バッテリー、シート、トランスミッション・シャフト、ベアリング）が急増、直近の10年間で同額は2.6倍に拡大し、同部門の対中貿易赤字も膨らんでいる[36]。中国製の自動車部品輸入が増加するメキシコ側の要因は、①製造コストの削減、②

新ライン設備の導入への対応、③製品不足の解消、があげられる。加えて、2009～11年に年率10数％の成長を遂げたメキシコの修繕部品市場でも、中国部品の大量流入が続いている。

他方、メキシコの中国向け輸出額（表3-4）は2005年の約11.3億ドルから2010年の約41.8億ドル、2013年約64.7億ドルと、金額は小さい。地域別構成比（2013年）の割合も、第1位の米国向け（対全体比78.8％）と比べて中国向けは同1.7％と極めて小さい。[37]

第3の問題は、同国は米国境と隣接するため、輸送コスト・時間、労働力の

表3-4　メキシコと中国の貿易収支の推移

(単位：1000ドル)

年　度	対中輸出	対中輸入	貿易収支
1993	44,782	386,449	-341,667
94	42,162	499,655	-457,493
95	37,002	520,580	-483,578
96	38,277	759,704	-721,427
97	45,882	1,247,376	-1,201,494
98	105,977	1,616,494	-1,510,517
99	126,338	1,921,057	-1,794,719
2000	203,586	2,879,620	-2,676,034
01	281,774	4,027,253	-3,745,479
02	653,913	6,274,381	-5,620,468
03	974,369	9,400,591	-8,426,222
04	986,304	14,373,843	-13,387,539
05	1,135,544	17,696,338	-16,560,794
06	1,688,107	24,438,279	-22,750,172
07	1,895,338	29,743,656	-27,848,318
08	2,044,750	34,690,310	-32,645,560
09	2,207,788	32,528,967	-30,321,179
10	4,182,842	45,607,551	-41,424,709
11	5,964,225	52,248,003	-46,283,778
12	5,720,732	56,936,129	-51,215,397
13	6,470,049	61,321,376	-54,851,327
14	5,979,465	66,255,959	-60,276,494

(出所)　Secretaria de Economia, *Información Estadística y arancelaria*. 〈http://www.economia.gob.mx/comunidad-negocios/comercio-exterior/informacion-estadistica-y-arancelaria〉. より作成。原資料は、Grupo de Trabajo de Estadísticas de Comercio Exterior, integrado por el Banco de Mexico, INEGI, *Servicio de Administracion Tributaria y la Secretaria de Economia*.

熟練度や同じNAFTA圏という貿易制度面において、中国に対する優位性を保持している。ところが労働コストやインフラ・コストは中国に遠く及ばず、2000年以降、稠密かつ低廉な労働力に魅かれて、中国へ生産移転・優先的な直接投資行動をした外国企業や工場が数多くあった。事実、2000年代半ばのメキシコは外国直接投資を引き付けるため、先に言及したように20～25％程度のペソ通貨の過大評価にあった。そのためマキラドーラの輸出競争力が低下し、他の低賃金保有国（中国）からの苛烈な競争圧力に脅かされるようになった。すでに多くのハイテク企業はメキシコから撤退し、中国などへ生産拠点の移転を完了させた。

賃金格差を利用するために労働集約的生産工程を配置転換することは、多国籍企業が発展途上国向けに直接投資を実行する要因のひとつである。この生産立地の再編は国境を利用する形で各々の企業戦略に適合する第三国を、その投資受入れのための全般的環境を比較考量した上で決定される。そのため、いつ変更されるかわからない不確実な取引や企業戦略に対して、投資受入国は（全般的な「外資化」が進行するメキシコでは特に）他律的なリスクを内部化させられてしまう。多国籍企業にとって同国は代替可能な多数の生産地のひとつにしか過ぎず、同国では企業の撤退や進出が目まぐるしく変化するなど、その生産活動や取引には常にリスクが伴う。

それだけでは、ない。ドイツの社会学者ウルリッヒ・ベック（Ulrich Beck）が断ずるように、むしろこのようなリスクこそ多国籍企業がその力を引き出す源泉であるともいえる。ベックが述べるように、「働き口が低賃金国へ完全に移転されるような場合のような、経済のグローバル化にともなって生じた『実際の損害』ではなく、それにともなう脅威、それをめぐる公然の噂が不安を煽り、政治上の対抗陣営や労働組合のような対抗勢力をおびやかしている」からである。換言すれば、多国籍企業が戦略的な潜在力を引き出す力は脅威を演出することでも成立している。

かつてモニカ・ガンブリル（Monica Gambrill）はメキシコの賃金動向を各産業別にその動向（1980～2002年）をグループ化して分析した。それによれば、①電気・電子機器、工作機械、衣服・繊維産業（第Ⅰ産業グループ）の実質賃金は1980年代より長期的低下傾向にあった（マキラドーラの同部門の賃金とほぼ同水

準)。②家具、玩具、製靴産業(第Ⅱ産業グループ)は第Ⅰグループより低下傾向が深刻で、落ち込み度合が激しかった(マキラドーラの同部門の賃金より低水準)。その理由は新自由主義改革で保護規制が撤廃されたこと、製品種別が低付加価値製品であるため中国やカリブ海あるいは中米(グアテマラやエルサルバドル)など低賃金保有国への産業移転圧力に晒されたことがあげられる[40]。③輸送機器、食・飲料、化学産業(第Ⅲ産業グループ)は、低下幅はそれほど大きくなく、穏やかな下降と上昇を繰り返し、2000年代には1980年時の水準に回復した(マキラドーラの同部門の賃金より高水準)。以上により、第Ⅰ・Ⅱ産業グループは同国の輸出主力品であり、かつ同グループにて顕著な賃金低下が観察された。すなわち低賃金労働による組立加工製品および低付加価値製品部門の同グループこそ、中国などへの生産移転＝雇用が海外流出する脅威に晒されてきたグループであった。

3 銀行部門の寡占的市場構造とその融資行動

3-1 銀行部門における対外開放・自由化

次に新自由主義改革によって銀行部門で生じた諸問題を考察する。

1980年代の債務危機以降の同部門の状況を簡潔に振り返ると、債務危機を契機にポルティージョ元大統領は銀行を国有化した。その後1986年に再民営化へ向けて銀行再編基金(FONAPRE：Fondo de Apoyo Preventivo a las Instituciones de Banca Múltiple)が創設され、部門の再編と自己資本強化が図られた。そして1980年代を通じて同部門を含めた漸次的な金融自由化(預金金利の自由化、中央銀行預入規制から準備率規制への転換、銀行・証券会社所有への外資参入許可)が順次、進められることになった[41]。

1990年に入るとサリナス政権下で憲法第28条の改定が行われ、新たに「信用機関法(ley de instituciones de crédito)」と「金融グループ規制法(ley para regular las agrupaciones financieras)」が制定され、同部門の再民営化のための法的整備が進められた。その結果、1991年に再民営化が相次ぎ、国内二大銀行であるバナメックスの売却額分97億ドルとバンコメール銀行の同85億ドル分を含

めた、諸銀行の売却額は総計217億ドルに達した[42]。これらは本来的に効率化のための構造改革パッケージを目指していたが、同部門の非効率性と腐敗は残されたままだった。さらに金融再編後の少数寡占体制も深化した。

銀行部門への外資参入を認めたことを契機に銀行の「外資化」が本格的に幕を開けた。1994年にシティバンクがメキシコに子会社を設立し、HSBC がメキシコでの事業を開始した。但し、この時期は外国金融機関のメキシコ市場への進出形態はまだ子会社のみで認められ、支店形態での進出はできなかった[43]。

同年、「外国金融機関のメキシコ子会社設立規則」が公布され、新たに「関連会社」の概念が導入された。「関連会社」とは外国金融機関（米国とカナダに設置されている金融機関を指す）が設置されている国にある、①外国金融機関により支配されている会社、②外国金融機関を支配している会社、③外国金融機関を支配している同一会社により支配されている会社（なお、ここでの支配の範疇は、直接・間接に少なくとも議決権株式の51％を保有）、の３つの形態のことをいう。この規則によって「外国金融機関」からと「関連会社」からの、双方の形態を通じた対メキシコ進出が可能となった[44]。

ところが、NAFTA 発効直後の1994年末にテキーラ危機（メキシコ通貨危機）が発生し、政府は破綻した銀行に資金注入を行うなどの銀行再建策の対応に迫られた。自己資本比率の低下とともに深刻な不良債権問題も顕在化し、その処理に銀行預金保護基金（FOBAPROA：Fondo Bancario de Protección al Ahorro）が当てられた。そして銀行の不良債権と引き換えに FOBAPROA 債券を発行した。その後、同基金を引き継ぐ形で銀行預金保護機構（IPAB：Instituto para la Protección al Ahorro Bancario）が設立され、同様に政府保証付きの IPAB 債が発行された。国立金融証券庁（CNBV：Comisión Nacional Bancaria y de Valores）と FOBAPROA を通じて、政府は積極的に銀行救済のために介入や資産売却を図ったのだった。

だが直後の1995年。ペソ通貨切下げとともに一挙に投機マネーが同国へ押し寄せ、銀行、鉄道、公営企業、メキシコドル建て債券テソボノス（Tesobonos）などが次々と購入されていった。NAFTA 以降、金融部門における規制緩和が実施され（NAFTA 第1403条）、外国人投資家の保護規定があるため投機抑制のための規制措置を取ることができず、結果、事態は一段と深刻化した。

1995年に米国、ヨーロッパ、日本の13銀行が金融グループの形態を通じて同国銀行市場への参入を果たした。ゆえに1994～95年にかけて外国銀行の仲介でいくつかのメキシコ系銀行の吸収合併が実施された。例えば国内銀行プロブルサ（Probursa）はBBVAに合併された。また、インヴェルラット（Inverlat）はカナダのノヴァ・スコティア（Nova-Scotia）銀行に、そして、バンコ・メヒカーノ（Banco Mexicano）はスペインのサンタンデール（Santander）銀行へとそれぞれ合併された。但し、当該期の法的改革は中小規模の銀行を対象とするものであった。

　1996～97年にさらなる法的修正が進み、大規模銀行に対する外国資本の参入も新たに認められた。これにより巨大金融コングロマリットのBBVAとHSBCはメキシコ進出の足場をさらに固めた。1999年1月に外国投資法改定によって外資系商業銀行に対する出資比率制限（49％以下）も撤廃された。これを契機にシティ・グループはバンカ・コンフィア（Banca Confia）への資本参加比率を一層、強化した。加えて、この時期の外資参入に対してはメキシコ政府も積極的に金融支援を実施した。その後も法的改正が続き、外国金融コングロマリットがメキシコの大規模銀行を吸収合併することを認めるに至った。

3-2　銀行部門における寡占的市場構造

　表3-5の通り、2012年におけるBBVA Bancomerの総資産額の全体に占める比率は21.21％と極めて高い。その他にBanamexの同比率は18.17％、Santanderは同13.11％、HSBCは同8.23％であった。同国の銀行部門は外資系銀行が総資産シェア、総貸付シェア、総預金シェアで圧倒している[45]。外資系の総資産額シェアは1994年時ではわずか1％、98年時でも20％であったことから[46]、この間全般的な「外資化」といえる国際化と寡占化（上位5行で総資産シェアの7割以上を占有）が深化したと結論付けられる。

　この欧州系銀行の活発な事業進出によって1970～80年代に「債務依存型工業化」のための融資拡大を積極的に行い、また、1990年代に債務処理の先導役を果たすなど同国で絶大な影響力を誇った米国系銀行の相対的なプレゼンスは一見すると減じたようにみえる。しかしながら絶対的な利益それ自体が揺らいだわけではない。桑原小百合が述べた通り、債務発行幹事、M＆A仲介、コン

表 3-5　商業銀行の資産額上位 10 銀行（2012 年 8 月時点）

(単位：100 万ペソ、%)

	総資産		総貸付		総預金	
	金額	構成比	金額	構成比	金額	構成比
BBVA Bancomer（スペイン）	1,254,160	21.21	650,278	24.84	659,937	22.09
Banamex（米国）	1,074,277	18.17	421,397	16.10	499,130	16.71
Santander（スペイン）	775,185	13.11	337,230	12.88	382,853	12.82
Banorte（国内）	608,804	10.29	339,935	12.98	357,678	11.98
HSBC（英国）	486,575	8.23	193,631	7.40	312,476	10.46
Inbursa（国内）	236,757	4.00	172,504	6.59	151,879	5.08
Scotiabank（カナダ）	213,817	3.62	114,863	4.39	144,150	4.83
Deutsche Bank（ドイツ）	208,122	3.52	725	0.03	6,641	0.22
Afirme（国内）	98,537	1.67	14,616	0.56	16,602	0.56
Banco del Bajio（国内）	95,660	1.62	72,209	2.76	74,359	2.49

(出所)　Comisión Nacional Bancaria y de Valores, *Boletines Estadísticos de Banca Múltiple*, Agosto de 2012, 〈http://www.cnbv.gob.mx/〉, より作成。

サルティング、リスク管理といった非金利ビジネスおよび移民労働者からの家族送金ビジネスやヒスパニック系米国人との取引などで、米国系銀行は一段と収益基盤を強化・整備してきたのである[47]。

　では、銀行部門の寡占的市場構造はいかなる問題を生産諸部門に惹起させたのか。結論から言えば、2000年代を通じて新投資は低調であったことがあげられる。1990年代半ばのテキーラ危機による金利上昇で企業需要が減退し、生産諸部門への融資が滞った時期を過ぎたにもかかわらず、その傾向に変化はみられなかった。それどころかむしろ生産諸活動への融資合理化・圧縮すら進行した。その融資行動の特徴は1990年代以降、顕著な変化が生じた。

　表3-6が示すように、第1に民間部門への融資が全体比で相対的に低下する一方、公的部門への融資の同比率が上昇傾向を示した。例えば1992～93年にかけて2％台に落ち込んだ対公的部門融資比率は、政府債券所有の増加などを通じて2004年は10.4％にまで増加し、この間おおむね5～6％台を記録してきた。特徴の第2は、次第に農業部門や製造業部門向け融資が減少してきた点である。農業部門の全体比は1990年9.3％から2007年は1.6％まで激減し、製造業部門のそれも1990年29.0％から2006年は13.9％まで低下した。生産諸部門では内因的な資金調達が減少していることがわかる。特徴の第3は他方、消費部門

表 3-6 商業銀行による部門別の融資先比率

(単位:%)

	農業	製造業	サービス	住宅	消費	金融	公的部門(政府)*
1990	9.3	29.0	28.2	7.6	–	–	6.8
91	9.3	29.1	31.6	6.2	–	–	4.3
92	8.4	25.7	31.7	14.7	–	–	2.5
93	7.6	24.5	28.8	17.5	–	–	2.7
94	6.4	25.6	34.6	16.4	7.6	4.3	3.3
95	5.2	24.5	31.2	21.4	5.3	3.7	4.0
96	5.6	24.8	28.5	25.0	4.0	2.2	4.9
97	5.6	26.2	28.4	26.6	3.6	1.7	4.8
98	5.3	27.0	26.5	26.8	3.5	2.1	5.7
99	4.5	23.1	22.4	24.6	3.4	2.8	5.0
2000	4.2	22.1	24.3	22.2	4.7	2.9	5.2
01	3.8	21.1	22.4	20.4	6.7	4.0	6.4
02	2.6	19.2	21.9	17.9	8.6	4.3	6.3
03	2.6	19.1	21.0	15.7	12.5	3.8	8.7
04	2.0	17.3	22.1	13.9	17.6	4.7	10.4
05	1.8	13.9	20.4	15.5	23.4	5.4	9.0
06	1.6	13.9	21.3	17.5	28.0	4.4	6.9
07	1.6	17.5	21.1	16.6	28.1	4.2	6.2

(注) *1994年以降は、行政サービスや軍事、治安関係への融資を含む。
(出所) Luis Ángel Ortiz, "La estructura oligopólica y oligopsónica de la banca mexicana", en Irma Manrique Campos ed., *Arquitectura de la Crisis Financiera*, UNAM, 2011, p. 188. より作成。

向け融資比率が急増している。1994年の7.6％から2007年の28.1％まで増大し、また、住宅向け融資も年度により多少の増減があるものの、1990年の7.6％から2007年の16.6％へ拡大基調を続けてきたのである。

以上によりこの間、生産諸部門向け融資は制限され、金融仲介機能に歪みが生じ、銀行融資の特性が一変してきた。銀行部門の寡占的市場構造は融資市場における寡占的権力を強化し、情報の非対称を根拠としてリスク回避のため貸出金利は高めに設定されてきた。他方、預金市場は流動性を獲得するため金利それ自体は極端に低めに設定されてきた。[48]生産諸部門の過重債務問題も進行中で、借金返済の金利負担は事業活動全般の脆弱性を高めたのだった。のみならず、金融自由化によって効果的な金融監督メカニズムが欠如する中、金融仲介機能に歪みが生じ、金融資源の効率的なマクロ経済的配分が実現されてこな

表 3-7　商業銀行の融資効率化指数

(単位：％)

年　度	滞納指数 /1	期日経過債権の 管理見積もり指数 /2	ROA /3	ROE /4	事業効率指数 /5
1997	11.3	62.8	0.0	0.0	0.0
98	11.3	66.1	2.1	25.6	5.6
99	8.9	107.8	0.9	10.9	6.0
2000	5.8	115.4	0.7	6.8	6.4
01	5.1	123.8	0.8	8.6	3.8
02	4.6	138.1	-1.1	-10.4	5.4
03	3.2	167.1	1.7	14.2	5.0
04	2.5	201.8	1.5	13.0	5.1
05	1.8	241.3	2.4	19.5	5.2
06	2.0	208.4	2.8	20.9	5.4
07	2.5	169.1	2.8	19.9	5.5

(注)　1)期日経過債権／総事業融資 比率　2)信用リスク／期日経過債権 比率　3)当期純利益／総資産 比率　4)当期純利益／自己資本 比率、5)営業コスト／総純所得 比率
(出所)　表3-6と同じ。p.193.より作成。

かった。生産諸活動への融資を減少させてでも利益拡大を目指す企業行動が頻出してきたのである。

　このように銀行は証券化商品やデリバティブ商品の販売など投機的手段の事業を増やしてきた。また、リスクのない高利益率（金利および手数料）を生み出す政府債券の購入、担保付き住宅ローン、消費者ローンに資源を集中させてきた。表3-7の通り、2000年代後半までに同部門は滞納指数を減らすことに成功し、期日経過債権の管理能力を高め、投資収益性と効率性（ROA、ROE）を強化してきた。事業効率性は順調に推移している。

　他方、融資市場における高金利は固定化されており、企業側の融資需要は減退し続けてきた。マクロ経済全体に悪影響を及ぼす可能性が大きくても銀行部門は自らの収益基盤の強化のため、金利依存的で投機的な融資行動を取ることを新自由主義的な金融制度下では阻止することができない。

3-3　銀行融資と中小零細企業を巡る諸問題

　前述の通り、多額の融資が個人消費向けに実行される反面、農業部門や製造

業部門向け融資は減少してきた。生産諸部門では内因的な資金調達が減少し、同部門の資金調達率は全体比で2割にも満たない[49]。他方、生産諸部門の過重債務による重い返済金利は債権者への資金移転をかえって促進し、債務者＝生産諸部門の非資本化（des-capitalización）を伴いながら、銀行からの融資需要を一層、制限する要因になっている。

　生産過程の資金調達基盤が弱体化したことの影響を最もラディカルに受けたのは中小零細企業であった。1994～2008年の15年間でメキシコ銀行資産は大企業へ集中的に配分され、中小企業向け融資は圧倒的に少なかった。例えば、ケンジャ・ガルシア・クルス（Kenya Garcia Cruz）によれば、食飲料・タバコ部門と金属・機械製品および同設備のわずか2部門に対する融資が、生産諸部門全体の39.9％を占めていた[50]。併せて、非金属鉱産物製品（石油・石炭除く）に対する融資の増加率も上記の2部門と同様に顕著であった。

　食飲料部門はビール産業、食肉加工産業、ドリンク飲料産業、乳製品産業が巨額の融資を受けており、同産業だけで食飲料・タバコ全体の51.8％を占めた。しかし各産業内の市場構造をみると、海外市場進出を活発化させているビール産業は同国屈指の巨大企業グルーポ・モデロ（Grupo Modelo）とセルベセリア・クアウテモック・モクテスマ（Cervecería Cuauhtémoc Moctezuma）の二大独占市場となっており、中小企業が市場参入する隙間はほとんどない[51]。また、食肉加工産業も米国アグリビジネス企業が市場を主導してきた。そして、ドリンク飲料市場も同国で売上額（2011年）第16位（1,035億ペソ）を誇る大企業コカ・コーラ（Coca-Cola FEMSA 社）が市場を席巻している。乳製品市場は、同売上28位（642億ペソ）の巨大国内グループ企業グルーポ・インドゥストリアル・ラーラ（Grupo Industrial Lala）が君臨している。

　非金属鉱産物製品（石油・石炭除く）はどうか。同部門は2万5,037社が存在するが、うち95％は中小企業に属している。だが、メキシコ中央銀行によれば、同部門への融資は全てガラス・同製品およびセメント業種向けであった。そして、同業種は同売上79位（234億ペソ）のガラス製造大企業ヴィトロ（Vitro）および同売上5位（1,783億ペソ）で、世界第3位の巨大セメントメーカー（国内財閥系）のセメックス（CEMEX）が市場を圧倒している。そのため中小企業のプレゼンスは極めて小さい市場構造となっている。

表 3-8 商業銀行の事業融資額と融資先 (2008年12月)

(単位:100万ペソ)

銀 行	事業融資額(総額)(1)	主要融資先(上位300社)への融資額(2)	(2)/(1)(比率:%)
BBVA Bancomer	189,910.0	134,269.4	70.7
Inbursa	121,398.7	117,960.1	97.2
Santander	114,593.7	93,767.3	81.8
Banamex	113,018.9	98,326.2	87.0
Banorte	105,471.9	75,469.4	71.6
HSBC	77,615.6	62,770.8	80.9
Del Bajio	36,067.5	23,545.3	65.3
Scotiabank Inverlat	34,452.2	32,206.3	93.5
IXE	11,316.5	10,723.5	94.8
Interacciones	10,695.2	10,385.5	97.1
Banregio	9,940.3	6,462.1	65.0
Banco Azteca	6,257.0	5,550.3	88.7
Mifel	6,046.6	5,354.6	88.6
Ve por mas	6,032.7	4,572.8	75.8
Afirme	5,998.6	5,326.7	88.8
Invex	5,129.3	4,686.0	91.4
ING Bank	4,258.4	4,258.4	100.0
Bansi	3,470.7	3,338.7	96.2
Multiva	2,985.5	2,801.3	93.8
Tokyo Mitsubishi UFJ	2,499.7	2,499.7	100.0
Bank of America	1,782.1	1,782.1	100.0
GE Money	1,260.0	1,260.0	100.0
Regional	1,229.1	1,229.1	100.0
Monex	1,170.6	1,170.6	100.0
The Royal Bank of Scotland	400.8	400.8	100.0
JP Morgan	374.7	374.7	100.0
Autofin	341.4	341.4	100.0
Prudential	199.1	199.1	100.0
Ahorro Famsa	175.4	175.4	100.0
Amigo	101.2	101.2	100.0
Consultoria Internacional	17.8	17.8	100.0
Total	874,211.2	711,326.6	81.4

(注) 融資額と融資先には、公的企業および金融仲介業者への融資を含む。
(出所) Kenya Garcia Cruz, "Crédito Bancario a la Pequeña Industria en México", en Irma Manrique Campos ed., *Arquitectura de la Crisis Financiera*, UNAM, 2011, p. 217. より作成。

金属・機械製品および同設備に関しては、輸送機器・自動車部門向けが最も大口の融資先である。だが、同部門のサプライヤーはメキシコ資本の中小企業ではなく、多国籍企業の系列・子会社または外資系の国際下請企業で構成されている。以上により、融資が減少する生産諸部門において——そんな中でも比較的融資シェアの大きい部門ですら——中小零細企業への融資は恒常的に欠乏している。

　中小企業の弱体化に関して、メキシコの二国間貿易主義の経済的および制度的正当性を主張するラルフ・エスパ（Ralph Espach）は、「小規模事業者が調整や情報の高コストに直面しており、輸出業者として、輸入品との競争に苦労を重ねて」いて、「進んで輸出産業向けに地元資本を育成し……店棚に並ぶ輸入品を地元産の商品と置き換えることに失敗している」、と述べている。[52]

　それはその通りの指摘である。が、それはあくまでも結果であり、原因ではない。本質的な問題は前出のジェームズ・ペトラスが強調したように「外資化された銀行は、外資系企業（「もっとも信用度が高い」）や外資を稼ぐ企業……に貸付や特権を与える一方、現地市場向けに生産し、その労働力のほとんどを雇用している小規模企業や農家、農民を組織的に締め出」した結果、不可避的に小規模企業が「高利貸しに頼った」ことで、彼らの高コスト経営が維持され、輸入品に敗北したことである。これが可能となる背景には、外資系銀行が寡占的市場構造下において「どのセクターや企業がどれだけの金利で貸付を受けるか」の決定権を掌握しているからに他ならなかった。[53]

■注

1） Ortiz Wadgymar, A, *Introducción al Comercio y Finanzas Internacionales de México: evolución y problemas hacia el año 2000*, Editorial Nuestro Tiempo, 2000, pp. 169-171.
2） Eduardo Margain, *El Tratado Libre Comercio y la Crisis del Neoliberalismo Mexicano*, UNAM, 1995, pp. 146-156.
3） Emilio Sacristán, "Las privatización en Mexico", *ECONOMIA-UNAM*, vol. 3, no. 9, UNAM, 2006, p. 56.
4） 内容の骨子は、John Williamson, "What Washington means by policy reform", *Latin America Adjustment: How much has happened?*, Institute for International Economics, 1990, pp. 7-17.
5） Emilio Sacristán, *op.cit.*, p. 54.
6） Pedro Aspe Armella, *El camino mexicano de la transformación económica*, Fond de Cultura Económica, 1993, p. 183.

7) 金融システム再編の詳細は、安原毅『メキシコ経済の金融不安定性―金融自由化・開放化政策の批判的研究―』新評論、2003年、を参照。
8) *La Jornada*, 16 de octubre, 2004.
9) ジェームズ・ペトラス（高尾菜つこ訳）『「帝国アメリカ」の真の支配者は誰か―金融支配階級が進める民営化・搾取・格差・貧困―』三交社、2008年、121ページ。
10) 同上書、120ページ。
11) グレッグ・グランディン（松下冽監訳）『アメリカ帝国のワークショップ―米国のラテンアメリカ・中東政策と新自由主義の深層―』明石書店、2008年、244ページ。
12) ジェームズ・ペトラス、前掲書、121ページ。
13) デヴィッド・ハーヴェイ（渡辺治監訳）『新自由主義―その歴史的展開と現在―』作品社、2007年、49ページ。
14) 同上書、50ページ。
15) 同上書、51ページ。
16) Dussel Peters, "La polarización de la economia mexicana: aspectos económicos y regionales", en John Bailey ed., *Impactos del TLC en México y Estado Unidos*, M. A. Porrúa, 2003, pp. 49-50.
17) Dussel Peters, "Hacia una politica de competitividad", *ECONOMIA-UNAM*, vol. 3, no. 9, UNAM, 2006, pp. 70-74.
18) *Ibid*.
19) Arturo Huerta, "Política macroeconómica: (in) estabilidad versus crecimiento", *ECONOMIA-UNAM*, vol. 4, no. 10, UNAM, 2007, p. 106（cuadro 1）. を参照。その他年度の数値は以下の通りである。1997年13.12％、98年11.94％、99年22.03％、2000年30.69％、01年36.84％、03年25.23％、04年22.06％、05年27.19％、06年26.91％。
20) René Villareal y Rocio Ramos de Villarreal, *México competitivo 2020: Un modelo de competitividad sistémica para el desarrollo*, Oceano, 2002, pp. 57-61.
21) Ernesto Zedillo, *Sexto informe de gobierno*, Anexo, 2000, p. 137.
22) René Villareal y Rocio Ramos de Villarreal, *op.cit.*, pp. 57-61.
23) 1970年と1980年数値はINEGI（メキシコ国立統計地理情報院）ホームページから算出。<http://www.inegi.org.mx/>.
24) 涌井秀行『東アジア経済論』大月書店、2006年、216～217ページ。
25) この時期の政府刊行の「国家開発計画(PND: Plan Nacional de Desarrollo 2007-2012)」では、「対外開放や貿易自由化の継続……は輸出入業者にとって低コスト貿易と低価格での投入財・製品輸入を実現」し、「消費者も低価格での製品購入が可能となり一般家庭の生活水準上昇が見込まれる」としているが、安価な製品輸入増は競争力強化のための国内設備投資をかえって鈍化させている。PND, *Plan Nacional de Desarrollo 2007-2012*, Precidencia de la República, 2007, pp. 5-7.
26) James Cypher y Raúl Delgado, "El modelo de exportación de fuerza de trabajo barata en México", *ECONOMIA-UNAM*, vol. 4, no. 12, UNAM, 2007, pp. 27-37.
27) 中本悟「NAFTAの展開と米墨経済関係の変化」田中祐二、中本悟編著『地域共同体とグローバリゼーション』晃洋書房、2010年。田島陽一『グローバリズムとリージョナリズムの相克―メキシコの開発戦略―』晃洋書房、2006年。
28) これらの先行研究を整理したものは、所康弘『北米地域統合と途上国経済―NAFTA・多国籍企業・地域経済―』西田書店、2009年、17～26ページを参照。
29) Gomez Vega, "El Desarrollo de la Industria de la Maquila en México", *Problema del Desarrollo*, vol. 35, no. 138, IIEs de la UNAM, 2004, 表1および表2より算出。

30) PROSEC は NAFTA 発効後、同協定第303条「ドローバックおよび関税繰り延べ制度に関する制限」に抵触せず、かつ NAFTA 域外国からの輸入を減少させないこと目的に2000年に制定された。同制度の関税率数は2000年の改定版で8段階に分かれ、全体の98.5％の品目が0～5％の低関税率に設定された。中でも対象品目数の多い部門は、電機・電子機器、化学、自動車・同部品であった。Diario Oficial de la Federación, 31 de diciembre de 2000. を参照。

　なお、同制度を全面的な関税引下げという観点から輸入関税制度そのものの「マキラドーラ化（maquilización）」と定義した研究もある。Álvarez Galván, José Luis y Dussel Peters, "Causas y efectos de los programas de Promoción Sectorial en la Economía mexicana: ¿un segundo TLCAN para con tereceros paises?", Comercio Exterior, vol. 51, no. 5 , Bancomext, 2001.

31) マキラドーラと PITEX の相違は、日本貿易振興機構（ジェトロ）メキシコ ホームページ『メキシコにおける貿易手続きの基本』2005年。<http://www.jetro.go.jp/jfile/report/05001253/05001253_001_BUP_0.pdf>。

32) James Cypher y Raúl Delgado, op.cit., p. 30.

33) 日本貿易振興機構（ジェトロ）ホームページ『外資に関する奨励』を参照。<http://www.jetro.go.jp/world/cs_america/mx/invest_03/>.

34) ただし、近年、両国とも対米輸出の主力製品は、これら軽工業製品からハイテク製品・同部品にシフトしている。なお、米国市場における両国製品は、依然として多くの分野で共同しているものの、機械機器（自動車や電子・電気機器など）のカテゴリーを仔細に分類すると、両国の対米輸出製品の新たな棲み分けも進みつつある。詳細は、佐々木高成「米国市場における中国とメキシコの競合」『季刊 国際貿易と投資』国際貿易投資研究所、第72号、2008年を参照されたい。

　またアパレル産業部門それ自体も、中国の対米輸出製品の主力は絹（シルク）製のシャツやブラウスで、メキシコのそれは綿（コットン）製品およびデニム地のズボンとなっており、製品種別による市場の棲み分けも存在する。Nadima Simón y Isabel Rueda, "Comportamiento de la industria del vestido de México y China en el mercado de Estados Unidos", en Nadima Simón, Isabel Rueda y María Luisa González ed., La industria de la Confección en México y China ante globalización, M. A. Porrúa, 2004.

35) 対中貿易の地域別構成の数値は、日本貿易振興機構のホームページを参照。<http://www.jetro.go.jp>。(2015年8月閲覧)。

36) Lourdes Álvarez y Liliana Cuadros, "Las importaciones Chinas y su impacto en el mercado de autopartes de repuesto mexicano", Revista Problemas del desarrollo, no. 169, UNAM, 2012, p. 103.

37) 日本貿易振興機構のホームページを参照。<http://www.jetro.go.jp>。(2015年8月閲覧)。

38) ウルリッヒ・ベック（木前利秋、中村健吾監訳）『グローバル化の社会学：グローバリズムの誤謬—グローバル化の応答〔第3版〕』国文社、2009年、230ページ。

39) Monica Gambrill, "El Impacto del TLCAN en las Remuneraciones pagadas en la Industria de la Transformación en México", El Impacto del TLCAN en México a los 10 años (disco compacto), UNAM, México, 2004.

40) 中米グアテマラのアパレル産業の展開については、藤井嘉祥「グアテマラにおけるアパレル・マキラドーラ産業の多様性」谷洋之、リンダ・グローブ共編『トランスナショナル・ネットワークの生成と変容—生産・流通・消費—』上智大学出版会、2008年、を参照されたい。

41) 安原毅『メキシコ経済の金融不安定性—金融自由化・開放化政策の批判的研究—』新評論、2003年、11ページ。

42) Pedro Aspe, op.cit., p. 181.

43) 小林晋一郎「金融市場の開放と金融・保険業」NAFTA 研究会編著『新生するメキシコ産業―NAFTA 効果の検証―』日本貿易振興会、1998年、193ページ。
44) 同上書、193～194ページ。
45) Comisión Nacional Bancaria y de Valores, *Boletines Estadísticos de Banca Múltiple*, Agosto de 2012. <http://www.cnbv.gob.mx/>.
46) Alicia Girón y Eugenia Correa, "Burbujas y negocios financieros", en Alicia Girón, Eugenia Correa y Patricia Rodríguez ed., *México: filiales exitosas y fracaso económico*, UNAM, 2010, p. 26.
47) 桑原小百合「ラテンアメリカの金融部門への外資参入」『ラテン・アメリカ政経論集』ラテン・アメリカ政経学会、第37号、2003年、7～8ページ。<http://www.js3la.jp/journal/pdf/ronshu37/37kuwabara.pdf>.
48) Luis Ángel Ortiz, "La estructura oligopólica y oligopsónica de la banca mexicana", en Irma Manrique Campos ed., *Arquitectura de la Crisis Financiera*, UNAM, 2011, p. 182.
49) Arturo Huerta, "La liberalización económica y la estabilidad macroeconómica: modelo fracasado de desarrollo", *ECONOMIA-UNAM*, vol. 6, no. 18, UNAM, 2009, p. 97.
50) Kenya García Cruz, "Crédito Bancario a la Pequeña Industria en México", en Irma Manrique Campos ed., *Arquitectura de la Crisis Financiera*, UNAM, 2011, p. 211.
51) 同国の雑誌『Expanción』の「メキシコ売上上位500大企業（2011年度）」では、セルベセリア・クアウテモック・モクテスマの親会社（FEMSA 社）は同国第6位の売上額（1697億ペソ）、グルーポ・モデロは同第22位（850億ペソ）であった。その他企業の売上額・順位は、同誌のホームページを参照。<http://www.cnnexpancion.com/>.
52) ラルフ・エスパ「NAFTA を超えた自由貿易―メキシコの二国間貿易主義の経済的および制度的正当性―」ヴィニョード・K. アガワル、浦田秀次郎編著『FTA の政治経済分析―アジア太平洋地域の二国間貿易主義―』文眞堂、2010年、293ページ。
53) ジェームズ・ペトラス、前掲書、313～314ページ。

第Ⅱ部

南 米 編

第4章

米州貿易秩序の展開と地域主義
（リージョナリズム）

1 米州における地域主義の歴史的変遷

1-1 1960年代の地域主義の隆盛

　本章は当該地域の地域統合を巡る議論と組織化の歴史的流れを若干概観し（1950〜60年代）、その後、地域的分業の形態が新自由主義型の地域主義へと変化した時期（1980〜90年代）の特徴を対米関係との関連上で整理する。

　地域統合の経済効果に関しては、静態的効果と域内国の生産性上昇が促進される動態的効果の主に2つに区分して考えられてきた。静態的効果の先駆的研究を行ったジャコブ・ヴァイナー（Jacob Viner）は関税同盟の効果を貿易創出効果と貿易転換効果に区別し、前者は関税撤廃で新たな貿易が生じる地域内分業体系のことであり、後者は非域内国からの貿易が域内国に転換することだとした。[1)] この場合、貿易転換効果によって地域外分業体系に影響が及ぶことも想定される。[2)] 同時に、より効率的な域外国に対する貿易障壁を相対的に高めることで域外からの輸出が域内からの非効率な輸出に転換され、結果的に域内の高コスト生産を存続させ、域内国の経済厚生を悪化させる場合も考えられる。[3)]

　一方、動態的効果の議論はベラ・バラッサ（Béla Balassa）が提起した。バラッサは地域統合による市場拡大は規模の経済性を現出させ、生産性向上に繋がるといった間接的な影響に着目した。[4)] この生産性上昇は、域内国における期待収益率の上昇などを通じて国内投資や海外資本の流入が促進され、それにより当該国の生産量拡大に寄与するなど（投資創出効果）、資本蓄積増大と経済成長効果が見込めると指摘されてきた。[5)]

米州地域は1950〜60年代から地域統合の展開過程に一定の進展がみられるようになった。その地域独自の分業の論理は、市場の狭隘性を打破するための輸入代替的な地域的分業がメインであった点に特徴を持つ。この時期、多くのラテンアメリカ諸国は非耐久消費財と中間財の輸入代替段階から耐久消費財や資本財を自国生産する第二次輸入代替工業化段階の移行期にあった。それによって顕在化した国内市場の狭隘を解決するために、広域的な共同市場の創出が急務となった。したがって、その含意は市場拡大政策としての域内共同市場の創出にあった。

　これ以外の要因として、この数年前にローマ条約により欧州経済共同体（EEC）が成立したことで、域内貿易ブロック構築の機運が世界的に高まったこともある。EECはラテンアメリカ産と類似する商品種類を生産する何ヵ国もの旧フランス領アフリカ諸国に対して、輸入関税および輸入量制限の撤廃を決定した。ラテンアメリカにとってこの措置は差別待遇となるため、対欧州向け商品輸出の減少を見込んだ対応の必要性が生じた。そのため欧州市場に取って代わる市場創出案として、域内統合政策が浮上したのである。

　具体例として、1960年にブラジルやメキシコ、アルゼンチンなどによってモンテビデオ条約（Treaty of Montevideo）が調印され（翌年発効）、自由貿易地域の形成を目指したラテンアメリカ自由貿易連合（LAFTA：Latin American Free Trade Association）が創設された。その後、1969年にLAFTA内部において、より小国同士のみで構成されるサブ・リージョナル的な機構のアンデス共同体（ANCOM：Andean Common Market）も結成された。これはエクアドル、ボリビア、ペルー、コロンビアなどが締結したカルタヘナ協定に拠るものであった。

　一方、時を同じくして1960年に中米共同体（CACM：Central American Common Market）が設立された。こうして同地域では地域的分業の市場エリアを拡大するLAFTAの潮流と、サブ・リージョナル的な統合化を進めるCACMやANCOMの潮流といった重層的な統合過程が現出した。

1-2 1960～70年代の地域主義の特徴

　LAFTA の枠組みの眼目は、当該地域に絶対的な影響力を保持していた「米国抜き」の構成、すなわちラテンアメリカ諸国のみで構成されている点にあった。輸入代替工業化戦略の理論的主導役を担い、かつ国連貿易開発会議（UNCTAD）の初代事務局長も務めたラウル・プレビッシュ（Raúl Prebisch）は、「ラテンアメリカ諸国が発展速度を高めることを決定しても、対外的ボトルネックへの持続的傾向を断ちきれない限り、目的を達成することはできないであろう。ここにラテンアメリカ間貿易のもっとも重要な役割がある」と論じ、米国市場や米国資本への依存関係ならびに米国の工業発展の後背地であるという位置づけから脱却し、発展のボトルネックを解消するために域内貿易を発展させることの意義を強調した。そして、彼はこう主張したのだった。「ラテンアメリカ間貿易の拡大を支持するのは、（中略）一つは、輸入代替過程を、自国市場よりもっと広い地域を探して、より合理的、かつ経済的にすることである」、と。[6]

　また、プレビッシュは先進国主体の国際貿易秩序＝GATT の自由・無差別・多角主義原則に対して批判的評価を下している。

　これらの規則や原則は、また漠然とした経済的同質性という考えに基礎をおき、工業地域と周辺諸国との間に存在する大きな構造的相違に目を塞ぎ、その重要な波及効果を無視している。したがって、ガットは先進国ほどに低開発国に役に立っていなかった。ガットは経済発展の要請に応じうる新しい秩序を作るのには役立たず、また古い秩序を回復するという不可能な仕事をやり遂げることも出来なかった。[7]

　そのためプレビッシュは、GATT 秩序の方向性と一線を画するラテンアメリカ共同市場構想の前進と LAFTA 結成のため 7 ヵ国で調印したモンテビデオ条約、そして ANCOM 結成のためのカタルヘナ協定調印の意義を強調した。と同時に、プレビッシュは LAFTA への懸念として、「LAFTA で達成されたことは確かに重要である。しかし、共同市場への前進が遅く、かつ不安定であることも否定できない」[8]と述べている。彼は自由貿易地域から出発し最終

的には関税同盟の段階へ到達することを構想していたからであった。だが、結果的にLAFTAは関税同盟に移行せず、域内大国ブラジルは米国との対外関係を変わらず重視し、他方、域内小国の国々によるANCOM創設によって、機構は内部分裂の状態となったのである。

ところで、中米共同体はLAFTAとは異なる特徴を持っていた。同組織は1960年のマナグア条約によってパナマを除く中米5ヵ国によって合意に至った。加えて、共同市場や関税同盟の促進と、諸国間の均衡のとれた社会・経済開発を推進するため中米経済統合銀行も設置された。そもそも中米はそれまで国内に工業部門の素地が全くなく、熱帯農産物の生産・輸出を中心とした経済構造であった。とりわけ序章で触れたように、米国の巨大企業であったユナイテッド・フルーツ社は19世紀末以降、中米からコロンビアにかけて巨大なプランテーションを展開しながらバナナ栽培を行っていた。彼らは現地政府と結託して権力を独占し、「バナナ共和国(バナナ・リパブリック)」を築き上げていた。

したがって、1960年代の中米では米国の影響力が極めて強く残存しており、その意味で「米国抜き」を志向するLAFTAと、他方で中米共同市場とは、各々異なる性質を持つものであった。また、中米諸国と比べてLAFTA加盟国は域内の「大国」が多く、それらが形成する貿易圏の「周辺部」に固定的に定置されることを避けるべく、中米みずからが独自に共同市場の形成を図ったこともその背景にあった。

1-3 地域主義・地域統合が抱える諸問題

当該期の地域主義・地域統合の問題点は、LAFTAに関しては、当初目標に掲げた関税同盟の段階に到達できなかったことである（その後、同機構は1981年にラテンアメリカ統合連合へ改組した）。関税同盟は協定を交わした複数国間で域外に対して単一の関税制度を設定し、他方、加盟国内に対して貿易規制の撤廃を推進する性格を持つものである。

結局のところ、域内大国は米国との経済関係を変わらず重視し、米国市場への依存体質に大きな変化は生じなかった。確かに米国はLAFTAに直接的に加盟することはなかった。とはいえ、それら諸国への米国多国籍企業の投資額は常に圧倒的であった。例えば、LAFTA発足後の1965年時の米国の対ラテン

表 4-1 米国多国籍企業の対ラテンアメリカ戦略（1965年）

(単位：100万ドル)

		直接投資額					純資本流出				投資収益			
		合計	鉱溶業	石油	製造業	商業	合計	鉱溶業	石油	製造業	合計	鉱溶業	石油	製造業
全ラテンアメリカ		9,371	1,114	3,034	2,741	1,034	171	-14	-80	214	1,095	206	496	269
中米	メキシコ	1,177	103	48	752	138	100	-32	-5	115	92	15	1	62
	パナマ	704	19	122	24	288	11	-	7	2	68	-	14	5
	その他	621	35	152	60	30	23	4	11	11	36	10	5	5
南米	アルゼンチン	992	-	-	617	47	17	-	-	46	91	-	-	84
	ブラジル	1,078	51	57	722	162	-7	-	-5	2	58	-	10	64
	チリ	829	509	-	89	24	23	9	-	3	81	57	-	6
	コロンビア	527	-	269	160	49	11	-	13	6	33	-	11	8
	ペルー	515	263	60	79	53	54	21	11	11	83	64	19	6
	ベネズエラ	2,715	-	2,033	248	222	-86	-	-98	15	547	-	405	29
	その他	219	8	89	40	21	25	1	21	4	6	-	-1	-1
その他西半球地域		1,437	310	500	199	91	89	57	-5	34	149	85	24	21

（注） 投資収益は、在ラテンアメリカ子会社の利潤、配当、利子。
（出所） U.S. Dept. of Commerce, BEA, *Survey of Current Business Online*, September 1966. <http://www.bea.gov/scb/date_guide.asp> より作成。

アメリカ直接投資額は表4-1の状況であった。

　米国企業の対ラテンアメリカ直接投資をみると、対全体は93億7,100万ドル、うち製造業向けは27億4,100万ドルであった。国別では対メキシコが7億5,200万ドル（対全製造業向け比率は約27％）、対アルゼンチンが6億1,700万ドル（対全製造業向け比率は約23％）、対ブラジルが7億2,200万ドル（対全製造業向け比率は約26％）と、LAFTAの大国3ヵ国だけで約76％もの巨額な米国資本流入を吸収していた。また、投資収益（子会社の利潤、配当、利子）でみても製造業部門から2億6,900万ドルの収益額を記録し、うちメキシコから6,200万ドル（対全製造業部門比率は約23％）、アルゼンチンから8,400万ドル（対全製造業部門比率は約31％）、ブラジルから6,400万ドル（対全製造業部門比率は約24％）と、同じく3ヵ国だけで全体の約78％の収益をあげていた。

　そのうえイ・ミクーソン（I. Mikuson）が指摘したように、LAFTA域内大国は域外市場（主に米国）への依存度が高く、かつ域内の運輸手段や貨物輸送事業なども外国企業がすでに権益を握っていた。そのためLAFTA域内の関税障壁削減は、かえって在ラテンアメリカ米国多国籍企業の域内取引や事業活動

に資するものであった。また、LAFTAは自国の工業発展手段としてあくまで輸入代替や共同市場といった貿易戦略で応対したのみであり、同地域に歴史的に固定化されてきた農工間格差構造や大土地所有問題の変革といった、内部のラディカルな社会経済改革にまで構想射程が及ばなかったことも大きな問題点であった。

2　米州貿易秩序の再編と多元的潮流

2-1　1980年代の「開かれた」地域主義の台頭

　1982年にメキシコが債務不履行に陥り、それまで理念上では目標としていた輸入代替的な地域統合は大きな転換期を迎えた。危機はメキシコだけではなく、ブラジルやアルゼンチンなどの諸国にも伝播した。1980年代半ばからは世銀による構造調整融資が開始されるようになる。この構造調整こそ同地域の輸入代替工業化ならびに地域統合戦略を大きく転換させるものであった。世銀は輸出開発融資や貿易政策融資などの実施を通じて関税の合理化と関税引下げを促進したからである。

　メキシコを端緒にしてラテンアメリカ全域に波及した貿易自由化のうねりは、1960年代の地域主義とは違う形態の流れを生み出した。新自由主義型の地域主義の潮流である。これは、新自由主義志向で市場主導型の地域貿易・経済統合であり、自由貿易を重視し（つまり高い保護水準を否定し）、「国家の役割」を縮減し、外向き型で域内外への輸出指向性を持つ地域主義であった。1970年代に一時勢いを失っていた地域主義はこうして再び新たな形態として「復活」を遂げ、1990年代～2000年代にかけて枠組みの構築が積極的に展開されていくことになった。その主要なものが、第2章で詳述したNAFTAであった。

　ならびに、新自由主義型の地域主義の台頭には当該期の国際分業体系の変化と国際資本移動の自由化（＝海外投資の自由化）、そして金融分野の自由化・市場開放の進展がその背景にあった。これまでの国際分業論は先進国で工業製品を生産しそれを世界へ輸出し、他方、途上国ではそのための原料や食料などの一次産品を中心に生産してきた。これに併せて、対途上国向け海外投資もこれ

までは天然資源指向型のものが主流であった。その後、戦後から1960年代にかけて、国内市場志向の直接投資が増大していった。

ところが、である。1980年代からは先進国から資本財や中間財を途上国へ輸出し、途上国でそれを組立加工し完成品に仕上げてから、先進国へ再輸出するという貿易形態（工程間分業）が急速に浸透した。また、付加価値の高低差を基準にした製品別分業も拡大した。それに応じて、海外投資も質的な変化を遂げた。今日の米国多国籍企業は独自のノウハウや販売、マーケティング、デザインなどのコア・コンピタンス（競争優位の源泉）のみを本社で保有し、労働集約的な生産機能は低賃金保有国のメキシコへ移転するアウト・ソーシング戦略を採っている。そのため、効率性追求志向の直接投資が多く現れることになった。もってリージョナル規模での労働力配置の再編も展開され始めた。

2-2　米州の地域的諸統合の組織化の多元的潮流

次に南米地域の代表的な地域統合体の（関税同盟である）南米南部共同市場（Mercosur）を概観し、動向を検討する。Mercosurは当初、新自由主義志向の政府同士で取り決められ、その本質も域内巨大資本に有利な自由貿易政策の下に多くの社会的関係を従わせることにあった。1991年のアスンシオン条約、オウロ・プレト条約（1994年）は、1995年発足のWTOで規定される方向にあったグローバルな新競争ルールに、各国・諸企業が適応するための包括的なルールを取り決めたものであった。それはWTO発足による新競争ルールから域内産業をいかに保護するか（いかに域外共通関税を設定するか）という新重商主義的なシナリオから構想された、関税同盟であった。アンドレス・リヴァロラ（Andrés Rivarola）らが指摘したように、初期段階のMercosurの本質は「新自由主義アジェンダを補完するものであり、補償制度も整備されないまま域内関税削減の漸進主義（gradualism）を放棄する域内新自由主義（internal neo-liberalism）を志向するもの」[14]であった。

ところが、2000年代以降、新自由主義型の地域主義の潮流が変質し、そして重層化し、3つの潮流が現れたことで事態は一変した。ひとつは主にベネズエラが主導した米州ボリバル同盟・人民貿易協定（ALBA：Alianza Bolivariana para los Pueblos de Nuestra América-Tratado de Comercio de los Pueblos）である。

もうひとつはMercosurと南米諸国連合（UNASUR：Unión de Naciones Suramericanas）の潮流である。最後のひとつは米国と個別・二国間FTAを締結した国家群（メキシコ、チリ、コロンビア、ペルー、中米諸国）である。最初の2つは自由貿易主義や米国と一線を画し、距離を置いていた。残りのひとつは、むしろそれとの関係強化を図っていた。

背景には、2005年に米国と共同歩調を取る国々とそうでない国々との立場が、米州自由貿易地域（FTAA：Free Trade Area of the Americas）交渉の頓挫によって鋭く対立・分裂するに至ったことがある。対立の政治的な内部要因は、2002年の軍事クーデター後のベネズエラのチャベス政権（Hugo Chávez）や、2001年の経済危機直後のアルゼンチンのキルチネル政権（Nestor Kirchner）などの「左派・中道左派」政権の台頭があげられる。その後、ブラジルのルーラ政権（Luiz Inácio Lula da Silva）もこの潮流に合流し、2003年10月にキルチネルとルーラの間で「ワシントン・コンセンサス」に取って代わる、「ブエノスアイレス・コンセンサス」が合意に至った。こうしてFTAA交渉における南米主要国の対米自主路線国家群が徐々に形成されていった。

他方、2010年代に入ると、アジア太平洋地域への経済的接近（貿易・投資拡大）を睨み、親米的な国家群で構成された太平洋同盟（AP：Alianza del Pacífico）なる統合体（メキシコ、ペルー、チリ、コロンビア加盟）が発足した（2012年）。また、米国主導のTPPに参加を表明する国々も散見されるようになった。TPPは地域横断的な新自由主義型の地域主義を志向している。こうして親米的国家群とそれと距離を置く国家群との競合と対抗が、劇的に進行した。

米国との対外関係の変化では、同地域へのFDI流入における北米（米国・カナダ）の比重（対全対比）が、2000～05年期の37.8％から2006～10年期の28.2％へ激減した（表4-2）。代わって、中国、ロシア、EUなどからの多国籍企業進出および新規合弁事業が増大してきた。[15]

ベルナル・メサとフライバ（R. Bernal-Meza and S. Fryba）らは、米州地域における多元的で重層的な地域的分業の組織化の形成過程を、各国の外交戦略や経済成長戦略を軸とした国家形態の相違から特徴付けている。[16] 具体的には、第1にチリはグローバル自由貿易を促進する「国家の物流化（logistical state）」形態であり、多国間主義と「開かれた」地域主義、現実主義志向である。

表 4-2　直接投資の実行地域（対ラテンアメリカ・カリブ海向け）

（単位：％）

	2000～2005 年					2006～2010 年				
	北米	EU	ラ米	アジア・オセアニア	その他	北米	EU	ラ米	アジア・オセアニア	その他
ラテンアメリカ	37.8	43.2	5.3	2.6	11.1	28.2	40.0	8.5	6.2	17.1
アルゼンチン	13.5	47.6	21.5	0.0	17.4	16.3	41.4	24.9	1.5	12.7
ブラジル	22.2	53.9	3.9	4.7	15.4	14.4	44.6	5.3	13.6	22.2
チリ	31.9	51.9	5.0	2.1	9.1	29.3	35.7	6.2	0.1	28.7
コロンビア	25.5	41.8	12.9	0.6	19.2	38.2	6.5	43.9	0.6	10.8
コスタリカ	64.3	13.6	17.3	0.0	4.8	60.4	13.6	8.7	0.5	16.8
エクアドル	24.0	10.5	34.8	1.4	29.3	-9.4	33.3	71.5	14.6	-10.0
メキシコ	58.9	33.7	1.2	2.0	4.2	49.4	43.3	1.4	0.9	5.0
パラグアイ	53.7	56.7	-22.6	16.7	-4.5	87.4	10.9	17.3	-17.9	2.4
ドミニカ共和国	47.1	34.7	4.0	-3.1	17.2	43.1	30.7	23.3	3.1	-0.2
ウルグアイ	6.0	28.5	17.3	0.0	48.2	6.5	16.3	34.2	0.9	42.1

（出所）　ECLAC, *Foreign Direct Investment in Latin America and the Caribbean 2011*, United Nations, 2012, p. 64.

　第 2 にブラジルは国際秩序における政治的力学を駆使して「開発国家」を促進し、「大陸的地域主義（continental regionalism）」志向であった。

　第 3 にベネズエラやボリビアは、内需拡大を目指して「国家資本主義への移行（in transition toward state capitalism）」を志向し、そのうちベネズエラは「ボリバル的外交戦略」を志向している。これはかつての解放者シモン・ボリバルによるアンチ・モンロー主義の書き換え戦略のことであり、具体的な政策としてアンチ北米・アンチ FTAA、対抗的な地域ブロック構築（ALBA）の動きがあげられる。また、ボリビアは大勢の先住民系グループや新たな社会階層を基盤にした新たな国家建設過程にある。

　第 4 にアルゼンチンは強い国家管理と保護主義的な産業政策を展開し、米国の対西半球政治姿勢に反対の立場を示し、Mercosur やブラジルとの二国間関係を強調していた。このことを前出のベルナル・メサらは、「開放経済的ナショナリズムあるいは自由市場的ナショナリズム（*open economy nationalism or free market nationalism*）」と規定した。その他ペルー、コロンビア、メキシコ（とチリ）は、米国との新自由主義型 FTA を締結することを重視してきた。

2-3 開発主義型と社会政策型の両義性を持つ Mercosur

　Mercosur は元々、関税同盟として発足し、対外共通関税設定と域内貿易自由化を進め、一部例外を除き多くの品目でそれを達成してきた。近年は一層の機構改革とマクロ経済政策の調整を実施し、ベネズエラも2012年に正式加盟を果たした。同時に2000年代半ば以降は地域的アジェンダへと修正が加えられつつある。例えば、域内不均衡の是正を目指す構造的格差是正基金や域内開発銀行、家族農家基金といった新制度を整備してきた。背景には、2000年代における域内での相次ぐ「左派・中道左派」政権の台頭があった。結果、新自由主義型の地域統合体から経済格差是正、貧困や社会的排除者の克服を追求する統合体への揺り戻しが起こりつつあった。[18]

　その経済政策は、開発主義（developmentalism）を依然として基軸にするものの、併せて域内固有の社会政策を重視する地理的・政治的統合体を目指すという両義性を含んでいた。代表的な社会政策は、前出の構造的格差是正基金の運用が実施され、これは格差是正、競争力向上、統合過程の促進や機構改善のための特別融資枠として運用された。また、紛争解決を取り決めたオリボス議定書（el Protocol de Olivos）や常設仲介裁判所、Mercosur 議会の創設など、先進的な制度設計も行われてきた。機構の組織図は図4-1の通りである。

　しかしながら、直近の数年でMercosur は2000年代以降の動きや流れを転換する方向で進み始めている。その背景に加盟国内で近年ウルグアイを除くと、右派・中道右派への政権交代が相次いでいることがあげられる。2013年8月のパラグアイのカルテス政権（中道右派コロラド党）の発足を皮切りに、2015年12月はアルゼンチンで中道右派のマクリ政権が誕生、そして2016年8月は域内中心国のブラジルでも保守的なテメル（民主労働党）が政権の座に就いた。その際はブラジル政権内部の収賄事件がらみに乗じて、「中道左派」の現職大統領であったジルマ・ルセフ（Dilma Vana Rousseff）に対する弾劾裁判決行を通じた事実上の「制度的クーデター」が強行された。こうした右派・中道右派への政権交代のうねりの中で、2016年12月にMercosur はベネズエラに対して加盟国資格の停止を決定した。これによりマドゥーロ左派政権下のベネズエラは、Mercosur から追放される可能性も出てきている。とともに、これまで推進し

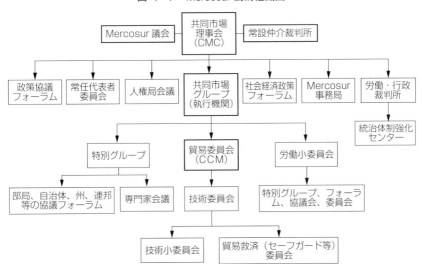

図 4-1 Mercosur 機構組織図

（出所） Mariano Alvarez, *Los 20 años del MERCOSUR: una integración a dos velocidades*, Naciones Unidas, 2011, p. 19.

てきた両義性を持った Mercosur の特徴そのものを再定義しようとする潮流も生まれている。マクリ大統領などは ALBA への対抗的統合としての色合いの強い親米的な太平洋同盟（AP）と Mercosur を統合することを視野に入れ始めた。Mercosur の今後の動向が注目される。

次に国連ラテンアメリカ・カリブ海地域経済委員会（ECLAC）統計を参考に、Mercosur 貿易構造の特徴を確認する。[19] 表4-3より Mercosur 加盟国のラテンアメリカ・カリブ海全体に占める輸出・輸入額比率は各38％、34％、FDIの流入額比率は45％、GDP 額の対全体比率は56％と、特に GDP 比率が高めの比率となっている。中でもブラジル一国が全ての額・比率において圧倒的である。その GDP 額（２兆2,620億ドル）はパラグアイの73倍、ウルグアイの40倍超で、域内経済規模の不均衡は顕著である。また、FDI 流入額に関してもブラジルは641億ドル、パラグアイは４億ドルと、その差は約160倍である。ちなみに太平洋同盟（AP）の同率においてもメキシコ一国が突出しているとはいえ、それはペルーの GDP 規模の6.3倍に過ぎず、その他の数値でも Mercosur ほど

表 4-3　Mercosur と AP の各経済指標（2013年）

	人口 (100万人)	GDP (10億ドル)	一人当たり GDP(ドル)	財輸出 (10億ドル)	財輸入 (10億ドル)	FDI 流入 (10億ドル)	FDI 流出 (10億ドル)
チリ	17.6	278	15783	77.4	79.6	20.3	10.9
コロンビア	48.4	379	7841	58.8	59.4	16.8	7.7
メキシコ	119.3	1268	10628	380.1	381.2	38.3	12.9
ペルー	30.3	202	6669	41.9	43.4	10.2	0.1
太平洋同盟	215.6	2127	9866	558.2	563.6	85.5	31.6
アルゼンチン	41.4	636	15352	76.6	73.7	9.1	1.2
ブラジル	200.0	2262	11309	242.2	239.6	64.1	-3.5
パラグアイ	6.8	31	4506	9.4	12.1	0.4	0.0
ウルグアイ	3.4	56	16554	9.1	11.6	2.8	0.0
ベネズエラ	30.4	372	12231	89.0	53.5	7.0	2.2
Mercosur	282.0	3356	11902	426.3	390.6	83.4	-0.1
中南米・カリブ海	616.6	6021	9914	1116.9	1163.6	184.9	31.6
▼中南米・カリブ海全体に占める比率（%）							
太平洋同盟	35	35		50	48	46	100
Mercosur	46	56		38	34	45	0

（出所）ECLAC, *La Alianza del Pacifico y el Mercosur*, Naciones Unidas, 2014, p. 40.

表 4-4　Mercosur と AP の財輸出額・輸出先（2013年）

(単位：100万ドル)

輸出国＼仕向地	チリ	コロンビア	メキシコ	ペルー	太平洋同盟	アルゼンチン	ブラジル	パラグアイ	ウルグアイ	ベネズエラ	Mercosur
チリ		869	1321	1963	4153	1046	4434	473	207	522	6682
コロンビア	1572		864	1274	3709	433	1591	18	23	2256	4321
メキシコ	2085	4735		1771	8591	1966	5387	130	308	2155	9946
ペルー	1670	843	509		3023	163	1706	12	36	800	2716
太平洋同盟	5326	6448	2694	5008	19476	3607	13117	633	574	5733	23665
アルゼンチン	3907	1530	1064	1451	7953		16216	1297	1782	2156	21451
ブラジル	4484	2703	4230	2147	13564	19615		2997	2071	4850	29533
パラグアイ	526	27	272	192	1017	778	2834		198	52	3861
ウルグアイ	143	18	146	115	422	493	1712	153		447	2805
ベネズエラ	133	431	97	98	759	52	1181	0	492		1725
Mercosur	9193	4710	5810	4004	23716	20938	21934	4447	4543	7504	59375

（出所）表 4-3 と同じ。p. 41.

域内不均衡は激しくない。

　表4-4で域内貿易について確認する。Mercosurの域内輸出額は約594億ドルで、APの同額（195億ドル）と比べて域内循環が深化していることがわかる。Mercosurの対世界向け輸出額は4,263億ドルで、うち域内輸出比率は13.9％である（APの同率は3.5％）。なお、Mercosur各国の対世界向け輸出額に占める対域内輸出額の比率は、（輸出品目が石油に偏るベネズエラを除くと）ブラジルが約12％（2013年）となっている。

　これに対しアルゼンチンは約28％、パラグアイは約41％、ウルグアイは約31％で、ここに域内依存度の非対称性が確認できる。すなわち域内貿易に生き残りをかける小国（パラグアイ、ウルグアイ）と、他方、大国ブラジルは域外国とも多様な対外経済関係を構築している。こうして同機構の域内不均衡は政治上、通商交渉上の非対称性や協調関係の揺らぎの可能性として、構造的に内在化されている。

　さらに同表より他国と比べてアルゼンチンとブラジルの二国間貿易の規模の大きさも看取できる。アルゼンチンからブラジル向け輸出額は約162億ドル、逆にブラジルからアルゼンチン向けの同額は約196億ドルである。2000年代以降、両国の工業生産性に不均衡が生じ、図4-2の貿易収支をみると2004年以降はブラジルが黒字を記録してきた。

　両国貿易の主要品目構成（2012年）をHSコードの4桁分類で算出すると、アルゼンチンの対ブラジル向け輸出の上位品目とその対全体比は、①乗用自動車その他の自動車（8703類）は20.55％、②貨物自動車（8704類）は14.88％、③小麦およびメスリン（1001類）は8.37％、④軽質油およびその調製品（2710類）は5.09％、⑤自動車部品（8708類）は2.32％、⑥小麦粉およびメスリン粉（1101類）は1.39％、であった。逆に、ブラジルの対アルゼンチン向け輸出は、①乗用自動車その他の自動車（8703類）は17.30％、②自動車部品（8708類）は5.37％、③貨物自動車（8704類）は4.18％、④鉄鉱（2601類）は3.03％、⑤トラクター（8701類）は1.99％、⑥ピストン式火花点火内燃機関（8407類）は1.79％、であった。[20]

　もってアルゼンチンの対ブラジル輸出品目は工業製品以外に農産品・資源の比重も一定程度あり、輸送機械は貨物自動車などの大型商用車の輸出比率が高い。逆に、同国の対ブラジル輸入品目は工業製品が圧倒的で、輸送機械は小・

図 4-2 アルゼンチンの対ブラジル貿易収支の推移

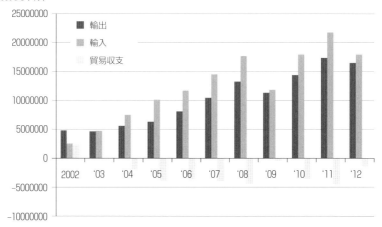

(出所) Asociación Latinoamericana de Integración, *Sistema de Información de Comercio Exterior*, <http://consultaweb.aladi.org/sicoex/jsf/home.seam>. より作成。

中型の乗用自動車の比率が高かった。1999年以降、工業生産における相対的コストでアルゼンチンの劣位が続き、これまでいくつもの生産ラインがブラジルへ移転した。自動車分野に関して両国は1990年に経済補完協定を締結し、自動車貿易の不均衡を是正するための取り決めがなされてきたにもかかわらず、である。

3 新たな域内地域主義と域外貿易関係

3-1 新しい地域主義プロジェクトの展開

次に地域独自の新しい地域主義プロジェクトが多層的に展開されている現況について触れる。代表例のひとつはUNASURである。その前身である南米共同体（CSN：Comunidad Sudamericana de Naciones）は2000年にブラジルで第1回南米サミットが開催され、共同体構想（「ブラジリア宣言」）が発表されたことに起源を持つ。その後、2002年のエクアドルでのサミット、2004年の第3回サミット（クスコ）の「クスコ宣言」を経て、南米共同体は創設された。その理

念は政治・社会、文化、経済・金融制度、インフラなどの南米諸地域の統合強化にあった。そして、統合空間内での多民族、多文化、複数言語を承認することであった。

続いて2006年に「コチャバンバ宣言」が採択された。その内容は、①政治・外交の政策的調和、②Mercosurなどの既存の地域統合を基盤にした統合水準の深化、③財政・エネルギー・通信インフラの統合、④地域間格差の是正、⑤技術移転や科学・教育・文化面での協力、などであった。[21] その後、CSNは2007年にUNASURへ改組され、一層の統合深化が図られるようになった。

2008年に南米諸国連合設立条約（Tratado Constitutivo de la Unión de Naciones Suramericanas）が締結され（2011年発効）、加盟国の主権と独立の強化、社会経済的不平等の根絶、社会的包摂と市民参加の実現、そして民主主義の強化などが目標に掲げられた。[22] 南米防衛審議会（CSAD：Consejo Sudamericano de Defensa）も組織され、内政不干渉、領土の不可侵、民主主義制度と人権の尊重、紛争の平和的解決、軍事面での合意や対話の強化が内容として盛り込まれた。[23]

但し、「EUの西半球版」といえる同機構に内在する問題として、Mercosur以上に域内経済発展の格差が極めて大きく非対称的であるため、連合体としての基盤の脆弱性があげられる。また、米国との対外関係の文脈上ではUNASURの加盟12ヵ国（アルゼンチン、ボリビア、ブラジル、チリ、コロンビア、エクアドル、ガイアナ、パラグアイ、ペルー、スリナム、ウルグアイ、ベネズエラ）において、親米国家群とそれと距離を置く（あるいは反米的スタンスを取る）国家群との混成的組織となっている。そのため、時に干渉主義的で覇権主義的な強硬スタンスを取ってきた（いる）米国と、同機構が原則とする「主権と独立の強化」とのバランスや政治的調整に関して摩擦や矛盾が生じる可能性もある。

その一方、より代替的な貿易秩序の構築を模索するのが、ALBAである（加盟11ヵ国）。その行く末は極めて不透明、かつ困難が予想されるが、同機構はNAFTA型の新自由主義的な地域統合と全く異なる。加盟国相互の連帯・協力・補完関係を強調し、国民のために域内エネルギーを合理的に利用することや国民生活・福祉の充実を主要な目的にしている。[24] また、域内決済手段として地域通貨スクレ（SUCRE：Sistema Unitario de Compensación Regional）を誕生させている。

スクレ創設に至るまでの経緯は、国際金融機関の覇権に対抗する試みである「南の銀行（Banco del Sur）」まで遡る。同行の設立はチャベスとキルチネル両元大統領との間で、2007年に合意された。その後、エクアドル、ボリビア、ウルグアイ、ブラジル、パラグアイも賛同し、エクアドル政府により「南の基金（Fondo del Sur）」と呼ばれる地域信用基金や共通通貨発行の実現を射程に入れた新たな金融アーキテクチャの設計が提案された[25]。ALBA発足で2008年にALBA開発銀行が創設されたことを契機に、スクレは誕生した。

　その目的は域内貿易決済におけるUSドル依存からの脱却にあった。SUCRE-ALBAホームページの統計によれば、その取引実績（金額・件数）は発行初年度の2010年は0.1億ドル・6件に過ぎなかったが、その後2011年は2.1億ドル・431件、2012年は8.5億ドル・2,646件、2013年は7.2億ドル・2,094件と、着実にその目的を実現させてきた[26]。とはいえ、2014年（1月から10月28日まで）の同数値は約10ヵ月を経た時点で3.3億ドル・742件にとどまるなど、2012年をピークに急速にその伸び率は落ち込んでいることも同統計から看取できる。さらに域内決済規模それ自体も大幅に縮小している。

　その背景はALBAの中心国で域内貿易を主導するベネズエラが近年、深刻な景気後退に直面していることがあげられる。石油の国際価格の急落とともに2014年以降の経済成長率はマイナス成長を記録した（詳細は第6章）。

　世界的なコモディティ・ブーム（Commodity Boom）の後退ならびに中国の高経済成長率の鈍化による同国向け輸出の減少は、対外購買力の低下と貿易取引全体の縮小に繋がり、スクレ決済は停滞しつつある。米国政府などの国外諸勢力による同国に対する圧力も一層強まることが予想され――すでに2015年3月にはオバマ前大統領が「ベネズエラは米国の安全保障および対外政策上の脅威」と断じた上で国家緊急事態の宣言を行い、同国への制裁拡大の大統領執行命令を出した――同国主導の統合体ALBAの進展は急ブレーキが掛かり始めている。

3-2　域外貿易関係の進展――中国との関係を中心に

　ここではラテンアメリカの新たな地域主義の試みとその進展過程に多大な影響を与えてきた要因の域外貿易関係について、とりわけ2000年代の中国との関係深化の特徴を概観する。知られるように当該期の旺盛な中国需要に牽引され

た好調なコモディティ・ブームによる一次産品価格の上昇および一次産品輸出の規模拡大の只中、ラテンアメリカ諸国は炭化水素・鉱物部門をメインとした資源・農産物輸出に依存しながら対中国貿易を急拡大してきた。

表4-5は主なラテンアメリカ諸国の世界向け全輸出に占める主要輸出商品の金額の比率ならびに、そのうち中国向け全輸出を個別に抽出して、その対中輸出額に占める主要輸出商品の金額の比率を示している。

その特徴は第1にニカラグアのコーヒー商品を除く全ての国で、総輸出に占める一次産品の対世界向け輸出額比率が2000～10年にかけて上昇してきた。ゆえに当該期に同地域の一次産品経済構造は強化されてきた。中でもボリビアのガス輸出は8.3％→40.7％へ急激に増加した。この点こそ、米国の社会学者ジェームズ・ペトラスが、「今日ラテンアメリカで最も際立った"アンチ帝国主義レジーム"であるボリビアは、その実、外資系多国籍資源（鉱物・エネル

表4-5　世界・中国向け主要商品の輸出比率（全輸出比、2000～10年）

（単位：％）

国名	世界向け全輸出に占める主要輸出商品の金額の比率			中国向け輸出に占める主要輸出商品の金額の比率		
	商品	2000	2010	商品	2000	2010
アルゼンチン	大豆	14.8	25.4	大豆	76.8 (3.0)	75.8 (8.5)
ボリビア	ガス	8.3	40.7	スズ	86.3 (0.4)	32.8 (3.0)
ブラジル	鉄	6.1	15.5	鉄	25.9 (2.0)	44.4 (15.6)
チリ	銅	40.4	58.2	銅	72.8 (5.0)	85.7 (24.6)
コロンビア	石油	36.2	41.2	石油	0.0 (0.2)	49.0 (4.9)
コスタリカ	電子	30.3	19.2	電子	0.1 (0.2)	81.8 (3.0)
エクアドル	石油	52.4	55.3	石油	0.0 (1.2)	70.3 (1.9)
エルサルバドル	繊維	1.1	31.8	スクラップ金属	0.0 (0.0)	66.6 (0.1)
グアテマラ	繊維	0.4	10.8	砂糖	76.3 (0.1)	61.4 (0.4)
ホンジュラス	コーヒー	25.8	26.3	稀少金属	0.0 (0.0)	20.5 (3.3)
メキシコ	石油	9.6	13.6	銅	5.0 (0.2)	28.1 (1.4)
ニカラグア	コーヒー	27.1	18.5	ピーナッツ油	0.0 (0.1)	21.1 (0.4)
パナマ	魚	29.3	27.5	スクラップ金属	33.6 (0.2)	67.3 (0.3)
パラグアイ	大豆	45.1	47.1	革皮	44.4 (0.7)	61.5 (0.8)
ペルー	銅	13.5	25.1	銅	9.7 (6.4)	43.3 (15.4)
ウルグアイ	肉	15.9	19.2	大豆	0.0 (4.0)	39.5 (5.4)
ベネズエラ	石油	85.5	93.1	石油	0.0 (1.2)	86.6 (8.0)

（注）　括弧内の数値は、各国の全輸出に占める中国向け輸出のシェア。
（出所）　ECLAC, *Latin America and the Caribbean in the World 2011-2012*, United Nations, 2012, p. 54.

ギー）採掘企業に依存した開発モデルの熱狂的な促進者であり、支援者である」と指摘した所以である（詳細は第6章参照）[27]。

　第2に中国向け全輸出に占める当該商品輸出の比率の推移では、顕著な変化が生じた。この間、ブラジルの鉄は25.9%→44.4%へ増加、チリの銅は72.8%→85.7%へ、メキシコの銅は5.0%→28.1%へ、ペルーの銅は9.7%→43.3%へ、コロンビアの石油は0.0%→49.0%へ、エクアドルの石油は0.0%→70.3%、ベネズエラの石油は0.0%→86.6%へ、ウルグアイの大豆は0.0%→39.5%へと、各々中国向け輸出比率を増加させた。ゆえに同地域の一次産品経済構造が強化された大きな要因は、中国需要であったと結論付けられる。

　第3に各国の全輸出に占める中国向け輸出の比率は、とりわけブラジル（2.0%→15.6%）、チリ（5.0%→24.6%）、ペルー（6.4%→15.4%）、ベネズエラ（0.1%→8.0%）が大きな上昇幅をみせた。チリに至っては全輸出の25%近くが中国市場のみに依存する構図へ変貌した。ゆえに中国の経済成長率がひとたび鈍化し、その需要が低下する事態に至ると同地域の貿易取引（特に輸出）全体の縮小に直結するのである。

　第4に一次産品価格変動の推移を示した図4-3から、2003年後半～12年前半にかけてコモディティ・ブームが活況を呈していたことが看取できる（リーマン・ショック期は除く）。そのため当該期に多国籍資源採掘企業およびアグリビジネス企業は、一次産品価格上昇とその輸出拡大を通じて利潤を増幅させてきた。

図4-3　コモディティ価格の推移（2000年1月～12年7月）

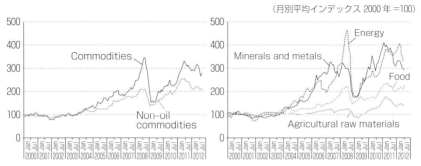

（月別平均インデックス2000年=100）

（出所）ECLAC, *Latin America and the Caribbean in the World 2011-2012*, United Nations, 2012, p. 58.

第5に同ブームに乗じて、同地域は資源開発が劇的に進んだ（この点は第5章で触れる）。その含意のひとつとして、開発地域へ進出した多国籍資源採掘企業とその周辺に居住する諸先住民族らとの激しい衝突と摩擦があげられる。先祖伝来の土地や自然環境を守ろうとする各国の諸先住民族を資源採掘企業が排除する一方、先住民側もデモや道路封鎖で応戦、すると企業側は様々な手段に訴えてそれを粉砕したのだった[28]。

　加えて、アマゾン・ジャングルは採掘事業によって有毒物質汚染、水質汚濁、大気汚染が悪化し、ローカル・コミュニティの基本的生存権が破壊されてきた。前出のペトラスは、「資源抽出型の資本蓄積を追求することによって、ローカルな先住民や農村コミュニティを徹底的に収奪している」と厳しく指弾している[29]。さらにペトラスは、近年の外部環境の構造変化は当該地域の政治状況や階級的諸運動の将来動向を見通す上で重要であると強調する。すなわち2010年代以降、コモディティ・ブームが後退し世界経済の停滞基調が強まることで、大規模な外資流入が途絶え、ゆえに「上からの」階級闘争が勢いを増し、資本家階級の反転攻勢が一層進む傾向があるからである（第6章を参照）[30]。

　であるならば、当該地域と中国の貿易・投資関係が今後いかように展開するのか、その関係はいかなる特徴を持つのかに関する分析を深めることが今後の重要な検討課題である。本書ではこの点について論じることはできないが、本章の最後に若干ながら論点のみを提起したい。

　第1に一次産品を中心とする戦略物資の安定的供給地として米国に代わって中国が新たな市場機会をもたらしてきた状況は、2000年代以降の「アンチ帝国主義」をスローガンに掲げたいくつかのラテンアメリカのポスト新自由主義諸政権と米国との関係を、大きく変化させてきた。だが、この趨勢が今後も持続可能なのか否かについては検討を要する。同時に、中国と当該地域（特に資源保有国）の対外経済関係を「南南協力」という文脈で把握すべきなのかも、重要な論点である。

　第2に上述との関わりで、昨今は炭化水素部門を中心に中国国有企業によるメガM&Aが当該地域で展開されている。その関係はむしろルカ・ガルディーニ（G. Luca Gardini）が論じたように、かつての植民地主義あるいは帝国主義的要素を含んでいるのか否かについても、分析を深める必要がある[31]。

例えば、両地域の貿易構造は農工間分業が基本であり、中国からの工業製品輸出と、他方、ラテンアメリカからの一次産品輸出が主軸である。中国の対同地域貿易黒字は恒常化し、そのうえ同国の地域的関心はあくまで少数の国（ブラジル、チリ、アルゼンチン、メキシコ、ペルー）に限定され、かつ、少数の一次産品（大豆、銅、鉄鉱石、亜鉛、ニッケル、砂糖）に偏ってきた。

　また、そもそも資源部門のみに偏在した中国からの資本投下は、当該地域の国民経済や産業発展、国民生活水準そのものの向上に寄与するかどうかといった点も、重要な論点である。

　第３にそれゆえ今後はエネルギー・資源開発だけでなく、インフラや農業投資、貧困・医療・教育対策、新技術分野の開発への途上国間協力関係が両地域間で構築されていくかどうかが大きな課題となる。実際に2014年７月、中国の習近平国家主席はラテンアメリカ主要国への訪問を遂げた。訪問先のひとつのキューバにとって同国は第２位の貿易相手国であり、最大の融資実行国である。両国は金融・バイオテクノロジー・農業、インフラ、再生可能エネルギーなど様々な分野に関する29の協定を締結した。さらにキューバ第二の都市サンティアゴ市の港湾建設に対する中国側の新融資も決定した[32]。

　同様に習主席はアルゼンチンを訪問し、水力発電用ダムや鉄道建設のため中国開発銀行による融資協定（75億ドル）を締結した。併せて、両国の中央銀行は３年間で総額110億ドルの通貨スワップ協定（中国元とアルゼンチン・ペソ）を結び、アルゼンチンの外貨準備高水準の強化や両国の貿易取引の促進を目指すこととした[33]。この背景には同国が高インフレと不景気に苦しみ、対外資金借入額も落ち込んでいた点があげられる。

　さらに、ブラジルを訪問した際に中国はインフラやエネルギー分野への投資促進のため32の協定および総額75億ドルの契約に調印した。同国にとって中国は2009年以降、最大の貿易相手国である。二国間貿易取引額（2013年）は833億ドル（収支はブラジル側の87億ドル黒字）に達し、2002年の同32億ドルから急増している（ただし、2013年以降は中国の景気後退によって対ブラジル輸入額は減少）。協定では、①航空会社エンブラエル社の旅客機60機を中国側が購入、②太平洋岸へ通じる鉄道建設事業への中国企業の参入、③ブラジル最大手の鉱物資源企業Vale社への50億ドルの借款供与、④第三国の途上国（南米やアフリカ）のイ

ンフラ整備事業への共同参画、などが盛り込まれた。[34]

ベネズエラとは、両国間で総額40億ドルの融資協定が締結された。これらはインフラ、住宅、交通輸送などへのプロジェクト融資に充てられ、ベネズエラは石油や他の燃料で返済を行うことになった。

第4に以上を通じた中国との対外経済関係の強化は、当該地域の階級闘争を緩和させるものか否か、ポスト新自由主義レジームの構築を促進するものか否か、新たな農業・鉱業・炭化水素部門主導の開発主義レジームを確立するものか否か。換言すれば、中国の国家資本主義と国内エリート層、ならびにラテンアメリカ側の諸エリート階層との新たな階級同盟と資源収奪が一層深化するのか否かなどが大きな検討課題となろう。そのうえで指摘されるべき点は、ペルー、チリ、メキシコ、コロンビア、ボリビア、アルゼンチン、ブラジルでは巨大民間鉱業・石油抽出プロジェクトに対抗する先住民・農民コミュニティ、非都市部の周縁的な資源埋蔵地域における社会政治闘争が苛烈さを増していることである。[35]

さらに都市部でも組織労働者の組合運動以外に、例えばブラジルでは100万人規模のＷ杯（2014年開催）に対する大規模な反対デモが頻発した。サッカースタジアム建設よりもインフラ・教育・貧困状況の改善や福祉政策・医療の向上、そして高インフレや経済危機への不満が訴えられた。また、2016年のブラジル・リオ五輪では連日のデモ頻発と治安部隊との衝突などが発生し、市民的抵抗や市民主導の「新たな闘争」形態が現出した。[36]他面、前述のようにルセフ大統領に対する弾劾裁判決行を通じた「制度的クーデター」が強行されるなど、米国およびブラジルの旧来のエリート支配層・保守層との階級的連繋による同国政治・経済権力の再奪取を目指した、巻き返し戦略も同時並行的に惹起している。[37]

■注

1) Jacob Viner, *The Customs Union Issue*, Garland Publishing. Reprint version 1983. Originally published by Carnegie Endowment for International Peace, 1950.
2) 第三国が損失を蒙ってしまうことがあることから、地域統合は域内と域外の双方に対して必ずしもプラス効果を与えるものではない。詳細は、梶田朗「RTAの経済効果」浦田秀次郎編著『FTAガイドブック―自由貿易協定―』日本貿易振興会（ジェトロ）、2002年。経済産業省『経

済白書2003』を参照。
3) Jagdish Bhagwati, *Free Trade Today*, Princeton University Press, 2002.（北村行伸、妹尾美起訳『自由貿易への道―グローバル化時代の貿易システムを求めて―』ダイヤモンド社、2004年、110〜114ページ）。
4) 広く知られたバラッサの地域的経済統合の諸形態に関する議論として、発展段階論がある。彼は統合段階を5段階に分けて定義する。すなわち、統合度の低い順に、①自由貿易地域（加盟国間の関税と数量制限を撤廃）、②関税同盟（域内の貿易自由化と対外共通関税を設定）、③共同市場（貿易制限の撤廃と生産要素の移動を自由化）、④経済同盟（共通市場に基づき加盟国間の経済政策もある程度調整）、⑤完全な経済統合（金融・財政などの経済政策を統一、超国家的意思決定機関を創設）としている。Bela Balassa, *The Theory of Economic Integration*, Richard D. Irwin, 1961.

なお、この段階区分基準の妥当性に関しては、批判的議論もある。例えば、ジャック・ペルクマンス（田中素香訳）『EU経済統合―深化と拡大の総合分析―』文眞堂、2004年、第1章を参照のこと。
5) 梶田朗、前掲書。経済産業省、前掲書。
6) ラウル・プレビッシュ（大来佐武郎監修、竹内照高訳）『中南米の変革と発展―プレビッシュ報告―』国際開発ジャーナル、1971年、238ページ。
7) ラウル・プレビッシュ（外務省訳）『新しい貿易政策を求めて―プレビュシュ報告―』国際日本協会、1964年、34ページ。
8) ラウル・プレビッシュ、前掲書、1971年、240ページ。
9) CEPALのラテンアメリカ共同市場に関する調査グループでは、以下の基本原則が提起された。(1)域内途上国が地域市場の利益を十分に共有できるよう特別処遇を設ける、(2)最終的に域外に対して統一された関税率を設ける、(3)米州貿易の相互主義を最大化するための多国間支払いシステムを設ける、(4)有効な信用制度や技術協力制度を設ける。詳細は、松本八重子『地域経済統合と重層的ガバナンス―ラテンアメリカ、カリブの事例を中心に―』中央公論事業出版、2005年、88〜89ページ、を参照。
10) Andrés Rivarola and José Briceño, *Resilience of Regionalism in Latin America and the Caribbean*, Palgrave macmillan, 2013, p. 37.
11) 但し、プレビッシュは、アンデス・グループに対して、その内容がモンテビデオ条約を凌駕している点、とりわけ共同プロジェクト融資のためのアンデス公社の設立構想や、域内格差是正のための域内弱小国（エクアドルやボリビア）への支援融資の実施などを評価している。ラウル・プレビッシュ、前掲書、1971年、241ページ。
12) イ・ミクーソン（アジア・アフリカ研究所訳）「ラテン・アメリカの経済統合と二つの道」『アジア・アフリカ研究』第3巻6月号、1963年、44〜45ページ。原著は、I. Mikuson, *Economic Integration: under U.S. Control or against the U.S.A ?*, International Affairs, no. 4 , 1963.
13) Julio Gambina, Alfredo Garcia, Mariano Borzel, Agustín Crivelli y Claudio Casparrino, "Integración Regional: Realidad y Potencialidad: Una Mirada desde el Sur", *La inserción de América Latina en la economía internacional*, CLACSO y siglo veintiuno editores, 2006, pp. 241-243.
14) Andrés Rivarola, *op.cit.*, p. 41.
15) 米国多国籍企業の比重低下の一方、2000〜10年期を通してみるとスペイン資本の進出が特に目立った。同資本の参入業種の比率としては、エネルギー、通信、インフラ、銀行、その他サービスなどサービス産業向けが全体の86％程度で、製造業向けが同12％、石油・ガスなど天然資源抽出産業向けが同2％であった。以上、ECLAC, *Foreign Direct Investment in Latin America and the Caribbean 2011*, United Nations, 2012, p. 64.

16) R. Bernal-Meza and S. Fryba, "Latin Americas Political and Economic Responses to the Process of Globalization", in M. Nilsson and J. Gustafsson ed., *Latin American Responses to Globalization in the 21st Century*, Palgrave, 2012, pp. 21-30.
17) *Ibid.*, p. 25.
18) 貧困人口率・人口数に関していえば、例えば、ラテンアメリカ全体の貧困人口率はピーク時の1990年は48.4％であった。それが2002年は43.9％へ、そして2012年は28.2％まで減少させている。また、貧困人口数それ自体も2002年の2億2,500万人から2012年は1億6,400万人へと減少してきた。CEPAL, *Panorama Social de América Latina 2013 Documento Informativo*, Naciones Unidas, 2013, p. 12. <http://www.eclac.org/publicaciones/xml/9/51769/PanoramaSocial2013DocInf.pdf>.
19) ECLAC, *La Alianza del Pacífico y el Mercosur*, Naciones Unidas, 2014.
20) Asociación Latinoamericana de Integración, *Sistema de Información de Comercio Exterior*, 2012. <http://consultaweb.aladi.org/sicoex/jsf/home.seam>.
21) Carlos Nahuel y Susana Durán, *Comunidad Sudamericana de Naciones: Recreando escenarios de integración regional*, CEDEX- Universidad de Palermo en Argentina, pp. 3-4. <http://www.palermo.edu/cedex/pdf/articulo_comunidad_sudamericana_de_naciones.pdf#search='CSN+comunidad+sudamerica'>.
22) 外務省ホームページ『南米諸国連合（UNASUR）概要』を参照。<http://www.mofa.go.jp/mofaj/area/latinamerica/kikan/unasur/gaiyo.html>.（2016年9月閲覧）。
23) José Briceño, "Unión de Naciones del Sur: El proceso politico del su creación y susu resultados", en Alfred Guerra Borges ed., *Panorama actual de la integración latinoamericana y caribeña*, UNAM-IIE, 2012, p. 40.
24) ALBA-TCPのホームページを参照。<http://alba-tcp.org/>.（2016年9月閲覧）。
25) A. Rosales and M. Cerezal, "The SUCRE and the ALBA-TCP monetary union: responses from the South to the global crisis", in T. Muhr ed., *Counter-Globalization and Socialism in the 21st century*, Routledge, 2013, pp. 140-141.
26) SUCRE-ALBAのホームページを参照。<http://www.sucrealba.org/>.（2015年4月閲覧）。
27) The Official James Petras web site, *Latin America and the Paradoxes of Anti-Imperialism and Class Struggle*, 2014b, p. 1. <http://petras.lahaine.org/b2-img/petras_paradoxes.pdf>.
28) Henry Veltmeyer, "Extractive capital and the policy dynamics of the post-neoliberal state", in Veltmeyer ed., *Development in an era of neoliberal globalization*, Routledge, 2013, p. 154.
29) James Petras web site, *op.cit.*, 2014b, p. 1.
30) The Official James Petras web site, *Latin America: Class struggle from Above and Below*, 2014a. <http://petras.lahaine.org/?p=1982>.
31) Gian Luca Gardini, *Latin America in the 21st century: Nations, Regionalism, Globalization*, Zed Books, 2012, p. 125.
32) *La Jornada*, 23 de Julio, 2014. なお、キューバは2014年6月に新投資法（Ley de Inversión Extranjera）を施行し、首都郊外の海上輸送の要衝となる巨大マリエル（Mariel）新港湾への（中国以外の諸国を含む）外資系企業の誘致を推進している。
33) *La Jornada*, 19 de Julio, 2014.
34) *La Jornada*, 18 de Julio, 2014.
35) Observatorio latinoamericano de conflictos ambientales web site, *Base de datos de conflictos mineros, proyectos y empresas mineras en América Latina*. <http://www.olca.cl/oca/index.htm>.（2016年11月閲覧）。

36) James Petras, web site, *op.cit.*, 2014a.
37) 伊高浩昭「『バナナ共和国』に成り下がったブラジル―事実上のクーデターでルセフ大統領弾劾へ―」『世界』岩波書店、2016年7月号。

第5章

ポスト新自由主義下の
「資源採掘型」開発と貿易

1 直接投資（FDI）動向と付加価値貿易

1-1 『World Investment Report』の論点

　標準的統計や国際諸機関の報告書を用いながら、現行のFDIのフロー・ストック動向を確認する。そのうえで伝統的貿易指標だけでなく、付加価値貿易の観点による貿易指標を踏まえ、直近の米州地域貿易の特徴と課題を検討する。

　前提として指摘しておくべき点は、2000年代半ば以降FDIの特質は大きく変化してきた。かつてスティーブン・ハイマー（Stephen Hymer）は産業組織論的なアプローチから多国籍企業の行動原理・法則性の理論的解明を行った。その後、「内部化」[1]の理論的な精緻化を図ったカッソンやバックリー（P. Buckley and M. Casson）らは内部化論を提起した[2]。さらにそれら諸理論に立地論の知見を加えて統合する形で折衷理論（paradigm of eclectic theory）を提唱したのは、FDI理論家のジョン・ダニング（John Dunning）であった。

　ダニングは、FDIの利益は投資タイプや年代、受入国の経済状況や経済戦略に拠るとして[3]、各々を類型化した上で各類型が受入国に与える影響の相違を考察した。それによれば、FDIは天然資源志向型（natural resource seeking）、市場志向型（market seeking）、効率志向型（efficiency seeking）、戦略的資産志向型（strategic asset seeking）の4タイプに分類できるという。そして、1960〜70年代までは主に天然資源型と市場型が大勢であったのに対し（但し、米州域内では自動車や電器産業向けの効率型FDIも展開された）、1980〜90年代以降は市場自由化の進展で効率型と戦略的資産型が増大した[4]。特に戦略的資産型FDIは新

自由主義的政策で促迫された民営化ブームに乗じた越境的M&Aとして、展開されてきた。

だが、世界銀行刊行『世界投資報告2007年版』の「多国籍企業、資源産業と開発」特集号で先駆的に扱われたように、近年は官民一体となった資源外交が積極的に展開され、欧米資本のみならずロシアや中国資本なども資源メジャーとして資源保有国に進出し、資源獲得競争を激化させている。1960年代頃までの天然資源志向型FDIが21世紀突入後に再度、興隆している。まずはこの含意を歴史的な文脈で押さえてみる。

多国籍資源採掘企業と第三世界

1960～70年代の冷戦体制下、反植民地主義と第三世界ナショナリズムを掲げた多くの民族主義ブルジョアジー政権下にあったFDI受入途上国では、多国籍企業行動を規制する試みが実行された。そこでの論点は、佐藤定幸が当時の時代状況と多国籍企業規制の関係について論じた通りであった。

> 政治的独立をかちとった……すべての開発途上国が、その経済的独立を決意するやいなや、かれらは多国籍企業との間で極度の緊張した関係に入らざるをえなかった。その国の主要な天然資源が外国資本の支配下にあるとき、それを開発途上国自身の手に取り戻さないかぎり、経済的自立はありえないが、そのためには、外国資本の接収がさけられなかった。(傍点、引用者)

すなわち資源開発とその輸出に国民経済発展を全面的に依存せざるを得ないような産業基盤の脆弱な、いくつかの資源保有の途上諸国では、資源の採掘、加工・精製、輸送、販売といった一連のサプライチェーンの支配権を巡って、多国籍資源採掘諸企業（例えば、1970年代頃までセブン・シスターズと呼ばれた国際石油メジャーなど）との角逐が否応なく顕在化したのであった。ところが調達可能な豊富な開発資金を持ち得ない途上国は、結局、採掘（あるいは栽培）した原料・食料などの一次産品の高付加価値化に失敗した。ヴィジャイ・プラシャド（Vijay Prashad）は、「ほとんどの場合、原料はまったく未精製のまま、植民地の遺産である鉄道路線や港を経て輸送されていき、戻ってくるのはなけなしの利益だけであった」、と指摘する。

内部蓄積の不足や脆弱な技術的基礎ゆえに、低い資本水準の途上国はその理

念上や規制上の外資対抗策の掛け声と矛盾する形で、多国籍企業からの大規模な資本や技術への依存から脱却することができず、むしろそれへの依存を深めた。そのプロセスについて前出のプラシャドはこう述べる。

カルテルとして協働する多国籍企業複合体に「妥当な」条件を提示して、探鉱と採掘、耕作と輸送のための財源を確保した。採掘権などの利権を企業複合体に明け渡したことで、第三世界の政府は生産工程をコントロールできず、ライセンス契約や増税、取るに足らない嫌がらせをすることでしか巨大企業を制限することができなかったのである。[8]

その後、1976年に国連の場で名目上、多国籍企業行動の規制を目的とした国際綱領が作成された。同綱領は多国籍企業の貢献を認めつつも、受入国の開発目標に従って行動する規制が一応、設けられた。だが、1980年代に入ると債務

表 5-1　FDI指標と国際生産の全体傾向 (1990～2012年)

(単位：10億ドル)

	1990年	2005～07年 (平均)	2010年	2012年
FDI流入	207	1,491	1,409	1,351
FDI流出	241	1,534	1,505	1,391
対内FDI蓄積	2,078	14,706	20,380	22,813
対外FDI蓄積	2,091	15,895	21,130	23,593
対内FDI所得	75	1,076	1,377	1,507
対内FDI利益率	4	7	6.8	6.6
対外FDI所得	122	1,148	1,387	1,461
対外FDI利益率	6	7	6.6	6.2
越境的M&A	99	703	344	308
在外子会社売上	5,102	19,579	22,574	25,980
在外子会社付加価値	1,018	4,124	5,735	6,607
在外子会社総資産	4,599	43,836	78,631	86,574
在外子会社輸出	1,498	5,003	6,320	7,479
在外子会社雇用(千人)	21,458	51,795	63,043	71,695
GDP	22,206	50,319	63,468	71,707
総固定資本形成	5,109	11,208	13,940	16,278
著作権・特許料収入	27	161	215	235
財・サービス輸出	4,382	15,008	18,956	22,432

(出所)　UNCTAD, *World Investment Report 2013: Overview Global Investment Trends.* p.7, 2013. より作成。
〈http://unctad.org/en/PublicationsLibrary/wir2013overview_en.pdf〉.

危機を契機に開発モデルに転換がみられ、かつ「新たな国際分業」の発展と対外開放・貿易自由化の促進により、途上国側に多国籍企業に対する協調姿勢が急速に浸透していった。

グローバル価値連鎖と貿易

　以上の歴史的経緯を経て、次に現在のFDI動向を確認する。いまや多国籍企業の生産システム網はFDIや外注化のチャネルを通じて国際的に分散し、先進国内部から途上国にかけて複雑な国際価値連鎖が構築されている。

　UNCTADの『World Investment Report 2013』では、2012年のFDI実行総額は多国籍企業が資産リストラや投資引き揚げを実施した結果、前年比18%減の約1.35兆ドルであった。だが、在外子会社の年間売上額は約25.9兆ドルを記録し、在外子会社の総資産額は約86.5兆ドル、在外子会社の年間付加価値額は約6.6兆ドル、在外子会社の年間輸出額は約7.4兆ドル、在外子会社の雇用者は7,169.5万人と、その存在感は絶大であった。GDPは71.7兆ドルを超え、総固定資本形成額や著作権・特許料収入も年々、拡大中である（表5-1参照）。

　FDI流入の地域別推移の内訳をみると、2012年は前年、前々年と違って対途上国FDI流入額（7,030億ドル）が対先進国（5,610億ドル）を上回った（表5-2参照）。全体比は対先進国FDIは41.5%に対し、対途上国は52.0%であった。途上国の地域別分布の内訳（全体比）は東アジアおよび東南アジア向けが24.1%で、次いでラテンアメリカ向けが18.1%である。その他の注目点は地域別のFDI流出額である。途上国の全体比が2012年は30%を超え、途上国（近年は中国）の多国籍企業の世界進出が活発化している（表5-2参照）。

　また、同報告書ではグローバル価値連鎖（GVCs：global value chains）と貿易の関係を考察している。現行の世界貿易（約20兆ドル）の約6割は中間財・中間サービス貿易で構成され、生産過程のフラグメンテーション化によって貿易付加価値の二重計算を統計上どう扱うかが、新たな問題になりつつある。同報告書でも「2010年の全輸出の約28%は再輸出される財・サービスに組み込むためだけに輸入されたものである。すなわち同年の輸出総額19兆ドルのうち5兆ドルは二重カウントされたもの」だと、その問題が指摘されている。

表 5-2　FDI 流出入の地域別分布＝途上国・新興国の台頭（2010～12 年）

（金額:10億ドル）	FDI 流入			FDI 流出		
	2010 年	2011 年	2012 年	2010 年	2011 年	2012 年
世　界	1,409	1,652	1,351	1,505	1,678	1,391
先進国	696	820	561	1,030	1,183	909
途上国	637	735	703	413	422	426
アフリカ	44	48	50	9	5	14
アジア	401	436	407	284	311	308
東・東南	313	343	326	254	271	275
南	29	44	34	16	13	9
西	59	49	47	13	26	24
ラ米	190	249	244	119	105	103
オセアニア	3	2	2	1	1	1
移行諸国	75	96	87	62	73	55

（％）	2010 年	2011 年	2012 年	2010 年	2011 年	2012 年
世　界						
先進国	49.4	49.7	41.5	68.4	70.5	65.4
途上国	45.2	44.5	52.0	27.5	25.2	30.6
アフリカ	3.1	2.9	3.7	0.6	0.3	1.0
アジア	28.4	26.4	30.1	18.9	18.5	22.2
東・東南	22.2	20.8	24.1	16.9	16.2	19.8
南	2.0	2.7	2.5	1.1	0.8	0.7
西	4.2	3.0	3.5	0.9	1.6	1.7
ラ米	13.5	15.1	18.1	7.9	6.3	7.4
オセアニア	0.2	0.1	0.2	0.0	0.1	0.0
移行諸国	5.3	5.8	6.5	4.1	4.3	4.0

（出所）表5-1と同じ。p.3より作成。

1-2 付加価値貿易と米州地域

　これに関連して、多国籍企業主導のGVCsが世界貿易の約80％を占めるため、いまや「原産国」の概念が変容している。近年、WTOによって伝統的な貿易統計だけでなく、付加価値貿易アプローチの貿易計測方法が提唱されている。同方法は「サプライチェーン上に展開する供給─使用の個別取引に着目し、垂直貿易の各段階におけるフローをネット（純額）で計測する」ものである[12]。これを利用して米州貿易の現局面を確認する。

表 5-3 米州主要 5 ヵ国の貿易指標（1995 年と 2009 年の比較）

(単位：100万ドル)

	輸出額	輸入額	貿易収支	国内付加価値額（輸出）
	1995 年	1995 年	1995 年	1995 年
チリ	20252.7	18636.7	1616.0	17194.5
メキシコ	83296.6	75555.0	7741.6	61191.4
米国	774073.8	864873.6	-90799.8	709368.9
アルゼンチン	23971.9	25031.7	-1059.8	21824.5
ブラジル	55595.3	67247.0	-11651.7	50200.6
（参考）中国	141474.7	129514.9	11959.7	124687.8
	2009 年	2009 年	2009 年	2009 年
チリ	60585.4	48110.1	12475.3	49401.0
メキシコ	231898.5	244474.2	-12575.7	161572.1
米国	1458182.8	1849771.8	-391589.0	1293569.9
アルゼンチン	63941.1	47426.1	16515.1	56217.3
ブラジル	176562.4	177445.6	-883.1	160620.8
（参考）中国	1283964.2	1063857.6	220106.6	864983.6

(出所) OECD. StatExtracts, *OECD-WTO Trade in Value Added (TiVA) - May 2013.* より作成。
〈http://stats.oecd.org/〉.

表 5-4 米州主要 5 ヵ国の付加価値貿易指標

(単位：%)

	輸入中間財の再輸出率（中間財）		付加価値率（輸出）＊	
	1995 年	2009 年	1995 年	2009 年
チリ	29.86	33.68	84.90	81.54
メキシコ	42.26	45.52	73.46	69.67
米国	16.60	16.91	91.64	88.71
アルゼンチン	15.19	29.03	91.04	87.92
ブラジル	14.64	14.44	90.30	90.97
（参考）中国	20.49	50.21	88.13	67.37

(注) ＊付加価値率（輸出）は、輸出総額に占める国内付加価値額（輸出）の比率。
(出所) 表 5-3 と同じ。

　表 5-3、表 5-4 は、米州の主要 5 ヵ国の1995年と2009年の輸出入額、貿易収支額、国内付加価値額（輸出）、輸入中間財の再輸出率、付加価値率を示している（参考として中国の指標も摘記した）。前提として、5 ヵ国中、チリは自由貿易促進国家として多国間主義を標榜し、新自由主義志向の地域貿易ブロックである太平洋同盟（AP）および米国との二国間 FTA を締結している。同様

にメキシコも自由貿易先進国（40ヵ国以上の国々とFTAを締結し、貿易額の対GDPは60%超）で、NAFTA（米国・カナダとのFTA）やAPに加盟する。他方、ブラジルやアルゼンチンはMercosurを軸として対米自主路線的貿易ブロックの構築を推進してきた国々である。当然ながら、米国と個別の二国間FTAなどは締結していない。

以上を踏まえ、表5-3、表5-4から、第1にNAFTAによってメキシコは工業製品輸出国へ変貌したが、中間財輸入が輸出増を超過し、貿易収支ではほぼ一貫して赤字を継続中である。

第2に同国は輸出額の増加率に比べて国内付加価値額（輸出）の増加率が恒常的に低く、このことは付加価値率の低下（1995年73.46％→2009年69.67％）および輸入中間財の再輸出率の増加（同42.26％→45.52％）として現れてきた。

第3にメキシコ以外でも同様の傾向は、チリ、アルゼンチンで観察できる。

第4にこの間多額のFDIを受入れ、多国籍製造業企業のGVCsに包摂されてきた「世界の工場」中国の付加価値率は、1995年88.13％→2009年67.37％、輸入中間財の再輸出率は同20.49％→50.21％と顕著な変化を記録した。

第5にこの中国の輸入中間財の再輸出率とメキシコの同率は、他国と比べても際立って高い。両国の共通項として、中国は沿海部、メキシコは北部国境地帯においてドラスティックな外資優遇策を実施し、また稠密な低賃金労働力を有するなどのローカル要因、すなわち外資にとって競争的なビジネス環境要因を整備してきた点があげられる。

第6に他方で、一次産品輸出比率を急激に高めてきたブラジルは、上記の国々と逆の結果を示している。

結論は資本移動の自由化を促進し、対外開放策を展開してきた国々の貿易（輸出）における国内付加価値率は総じて漸進的な低下傾向を示してきた。

2　米州地域の直接投資を巡る政治経済学

2-1　米州におけるグローバルM&Aの展開

次に近年のFDIの特質を第1にFDI収益と本国への利益還流、第2に資源

抽出型FDIと価値移転（国外流出）プロセスといった側面から論じる。

新自由主義政策導入後のFDIのフロー・ストックや利益の海外流出の相関関係について、従属論的視点から考察したのは、アンドリュー・ヒギンボトム（Andrew Higginbottom）であった[13]。彼の分析の独特な特徴は、ラテンアメリカからの巨額な（そして過少に計算された）剰余価値移転に焦点を当てて、「低開発」の重要指標として価値搾取（value extraction）を重視した点にある。「総純資金移転（aggregate net transfers）＝（イコール）総純資金流入（aggregate net resource flows）−（マイナス）ローン金利および直接投資収益（loan interest and FDI profits）」の数値の推移に着目した視点もユニークであった。

このヒギンボトムの議論を下敷きに、それを各種統計データと突き合わせつつ、議論を深めていく。前提として、1980年代以降、当該地域諸国の大部分の国際収支は、債務支払いによって「総純資金移転」のマイナスに陥っていた。その後、1990年代以降の民営化の興隆期における戦略的資産志向投資・メガM&Aの激増で、プラスの「総純資金移転」となった。表5-5から1990年代後半から2000年代にかけて金融部門でメガM&Aが頻出したことがわかる。1990年の越境的M&A総額は約990億ドルであったが、2005〜07年の年平均は同年比7倍以上の約7,030億ドルに達した（表5-1）。但し、2010年代以降は、半減以下（2012年は約3,080億ドル）になるなど落ち着いてきた。

かかるM&A隆盛期は、同地域での新自由主義の席捲期とほぼ照応する。1990〜2000年代に全世界的に膨張したM&Aの本質を、奥村皓一はこう指摘する。

　1992年から始まった米国産業史上の第五次合併運動は、グローバルM&Aへと拡大し、……世界最大の「規模と支配領域範囲」（scale & scope）を持つ超大国際寡占体（super international majors）を創出していくのである。（中略）「資本の帝国」に向けたアメリカ主導のグローバルM&Aが最初に目指したのは、情報通信メディア、金融と銀行、石油エネルギーの統合・合併による世界最大のトラストによる世界レジームの形成であり、……「帝国」の範囲を広げていった。（中略）アメリカの全世界に向けたM&A攻勢は直ちに統合欧州諸国の「クロスボーダーM&A」を覚醒させた[14]。

この点、米州各国の近年のメガM&A動向（2011年）を確認すると、表5-6

表 5-5　米州地域における外資系銀行による巨大 M&A

(単位：100万ドル)

	買収企業	被買収企業	金額
2001	Citigroup（米国）	Banamex（メキシコ）	12,821
2004	BBVA（スペイン）	Bancomer（メキシコ）	3,888
2000	Banco Santander（スペイン）	Banco de Estado de Sao Paulo（30%、ブラジル）	3,581
2006	Banco Itaú（ブラジル）	Bank Boston（operations in Argentina, Brasil, Chile and Uruguay）	2,829
2008	Royal Bank of Canada（カナダ）	RBTT Financial Holdings Ltd（トリニダッド・トバゴ）	2,235
1998	ABN-AMRO-Holding NV（オランダ）	Banco Real SA（40%、ブラジル）	2,100
2006	HSBC（イギリス）	Grupo Banistmo SA（パナマ）	1,781
2002	Banco Santiago（チリ）	Banco Santander Chile（チリ）	1,678
2000	Banco Santander	Grupo Financiero Serfin（メキシコ）	1,543
2007	Citigroup	Grupo Cuscatlan（エルサルバドル）	1,510
2000	BBVA	Bancomer（20.5%、メキシコ）	1,400
2004	HSBC	Bank of BermudaLtd（バミューダ）	1,199
2001	Banco Santander	Banco de Estado de Sao Paulo（63.7%、ブラジル）	1,162
2002	HSBC	Grupo Financiero Bital SA（メキシコ）	1,135
2012	Scotiabank（カナダ）	Banco Colpatria Red Multibanca（コロンビア）	1,108
2000	Banco Santander	Banco Bozano Simonsen SA（ブラジル）	1,000
1997	HSBC	Banco Bamerindus do Brasil（ブラジル）	1,000
2006	Canadian Imperial Bk Commerce（カナダ）	First Caribbean Intl Bank Ltd（バルバドス）	999
1996	Banco Santander	Banco Osorno and la Unión（チリ）	881
1998	BBVA	Banco Excel Economico SA（ブラジル）	878
2000	Banco Santander	Banco Meridional do Brazil SA（ブラジル）	835
2007	Scotiabank	Banco del Desarrollo（チリ）	829
2007	Bancolombia SA（コロンビア）	Banagricola（エルサルバドル）	790
1997	HSBC	Roberts SA de Inversiones（アルゼンチン）	688
2000	Banco Santander	Banco Rio de la Plata（26.5%、アルゼンチン）	675
1998	Credit Suisse Fiest Boston（スイス）	Banco de Investimentos Garanti（ブラジル）	675
2002	Banco Santander	Banco Santiago（35.5%、チリ）	657
2007	Banco Itaú	Bank Boston Uruguay（ウルグアイ）	650
1997	Lloyds TSB Group PLC（イギリス）	Banco Multiplic-Consumer（50%、ブラジル）	600
1999	Banco Santander	O'Higgins Central Hispano（50%、チリ）	600
1997	Banco Santander	Banco Rio de la Plata SA（アルゼンチン）	594
2001	BBVA	Bancomer（9%）	555

(出所)　ECLAC, *Foreign Direct Investment in Latin America and the Caribbean 2011*, United Nations, 2012, p. 118. より作成。

表 5-6 米州地域の巨大 M&A 上位 20 社（2011 年度）

(単位：100 万ドル)

被買収企業	買収先国	部門	買収企業（国籍）	金額
Anglo American Sur（25%、英国）	チリ	鉱業	Mitsubishi（日本）	5,390
Vale's assets in aluminium companies（ブラジル）	ブラジル	鉱業	Norsk（ノルウェイ）	4,948
Shincariol（ブラジル）	ブラジル	飲料	Kirin Holdings（日本）	3,877
Telemar（25%、ブラジル）	ブラジル	通信	Portugal Telecom SGPS（ポルトガル）	3,786
Peregrino Project（40%、ノルウェイ）	ブラジル	石油・ガス	Sinochem（中国）	3,070
Elektro（英国）	ブラジル	エネルギー	Iberdrola（スペイン）	2,897
Occidental Argentina（米国）	アルゼンチン	石油・ガス	Sinopec（中国）	2,450
SK do Brasil（韓国）	ブラジル	石油・ガス	Maersk（デンマーク）	2,400
CBMM（15%、ブラジル）	ブラジル	鉱業	China Niobium Investment Holdings（中国）	1,950
Petroperijia（40%、ベネズエラ） Petromangas（17%、ベネズエラ） Boquerón（27%、ベネズエラ）	ベネズエラ	石油・ガス	TNK-BP（ロシア）	1,800
Vopak Bahamas（オランダ）	バハマ	インフラ	Buckeye Partner（米国）	1,642
Drummond Colombia（20%、米国）	コロンビア	鉱業	Itochu（日本）	1,524
Companhia Brasileira de Distribuçao（43%、ブラジル）	ブラジル	商業	Groupe Casino（フランス）	1,174
Cerradinho（ブラジル）	ブラジル	エネルギー	Noble Group（香港）	940
ChilquintaEnergia（英国）	チリ	エネルギー	Sempra Energy（米国）	875
Assets of GDF Suez（フランス）	トリニダッド・トバゴ	石油・ガス	China Investment Corporation（中国）	850
Santander Seguros（スペイン）	ブラジル	金融	ZS Insurance America（スイス）	840
Autopista Central（50%、スウェーデン）	チリ	インフラ	Alberta Investment（カナダ）	736
Puras do Brasil（Brasil）	ブラジル	ホテル等	Sodexo（フランス）	735
Minera Quadra Chile Ltd（カナダ）	チリ	鉱業	Sumitomo（日本）	724

(出所) 表 5-5 と同じ。p. 26. より作成。

の通りである。全体傾向として、いまや欧米のみならず日本や中国などのアジア資本およびロシア資本の一大買収劇が散見でき、同地域における従来型の欧米資本協調的ヘゲモニー構造に喰い込み始めている。

続いて、国連 ECLAC『Foreign Direct Investment』からコモディティ・ブームの真っ只中であった年度（2011年）の各国別の特徴を押さえておく。ブラジルは欧州の進出比重が高く（全体の64.4％）、次いで日本などアジア企業が同13.6％であった（総額約667億ドルの FDI 受入れ、部門別では製造業を軸に食飲料、燃料、自動車、セメント、化学、電子機器など広範囲に及ぶ）[15]。

チリは第一次産業向けが圧倒的で（全体の61％）、FDI 総額は約173億ドルであった。近年の目立った特徴として、Mitsubishi や Sumitomo など日本資本が鉱山開発分野で影響力を強めている[16]。コロンビアは FDI 総額約132億ドルで、天然資源指向型がメインである（加えて、巨大資源メジャーの BHP Billiton や Xstrata は炭鉱開発への13億の追加投資を計画中）[17]。ペルーは2000～10年の年平均FDI 額約35億ドルであったが、同年は約77億ドルと一挙に倍増となり、他国と同様、資源採掘産業への FDI が主軸であった。大規模な M&A の例として、同年、世界最大の超産金企業 Gold Fields（南アフリカ）が関連会社 La Cima の持株比率を増やすために約3.8億ドルを投じ、また、Dia Bras Exploration 社（カナダ）も約2.9億ドルで Minera Corona 社を買収した事例がある[18]。最後にアルゼンチンは、総額約72億ドルの FDI 流入を記録し、その顕著な M&A の事例として、中国三大国有企業の SINOPEC（中国石油化工集団公司）が米国大手の石油企業 Occidental Petroleum を24億ドルで買収した。同国の炭化水素系部門には、CNOOC（中国海洋石油総公司）も触手を伸ばすなど、中国の存在感が年々増加している[19]。

表5-7は1994～2011年の中国石油関連企業の当該地域向け投資先（国名）と金額である。投資先国の範囲はペルー、ベネズエラ、エクアドル、ブラジル、アルゼンチン、コロンビアなどと幅広い。1990年代からすでに投資が行われていたものの、CNPC（中国石油天然気集団公司）による対ベネズエラ投資（1998年）が過去最大でも11.4億ドル程度であったことから、その金額規模は大きいものではなかった。ところが、2010年代以降、同額は急拡大してきた。例えば、SINOPEC による対ブラジル投資（2010年）は119.1億ドル、対アルゼンチン投

表 5-7　1994～2011年の中国石油関連企業の投資先国と金額

(単位：100万ドル)

CNPC (中国石油天然気集団公司)	PERU	1994年	326
	VENEZUELA	1998年	1,140
	ECUADOR	2003年	199
SINOPEC (中国石油化工集団公司)	BRAZIL	2010年	11,911
	ARGENTINA	2011年	2,450
	COLOMBIA	2006年	1,081
SINOCHEM (中国中化集団公司)	BRAZIL	2011年	3,070
	COLOMBIA	2009年	877

(出所)　表5-5と同じ。

資（2011年）は24.5億ドル、そして、SINOCHEM（中国中化集団公司）による対ブラジル投資（2011年）は30.7億ドルを記録した。

以上をまとめると、総じて2000年代半ばまでのラテンアメリカはグローバル金融資本によってM&Aの荒波に晒され、それ以降はグローバル資源企業によって天然資源が開発・採掘され始めた。

2-2　米州地域の所得収支構造

この間の資源保有国ベネズエラの推移に関しては、2006、2009年は国有化政策の影響などでFDI流出を記録したが、2011年は前年比3倍増の約53億ドルのFDI流入を記録した[20]。とはいえ、同国の場合、他国と違って留意すべき点がある。2003年から為替管理制度を導入し、固定相場制採用と外貨取引の管理政策を実施してきたことである。これにより本国還流・送金などが制限され、ゆえに同国向けFDIの特徴は多国籍企業の収益再投資（reinvested earnings）や企業内融資（intra-company loans）で主に構成されている点にある。

ベネズエラの状況と逆に、2003年以降ラテンアメリカで事業活動を展開する多国籍企業の利益の本国還流額は急増してきた。1998～2003年の年平均の同額は約200億ドルであったが、2008年は約930億ドルに達し、4.5倍超となった[21]。結果、ラテンアメリカの「総純資金移転」は再びマイナスへ転じた。

同地域の国際収支状況の着目すべき点として（表5-8）、第1にリーマン・

表 5-8　ラテンアメリカ・カリブ海地域の国際収支表と所得収支構成

(単位:100万ドル)

年	2005	2007	2009	2010	2011
経常収支	34,681	9,131	-27,230	-57,600	-75,193
財・サービス貿易収支	63,739	43,152	16,292	-3,129	912
所得収支	-82,495	-100,921	-101,138	-115,906	-138,355
所得（貸方）	25,595	53,143	34,398	36,271	41,497
労働報酬	2,212	2,313	2,550	2,534	2,780
投資所得	23,383	50,831	31,848	33,737	38,717
所得（借方）	108,090	154,065	135,536	152,177	179,853
労働報酬	509	552	476	531	615
投資所得	107,581	153,512	135,060	151,645	179,237
（内訳）直接投資	55,303	93,277	80,627	96,525	113,067
証券投資	23,391	26,019	26,736	28,785	36,727
その他投資収益	28,887	34,216	27,697	26,336	29,444
経常移転収支	53,437	66,900	57,615	61,435	62,250
金融収支	32,691	115,591	77,528	158,090	192,263

（出所）　ECLAC, *Foreign Direct Investment in Latin America and the Caribbean 2012*, United Nations, 2013, p. 70. より作成。

ショック後の2009年以降、経常収支赤字が年々拡大してきた（2009年272.3億ドル赤字→2011年751.9億ドルへと2.7倍超）。

　第2に2009年は確かに欧米先進国を中心に輸出先市場の景気後退により輸出額減少に見舞われたものの（2008年8,959億ドル→2009年6,956億ドル）、2010年にリーマン・ショック前の水準に回復し、2011年は過去最高の輸出額（1兆786億ドル）を記録した。2010年を例外とすれば、財・サービス貿易収支も年度によって幅はあるが黒字基調となった。

　第3にそれゆえ近年の経常収支赤字の主要因は恒常的な所得収支赤字とその急速な増大に求められる（2005年824.9億ドル赤字→2011年1,383.5億ドル赤字）。

　第4に所得（借方分）の構成細目をみると、一貫して直接投資収益の割合が圧倒的である。例えば2011年では借方総額1,798.5億ドルのうち、労働報酬は6.1億ドルに過ぎず、投資所得分のうち直接投資収益は1,130.6億ドル（借方全体比は約62.8％）、間接投資収益（証券投資）は367.2億ドル、その他投資収益は294.4億ドルとなっていた。

　したがって、多国籍企業はFDI収益から莫大な富を獲得している。この点

に関して、開発経済学者で従属論者のクリストバル・カイ（Cristóbal Kay）は、以下の結論を得た。

> ロイヤルティや利潤や利息の支払を通して、低開発諸国は、開発諸国にかなりの純経済余剰を移転し続けている。外国投資と外国貿易における不等価交換に由来するそのような余剰移転は、低開発諸国自身での国内投資に利用され得たはずの資金の大きな減少を意味している。（中略）そのせいで、開発を達成するという課題がはるかにより困難にはなるのだろう。[22]

繰り返すが、前述した借方総額1,798.5億ドルという数値は、同年の金融収支が1,922.6億ドルであったという点から考えても、大きな金額である。価値移転としてはここに債務支払いなどが加算される。ちなみに当該期のラテンアメリカ・カリブ海地域の債務ストック総額（2012年）は1兆2,578億ドル、ローン実行額2,324億ドル、債務の純資金移転額（net transfers on debt）は709億ドル、そして債務支払い（debt service）は1,738億ドルに達していた。[23]

価値移転・流出の諸経路

この他にも、価値移転の経路はある。第1に企業内貿易（intra-firm trade）を通じた市場メカニズムの取引価格を無視した価格操作＝移転価格（transfer pricing）である。

第2にマキラドーラ（Maquiladora）や輸出加工区における過酷な労働環境と稠密な低賃金単純労働（＝"間接的な労働力輸出"とも呼ばれる形態）およびそこからの完成品の国外輸出を通じた価値移転である。代表的なマキラドーラとして、例えば米国とFTAを発効済みの中米共同市場（CACM）加盟5ヵ国（コスタリカ、グアテマラ、ニカラグア、エルサルバドル、ホンジュラス）では、アパレル産業マキラドーラの一大集積が展開されている。CACMの2011年の加工区輸出額は155.9億ドルで、全輸出額に占める比率は41.8％に及んだ。さらにNAFTA加盟のメキシコは同1,869億ドルで同比率は67.1％であった[24]。そのうえ同加工区内の付加価値額および付加価値率をみると、CACMは41億ドル、26.3％でその低率さが際立つ[25]。この低率の付加価値率こそ、進出多国籍企業にとって価値移転プロセスの源泉である。

第3に出稼ぎ移民（＝"直接的な労働力輸出"とも呼ばれる形態）である。

第4に多国籍企業・銀行などが実施する移転価格の手法を制度上支えるオフショア金融センターの存在である。

　同地域はカリブ海諸国（ケイマン、バミューダ、バハマ、ヴァージン諸島など）を中心にタックスヘイブン（tax haven）の機能を果たしている。これらはイギリスのシティを中心としたネットワークの環（ケイマンやバミューダなどのイギリス海外領土）と、アメリカを中心としたネットワークの環（米領ヴァージン、マーシャル諸島など）が重層的に構築されている[26]。

　一例をあげると、米国の議会調査局報告によれば米系多国籍企業は2008年、海外利潤9,380億ドルのうち43％をバミューダなどの5つのタックスヘイブンで申告するなど、利潤の国際的移転を大規模に展開していた[27]。ニコラス・シャクソン（Nicholas Shaxson）は、「タックスヘイブンがなかったら、多国籍企業はこれほど巨大で強力な組織には成長していないだろう」、と強調する[28]。

　付言すれば、（価値移転プロセスの範疇外の問題ではあるが）途上国からタックスヘイブンへの莫大な資金流出も深刻な問題となっている。前出のシャクソンはこれに関して、次のように述べる。

メキシコ、アルゼンチン、ベネズエラなど、一部の国については、自国のエリートたちがオフショアに蓄えた違法な富は、その国の対外債務の数倍にのぼっていた。（中略）ボストン・コンサルティング・グループは2003年に、中南米諸国の最も富裕な市民たちが保有している富の半分以上がオフショアに置かれていると推定した[29]。

2-3　資源採掘型開発と価値移転プロセスの深化

　では、一体どの国がより強固に価値移転メカニズムに組み込まれているのか。2000年代半ば以降（2007～11年平均）のデータしか示せないが、図5-1、図5-2から以下の傾向がわかる。

　ペルー（年率25％の収益率）やチリ（年率15％超の収益率）の例が象徴的だが、資源開発へのFDI受入れを推進した国からの収益率ほど、極めて高い数値となっている。地域全体のFDI収益率(年率)の推移でみても、2001～02年は4％程度であったが、2008年には10％程度（その後、2009年は世界的景気後退の影響で7％まで低下したが）となった[30]。こうした変化が生じた時期は、まさしくFDIが天然資源部門向けへと集中した時期と符合する。

図 5-1 FDI ストックの国別収益率＝価値移転①（2007〜11 年平均）

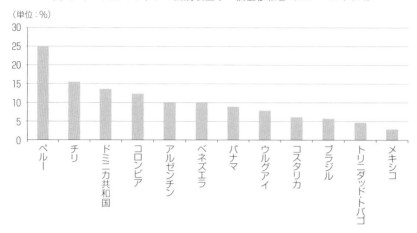

（出所） ECLAC, *Foreign Direct Investment in Latin America and the Caribbean 2012*, UN, 2013, p. 20. より転載。
<http://www.eclac.cl/noticias/paginas/1/33941/2013-371_PPT_FDI-2013.pdf>.

図 5-2 部門別上位 500 社の総資産利益率＝価値移転②（2010 年）

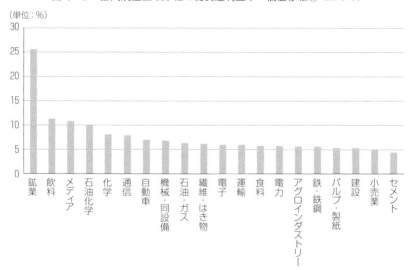

（出所） 図 5-1 と同じ。p. 77. より転載。

図 5-3　アンデス諸国の所得収支推移＝グループの類型化

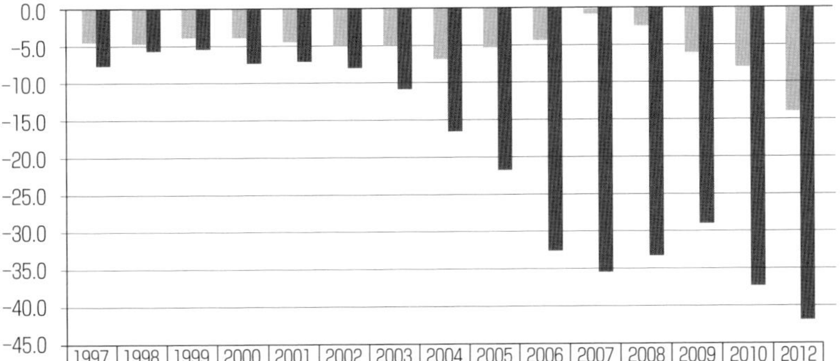

(単位：10億ドル)

	1997	1998	1999	2000	2001	2002	2003	2004	2005	2006	2007	2008	2009	2010	2012
①group	-3.7	-3.9	-3.0	-3.0	-3.6	-4.3	-4.2	-6.0	-4.5	-3.4	-0.1	-1.6	-5.2	-7.2	-13.2
②group	-6.8	-4.8	-4.7	-6.5	-6.2	-7.2	-10.0	-15.8	-21.0	-31.9	-34.8	-32.5	-28.2	-36.7	-41.3

(出所)　Andy Higginbottom, "The Political economy of foreign investment in Latin America: Dependency revisited", *Latin America Perspective*, vol. 40, no. 3, 2013, p. 197.

　なお、例外的な事例は、ブラジルとメキシコである。両国とも FDI 受入大国であるが、図5-1の収益率をみると低水準となっている。この背景は、ブラジルの資源開発部門の最大手企業であるブラジル民間企業 Vale 社、メキシコの最大手である国営石油企業 PEMEX 社それぞれに対し、それら企業・同部門への多国籍企業参入が制限されているからである。

　以上の状況に加えて、前出のヒギンボトムはアンデス地域を、①FDI に規制的な諸国群と、②FDI に開放的な諸国群とに大別し、興味深い分析を行っている。前者の①グループはベネズエラ、ボリビア、エクアドルの3ヵ国であり、後者の②グループはチリ、ペルー、コロンビアの3ヵ国から構成される。

　それによれば、所得収支（1997～2010年）において、①グループと②グループの顕著な相違が明白となった（図5-3）。①グループは2003年頃から所得収支のマイナス額が減少してきた。他方、②グループは2000年代半ば以降、そのマイナス額は激増し続け、2012年には413億ドルの赤字を記録した。この分析結果は FDI 受入れの凝集度が高く、対外開放・規制緩和を徹底している国の方が、より強固に価値移転メカニズムに組み込まれていることを明示する。

　これに関連して、前出のカイは「低開発の継続の主要な原因は、（純経済余剰を移転し続けていること以外にも—引用者）周辺国内部の国内階級関係と国家の役

割に見出されるべきである」と、別の論点・視点を提起している（傍点、引用者）[32]。当該期の①グループはベネズエラのチャベス（Hugo Chávez）、ボリビアの先住民出身大統領モラーレス（Evo Morales）、エクアドル大統領のコレア（Rafael Correa）が理念的・言説的には「ポスト新自由主義国家（post-neoliberal state）」を志向し、国家規制の強化あるいは国家管理の比重を高める方向性を目指してきた。

とはいえ、その政策の程度や強度の度合は各国によって隔たりがある[33]。ボリビアは、天然資源産業は国営企業による51％所有を義務化する制度を新たに作るなど、グローバル資源企業に対して一定の距離感を示してきた（但し、実態は29社の多国籍企業が依然として同国資源を支配）[34]。また、ベネズエラは「21世紀社会主義」を目指し石油産業の国有化を実現してきたが、依然として銀行や商業部門では民間優勢な混合型経済から脱却できないでいる（但し、国家管理強化の度合いはボリビアを大幅に上回る）[35]。

こうして「国家の役割」を強化してきた国は確かに——自由貿易・投資、市場競争促進の文脈で経済開発・成長の起爆剤としてFDIを捉えつつ資源開発を行ってきた②グループと比べれば——価値移転メカニズムへの組み込み強度は比較的に穏やかであったといえよう。だが、先に触れたベネズエラでの特殊要因（多国籍企業による本国送金還流の制限）や、第6章で触れるモラーレス政権下のボリビアの外資主導型資源採掘・開発モデルの進展状況を鑑みると、その組み込み強度がどの程度緩和されたかに関しては、慎重な分析が必要である。

FDIと現地雇用者増加の相関

以上の議論に加えて、もうひとつ重要な論点は、FDI主導型の開発モデルがどれほど受入国の現地雇用増加に寄与してきたか、である。

結論から言えば、最も巨額のFDIを吸収する部門こそ最も雇用創出効果が少ない部門であった。さらに雇用創出効果が確認できた部門は、労働集約的低賃金部門（コールセンターのオペレータ、小売業の販売・接客、アパレル系輸出加工区での縫製・裁断などの単純作業）においてであった。地域別では対南米向けFDIの最も巨額な流入先となったのは鉱物・石油部門であり、天然資源集約部門である。図5-4が示す通り、これらの部門は100～200万ドルの投資受入れにつき、新規雇用者を1人創出するといった程度である。その雇用効果は他

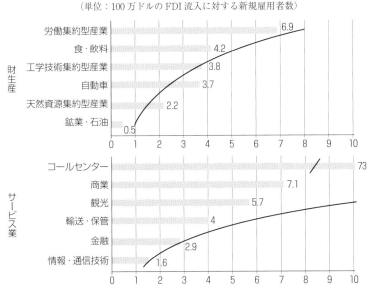

図 5-4　ラテンアメリカでのFDIと雇用者の部門別の相関関係（2010年）
（単位：100万ドルのFDI流入に対する新規雇用者数）

（出所）　図5-1と同じ。p.47. より転載。

部門と比べて、最も低率である。また、2000年代に南米や中米（メキシコ）でメガM&Aが集中した金融部門や通信部門、サービス産業部門も、雇用効果の少ない部門であった。

　そして、カリブ海地域ではFDI受入れに起因する新規雇用の65％は天然資源集約部門とコールセンターで構成されていた。この含意は、前者の方は雇用効果の極めて低い部門へのFDI流入で、後者の方は、雇用効果は極めて高率（100万ドルにつき73人の新規雇用が生じる）であるが、同部門は極端な低賃金部門となった。また、同じくメキシコのFDI受入れに起因する新規雇用の51％は天然資源集約部門と技術集約製造業で構成され、後者の方（主に自動車産業など）も巨額のFDI流入額ほどは高い雇用効果を生まない部門であった（100万ドルにつき3～4人程度の新規雇用が生じる）。

　以上、21世紀初頭以降、当該地域諸国の多くはFDIを梃子に資源採掘・資源輸出型経済へと転換してきた。とりわけ南米にフォーカスした表5-9では、1991～97年期（①期）から1998～2004年期（②期）の本格的な新自由主義

表 5-9 南米の技術水準別の輸出品目比率（全体比、1991〜2011年）

(単位：％)

分類（技術水準順）	部　門	① 1991-1997	② 1998-2004	③ 2005-2011
高技術品 1	電器・電子関連	1.3	1.8	1.5
高技術品 2	その他	1.0	2.7	1.9
中技術品 1	自動車関連	4.4	4.9	4.6
中技術品 2	加工関連	6.5	6.5	6.2
中技術品 3	エンジニアリング関連	5.5	4.8	4.1
低技術品 1	繊維・アパレル・履物	6.2	4.6	2.6
低技術品 2	その他	4.8	3.4	2.8
一次産品	一次産品	41.9	42.1	46.0
農業品	農・畜産品、木材	13.8	13.3	11.4
原　料	その他の原料	13.3	14.0	16.1
非分類品	—	1.2	1.6	2.5

(出所) Paula Belloni y Andrés Wainer, "El Rol del Capital Extranjero y su Inserción en la América del Sur Posneoliberal", *Revista Problemas del Desarrollo*, UNAM, vol. 45, No. 177, 2014, p. 103.

移行期と、②期から2005〜11年期（③期）の資源・一次産品輸出型経済移行期との、両期における技術水準別輸出品目構造の変遷が示される。

①→②期は電器・電子関連（1.3％→1.8％）と自動車関連（4.4％→4.9％）などの製造業部門を中心にFDIを受入れ、若干ながら工業製品輸出を増加させてきた。ただ、その増加幅は極めて微増にとどまり、南米地域の全体傾向として、FDI主導によって外国から高技術を吸収し、それを基にした輸出工業化戦略が成功したとは言い難い。むしろ有為な統計的変化は、②→③期における一次産品（42.1％→46.0％）や原料関連（14.0％→16.1％）の輸出比率の増加である。具体的な品目は、石油（原油を含む）、銅、大豆の三大一次産品だけで、①期→③期にかけて8％弱の増加を記録してきた。だが、これら主力の輸出商品はむろん高技術品目に属するものでない。

3　域内大国ブラジルの開発と貿易 —— J. ペトラスの議論

3-1　*New Developmentalism* の諸相

本節では域内大国ブラジルの「進歩的」で「中道左派」と評されてきた2000

年代以降のルーラおよびルセフ政権下の開発戦略をどう把握すべきかについて、ジェームズ・ペトラス（James Petras）の考察や分析視座を中心に取り上げ、論を深めていく。

一般的に「中道左派」政権として誕生したといわれるルーラ（Luiz Inácio Lula da Silva）前政権（2003～11年）に関しては、その政治面での特徴を「交渉調整型政治にもとづく現実主義路線への変容」として「穏健化」を強調した議論がある一方³⁸⁾、その開発戦略は同政権によって推進された「産業・技術・貿易政策（PITCE：Política Industrial Tecnológica e de Comércio Exterior）」や「生産発展政策（PDP：Política de Desenvolvimento Produtivo）」などの諸政策が基本線となっており、要するに国内大企業のグローバル競争力の促進がその目標であった。

その後、政権を引き継いだルセフ（Dilma Rousseff）前政権（2011～15年が1期目。2期目の当選を果たしたが、2016年8月31日の上院弾劾裁判の罷免投票によって大統領職を失職）が1期目に採用した「ブラジル・マイオール計画（Plano Brasil Maior 2011-2014）」もこれらの延長線上にあった。同プランは、①投資促進、②イノベーション促進、③貿易政策、④国内市場保護を骨子とし、"産業競争力の向上に関する政府の役割"が重要であるという認識の下、（かつての保護主義と輸入代替戦略による介入主義と異なり）戦略的な調整役として国家が市場介入する「新たな開発主義（new developmentalism）」を掲げてきた。

その数値目標は、①GDPに占める投資比率を18.4％から22.4％へ拡大、②民間部門のR＆D支出比率（対GDP比）を0.59％から0.9％へ増加、③2014年までにブラジル輸出の対世界全体比率を1.36％から1.6％まで上昇などとなっており、「イノベーションから競争へ、競争から成長へ」に主眼が置かれた³⁹⁾。

この「新たな開発主義」を *liberal Neo-developmentalism* と規定したコーネル・バン（Cornel Ban）は、1980～90年代に主流であった新自由主義的な開発政策（「ワシントン・コンセンサス」）と比較させながら、各戦略の特徴と相違を以下のように整理・分類した（太字、引用者）⁴⁰⁾。

「ワシントン・コンセンサス」
【目標】マクロ経済安定化
【政策手段】①インフレ・ターゲッティングを通じたインフレ管理、②市場決定型の金利、③市場決定型の為替相場、④インフレ管理を基本任務に置いた中央銀行の独立性、⑤基礎的財政収支の黒字化と外貨準備の利用、⑥税収基盤の拡充と最低税率措置の縮減、⑦国際金融制度へ参入するための障壁の除去、⑧モデレートな輸出補助金を伴う貿易自由化と比較優位型の貿易構造の受諾、⑨国有企業の民営化とその外国企業への積極的な売却、⑩産業政策の廃止、⑪金融の規制緩和と労働市場の規制緩和、⑫貧困層への条件付き現金給付、⑬公共サービス部門の部分的な民営化。

liberal Neo-developmentalism
【目標】マクロ経済安定化、しかし逆行的で循環的な国家介入を伴う
【政策手段】①インフレ・ターゲッティングを通じたインフレ管理、②市場決定型の金利、しかしモデレートな金利政策、③市場決定型の為替相場、しかし**資本管理の選択的な適用**、④インフレ管理を基本任務に置いた中央銀行の独立性、⑤基礎的財政収支の黒字化、と同時に、a)経常収支バランス、b)融資のための国内貯蓄の蓄積、c)公的銀行やソブリン・ウェルス・ファンド（SWF）を活用した強力な逆行的で循環的な財政政策、⑥税収基盤の拡充と最低税率措置の縮減、しかしより先進的な所得税制度（累進課税の強化）、逆行的で循環的な直接税および消費税改革、⑦国際金融制度へ参入するための障壁除去、しかし公的銀行の統合、そして国内金融市場の統合のための補助金、⑧モデレートな輸出補助金を伴う貿易自由化、ただし輸出補助金の拡充、比較優位型の貿易構造への積極的な移行、⑨選択的な国有企業の民営化とその外国企業への売却に対する一定の制限、⑩選択的な産業政策の実施、⑪モデレートな金融の規制緩和と労働市場の規制緩和の禁止、⑫貧困層への条件付き現金給付、と同時に最低所得政策の拡充、⑬公共サービス部門の民営化の禁止。

経済・貿易のコモディティ化

では、ブラジル開発戦略の成果はいかなるものだったのか。同国の経済成長パフォーマンスに関する代表的な議論は、「ブラジル経済のコモディティ化」として規定する議論がある。これはラファエル・サナッタ（Rafael Zanatta）が主張する工業化の後退＝脱工業化（de-industrialization）の議論とも通じる。

その内容の特徴として、①一次産品輸出への特化、②為替相場（レアル高）、③中国から工業製品の輸入攻勢、があげられている。前出のサナッタは、同国は短期的には高い一次産品価格を背景に対中国向け輸出を通じて利益をあげてきたのであり、価格上昇の要因には中国の需要拡大があったと主張する。とこ

ろが、中国への工業製品輸出は実現できず、輸出商品の一次産品化（primarization）は深まる一方だったと指摘した。

同様に同国経済構造の問題について、ビビアナ・メディアルデア（Bibiana Medialdea）は、特に生産部門の脆弱性を強調している。とりわけ資本財生産部門に関して、その生産成長率が1981〜2005年で年平均0.5％にとどまっており、資本蓄積過程に制限が生じているとした。また、労働生産性も減少傾向にあり、総需要と所得分配にも影響が出ており、結果的に不十分な国内貯蓄問題はほとんど解消されなかった[43]。

数値で確認すると、1950〜80年の年平均GDP成長率は7.6％であったが、1980〜2005年は年率2.2％に過ぎず、そのうえ一人当たりGDP換算では年率0.4％であった。中でも製造業部門のパフォーマンスは際立って悪く、過去10年間の年率の成長率はわずか1.2％であった。1980年時で同部門の対GDP比率は40.9％を占めていたが、1995〜2005年の同数値は26〜30％の範囲で推移し、その比重も低下してきた[44]。

3-2 ルーラの開発戦略の成果—— J. ペトラスの議論

上述の内容を踏まえ、以下ではペトラスの批判的考察（論文『ルーラの遺産—二つのブラジル—』2010年）を参照しながら、論を深めていく。結論から言えば、ワシントンとの軍事協定を調印し、自由貿易を推進してきたルーラ前政権に対して、ペトラスは厳しい評価を下している[45]。

まず前提から押さえると、ペトラスはルーラの「左派的」政策として、①外交姿勢（米国の対キューバ政策に反対）、②チャベス政権の擁護、③中国との関係強化、④貧困対策・社会政策の充実（現金給付制度のボルサ・ファミリアの導入など）、⑤2,000万人の土地なし農民労働者への土地改革の公約などをあげ、これがルーラの「進歩的」の証しだとしている[46]。しかし、同論文ではブラジル経済の神話と現実が詳細に検討されている。論点は以下の通りである。

まず数値上から確認してみる。①2003〜09年のGDP成長率は平均3.4％、一人当たり成長率はわずか2％（ラテンアメリカ平均を1％程度下回る）、②他のBRICs、特に中国とインドと比べて同国成長率はそれらの国の40％未満、③中国の成長は工業製品輸出に基づき、インドはハイテク情報サービスを基盤とし

ているが、ブラジルは農鉱業輸出の増大に依存、④農鉱業商品の価格上昇と世界的需要の拡大中のコモディティ・ブーム（2004〜08年）期は4.5％成長だったが、価格低迷期（2003、09年）は２％以下、⑤2009年のゼロ成長から2010年には回復したが、それは中国需要に牽引された一次産品需要の増大と主要一次産品の価格高騰が主因であった。[47]

そのうえで、ペトラスは、1990年代の新自由主義者のフェルナンド・カルドーゾ（Fernando Henrique Cardoso）元政権（1995〜2003年）とルーラ前政権の経済戦略手法の連続性（continuities）に着目し、重要な問題提起をした。

第１にカルドーゾは最も収益を生む企業を途方もない低価格で民営化し、公的部門を解体した（例えば、世界一の鉄鋼企業 Vale 社を10億ドル以下で売却）。同じくルーラも銀行、鉱山、石油、通信会社などを市場価格以下で民営化した。

第２にルーラは４％の財政黒字を維持するという IMF との協定を締結し、緊縮的な財政政策と社会支出の削減、公的年金のカット、賃金抑制政策を推進した。

第３に国民の教育・医療・住宅のために社会支出を増加するよりも、2,000億ドルの外貨準備高の達成と対外債務返済を最優先した。

第４にマクロ経済安定は労働者や農民層の犠牲の上に実施された。その結果、失業率は10％超、インフォーマルセクター率は30％以上で推移し、400万人の家族農家が土地を持てず、アマゾン熱帯雨林は農業ビジネスの促進によって毎年200万ヘクタール以上も消失してきた。

第５に先住民の土地も暴力的に略奪された。農業融資ビジネスや投機家による土地買占めの結果、200万人もの農村労働者はスラム街へ流入（都市部の周辺的労働へと吸収）することになった。

第６に何百万もの家族農家は高金利での借入れを余儀なくされ、補助金付きの輸入食料との競争に晒され、千数百もの農家が破産に追い込まれ、結果として、同国は食料輸入国に転落することになった。

第７に選挙期間中、土地なし農民運動（MST：Movimento dos Trabalhadores Rurais Sem Terra）の35万のメンバーに対して土地改革の実施を約束し、毎年10万の家族農家に住宅や融資支援、技術支援を行うと約束したが、ルーラ政権期の８年間で毎年支援を行ったのは４万家族未満でしかなかった。

第8にルーラは当初の支持基盤であったMSTとは時が経つにつれて次第に対決姿勢を取るようになった。むしろ農業ビジネスへの投資家の利益追求を擁護し、MSTの土地占拠戦略に対して投資家の安全性の方を保障する共通プログラムを策定・展開するに至った。

　第9にその結果、1％の土地所有者が肥沃な土地の50％以上を占有する土地所有の集中化が進み、抵抗する運動指導者や活動家の不法逮捕が増大した。

ルーラの遺産（Lula's legacy）の影

　以上の認識を踏まえ、ペトラスは「ルーラの遺産（Lula's legacy）」について、「本質的には"投資家のための、経済的に安定した健全な市場"のことであり……（同時に）彼がブラジル政治を脱急進化し、自由市場、自由貿易、国家主導の巨大ビジネス推進を経済政策の根幹に据えることの合意形成を図ったこと」、にあると結論付けた。

　加えて、より近年の論文（『ブラジル―資源抽出資本主義と後退への大跳躍―』2013年）で、ペトラスは次のような批判的な見解を示す。少々長いが引用する。

　Vale社の純資産は1,000億ドル以上で世界第2位の巨大鉱業会社である。だが、世界で最も低率の法人税しか支払っていない。ルーラとルセフの"進歩的な"政権下の10年間のそれは保守的な政策を展開するオーストラリアの同税率12％の6分の1に過ぎなかった。（中略）資源採掘産業で記録的な収益を上げる一方、自然環境は凄惨な被害を受け、膨大な先住民族や小規模生産者たちが土地を離れて移住することを余儀なくされた。Vale社の経験は新自由主義的な政策を遂行したカルドーゾ政権とルーラ政権との間の強力な構造的連続性（structural continuities）を浮き彫りにする。前者はVale社を捨て売り価格で民営化し、後者は同社を独占的な鉄生産者および輸出業者となるように奨励した。資源採掘産業に富、利益、権力が集中することを気にも留めなかった。同産業が幾何学的な成長と独占的利益を達成したことと比べれば、ルーラとルセフが貧困削減のためにたかだか貧困層へ1日2ドル程度の助成金支給を行ったことだけで、両政権を"進歩的である"とか"中道左派である"との評価を正当化することの理由にならない。

　と同時に、ペトラスはさらなる批判を展開し、「都市とアマゾン地帯の関係は一国内の植民地主義に類似している。資源採掘産業はアマゾンのコミュニティ内部に存在する資源を略奪するため、その共犯的同盟者として労働者上流階級やエリート層を買収すらした」と指摘した（傍点、引用者）。

3-3 ブラジルの自由貿易と *New Extractivism*

　ブラジルは巨大資本の国際競争力の強化を謳う「ブラジル・マイオール計画」を進めながら、大規模な民営化や緊縮を基調としたマクロ経済安定化政策などを展開してきた。のみならず、同国はFTA締結も推進しており、これまでインド、SACU（南部アフリカ関税同盟）、エジプトなどと地域横断的なFTAを発効させてきた。

　併せて、同国は国内への外資系多国籍企業の受入れを促進させるためのプラットフォームとして、Mercosurを戦略的に活用してきた。すなわち周辺のアンデス諸国ならびに米州域内各国とMercosurを軸にFTA網を構築したのであり、もって国内巨大企業および在ブラジル多国籍企業に対してより広範囲に渡る（比較的近接の）海外市場・輸出販路を提供したのだった。

　この点を数値で確認してみる。例えば、国内売上上位500社に占める資本別企業シェアの変遷をみると、1990年時は外資系31％、民族系43％、政府系26％であったのに対し、2000年時のそれは同順に46％、36％、19％、2011年時は41％、39％、20％で推移してきた[52]。要するに、1990年代の新自由主義期は外資系多国籍企業の比重が格段に増し（31％→46％）、その後ルーラ大統領期に民族系企業が若干盛り返したという状況となっている（36％→39％）。

　それゆえ第1の特徴は外資系企業の同国におけるプレゼンスは依然として大きいものの、徐々に減少していること。第2にそれとは逆に、（当該地域ではメキシコ、チリと並んで）民族系巨大企業（民間および国営を含む）の多国籍化の進展が顕著となっていること。ちなみにラテンアメリカ・カリブ海地域全体の中で海外売上規模の上位企業を順にみると（2011年度）、同国からランクインしているのは以下の通りとなっていた。

　<u>1位</u> Petrobras（売上額1,301億ドル，海外投資額3,200万ドル，海外雇用者数の対全体比18％，石油・ガス部門）、<u>3位</u> Vale（同550億ドル，5,100万ドル，27％，鉱業）、<u>5位</u> JBS（329億ドル，6,700万ドル，67％，食品）、<u>6位</u> Odebrecht（323億ドル，5,700万ドル，49％，エンジニアリング）、<u>7位</u> Gerdau（188億ドル，6,100万ドル，48％，鉄鋼）、<u>11位</u> Brasil Foods（134億ドル，1,600万ドル，16％，食品）、<u>13位</u> Marfig（115億ドル，3,200万ドル，42％，食品）、<u>16位</u> Camargo Corrêa（96億ドル，1,500万ドル，

17％，エンジニアリング)、18位 Andrade Gutierrez (84億ドル，800万ドル，10％，エンジニアリング)、19位 TAM (69億ドル，900万ドル，8％，航空)[53]。

　上位20社中半分の10社がブラジルの民族系多国籍企業となり、越境的な事業活動、自由投資・貿易活動を拡大させていることがわかる。ブラジルは自由貿易主義の立場を堅持しており、さらにそれを強力に促進してきた。

　それゆえルーラとルセフの両「中道左派」政権の特徴を、前出のペトラスは「『民族主義的な』自由貿易政権」(傍点、引用者) と規定した[54]。換言すると、ルーラの大統領就任以降、同国は農産物・鉱物輸出戦略の推進を通じて、自由貿易志向型の国家へとますます強力に舵を切ったのである。

「資源採掘型資本主義」とポスト新自由主義

　では、こうした同国の開発や貿易の特徴をどう把握すべきなのか。例えば、ペトラスは「資源採掘型資本主義」といった概念で議論を展開している[55]。また、ヘンリー・ヴェルトメイヤー (Henry Veltmeyer) はブラジルをはじめとした「進歩的な」「左派・中道左派的な」ポスト新自由主義を志向する諸政権は、新たな経済成長モデルの根幹に資源産業を据えながら、その利益を社会的包摂 (social inclusion) のための社会開発予算に充当する形態、言い換えると「"新たな採掘主義"(New Extractivism)」という形態であると、問題提起した[56]。

　両議論に共通する点は、この開発モデルを階級論的な視点から分析する必要性を重視している点である。彼らが議論の俎上に載せる分析視点は、新自由主義政権 (チリ・コロンビア・ペルーなど) のみならず、ポスト新自由主義政権に関しても及んでいる。要するにポスト新自由主義政権による資源採掘・資源輸出型開発戦略の遂行は、グローバル (資源) 資本階級と国内エリート階級との経済的利害の同時追求のことであり、巨大 (資源) 利権の協調的支配＝収奪であり、新たな支配的蓄積部門が「グローバルな蓄積循環 (＝価値移転メカニズム——引用者) に密接に統合されている」[57]ことであるという。翻ってこれは、天然資源と人的資源の掠奪と環境汚染とローカル・コミュニティの村落構造の解体、そしてそれによる新たな階級闘争・抵抗運動の激化や拡散との、表裏一体の関係をなしている[58]。

　これに関連して近年、巨大民間鉱業・石油抽出プロジェクトに対抗する先住民・農民コミュニティの凄烈な社会政治闘争が強まっている。ある調査機関

(Observatorio latinoamericano de conflictos ambientales)によれば、鉱物資源関連だけで217件（2016年11月時点）の環境・社会問題紛争（採掘事業による有毒物質汚染、水質汚濁、大気・土壌汚染など）が現在進行形で発生し、かつ、年々増加中である。[59]

中でもペルー39件、チリ36件、メキシコ37件、アルゼンチン26件、ブラジル20件、コロンビア14件、ボリビア9件などは、件数が際立って多い。これら諸国内の農村部や先住民居住区、資源埋蔵地などの非都市部の周縁地こそ、対グローバル資本闘争の最前線となっている。

若干ながら、一例をあげよう。ペルー農民のTambograndeやYanacocha地域における金採掘への抵抗運動、アルゼンチンのValle de Huasco地域におけるBarrick Gold社の金採掘で拡がる深刻な環境汚染に対する大規模な抗議活動、グアテマラのマヤ系先住民の銀・金採掘への反対運動、エクアドルのアマゾン・ジャングル地域で抽出を行う石油メジャーTexaco Chevronと種々の先住民の長期間に渡る生存権を巡る対立関係など。

まさに「これらの鉱物資本や資源採掘主義に抗する運動は、新自由主義やグローバリゼーションに対する抵抗力（the forces of resistance）であるのみならず、資本主義システムへの抵抗力と交錯している」、のである。[60]

■注

1) 内部化論のエッセンスに関して、代表的論者のアラン・M・ラグマン（Alan M. Rugman）は、「国際貿易・投資の効率的活動を妨げる市場の不完全性を認識する」ことだと指摘する。そのうえで、「多国籍企業とは、政府誘導の外生的諸規制・統制に対応して発展してきたのであり、それらの規制・統制こそ、国際貿易・投資の必然性を説明しようとする自由貿易と民間対外投資の原理を否定するものに他ならない」と主張している（傍点、引用者）。アラン・ラグマン（江夏健一ほか訳）『多国籍企業と内部化理論』ミネルヴァ書房、1983年、7ページ。
2) Peter Buckley and Mark Casson, *The Future of the Multinational Enterprise*, Macmillan, 1976.
3) John Dunning, *Alliance Capitalism and Global Business*, Routledge, 1997, p. 218.
4) *Ibid.*, pp. 218-220.
5) World Bank, *World Investment Report*, 2007.
6) 佐藤定幸『多国籍企業の政治経済学』有斐閣、1984年、162ページ。
7) ヴィジャイ・プラシャド（粟飯原文子訳）『褐色の世界史―第三世界とはなにか―』水声社、2013年、216～217ページ。
8) 同上書、217～218ページ。
9) UNCTAD, *World Investment Report 2013: Overview Global Investment Trends*, 2013, p. 1.

<http://unctad.org/en/PublicationsLibrary/wir2013overview_en.pdf>.
10) *Ibid.*, p. 19.
11) *Ibid.*, p. 19.
12) ユベール・エスカット、猪俣哲史編著『東アジアの貿易構造と国際価値連鎖―モノの貿易から「価値」の貿易へ―』日本貿易振興機構（ジェトロ）、2011年、91ページ。 <http://www.ide.go.jp/Japanese/Publish/Books/Sonota/pdf/201110/SNT001100_012.pdf>.
13) Andrew Higginbottom, "The Political economy of foreign investment in Latin America: Dependency revisited", *Latin America Perspective*, vol. 40, no. 3 , 2013.
14) 奥村皓一『グローバル資本主義と巨大企業合併』日本経済評論社、2007年、3 ページ。
15) ECLAC, *Foreign Direct Investment in Latin America and the Caribbean 2011*, United Nations, 2012, p. 25.
16) *Ibid.*, pp. 25-26.
17) *Ibid.*, p. 27.
18) *Ibid.*, p. 27.
19) *Ibid.*, p. 27.
20) *Ibid.*, p. 27.
21) *Ibid.*, p. 27.
22) クリストバル・カイ（吾郷健二監訳）『ラテンアメリカ従属論の系譜―ラテンアメリカ：開発と低開発の理論―』大村書店、2002年、334ページ。
23) World Bank, *International Debt Statistics 2014*, 2014. <http://datatopics.worldbank.org/debt/ids/>.
24) ECLAC, *Latin America and the Caribbean in the World Economy: Continuing crisis in the center and new opportunities for developing economies 2011-2012*, UN, 2012, pp. 92-93.
25) *Ibid.*, pp. 92-93.
26) 合田寛「現代の租税国家の危機とタックスヘイブン」『経済』新日本出版社、2013年 8 月号、96ページ。
27) 鶴田廣巳「グローバリゼーションと租税国家の課題」『経済』新日本出版社、2013年 8 月号、80ページ。
28) ニコラス・シャクソン（藤井清美訳）『タックス・ヘイブンの闇―世界の富は盗まれている！―』朝日新聞社出版、2012年、215ページ。
29) 同上書、231ページ。
30) ECLAC, *Foreign Direct Investment in Latin America and the Caribbean 2012*, United Nations, 2013, p. 72.
31) Andrew Higginbottom, *op.cit.*, pp. 197-198.
32) クリストバル・カイ、前掲書、334ページ。
33) JOGMEC（石油天然ガス・金属鉱物資源機構）の最新資料でも、ベネズエラ、エクアドル、ボリビア 3 ヵ国の資源産業に関して、政策の類似性（＝国家管理の強化）がみられるにもかかわらず、政策実現性や進捗度については隔たりがあることが指摘される。そのひとつの理由を、ボリビアの資源国有化政策の強制力（例えば、違法企業への資産差し押さえや追放など）に求めている。舟木弥和子『ボリビア：資源ナショナリズム体制下で増える天然資源生産量の謎―ベネズエラ、エクアドルとの比較―』JOGMEC ホームページ、2014年。<http://oilgas-info.jogmec.go.jp/>.
34) Henry Veltmeyer, "Extractive capital and the policy dynamics of the post-neoliberal state", in H. Veltmeyer ed., *Development in an era of neoliberal globalization*, Routledge, 2013, p. 150.
35) The Official James Petras web site, *Latin America's Twenty-century Socialism in historical*

　　　 perspective, 2010a. < http://petras.lahaine.org/?p=1823 >.
36） ECLAC, *op.cit.*, 2013, p. 46.
37） Paula Belloni y Andrés Wainer, "El Rol del Capital Extranjero y su Inserción en la América del Sur Posneoliberal", *Revista Problemas del Desarrollo*, UNAM, vol. 45, no. 177, 2014, pp. 103-105.
38） 近田亮平「ブラジルのルーラ労働者党政権」遅野井茂雄，宇佐見耕一編『21世紀ラテンアメリカの左派政権—虚像と実像—』アジア経済研究所、2008年、229〜233ページ。
39） Rafael. A.F. Zanatta, *The Risk of the New Developmentalism: 'Brasil Maior' Plan and Bureaucratic Rings*, University of São Paulo Faculty of Law Working Papers Series, 2012, pp. 1 - 2 .
40） Cornel Ban, "Brazil's liberal neo-developmentalism: New paradigm or edited orthodoxy", *Review of International Political Economy*, vol. 20, no. 2 , Routledge, 2013.
41） 浜口伸明「ブラジル経済のコモディティ化と産業政策」『ラテンアメリカ時報』ラテンアメリカ協会、第1398号、2012年。
42） Rafael. A.F. Zanatta, *op. cit.*, p. 2 .
43） Bibiana Medialdea, "Límites estructurales al desarrollo económico: Brasil（1950-2005）", *Revista Problemas del desarrollo*, vol. 43, no. 171, UNAM, 2012, p. 62.
44） *Ibid.*, p. 62.
45） The Official James Petras web site, *Lula's Legacy*, 2010b. <http://petras.lahaine.org/?p=1802>.
46） *Ibid*.
47） *Ibid*.
48） *Ibid*.
49） *Ibid*.
50） The Official James Petras web site, *Brasil: Extractive Capitalism and the Great Leap Backward*, 2013c. <http://petras.lahaine.org/?p=1945>.
51） *Ibid*.
52） 二宮康史「環境変化に応じ新たな関係を模索する企業の三脚構造」近田亮平編『躍動するブラジル—新しい変容と挑戦—』アジア経済研究所・日本貿易振興機構、2013年、82〜84ページと図 1 。
53） ECLAC, *Foreign Direct Investment in Latin America and the Caribbean 2011*, UN, 2012, p. 38.
54） ジェームズ・ペトラス（高尾菜つこ訳）『「帝国アメリカ」の真の支配者は誰か—金融支配階級が進める民営化・搾取・格差・貧困—』三交社、2008年、254ページ。
55） The Official James Petras web site, *op. cit.*, 2013c.
56） Henry Veltmeyer, *op. cit.*, p. 140.
57） 松下冽『グローバル・サウスにおける重層的ガヴァナンス構築—参加・民主主義・社会運動—』ミネルヴァ書房、2012年、249ページ。
58） Henry Veltmeyer, *op. cit.*, p. 142.
59） Observatorio latinoamericano de conflictos ambientales web site, *Base de datos de conflictos mineros, proyectos y empresas mineras en América Latina*. <http://www.olca.cl/oca/index.htm>.（2016年11月閲覧）.
60） Henry Veltmeyer, *op. cit.*, pp. 157-158.

第 6 章

新自由主義とポスト新自由主義の相克

1 ポスト新自由主義を巡る攻防

1-1 「左派・中道左派」政権の類型化に関する議論

　新自由主義政策の徹底化に対する民衆の態度や投票行動は21世紀に入って大きく変化した。米州各国で「左派・中道左派」政権が続々と誕生し、それらは新自由主義から距離を置き、貧富格差是正と社会政策重視型の開発政策を遂行し始めた。当該過程に関して、米国社会学者ジェームズ・ペトラス（James Petras）は「下からの」階級闘争の高揚と新自由主義政権の打倒のための民衆力の相対的な前進と位置づけつつ、ポスト新自由主義レジームの構築過程を議論した。

　そもそも「左派・中道左派」の定義を先駆的に論じ、「良い左翼（*good left*）」と「悪い左翼（*bad left*）」の類型でその特徴を論じたのは、保守派論客のホルヘ・カスタニェーダ（Jorge Castañeda）である。彼はルーラ政権を *good left* と定義し、逆にチャベス政権、コレア政権、モラーレス政権をポピュリズムによる *bad left* とした。両者の市場経済への政策的態度の相違点を比較し、後者の方が市場メカニズムと新自由主義政策に非寛容で、かつ反米的だと論じた[1]。他方、チャベス政権を *bad left* の "A good Example" として、肯定的に評価した左派系論客のマイケル・レボウィッツ（Michel Lebowitz）の議論もある[2]。

　また、カスタニェーダの手法と異なり、具体的な政策実践状況から2000年代の「左派・中道左派」政権を評価・考察したのが、フローレス＝マシアス（G. Flores-Macías）である。彼は５つの政策項目（①民営化・国有化、②税制、③政府

表 6-1 ラテンアメリカ諸政権の経済政策の諸特徴とその評価・スコア

国・政権	年度	民営化・国有化	税制	政府支出	貿易・金融・通貨制度の自由	貧困緩和策	スコア
ベネズエラ・チャベス	1999-2013	Statist (-1)	Statist (-1)	Statist (-1)	Statist (-1)	Statist (-1)	-5
エクアドル・コレア	2007-	Statist (-1)	Statist (-1)	Statist (-1)	Statist (-1)	Neutral (0)	-4
ボリビア・モラーレス	2006-	Statist (-1)	Statist (-1)	pro-market (+1)	Statist (-1)	Statist (-1)	-3
アルゼンチン・キルチネル	2003-2007	Statist (-1)	Neutral (0)	pro-market (+1)	Statist (-1)	Neutral (0)	-1
ニカラグア・オルテガ	2007-	Neutral (0)	Statist (-1)	pro-market (+1)	pro-market (+1)	Neutral (0)	1
ブラジル・ルーラ	2002-2010	Neutral (0)	Neutral (0)	pro-market (+1)	Neutral (0)	Neutral (0)	1
ウルグアイ・バスケス	2005-2010	Neutral (0)	Neutral (0)	Neutral (0)	pro-market (+1)	pro-market (+1)	2
チリ・ラゴス	2000-2006	pro-market (+1)	Neutral (0)	Neutral (0)	pro-market (+1)	pro-market (+1)	3
メキシコ・フォックス	2000-2006	pro-market (+1)	Neutral (0)	pro-market (+1)	pro-market (+1)	Neutral (0)	3
コロンビア・ウリベ	2002-2010	pro-market (+1)	pro-market (+1)	pro-market (+1)	pro-market (+1)	Neutral (0)	4

(注) Statist は国家主義型、pro-market は市場主義型、neutral は中立。
(出所) Gustavo A. Flores-Macias, *After Neoliberalism?*, Oxford University Press, 2012, p. 32.

支出、④貿易・金融・通貨制度の自由化、⑤貧困緩和策）に焦点を絞り、その手法と程度（国家主義型か、市場主義型か、中立か）によって独自のスコア付けの分析を行った[3]（マイナスの値が大きいほどより国家主義寄りであり、プラスの値が大きいほどより市場主義寄りである）（表6-1）。

　それにより、前出のカスタニェーダが *bad left* とした諸政権間にもグラデーションがあることが明示された。例えば、チャベス政権はスコア－5、コレア政権はスコア－4と算定され、モラーレス政権のスコア－3と比べて同じ国家主義型であるとはいえ、その強度ではベネズエラとボリビアとは温度差があった。他方、*good left* とされたブラジルはやや市場主義寄り（スコア＋1）と評価され[4]、新自由主義色が強く親米的右派政権（当時は国民行動党フォックス大統

領在任中）のメキシコがスコア＋3であることから、ルーラ政権を「中道左派」あるいは"*left*"として位置づけることができるかは、議論の余地が残る。この論点は、後段で再び扱う。

ラテンアメリカの四大政治ブロック類型

　以上の一連の議論と異なる視点を提起したのが、前出のジェームズ・ペトラスである。その議論の骨子は（2007年の時点で）ラテンアメリカを4つの政治ブロック群として捉え、その分類基準に国外諸権力（米国など）との関係性の視点を組み込んだ[5]。ペトラスによれば、その政治ブロックの形態と主体は以下である。第1は「急進的左派ブロック」。該当主体はコロンビア革命軍などの急進的組織に加えて、ベネズエラ、ブラジル、ボリビア、メキシコ、アルゼンチンなどの各種農民・先住民・労働組合諸運動が含まれる。その主な特徴は、反帝国主義と新自由主義に対する断固たる拒絶である[6]。

　第2は「実利的左派ブロック」。該当主体はチャベス政権やモラーレス政権の他、メキシコ民主革命党など各国の主要左派政党が含まれる。「実利的」と定義した理由は、それらが反帝国主義や反新自由主義を掲げているものの、対外債務支払いの拒否や欧米多国籍企業の資産接収までは実施せず、米国との決定的な関係決裂を望んでいないことがある[7]。

　第3は「実利的ネオリベラルブロック」。該当主体は（ジャーナリスティック的な表現で「中道左派」と評されることの多い）ブラジルのルーラ、アルゼンチンのキルチネルをはじめ、その他の多くの諸政権、各国の大企業、金融エリート層、地方の政治的ボスなどが含まれる。ペトラスはキルチネルとルーラの両者間には相違点があるとしたうえで、「どちらも、1990年代に行われた……民営化全般を擁護した。……その公の債務契約を繰り上げ返済し……、農産物・鉱物輸出の成長戦略を推進し、金融や企業の利益を大幅に増す一方で、賃金・給与を削減した。（中略）アルゼンチンとブラジルにおける米国の企業や銀行のための投資環境は、1990年代の『黄金時代』と同じくらい利潤獲得に有利」だったとの重要な指摘を行った（傍点、引用者）[8]。あえて「ネオリベラル」と分類された所以である。

　第4は「教条的ネオリベラルブロック」。該当主体はメキシコやコロンビアなどの親米政権や米国とFTAを締結している中米諸国などが含まれる[9]。

ブラジルのルーラ前政権の規定を巡る諸議論

ペトラスが「実利的ネオリベラル」と論定したルーラ政権に関しては、他方、左派知識人の巨人アントニオ・ネグリ（Antonio Negri）が、「ほかには類を見ない現象」と高い評価を下した。その画期として、中国など他の新興諸国との相補的貿易関係の興隆をあげる。以下、長いが引用する。

> ルラと PT（労働者党—引用者）の指導部は、……次のような根本的なことを理解している……。すなわち、経済的従属という問題を解決する必要があるということ。資本制支配は、この従属関係に立脚しており、さらにかつての左翼による政策モデルも、この従属関係を軸として組み立てられてきたということ。……そうした「従属モデル」を断ち切ることは、コストのかかる一連の作業に取り組むということを意味します。債務を支払い、市場メカニズムにしたがうこと。かつてのような［IMF からの］恐喝や、恐喝の恐れを排除すること。次に〈中心〉の資本主義システムにはもはや従属しないようなかたちで、商品・金融のグローバルな流通経路を新たにつくり出すこと。さらに、特定の経済政策スキームへの服従を強要し続ける IMF の制度的な恐喝を乗り越えること……。この切断は、ひとつの興味深い発見を通じてなされました。それは、〈南−南〉関係（ブラジル、南アフリカ、インド、中国など）です。……（この関係は—引用者）話し合いによって結ばれた協力関係ではなく、貿易を通じた協力関係です。

ネグリの視点は、ブラジルと中国の対外経済関係の新展開を、新自由主義とポスト新自由主義の交錯ダイナミズムの文脈上に位置づけながら、先駆的に議論したものであった。したがって、第 4 章で触れたように（ブラジルを含む）ラテンアメリカと中国の対外諸関係の特質把握を巡っては今後、精査すべき点（「南−南協力」的関係か帝国主義的関係か、あるいはその両面を含む関係か）があり、その関係性の将来を継続的に観察・分析する必要がある。

1-2　ポスト新自由主義下の階級闘争── J. ペトラスの議論

以上の議論に加え、ペトラスは「左派・中道左派」政権の諸特徴を社会構造・階級構造の動態やその変化に視座を据えて分析した。

ペトラスは階級闘争を基盤に据え、かつ諸階級の両極性とその範囲を明示しつつ、「下からの（官民両方の従業員、賃金労働者、農民、失業者やアフリカ系および先住民）」階級運動と、「上からの（生産、流通、金融分野における主要な生産手

段の所有者ならびに米・欧・日主軸の多国籍資本や諸国家機構および国際金融諸機関）」階級運動を通じた、両運動間闘争における各アクターの特徴を規定した。[12]

　ペトラスのパースペクティブによる「左派・中道左派」政権の類型化は、「上からの」闘争アクターの中心である国外諸勢力――とりわけ地政学的な観点から当該地域における諸利害の維持または拡大を重視する米国政府・米国多国籍企業・国際諸機関の勢力群――との関係性をも包含する。

　そのうえでペトラスは社会構造の変化を歴史的に位置づけた。①1990～2000年期は「上からの」階級運動による新自由主義レジーム運動（闘争）が勝利し、②2000～2000年代後半期は「下からの」階級運動（闘争）の前進とポスト新自由主義レジーム構築へ向けた運動（闘争）が加速し、③2010～14年期は「下からの」階級運動が後退し始めたと、その時期区分と評価を行った。[13]このペトラスの議論の中で肝要な点は、②の時期（1990年代末～2000年代後半の約十数年間）に「下からの」階級アクターを基盤にしつつ台頭したポスト新自由主義志向の諸政権の政策運営が（その実施した経済政策は各国でグラデーションはあったものの）、実際は逆に、「下からの」階級アクターが諸運動の中で要求してきたものと乖離していた点を析出したことであった。

　この点について、ペトラスは具体例としてボリビアのモラーレス政権をあげる。同政権は一般的に言われるように、かつペトラスも言及したように「モラーレス政権の経済戦略の基盤は、農業・資源部門の多国籍企業、中小資本家階級、先住民・労働組合運動の三者連合である」[14]。そのうえでペトラスは、同政権の経済戦略の本質は外資系資源メジャーからの投資受入れの規模や範囲を拡大させたことだと断じた。[15]

　例えば2010年時点で100社もの多国籍企業が、同国の低賃金と緩い環境規制といった有利な条件下で鉱物資源・天然ガス採掘事業を展開しており――しかもそれら外資系合弁事業が産出する付加価値は極めて低く未加工のまま原料輸出を行っており――併せて地主層・地方政治エリート・既得権益層に対しては巨額の農業補助金や低金利融資を通じて農業開発ビジネスを一層促進してきた。[16]モラーレス大統領は「21世紀の社会主義」[17]を目指すといった言説を弄しながらも、その実態は外資主導の資源採掘・資源輸出・食料輸出型経済構造および大土地所有制をより強化してきた。

表 6-2　南米主要国の海外直接投資の流入額（2004～13年）

(単位：100万ドル)

国	2004-2007 (年平均)	2008	2009	2010	2011	2012	2013	増減率% (2012～13)
南米全体	49,546	94,237	56,870	95,866	130,978	142,171	129,890	-8
アルゼンチン	5,350	9,726	4,017	11,333	10,720	12,116	9,082	-25
ボリビア	618	1,302	687	936	1,033	1,505	2,030	35
ブラジル	21,655	45,058	25,949	48,506	66,660	65,272	64,046	-2
チリ	8,584	15,518	12,887	15,373	23,444	28,542	20,258	-29
コロンビア	7,243	10,596	7,137	6,746	13,405	15,529	16,772	8
エクアドル	449	1,058	308	163	644	585	703	20
パラグアイ	95	209	95	216	557	480	382	-20
ペルー	3,284	6,924	6,431	8,455	8,233	12,240	10,172	-17
ウルグアイ	1,001	2,106	1,529	2,289	2,504	2,687	2,796	4
ベネズエラ	1,267	1,741	-2,169	1,849	3,778	3,216	7,040	118

(出所)　ECLAC, *Foreign Direct Investment in Latin America and the Caribbean 2013,* United Nations, 2014, p. 33.

　表6-2が示す通り、同国へのFDI流入額は2013年に約20億ドル、前年比で35％増となった。その大部分は炭化水素部門の採掘や加工部門に集中していた。なお、モラーレスが大統領に就任した直後の時期のFDI流入額は約6億ドル（2004～07年の年平均流入額）で、近年はその3倍超に拡大し、外資依存度が深化してきた。増加率はベネズエラに次ぐ数値である。同国の天然資源産業は合弁事業化という方法である程度外資が規制されているが、実態は数十社の多国籍企業が同国資源を実質支配している。

　次にボリビア中央銀行統計で投資収益額（renta de inversión）項目の推移を確認する。モラーレス就任以前の2002～05年の年平均額は黒字額6,140万ドル、赤字額約4億ドルで、収支額はマイナス約3.4億ドル。就任直後の2006～09年の年平均額は黒字額約2.6億ドル、赤字額約8.1億ドルで、収支額はマイナス約5.5億ドル（両期間に年平均約2.1億ドル分の収支赤字額が増加した計算になる）。ところがこれ以降、状況は激変した。外資との合弁事業推進の成果が顕在化し始めた2010年の同額は黒字額約9,070万ドル、赤字額約9.6億ドルで、収支額はマイナス約8.8億ドル。2011年の同額は黒字額約1億ドル、赤字額約12.9億ドルで、収支額はマイナス11.8億ドル。2012年の同額は黒字額約1.2億ドル、赤字額約17.6億ドルで、収支額はマイナス約16.4億ドル。2013年の同額は黒字額約

1.5億ドル、赤字額約20億ドルで、収支額は<u>マイナス約19.1億ドル</u>。換言すると同年の収支赤字額は就任直後（2006〜09年の年平均額）と比べ、4倍弱に急伸した。

その間、財輸出額は資源輸出を梃子に増加し、同額は2006年38.7億ドル、2008年65.2億ドル、2013年は116.5億ドルと7年間で約3倍に拡大したものの、巨額の資金が外資企業の直接投資収益・配当金として国外に流出し、大幅な所得収支赤字を生み出す主因となっている。[21]

もってペトラスは同政権を「比較歴史的なパースペクティブからモラーレス体制は恐らく世界で最も保守的（右派的）で、かつラディカル（左派的）な体制であろう」との矛盾を孕む評価を下した。[22] 根拠となる彼の議論を要約すると、第1に同国の財政政策は社会支出や公共投資を新自由主義期と同程度に維持しつつも、厳格な管理を行った。[23] 第2に貿易政策は鉱物資源と農産品輸出を主軸に良好な貿易収支を保ちつつ、外国人投資家が利益送金を行う際にハードカレンシーへのアクセスを保障した。[24] 第3に投資政策は鉱業・農業部門への外資受入れを促進し、併せて資源産業の国有化を実施せずに合弁事業形態を採用した。[25] 第4に労働政策は労働組合の賃上げ要求交渉に対して、インフレ率よりも若干それを上回る程度の上昇幅に抑制した。[26] 第5に、とはいえ外交政策はラディカルなアンチ帝国主義を貫いてきたことをあげた。[27]

ペトラスの一連の議論は対外的にはアンチ帝国主義の言説を唱えながら、国内的には多国籍企業や外国人投資家の天然資源収奪型および人的資源収奪型の開発主義に対して親和的な政策を採用する二重基準を使い分け、諸階級間の衝突を緩和してきたところに同政権の特徴があることを、鋭く問題提起したのであった。

1-3 *New Extractivism* と「略奪による蓄積」

以上、モラーレス政権を含むその他のポスト新自由主義政権が巨大なグローバル資源資本と連繋しつつ資源開発・採掘を展開し、そのロイヤリティ収入や輸出収益を社会福祉政策予算に充当（再配分）する形態は、第5章で触れた「"新たな採掘主義（New Extractivism）"」といえる。

重要な点はポスト新自由主義志向の政権であっても資源採掘の推進は資源収

入を得ることができるため、階級闘争において国家はむしろ資源採掘企業の側に立ち、時に資源保有地に近接する地域コミュニティに敵対的な立場を取る傾向があることである。ペトラスとヴェルトメイヤーは「新たな採掘主義」の本質として、持続可能な発展の政治的障害や資源依存開発によるマクロ経済問題や自然環境問題といった政治・経済・環境コストの観点からのみ接近するだけでは不十分であり、資本主義の本性としての階級闘争の観点を強調する。そして、次のように要約している。

　第1にそれはグローバル資本の投資・採掘事業と連繫し、かつ帝国主義的国家の積極的な支援や関与と連繫している。第2にこの連繫の根源は国家とグローバル資本間の従属関係にあり、もって政府目標や戦略が必然的に資本の利益に従属することになる。これこそグローバル金融と帝国主義国家に従う論理を強力に推し進め、ポスト新自由主義的なアジェンダを持つ諸政権の政策決定権限などを後退させる、新しい形態の「従属」である。第3にかかる状況下では資源抽出資本の主要アクター（例えば鉱業企業）は生産に関する重要な決定権を支配し、他方、従属国はせいぜい利益の本国送金や私有財産権の規制または監督当局程度の役割に限定される。第4に結果的に鉱業企業にとって有利な条件の法律や規制や事業ライセンスが与えられ、膨大な利益を得る。第5にホスト国政府側は国家（資源レント）と資本（利潤）間の経済利益が一致するため、反帝国主義や資源ナショナリズム的言説を掲げても結果的に資本の利潤追求を推進させる。それゆえ資源開発アクターとその直接的な影響・被害を受ける地域コミュニティ間のいかなる争いにおいても、ホスト国政府は資本の側に立つ傾向がある。したがってポスト新自由主義的であれ、New Development 型であれ、資源抽出主義型国家はグローバル資源資本の効果的なエージェントである。第6にそれは自然環境と生存権の両方を破壊する。よって資源抽出事業は社会・経済・環境的な観点では高いコストを伴う。第7に資源抽出資本への抵抗運動は組織労働者や農民によってではなく、その直接的影響を受ける地域コミュニティと「略奪による蓄積（accumulation by dispossession）」過程で形成された新たなプロレタリアートによって行われている。もちろん資源採掘や労働者搾取の悪影響は緩和・管理される可能性はあるものの、例えばその補償額は先住民コミュニティの崩壊やプロレタリアートの大量出現の社会的コストとは

均衡しない。

「略奪的蓄積」に関しては、デヴィッド・ハーヴェイ（David Harvey）が資本主義の蓄積様式を「拡大再生産による蓄積」と「略奪による蓄積」の諸形態に大別し、とりわけ1970年代以降の新自由主義進展下では「略奪による蓄積」が拡大再生産に至るような資本主義の支配的蓄積様式になった点を強調している。[30]「略奪による蓄積」の基本メカニズムは何か。ハーヴェイによれば、それは以下の諸特徴から構成される。

土地の商品化・私有化と農民の強制排除。さまざまな形態の所有権を排他的な私的所有に転換すること。共有地への権利を抑圧すること。労働力の商品化。非資本主義的な土着の生産・消費形態の抑圧。天然資源を含む資産の植民地化・新植民地主義的・帝国主義的領有。土地の貨幣化。高利貸し、国債、そして中でも最も破壊的で、「略奪による蓄積」の抜本的手段としての信用制度の利用。……何世代にもわたる階級闘争を通じて勝ち取られたさまざまな形態の共有財産（公的年金、有給休暇、教育と医療に対する権利など）を縮小ないし廃止すること。[31]

ハーヴェイの議論の眼目は、この「略奪による蓄積」行為が新自由主義世界において富と収入（資本蓄積促進）を新たに生んだのではなく、あくまでそれを再分配したに過ぎないとした点にある。[32]

2　ポスト新自由主義レジームの実践と模索——ベネズエラの事例

2-1　チャベス運動の特徴と多様性—— S. エルナーの議論

各国ともグラデーションはあるものの1980年代以降、新自由主義レジームがラテンアメリカ経済社会に浸透する状況が続いた。だが、ベネズエラで劇的な変化が生じた。元々、同国では1950年代末から30年間、寡頭支配層の民主行動党とキリスト教社会党の二大政党による野合によって交互に政権が順送りにされてきた。プントフィホ（punto fijo）体制として知られる独自の政治体制である。この間、豊富な石油資源があるにもかかわらず、その利益は一部特権階層のみに私物化され続けた。特権的エリートが幅を利かす一方、首都カラカスな

どの都市部には巨大な貧民窟が形成され、貧富格差に対する民衆の不満が胎動してきた。

1980年代の債務危機後はルシンチ政権（1984〜89年）による通貨切下げ、総需要抑制、外資受入促進、税制改革、貿易自由化、ならびにペレス第二次政権（1989〜93年）下での構造調整政策＝新自由主義的改革が徹底された。ところが、公共料金引上げや各種補助金の撤廃などの諸政策は民衆を一層苦しめ、ついには全国規模の市民暴動（カラカス大暴動）が生じ、大勢の死傷者が出た。この歴史的経緯は、まさに「ベネズエラにおける構造調整政策は、血と発砲(blood and fire)によって導入された。ペレス政権は抗議の声を上げる数千人もの失業者や貧困者に対して虐殺でもって遇した」のだった[33]。

かかる中、1999年に政権の座に就いたのが、チャベス大統領である。しかし、就任直後から反チャベス派による各種ストライキやサボタージュ、ロックアウトなど「上からの」階級運動（闘争）が頻発し、同国社会は混乱に陥った。とりわけ2001年10月、石油産業関連企業の全てを国家の管理下に置くことを定めた炭化水素法公布を契機に、反チャベス派による政権批判の攻撃は激化した。2001〜04年のわずか数年間でクーデターの勃発（＝チャベス監禁）、石油公団を中心とした大規模な全国的ゼネスト、チャベス罷免運動（＝リコール選挙の実施）など、国外勢力を巻き込んだ反チャベス運動は熾烈を極めた。

他方、チャベス陣営側も社会開発（各種の「ミシオン計画」）や貧困削減に取り組み、膨大な数の社会的排除者の社会的包摂運動を展開した。

例えば、ミシオン・メルカル（Misión Mercal）では2004年初頭より貧困者の食料のための補助金を供給し、ミシオン・ロビンソン（Misión Robinson）では識字教育を行い、ミシオン・ブエルバン・カラス（Misión Vuelvan Caras）では職業訓練の機会を提供してきた[34]。並行して協同組合を重視し、その奨励のために人民経済省（Ministry of the Popular Economy）を創設した（2004年）。結果、その数は1998年の800から2005年は84,000まで急増した[35]。2005年は世界社会フォーラム（ブラジルの都市ポルトアレーグレ開催）でのチャベス自身の演説を端緒として、「21世紀の社会主義」を目標に掲げるに至った。

ベネズエラ人の政治学者スティーブ・エルナー（Steve Ellner）は以上の流れとその後のチャベス運動の展開を、①1999〜2000年：穏当な経済政策と穏当な

政治的言説の時期、②2001〜04年：アンチ新自由主義を志向する制度促進の時期、③2005〜06年：私的所有の再定義をベースに構築された新経済モデルの輪郭が出現し、かつ社会主義を志向する言説が現れた時期、④2007〜08年：基幹産業の国有化の時期、⑤2009〜13年：民間部門と競争するために政府が数多くの企業を接収した時期、の5段階に区分して特徴付けた[36]。

この時期区分に従ってチャベス運動下のマクロ経済動向の推移を確認する。表6-3は総供給・総需要項目別の金額・前年比増減率・シェアを示している。

第1に②の時期は2002〜03年の反チャベス派による大規模ゼネストによってGDPが劇的に落ち込んだ（金額ベースは2001年約424億ボリバル→03年約356億ボリバル。前年比増減比率は2002年マイナス8.9％、2003年マイナス7.8％）。

第2に③〜④の時期は好調に推移した。GDPの前年比増加率は、2004年18.3％、2005年 10.3％、2006年 9.9％、2007年 8.8％と高水準で推移した。この間の需要項目別シェアの変化は国内需要が拡大し（2004年シェア78.8％→08年87.9％）、総固定資本形成がそれを牽引した（2004年シェア16.1％→08年 23.0％）。

第3に⑤の時期は一転してリーマン・ショックの影響で2009〜10年のGDP前年比増減比は各マイナス3.2％、マイナス1.5％へ落ち込んだ。米国などの主要輸出市場の景気悪化で、特に需要項目別における国外需要（財・サービス輸出）の前年比率が劇的に低下した（2009年マイナス13.7％、2010年マイナス12.9％）。

第4に2011年以降は再び回復基調となり、2013年のGDPは過去最高（金額ベースで約622億ボリバル）となった。総固定資本形成の額・シェアも順調に推移した。結果、国内と国外の需要構成シェアに顕著な変化が生じた。チャベスが大統領に就任した1999年のシェア各76.9％（国内）、23.1％（国外）から2013年は同91.3％、8.7％となった。民間最終消費（個人消費）の寄与度も増加し、金額ベースで1999年約216億ボリバル→2013年約454億ボリバルへ倍増した。ここに同国マクロ経済構成の変化と内需拡大が看取できる。

チャベス運動の四大諸派・諸グループ

次にチャベス大統領とその支持者チャビスタ（chavista）による改革、チャベス運動（chavismo）とも総称される改革の展開と特徴を、前出のエルナーの先行研究（2012, 2014）を参照しながら確認する。

チャベス運動内部はその要求と優先度の相違に基づいた多様な諸派を有する

表 6-3 ベネズエラの総供給・総需要の項目別の額・前年比増減率・シェアの推移

(金額：100万ボリーバル a/、％)

年度	2009 金額	2009 前年比	2009 シェア	2010 金額	2010 前年比	2010 シェア	2011 金額	2011 前年比	2011 シェア	2012 金額	2012 前年比	2012 シェア	2013 金額	2013 前年比	2013 シェア
総供給	78,638	△8.4	100.0	77,158	△1.9	100.0	82,776	7.3	100.0	92,057	11.2	100.0	89,913	△2.3	100.0
国内総生産（GDP）	56,651	△3.2	72.0	55,808	△1.5	72.3	58,138	4.2	70.2	61,409	5.6	66.7	62,234	1.3	69.2
石油	6,551	△7.4	8.3	6,554	0.1	8.5	6,593	0.6	8.0	6,683	1.4	7.3	6,741	0.9	7.5
石油以外	43,829	△1.7	55.7	43,127	△1.6	55.9	45,056	4.5	54.4	47,648	5.8	51.8	48,515	1.8	54.0
輸入に課される税	1,476	△18.4	1.9	1,429	△3.2	1.9	1,647	15.3	2.0	2,009	22.0	2.2	1,703	△15.2	1.9
生産に課される税	4,795	△4.9	6.1	4,697	△2.0	6.1	4,842	3.1	5.9	5,069	4.7	5.5	5,274	4.0	5.9
財・サービスの輸入	21,987	△19.6	28.0	21,351	△2.9	27.7	24,638	15.4	29.8	30,648	24.4	33.3	27,679	△9.7	30.8
総需要	78,638	△8.4	100.0	77,158	△1.9	100.0	82,776	7.3	100.0	92,057	11.2	100.0	89,913	△2.3	100.0
需要（国内）	69,655	△7.7	88.6	69,333	△0.5	89.9	74,585	7.6	90.1	83,736	12.3	91.0	82,105	△1.9	91.3
政府最終消費	9,800	1.5	12.5	10,011	2.1	13.0	10,603	5.9	12.8	11,267	6.3	12.2	11,643	3.3	12.9
民間最終消費	39,716	△2.9	50.5	38,974	△1.9	50.5	40,542	4.0	49.0	43,390	7.0	47.1	45,439	4.7	50.5
総固定資本形成	18,063	△8.3	23.0	16,926	△6.3	21.9	17,665	4.4	21.3	21,783	23.3	23.7	19,815	△9.0	22.0
在庫変動	2,076	-	2.6	3,422	-	4.4	5,774	-	7.0	7,296	-	7.9	5,207	-	5.8
需要（国外）	8,982	△13.7	11.4	7,826	△12.9	10.1	8,191	4.7	9.9	8,321	1.6	9.0	7,808	△6.2	8.7
財・サービスの輸出	8,982			7,826			8,191			8,321			7,808		

	2008			2007			2006			2005			2004		
	金額	前年比	シェア	金額	前年比	シェア	金額	前年比	シェア	金額	前年比	シェア	金額	前年比	シェア
	85,857	4.0	100.0	82,556	15.6	100.0	71,390	16.0	100.0	61,569	15.5	100.0	53,304	24.8	100.0
	58,525	5.3	68.2	55,591	8.8	67.3	51,117	9.9	71.6	46,524	10.3	75.6	42,172	18.3	79.1
	7,072	2.9	8.2	6,871	△3.3	8.3	7,109	△2.0	10.0	7,252	△1.5	11.8	7,361	13.7	13.8
	44,602	5.7	51.9	42,213	9.7	51.1	38,474	10.9	53.9	34,705	12.2	56.4	30,934	16.1	58.0
	1,807	0.4	2.1	1,800	36.4	2.2	1,320	46.8	1.8	899	45.7	1.5	617	65.4	1.2
	5,043	7.1	5.9	4,707	11.7	5.7	4,214	14.9	5.9	3,668	12.5	6.0	3,260	51.1	6.1
	27,332	1.4	31.8	26,965	33.0	32.7	20,273	34.8	28.4	15,045	35.2	24.4	11,131	57.7	20.9
	85,857	4.0	100.0	82,556	15.6	100.0	71,390	16.0	100.0	61,569	15.5	100.0	53,304	24.8	100.0
	75,451	4.7	87.9	72,046	20.0	87.3	60,022	20.4	84.1	49,847	18.7	81.0	42,008	28.2	78.8
	9,652	4.8	11.2	9,212	13.8	11.2	8,098	9.6	11.3	7,387	10.7	12.0	6,676	14.2	12.5
	40,912	6.3	47.7	38,481	16.9	46.6	32,922	15.5	46.1	28,514	15.7	46.3	24,642	15.4	46.2
	19,707	2.4	23.0	19,240	25.6	23.3	15,316	29.3	21.5	11,847	38.4	19.2	8,559	49.7	16.1
	5,179	－	6.0	5,113	－	6.2	3,686	－	5.2	2,098	－	3.4	2,130	－	4.0
	10,406	△1.0	12.1	10,510	△7.6	12.7	11,368	△3.0	15.9	11,722	3.8	19.0	11,296	13.7	21.2
	10,406			10,510			11,368			11,722			11,296		

	2003			2002			2001			2000			1999	
	金額	前年比	シェア	金額	前年比	シェア	金額	前年比	シェア	金額	前年比	シェア	金額	シェア
	42,713	△10.2	100.0	47,574	△12.4	100.0	54,338	5.6	100.0	51,471	5.3	100.0	48,859	100.0
	35,653	△7.8	83.5	38,650	△8.9	81.2	42,405	3.4	78.0	41,013	3.7	79.7	39,555	81.0
	6,472	△1.9	15.2	6,596	△14.2	13.9	7,689	△0.9	14.1	7,758	2.3	15.1	7,586	15.5
	26,650	△7.4	62.4	28,789	△6.0	60.5	30,615	4.0	56.3	29,440	4.2	57.2	28,254	57.8
	373	△25.6	0.9	501	△41.9	1.1	863	13.7	1.6	759	3.2	1.5	736	1.5
	2,158	△21.9	5.1	2,764	△14.7	5.8	3,238	5.9	6.0	3,057	2.6	5.9	2,979	6.1
	7,060	△20.9	16.5	8,924	△25.2	18.8	11,933	14.1	22.0	10,457	12.4	20.3	9,304	19.0
	42,713	△10.2	100.0	47,574	△12.4	100.0	54,338	5.6	100.0	51,471	5.3	100.0	48,859	100.0
	32,777	△10.2	76.7	36,486	△14.7	76.7	42,793	8.3	78.8	39,501	5.2	76.7	37,548	76.9
	5,845	5.7	13.7	5,529	△2.5	11.6	5,670	6.9	10.4	5,303	4.2	10.3	5,090	10.4
	21,345	△4.3	50.0	22,296	△7.1	46.9	24,002	6.0	44.2	22,645	4.7	44.0	21,632	44.3
	5,716	△37.0	13.4	9,077	△18.4	19.1	11,118	13.8	20.5	9,771	2.6	19.0	9,521	19.5
	-129	-	-0.3	-415	-	-0.9	2,004	-	3.7	1,782	-	3.5	1,305	2.7
	9,936	△10.4	23.3	11,087	△4.0	23.3	11,545	△3.5	21.2	11,969	5.8	23.3	11,310	23.1
	9,936			11,087			11,545			11,969			11,310	

(注) a/ 1997年価格
(出所) Instituto Nacional de Estadísticas (INE) en República Bolivaliana de Venezuela web site, *Oferta y demanda global*, 2014. より作成. 〈http://www.ine.gov.ve/〉.

運動体であった。エルナーはその諸派・潮流を4つに大別し、各特徴を議論した[37]。簡潔にまとめると、①代表制民主主義よりも政策決定への住民直接参加を優先する「直接民主主義派」、②国家基盤の社会主義を主張し、労働者階級を特権化する「正統マルクス主義派」(土地所有問題の根本的な是正、協同組合活動や労働組合活動の推進、戦略部門の国家管理の促進なども主張)、③社会主義的価値を重視し、経済的目標より社会的目標を強調する「社会優先派」、④効率性を優先し経済システムの持続力を維持する「現実的政策決定派」(公的な社会計画の予算運営・管理に関して民間部門の重要性などを主張)の4つの潮流であり、エルナーによればチャベスは異なる時期に異なる潮流を各々に奨励してきた[38]。

同国では特権的政党エリート階級らによる国家支配が長期間続いたため、1998年大統領選挙のチャベスの公約は国民投票を通じた憲法制定議会(ANC: National Constitutional Assembly)の招集であった。当選後の翌1999年に制定された新憲法は直接民主主義派の理念実現を目指したものであった。チャベス運動が促進する住民直接参加は2006年に制定された地域協議会法として具体化され、それによって全国で数万もの地域協議会(Consejos Comunales)が設立した。

地域協議会では諸コミュニティにおける住民自治が謳われ、自ら公共事業の予算を策定し、その資金融資の審査には国民参加・社会保障省の「地域権力開発促進基金(FUNDACOMUNAL)」が評価する制度であった。

運動内部の諸派による矛盾と衝突

だが、エルナーは4つの潮流のどれもが際立った優位性を持つ主流派になり得なかったと結論付けた。第1に「直接民主主義派」が掲げた理念ほど、前述の住民直接参加の諸形態は議会制民主政を超越したわけではなかった。林和宏が論じたように中央政府が国家再編を進める間にムニシピオ(Municipio＝地方自治体)が小さな共和国のように擬勢を張り、中央からの交付金などを利用して選挙住民とパトロン＝クライアント関係を結び、地方行政に縁故主義を持ち込み、かつ批判的な労働・社会運動指導者に対しては組織内部への抱き込みを通じて手中に収めていったからである[39]。

但し、地域協議会への資金投入は選挙で選出されたムニシピオへの監視機能をある程度担ったと、エルナーは論じた[40]。それだけでなく地域協議会参加の経験によって、住民の多くは政府官僚達に不信感を抱くようになり、かつ政治的

野心の実現のために諸社会組織の支配を目論むチャビスタの政治家達のために働く役人達の権謀術数に対しても憤慨するようになった[41]。

　第2に「正統マルクス主義派」が提唱した国有化に関して、民間諸企業との市場競争によって国有化後の会社運営に成功していないケースが散見できると、エルナーは述べた[42]。とはいえ、2006年末の大統領再任以後は戦略部門の国有化自体は進んだ。通信部門はCANTVの国有化、電力部門はElectricidad de Caracasの国有化、鉄鋼部門はSIDORの国有化、銀行部門はスペイン・Santander傘下銀行の国有化、セメント部門はメキシコ資本のCEMEXほか3社の国有化などがあげられる[43]。また、2009年は国営ベネズエラ石油（PDVSA）の仕事を請け負っていたスリア（Zulia）州の下請企業75社、およびグアジャナ（Guayana）州の公的企業を接収した。これらの中核部門の国有化は1961年憲法第96条に盛り込まれた国粋主義的な目標であった[44]。

　第3に協同組合設立の奨励・強化は連帯と社会主義の価値を強調する「社会優先派」の理想とは裏腹に少人数の小規模ビジネスに過ぎず、第4に全国協同組合監督局の協同組合への厳しい監視と管理は増産と効率性を考慮する「現実的政策決定派」の立場と一致するものの、あくまでも政府は品質より量を優先するなど、その立場は市場ルール寄りではなく、「社会優先派」寄りだった[46]。

　では、この運動内部の矛盾や衝突はどう把握すべきなのか。同国最大の経済団体ベネズエラ商工会議所連盟（FEDECAMARAS：Federación de Cámaras y Asociaciones de Comercio y Producción de Venezuela）や米国などによる激しい反政府運動が長期的に展開される中、エルナーが強調したようにチャベス運動は国内外の情勢変化に応じた試行錯誤的で多様な過程であったし、「民主主義の自由と高水準の衝突と動員——この衝突と動員はチャベス運動内部のものとチャベス運動推進派と反対派（反チャベス派）とのものと、両者をふくむ——という状況下、チャベス運動と社会的諸グループ間のイデオロギーの潮流の紐帯関係は社会主義への移行という任務を一層困難なものにした」ことも確かであった。だが、「このダイナミズムこそがベネズエラの経験と20世紀の非民主主義的な社会主義の実験とを、画すもの」でもあった[47]。

2-2　社会開発の深化と対外関係の変化

　チャベス運動の中軸であった社会的包摂運動の実践として、この間の社会開発の成果を数値上で確認する。第1に貧困・極貧指標は改善した。1999年の人口比の貧困比率は49.4％、極貧比率は21.7％であったが、2011年に各29.5％、11.7％へ減少した（表6-4）。

　併せて、その他の諸国においても同率は減少した。ラテンアメリカ平均で1999年の貧困比率43.8％、極貧比率18.6％から、2011年は各29.4％、11.5％へ減少した。「ミシオン計画」を実施したベネズエラ以外のこれら諸国でも、ポスト新自由主義志向の諸政権を中心に（メキシコやコロンビアなど新自由主義志向の諸政権も含めてであるが）、2000年代に条件付き現金給付制度などの社会開発政策を導入してきたことが改善要因のひとつにあった（表6-5）。

　中でもベネズエラの貧困減少率はラテンアメリカ平均を上回るなど、ミシオン運動の影響は大きかった。ベネズエラ国家統計局（INE）の基準による貧困人口数（貧困ライン以下の所得水準に満たない人口数）では、1999年（上半期時点）の同数は11,414,852人（全人口数は23,480,627人）から2013年（下半期時点）の同数は9,174,142人（全人口数は30,060,754人）を記録した。当該期に人口数が約658万人増加した一方で、逆に貧困人口数は約224万人も減少したのだった[48]。

　所得分配率の推移はパラグアイ以外の主要国で最下位層20％の所得比率が上昇し、最上位層20％の同比率は減少し、所得格差が改善した（表6-6）。

　INE統計では、ベネズエラの最下位層20％の所得比率（2000～12年）は各年順に4.0％、4.5％、4.4％、4.0％、3.5％、4.6％、4.7％、5.1％、5.4％、5.8％、5.7％、5.7％、5.4％で推移し、他方、最上位層20％の同比率は52.3％、49.6％、54.1％、52.8％、54.8％、52.4％、49.4％、47.7％、46.7％、47.5％、44.8％、44.8％、44.8％で推移した。ジニ係数は2000年の0.477から2012年の0.403へ低下した。所得分配の不平等と所得格差が緩和されたことは間違いなかった。失業率（1999～2013年）も各年順に14.5％、14.0％、13.3％、15.9％、18.1％、15.0％、12.2％、9.9％、8.4％、7.3％、7.8％、8.5％、8.2％、7.8％、7.4％と、2002～03年の大規模ストライキの時期以降、十数年間で半減した[50]。

表 6-4 ラテンアメリカ主要国の貧困・極貧率指標の推移（対人口比）

(単位：％)

国／年	国全体の貧困・極貧率	貧困率			極貧率		
		都市部	農村部	全国	都市部	農村部	
ボリビア							
1999	60.6	48.7	80.7	36.4	19.8	64.6	
2002	62.4	52.0	79.2	37.1	21.3	62.9	
2004	63.9	53.8	80.6	34.7	20.2	58.8	
2007	54.0	42.4	75.8	31.2	16.2	59.0	
2009	42.4	32.6	61.5	22.4	11.9	43.0	
ブラジル							
1999	37.5	32.9	55.3	12.9	9.3	27.1	
2001	37.5	34.1	55.2	13.2	10.4	28.0	
2002	37.8	34.4	55.7	12.6	10.0	26.4	
2003	38.7	35.8	54.6	14.0	11.5	27.5	
2004	37.8	34.4	54.1	12.2	9.8	24.1	
2005	36.4	32.9	53.3	10.7	8.3	22.2	
2006	33.4	30.0	50.1	9.0	6.7	20.5	
2007	30.2	27.0	45.7	8.6	6.7	18.1	
2008	25.8	22.8	41.2	7.3	5.5	16.5	
2009	24.9	22.1	39.3	7.0	5.5	15.2	
2011	20.9	18.2	36.1	6.1	4.5	14.9	
チリ							
1998	21.7	20.7	27.5	5.6	5.1	8.6	
2000	20.2	19.7	23.7	5.6	5.1	8.4	
2003	18.7	18.5	20.0	4.7	4.4	6.2	
2006	13.7	13.9	12.3	3.2	3.2	3.5	
2009	11.5	11.7	10.4	3.6	3.5	4.4	
2011	11.0	11.3	8.7	3.1	3.0	3.8	
メキシコ							
1998	46.9	38.9	58.5	18.5	9.7	31.1	
2000	41.1	32.3	54.7	15.2	6.6	28.5	
2002	39.4	32.2	51.2	12.6	6.9	21.9	
2004	37.0	32.6	44.1	11.7	7.0	19.3	
2005	35.5	28.5	47.5	11.7	5.8	21.7	
2006	31.7	26.8	40.1	8.7	4.4	16.1	
2008	34.8	29.2	44.6	11.2	6.4	19.8	
2010	36.3	32.3	42.9	13.3	8.5	21.3	
ペルー a/							
1999	48.6	36.1	72.5	22.4	9.3	47.3	
2001	54.7	42.0	78.4	24.4	9.9	51.3	
2003	52.5	40.0	75.2	21.4	8.6	44.6	
2004	48.6	37.1	69.8	17.1	6.5	36.8	
2005	48.7	36.8	70.9	17.4	6.3	37.9	
2006	44.5	31.2	69.3	16.1	4.9	37.1	
2007	39.3	25.7	64.6	13.8	3.5	32.9	
2008	36.2	23.5	59.8	12.6	3.4	29.7	
2009	34.8	21.1	60.3	11.5	2.8	27.8	
2010	31.3	19.1	54.2	9.8	2.5	23.3	
2011	27.8	18.0	56.1	6.3	1.4	20.5	
ベネズエラ b/							
1999	49.4	…	…	21.7	…	…	
2002	48.6	…	…	22.2	…	…	
2004	45.4	…	…	19.0	…	…	
2005	37.1	…	…	15.9	…	…	
2006	30.2	…	…	9.9	…	…	
2007	28.5	…	…	8.5	…	…	
2008	27.6	…	…	9.9	…	…	
2009	27.1	…	…	9.8	…	…	
2010	27.8	…	…	10.7	…	…	
2011	29.5	…	…	11.7	…	…	
ラテンアメリカ全体 c/							
1999	43.8	37.1	64.1	18.6	12.0	38.7	
2002	43.9	38.3	62.4	19.3	13.4	38.4	
2005	39.7	34.0	59.8	15.4	10.3	33.3	
2006	36.2	30.9	55.2	13.3	8.5	30.4	
2007	34.0	28.8	53.0	12.5	8.0	28.9	
2008	33.5	27.7	55.0	12.9	8.1	31.0	
2009	32.8	27.2	54.3	13.0	8.3	31.0	
2010	31.0	25.5	52.4	12.1	7.6	29.5	
2011	29.4	24.2	49.8	11.5	7.2	28.8	

（注） a/ 2004年以降、統計の計算方法が変更になったため、その前後で厳密な意味での比較はできない。b/ 1998年以降の都市・農村部に関する統計を使用できず。c/ 2002年以降、統計の計算方法が変更になったため、その前後で厳密な意味での比較はできない。

（出所） CEPAL, *Anuario Estadístico de América Latina y el Caribe*, Naciones Unidas, 2012, p. 65. より作成。

表 6-5　ラテンアメリカ・カリブ海地域の条件付き現金給付制度（2007年時点）

国	計画名	目的	給付対象	開始年
アルゼンチン	Familias por la Inclusión Social	子供や社会的排除者の健康・教育・人間開発を促進	19歳以下の子供を持つ家族	2004
ブラジル	Bolsa Familia	中・長期的に国全体の貧困や格差を削減・是正	家族一人当たり月28ドル以下の家庭	2003
チリ	Chile Solidario	極貧層の家庭への支援	極貧層の家庭	2002
コロンビア	Familias en Acción	子供に対する人的資本形成の促進	0～17歳の子供を持つ貧困層の家族	2001
コスタリカ	Superemonos	子供に対する人的資本形成の促進・保護	7～18歳の通学する子供を持つ家族	2000
エクアドル	Bono de Desarrollo Humano	貧困層の子供、女性への教育機会の提供	極貧層の家庭	2001
エルサルバドル	Red Solidaria	極貧層および飢餓層への支援	15歳以下の子供、妊婦を持つ極貧家庭	2005
ホンジュラス	Programa de Asignación Familiar	貧困家庭の子供、妊婦、文盲層の人的資本を促進	子供、妊婦、文盲の成人を持つ貧困家庭	1990
メキシコ	Oportunidades	人的資本の観点から極貧家庭の能力開発を促進	貧困ライン以下で生活する貧困家庭	1997
ニカラグア	Red de Protección Social	貧困家庭の子供の教育・健康・栄養機会の向上	0～13歳の子供を持つ家庭	2000
パナマ	Red Oportunidades	国の経済成長過程への極貧層の参入	極貧層の家庭	2006
パラグアイ	Tekoporã	極貧層の人的資本開発および生活水準の向上	農村地域の極貧層の家庭	2005
ペルー	Juntos	健康・栄養・教育など基礎的権利の促進	極貧層および社会的排除層の家族	2005
ドミニカ共和国	Tarjeta Solidaridad	極貧と飢餓の削減	極貧層の家庭	2005

（出所）　CEPAL, *Panorama Social de América Latina*, Naciones Unidas, 2007. より作成。

　但し、坂口安紀の指摘の通り、「ミシオン計画」がチャベス支持者に手厚く、偏重した運用による恣意性を持ち、かつ予算策定や管理も曖昧で、予算実行の際の汚職や横領などの問題点も多分に孕んでいたことも、また事実であった[51]。また、ミシオンを含めた同国の国家予算の財源は石油収入で賄われていたため、国際石油価格に依存せざるを得ない脆弱性も併せ持っていた。失業率の改善に関しても、前出の坂口は同政権下で公務員雇用が倍増した点に触れ、それが民間部門での雇用拡大の停滞を補って余りある雇用・失業対策となったとした[52]。

ボリバル的外交戦略——対外関係の多様化

　外交や経済面を含めた対外関係の変化はどうか。その大きな特徴は対外関係

表 6-6　ラテンアメリカ主要国の所得分配率の推移（第 5 分位）

(単位：％)

	年	第 1 五分位（最下層）		第 2 五分位	第 3 五分位	第 4 五分位	第 5 五分位（最上位）	
		第 1 十分位	第 2 十分位				第 9 十分位	第10十分位
アルゼンチン a/	1999	1.2	2.2	7.4	11.6	19.2	15.6	42.8
	2011	1.2	2.6	8.4	13.0	20.6	16.0	38.0
ボリビア	1999	0.2	1.0	5.8	11.6	20.2	17.4	43.8
	2009	0.6	2.0	8.2	13.6	21.4	16.4	37.8
ブラジル	2001	0.6	1.4	5.2	9.0	16.2	15.0	52.8
	2011	0.8	2.0	7.0	11.6	18.6	15.0	45.0
チリ	2000	1.2	2.2	6.8	10.8	17.6	15.2	46.2
	2011	1.6	2.8	8.0	11.8	18.4	15.2	42.2
コロンビア b/	1999	0.8	2.0	6.8	10.8	18.0	15.2	46.4
	2011	1.0	2.2	7.0	11.4	19.2	16.0	43.0
エクアドル	2006	1.4	2.4	7.6	11.8	19.2	15.4	42.2
	2011	1.6	2.8	9.2	13.8	21.6	16.2	35.0
メキシコ	2000	1.2	2.2	7.2	11.6	19.0	15.8	43.2
	2010	1.6	2.8	8.6	13.2	20.4	16.0	37.4
パラグアイ	2001	0.8	2.0	6.6	11.6	19.0	15.8	44.2
	2011	0.8	2.0	7.2	12.2	19.6	15.8	42.6
ペルー c/	1999	1.0	2.0	7.2	11.8	19.2	15.2	43.6
	2011	1.6	2.8	9.2	14.6	22.0	16.0	34.0
ウルグアイ	2007	2.0	3.0	9.0	13.8	21.2	16.4	34.8
	2011	2.2	3.6	10.4	15.0	22.0	16.0	30.6
ベネズエラ d/	1999	1.0	2.6	8.2	13.0	20.6	16.6	37.8

(注) a/ 対象エリアは、全国ではなく、都市部のみ。b/ 2002年以降、統計の計算方法が変更になったため、厳密な意味での比較はできない。c/ 2004年以降、統計の計算方法が変更になったため、厳密な意味での比較はできない。d/ 1998年以降の都市部・農村部に関する統計を使用できず。したがって、1999年以降の全国の数値を産出できなかった。

(出所) CEPAL, *Anuario Estadístico de América Latina y el Caribe*, Naciones Unidas, 2012, pp. 67-69. より作成。

の多様化にあった。チャベスは反米・反FTAA的言説とともにボリバル的外交戦略——かつての解放者シモン・ボリバルが推進したアンチ・モンロー主義の現代版——を通じて、新自由主義に対抗的な地域貿易ブロックの制度構築を進めた。それが第4章で触れたALBAである（加盟国：アンティグア・バーブーダ、ボリビア、キューバ、ドミニカ、エクアドル、グレナダ、ニカラグア、セントクリストファー・ネーヴィス、セントルシア、セントビンセントおよびグレナディーン諸島、ベネズエラ）。むろんALBAの実態は加盟国11ヵ国中7ヵ国がカリブ海の小国という小規模な統合体である。だが同時に、ベネズエラはMercosurへの新規加盟などを通じて、その対外貿易関係を大きく変化させてきた。

1999年の同国の輸出入総額に占める米国貿易（輸出＋輸入）比率は、約40％

表 6-7　ベネズエラにおける巨大 M & A（2008〜11 年度）

（単位：100 万ドル）

被買収企業	年　度	部　門	買収企業（国籍）	金　額
Activos Venezolano; Hecla Mining	2008	石油・ガス	Rusoro Mining Ltd（カナダ）	507
Barúa Motatán	2009	石油・ガス	Repsol-YPF（スペイン）	203
State Oil Company Carabobo	2010	石油・ガス	Indian Oil, Oil India, Petronas and Repsol-YPF（インド、マレーシア、スペイン）	4848
Petroperija（40%） Petromangas（17%） Boquerón（27%）	2011	石油・ガス	TNK-BP（ロシア）	1800

（出所）　ECLAC, *Foreign Direct Investment in Latin America and the Caribbean*, United Nations. 各年度版より作成。

（39.95%）であった[53]。これが2013年は輸出が26.2%、輸入が23.1%と大幅に減少した[54]。代わって比率を増加させたのが中国である。同国の2013年の同率は輸出が12.1%、輸入が17.1%であった。

Mercosur加盟国ブラジルとの間の同率も増加し、2013年は輸出が10.0%、輸入が15.2%であった。また、EU（加盟28ヵ国との貿易を合算）とは輸出が21.4%、輸入が14.7%であった。以上により、輸入比率に関しては中国の比重が極めて大きく、米国と中国の同率はかなり接近してきた。以前の米国一極集中的な貿易依存は薄まり、代わってアジア、北米、中南米、EUなどの多様な地域を相手にした全方位的な貿易へと転換を果たしてきた。

それだけではない。対外投資関係も従来の米国資本一辺倒ではなく、中国、ロシア、インド、EUからの資本進出と新規合弁事業が増大した。例えば、同国の石油事業主体である国営石油会社（PDVSA）は政府の100%株式保有であるものの、合弁事業や子会社への外資進出は憲法で認められている[55]。

表6-7は巨大M&Aの事例を、被買収企業・部門・買収企業（国籍）・金額順で示している。石油・ガス部門では数億〜数十億ドル規模のM&Aが展開され、石油精製分野は米国以外の諸国から投資が増加してきた。石油関連以外の部門でも（2006、09年にFDI流出を一時記録したものの）2011年は前年比3倍増（約53億ドル）のFDI流入を記録した[56]。

2-3　ポスト新自由主義レジームの現局面と課題

　最後に同国のポスト新自由主義レジーム構築運動の実践が直面してきた課題に言及する。課題の第1は、貧富格差是正や貧困層の底上げ成果にもかかわらず、根深い政治・社会的分裂と対立は解消されず一層深刻化している。チャベス亡き後、同路線を引き継いだニコラス・マドゥーロ（Nicolás Maduro）大統領（2013年4月から在職）は、2013年大統領選で米国から支持を取り付けた野党候補と大接戦を演じ、僅差で辛勝。他方、2015年12月の国会議員選挙は野党連合の親米保守グループ民主統一会議（MUD：Mesa de la Unidad Democrática）に大敗を喫し議会過半数を獲得され、2016年以降はMUDや旧来の支配階層（白人エリート層系）主導の大規模な大統領罷免国民投票実現へ向けた運動・キャンペーンなどが大々的に展開され、いまやポスト新自由主義レジームの存立基盤は全く盤石ではない。同国社会は「上からの」階級運動・闘争の反転攻勢と新自由主義への揺り戻し圧力の中で、鋭く分断されている。

　課題の第2は、対外投資関係に関して、である。確かに米国多国籍企業の比重は低下したものの、新興国からの多国籍企業進出と新規合弁事業が増大しており、ゆえに「21世紀の社会主義」路線は実質的に定着していない。またこの間、戦略部門を中心に国有化を進めてきたが、依然多くの産業で民間部門が優勢である。経済センサス（2007〜08年数値）の統計によれば、セクター別の経済ユニットの数とその全体比は、民間部門は439,985ユニット、93.23%、公的部門はわずかに31,937ユニット、6.77%に過ぎなかった。[57]

　課題の第3は、対外貿易は相変わらず過度な一次産品輸出依存から脱却できない。**表6-8**はラテンアメリカ主要国の全商品の輸出総額に占める一次産品輸出比率の推移を、長期的スパン（1970〜2011年）で示した。ベネズエラの同率は1970年代を通じて98〜99%台であった。これはボリビア、ペルー、エクアドルと並ぶ水準で、極端な一次産品輸出国であった。1980〜90年代に88%台に同率は低下したが、2000年代に入ると傾向が反転し、2011年は95.5%へ再上昇した。40年間を通じてラテンアメリカの平均値が89.2%から60.7%に低下した一方、同国は1970年代とほぼ変わらない水準に逆戻りした。

　課題の第4は、それが単一商品（石油）に偏っており、その傾向も強化され

表 6-8　主要国の一次産品輸出比率（全輸出額に占める比率）

(単位：%)

国／年度	1970	1973	1978	1982	1986	1990	1993	1996	1999	2003	2005	2007	2009	2011
アルゼンチン	86.1	77.6	73.8	75.8	74.3	70.9	68.1	69.9	68.2	72.2	69.3	69.1	68.0	68.5
ボリビア	96.8	97.7	98.4	97.4	97.3	95.3	83.0	84.0	61.8	83.9	89.4	91.9	92.9	95.5
ブラジル	86.6	80.2	66.6	62.3	52.1	48.1	41.3	46.9	46.3	48.5	47.3	51.7	60.9	66.2
チリ	95.2	95.0	89.1	92.6	91.6	89.1	83.9	85.7	83.5	83.8	86.3	89.6	88.2	89.2
コロンビア	91.0	73.7	83.2	75.9	85.4	74.9	62.9	70.2	69.6	65.7	65.3	60.8	72.6	82.5
コスタリカ	81.3	78.5	78.2	74.6	79.5	70.7	72.7	61.9	32.1	34.6	36.2	35.4	37.6	40.6
エクアドル	98.2	97.6	97.5	96.8	98.6	97.7	92.9	91.4	91.1	88.0	91.0	90.2	90.8	92.0
メキシコ	66.7	55.2	72.4	90.7	54.3	56.7	25.4	22.3	14.9	18.6	23.0	25.0	24.9	29.3
パラグアイ	91.0	84.3	63.9	90.7	90.9	90.1	83.3	83.0	84.8	86.3	82.9	89.1	89.3	89.3
ペルー	98.2	97.2	89.5	84.3	85.0	81.6	84.2	85.7	83.0	83.0	85.3	87.6	87.8	89.3
ベネズエラ	99.0	98.6	98.5	98.0	92.0	89.1	86.7	88.0	88.3	87.3	90.6	91.3	93.1	95.5
全平均	89.2	82.5	79.6	82.4	68.0	66.8	49.9	50.5	41.4	44.1	49.8	52.8	56.4	60.7

（出所）　CEPAL, *Anuario Estadistico de América Latina y el Caribe*, Naciones Unidas, 2012, p. 101. および付属 Compact Disc より作成。

てきた。全輸出額に占める石油輸出額比率は2000年の85.5％から2010年の93.1％へ上昇した。[58] 背景には2000年代の国際石油価格の上昇があるが、併せて重要な点は中国の石油需要急騰である。ベネズエラからの対中輸出品目に占める石油比率は2000年の0％から2010年は86.6％で推移し、ほぼ単一商品の輸出構造となった。[59] 同国が「本質的には、石油経済――"飛び地"における資源採掘・抽出をベースにしたレンティア経済・社会（rentier economy and society）」[60]、と論じられる所以である。この構造は当然ながら石油価格変動ならびに中国の景気・石油需要動向に深く依存する脆弱性を内包する。

　図6-1は主要原油価格の過去四半世紀の推移を示す。チャベスの大統領就任後の1990年代後半からコモディティ・ブームの只中にあった。同ブームを追い風に石油輸出額を増加させ、財政規律を緩和し、放漫な公共投資を実現させた。だが、2010年代に入り同ブームに翳りが見える中、チャベス＝マドゥーロ路線は厳しい財政規律と「小さな政府」を主張する新自由主義派の攻勢に晒され、圧倒的守勢に立たされ、かつ貧困層を含む国民的支持を衰微させている。

　課題の第5は、国家財政も過度な石油分野依存構造である。石油部門では所有権以外に税制面でもロイヤリティを30％へ引き上げ、収益税も50％に設定す

図 6-1 原油価格推移と Commodity Boom の時期

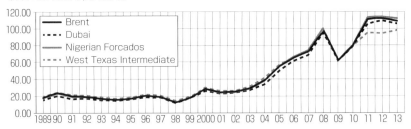

(出所) BP, *Statistical Review of World Energy June 2014*, 2014, p. 15.
<http://www.bp.com/>. より作成。

るなど（その他にも輸出税や採掘税の導入など）国家管理と資源主権を強化してきた[61]。そこで得た石油収益によって社会開発・ミシオン運動を主導し、ポスト新自由主義レジームの政権基盤を築いてきたが、しかるに政府財源の石油依存を全く脱却できていない。政府歳入に占める国営石油と天然ガス部門の税収シェアは2000～03年平均48.0％、2004～09年平均47.8％、2010～12年平均41.5％と、高水準で推移してきた[62]。

主要国の同比率（同時期）と比較すると、資源大国ブラジルでも各2.3％、3.5％、3.0％、アルゼンチンも各8.7％、7.9％、10.5％に過ぎない。コロンビアは各5.4％、9.6％、13.1％であった。近年、天然ガス部門を中心に資源開発を進めてきたボリビアのみ各11.9％、28.9％、31.8％と、依存度を深化させた。国営石油会社（PEMEX）を有する産油国メキシコ（同率は各19.8％、33.4％、35.1％）もベネズエラと似た歳入構造で、石油の税収シェアが大きく、石油生産・輸出動向とその収益に国民経済が即座に影響を受ける構造である。

チャベス亡き後の同国経済は急激な景気後退に見舞われてきた。図6-2の通り、国際石油価格急落とともに同国の輸出石油価格（四半期毎平均）も2014年第Ⅰ四半期～15年第Ⅲ四半期の間で半減以上となった（結果、補助金で低価格に抑えていた国内ガソリン販売価格も2016年に約20年ぶりの値上げ）。2015年の年平均価格の水準は2004年の水準と同程度の11年ぶりの低水準であった[63]。これに付随する形で2014年の第Ⅰ四半期GDP（対前年同時期比）はマイナス4.8％、第Ⅱ四半期は同マイナス4.9％、第Ⅲ四半期は同マイナス2.3％を記録、結果、同年

図 6-2　石油価格動向と各四半期間の消費者物価増減率（2014〜15年）

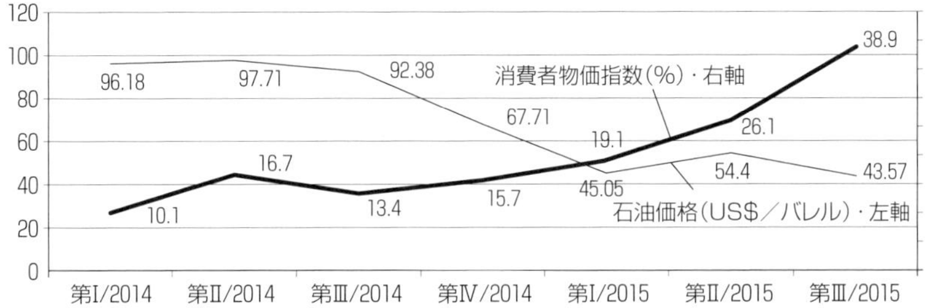

[図：石油価格（US$/バレル）・左軸と消費者物価指数（%）・右軸の推移
第Ⅰ/2014：96.18、10.1
第Ⅱ/2014：97.71、16.7
第Ⅲ/2014：92.38、13.4
第Ⅳ/2014：67.71、15.7
第Ⅰ/2015：45.05、19.1
第Ⅱ/2015：54.4、26.1
第Ⅲ/2015：43.57、38.9]

（出所）　Banco Central de Venezuela, *Resultados de Índice Nacional de Precios al Consumidor, Producto Interno Bruto y Blanza de Pagos: Tercer trimestre de 2015*, 2016, p.1, p.3.
<http://www.bcv.org.ve/Upload/Comunicados/aviso150116.pdf>. より作成。

のGDP成長率自体もマイナス3.9％、そして2015年の同率はマイナス5.7％という危機的状況に陥った。[65]

　急激な消費者物価上昇と全般的モノ不足にも直面する（図6-2を参照）。同国中央銀行レポートによれば、2010〜14年で年換算平均インフレ率は34.9％を記録し、中でも2014年の年換算インフレ率は第Ⅰ四半期59.3％、第Ⅱ四半期60.5％、第Ⅲ四半期64.0％、第Ⅳ四半期68.5％となり、2015年の同率は第Ⅰ四半期82.4％、第Ⅱ四半期97.2％、第Ⅲ四半期141.5％、第Ⅳ四半期180.9％となるなど、3桁の超インフレ率を記録した。[67]

　モノ不足から生じる闇市場の発展や密輸横行が跋扈し、特に食・飲料など必需品のインフレ率が非常に高く、国民生活を直撃している。例えば、2015年第Ⅲ四半期間の消費者物価増加率を13カテゴリーに区分して観察すると、低い順に住宅（2.5％）、住宅賃貸（9.0％）、通信（15.0％）、多種の財・サービス（22.3％）、医療（23.8％）、交通・輸送（27.0％）、娯楽・文化（30.0％）、家具類（33.3％）、衣類・履物（35.6％）、教育（43.3％）、酒類・タバコ（50.9％）、レストラン・ホテル（52.0％）、食・飲料（55.7％）であった。[68] 結果、治安悪化や高犯罪率、スラム街での暴力行為の蔓延など、社会的リスクは深刻化している。

　課題の第6は、この間の積極的な財政支出は石油収入だけでは賄えず、対外債務を拡大させつつ、展開された。金額をみると1990年の355.2億ドルから2011年は912.2億ドルと2.5倍超にまで膨らんだ（表6-9）。傾向的に2003年と2007年に債務金額が増え、2009年から急増した。対GDP債務比率は（1990年代

表 6-9 ベネズエラの対外債務指標（金額と対 GDP 比率）

(単位：100万ドル、%)

国／地域	1990	1991	1992	1993	1994	1995	1996	1997	1998	1999	2000
ベネズエラ a/	35 528	36 000	38 447	40 836	40 998	37 537	34 117	37 242	35 087	37 016	36 437
ベネズエラ b/	75.5	69.6	65.8	70.3	71.7	50.1	50.0	43.4	38.4	37.8	31.1
ラテンアメリカ・カリブ海	41.0	38.4	36.7	36.8	33.3	34.4	32.8	31.5	34.4	39.6	34.9

国／地域	2001	2002	2003	2004	2005	2006	2007	2008	2009	2010	2011
ベネズエラ a/	35 398	35 460	40 456	43 679	46 427	44 735	53 855	53 757	69 494	80 831	91 228
ベネズエラ b/	28.8	38.2	48.4	38.8	31.9	24.4	23.4	17.0	21.1	33.7	28.9
ラテンアメリカ・カリブ海	36.2	39.7	39.8	34.3	25.0	21.0	19.7	17.5	20.2	19.7	…

(注) a/ 対外累積債務の金額。b/ 対外累積債務額がGDPに占める比率。
(出所) CEPAL, *Anuario Estadístico de América Latina y el Caribe*, Naciones Unidas, 2012, pp. 123-124. および付属 Compact Disc より作成。

ほど深刻ではないにしても）2010年以降徐々に増加してきた。ラテンアメリカ・カリブ海地域の平均指標と比べても、同国は2000年代通じて平均よりも債務依存度の強い国となった。

かかる中、国内経済停滞と国際的な外部環境の変化によって、新自由主義の復権を目指す「上からの」階級運動（闘争）は益々強まっている。この文脈において、ペトラスの指摘は示唆に富んでいる。長くなるが引用する。

（2000年代のチャベス運動によって―引用者）米国はヴェネズエラの政府上層部における影響力をほとんど失った。しかし、米国はそれでもメディアを含めた民間セクターに多くの従属者を抱えている。自称NGOや選挙政党、官僚的な労働組合やカトリックの階層組織など、米国は多くのセクターを支援しており、その従属者にはビジネス、金融、サービス部門のエリートや、官民の重要な知的職業者階級（医師、教授、コンサルタント、広報機関、弁護士）が含まれている。いくらかの損失はあったものの、国防総省は国家警備軍（the National Guard）や秘密警察（DISIP）、国防軍に対する影響力を保持している。つまり、米国はその対決政策（クーデター、選挙ボイコット、ロックアウト）に失敗し、結果として重要な同盟者を失ったものの、ヴェネズエラの国内・外交政策に対する強みは依然としてもっているわけだ[69]。

同国での階級権力の奪還を目指す国内諸エリート層および米国政府、石油メジャーなどの多国籍諸企業などを糾合した国内外諸勢力による圧力下、ポスト新自由主義レジームの行く末は重大局面を迎えつつある。

■注

1) Jorge Castañeda, "Latin America's Left Turn", *Foreign Affairs*, 85 (3), 2006. カスタニェーダの議論を敷衍し、社民型とポピュリスト型の両タイプの左派政権を分析した代表的な国内研究は、松下洋「ラテンアメリカの左傾化をめぐって―ネオポピュリズムとの比較の視点から―」『ラテンアメリカレポート』アジア経済研究所、vol. 24, no. 1、2007年。<http://www.ide.go.jp/Japanese/Publish/Periodicals/Latin/pdf/200705_02.pdf>.

2) 例えば、ミッション・メルカル（Mission Mercal）では2004年初頭より貧困者の食料のための補助金を供給し、ミッション・ブエルバン・カラス（Mission Vuelvan Caras）では職業訓練の機会を提供し、また、協同組合の数もチャベス政権下の1998年の800から2005年には84,000にまで急増した。Michael A. Lebowitz, "A good Example of the Bad Left of Latin America", *Monthly Review*, 59 (3), 2007, p. 44.

3) Gustavo A. Flores-Macías, *After Neoliberalism?*, Oxford University Press, 2012.

4) *Ibid.*, p. 32. なお、フローレス・マシアスによる諸政権（2010年時点）に対する経済政策転換（主要5項目：①民営化・国有化、②税制、③政府支出、④貿易・金融・通貨制度の自由化、⑤貧困緩和策）の特徴とその評価は、以下である（①～⑤の番号は、各項目に対応している）。

・チャベス政権……①民営化の中断、諸産業での国有化、土地改革（評価：statist）、②石油ロイヤリティへの課税および法人税の強化（statist）、③財政規律の緩和と財政赤字の拡大（statist）、④為替管理、価格管理、中央銀行の従属性の深化（statist）、⑤Misión による貧困緩和策（statist）。

・コレア政権……①民営化の中断、エネルギー・炭化水素部門の国有化（statist）、②ロイヤリティへの課税と法人税の強化、資本流出への2％課税（statist）、③財政規律度の緩和（statist）、④公共料金・消費財・行政サービス料金価格の管理、中央銀行の独立性の減少、債務デフォルト（statist）、⑤Bono de Desarrollo Humano による貧困緩和（neutral）。

・モラーレス政権……①民営化の中断、エネルギー・通信・年金の国有化、土地改革（statist）、②ロイヤリティへの課税と法人税の強化（statist）、③財政赤字から黒字化による財政均衡（pro-market）、④公共料金・炭化水素・政府サービス料金価格の管理（statist）、⑤Renta Dignidad, Juancito Pinto による貧困緩和の維持（statist）。

・キルチネル政権……①郵便サービス・水道会社の国有化、国営の航空会社・エネルギー会社の設立（statist）、②変化なし（neutral）、③財政黒字化のための政府支出削減（pro-market）、④公共料金・天然ガス・食料価格の管理、債務デフォルト（statist）、⑤Plan Jefes y Jefas を Plan Familias の貧困緩和策へ転換（neutral）。

・ルーラ政権……①民営化の中断（neutral）、②変化なし（neutral）、③財政黒字の拡大（pro-market）、④変化なし（neutral）、既存の Bolsa Escola などを Bolsa Fimilia に統合（neutral）。

・ウリベ（コロンビア）政権……①エネルギー・インフラ・金融部門の民営化（pro-market）、②所得税の減税（pro-market）、③財政黒字の拡大（pro-market）、④メキシコ、米国、中米諸国、EUなどとFTAやEPAを締結（pro-market）、⑤Familias en Acción による貧困緩和の維持（neutral）。

以上、*Ibid.*, pp. 35-57.

5) ジェームズ・ペトラス（高尾菜つこ訳）『「帝国アメリカ」の真の支配者は誰か―金融支配階級が進める民営化・搾取・格差・貧困―』三交社、2008年、248ページ。

6) 同上書、248～249ページ。
7) 同上書、249ページ。
8) 同上書、253ページ。
9) 同上書、254～255ページ。

10) アントニオ・ネグリ（廣瀬純訳）『未来派左翼（下）―グローバル民主主義の可能性をさぐる―』NHK ブックス、2008年、57ページ。
11) 同上書、60～61ページ。
12) The Official James Petras web site, *Latin America: Class struggle from Above and Below*, 2014a. <http://petras.lahaine.org/?p=1982>.
13) *Ibid*.
14) The Official James Petras web site, *Latin America's Twenty-First Century Socialism in Historical Perspective*, 2009. <http://www.lahaine.org/petras/b 2 -img/petras_hist.pdf>.
15) The Official James Petras web site, *Latin America's Twenty-First Century Socialism in Historical Perspective*, 2010a. <http://petras.lahaine.org/?p=1823>.
16) *Ibid*.
17) なお、前世紀の20世紀社会主義の実践国であったロシアにおける意義と限界を論じたものは以下を参照。鈴木春二『20世紀社会主義の諸問題』八朔社、1997年。
18) ECLAC, *Foreign Direct Investment in Latin America and the Caribbean 2013*, United Nations, 2014, p. 39.
19) Henry Veltmeyer, "Extractive capital and the policy dynamics of the post-neoliberal state", in Veltmeyer ed., *Development in an era of neoliberal globalization*, Routledge, 2013, p. 150.
20) Banco Central de Bolivia web site. <http://www.bcb.gob.bo/?q=estadisticas/sector_externo>.（2014年11月閲覧）。
21) *Ibid*.
22) The Official James Petras web site, *The Most Radical Conservative Regime: Bolivia under Evo Morales*, 2013b. <http://petras.lahaine.org/?p=1968>.
23) *Ibid*.
24) *Ibid*.
25) *Ibid*.
26) *Ibid*.
27) *Ibid*.
28) Henry Veltmeyer and James Petras, *The New Extractivism: A Post-Neoliberal Development Model or Imperialism oh the Twenty-First Century?*, Zed Books, 2014, p. 247.
29) *Ibid*., pp. 248-249.
30) デヴィッド・ハーヴェイ（本橋哲也訳）『ニュー・インペリアリズム』青木書店、2005年、155ページ。
31) デヴィッド・ハーヴェイ（渡辺治監訳）『新自由主義―その歴史的展開と現在―』作品社、2007年、222～223ページ。
32) 同上書、222ページ。また、ハーヴェイは「これらのプロセスを支え推進する上で決定的な役割を果たしているのが、合法性の定義と暴力とを独占している国家である」、と論じている。
　　すなわち新自由主義政策を強力に推進するためには「国家から市場へ」という市場原理の教義とはむしろ矛盾する形で「国内外の資本に有利な蓄積条件を促進することを基本任務とする国家機構」、が必要だったと指摘したのである。換言すれば、多国籍企業・金融グループの自由なグローバル事業活動の保障、国際競争力回復のための規制緩和や各種優遇税制の実現、労働コスト圧縮のための労働組合への攻撃などを通じて、私的所有者、ビジネス界、多国籍企業、金融資本の利益を反映する国家体制である「新自由主義国家」を誕生させてきたのである。同上書、19ページ。
　　「新自由主義国家」に関して、そのひとつの特徴として樫村愛子はウルリッヒ・ベックの議論を踏まえて、次の点をあげている。「市場の名のもとに、国家管理と階級性をベックのいう

ように『非演出化』する。すなわち、権力による操作としてなされる権力の強化や独占化を、市場の下で自然に必然的に形成されたものに見せかけてしまう」のだと。樫村愛子「2010年代の日本における個人化とベックの理論」ウルリッヒ・ベック、鈴木宗徳、伊藤美登里編『リスク化する日本社会―ウルリッヒ・ベックとの対話―』岩波書店、2011年、59～60ページ。

33) The Official James Petras web site, *op.cit.*, 2014a.
34) 2013年1月時点のGrandes Misiones（大計画）の計画名とその受益者数は以下である。貧困家庭への子供手当の"Hijo de Venezuela"(736,540世帯)、高齢者向け手当の"Amor Mayor"(521,618人)、住宅手当の"Vivienda Venezuela"(346,798人：2012年数値)、失業者向けの"Saber y Trabajo"(122,000人：2012年数値)。また、2012年に実施された健康・医療分野のミシオン（主に貧困地区で無料の診察サービスを提供したり、診察所を設置したりする計画）の計画名とその受益者数（被診察者数）は以下である。"Misión Barrio Adentro"（被診察者の延べ数：594,409,904人）、"Misión Niño Jesús"(1,072,573人)、"Misión Sonrisa"（被診察者：416,569人）"Misión Milagro"（被診察者：18,529,964人）、"Misión Barrio Adentro Deportivo"(4,939,422人)。2012年に実施された教育分野のミシオン（主に識字教育や就学のための奨学金の給付、高等教育制度の整備などを行う計画）の計画名とその受益者数は以下である。"Misión Robinson Ⅰ"(1,756,250人)、"Misión Robinson Ⅱ"(789,436人)、"Misión Ribas"（高校生向け：822,853人）、"Misión Sucre"（大学・短大生向け：212,352人）、"Misión Alma Mater"(23大学)、"Misión Cultura Corazón Adentro"(12,817,536人)。社会保障分野のミシオンの計画名とその受益者数は以下である。"Misión Alimentación"(17,554,222人)、"Misión Madres del Barrio"(82,557人)、"Misión Negra Hipólita"(39の医療センター)、"Misión Guaicaipuro"（先住民の252,176人）、"Misión Niños y Niñas del Barrio"(6,258,797人)、"Misión Dr. José G. Hernández"(336,490人)。以上、全数値は以下を参照した。Instituto Nacional de Estadisticas (INE) en República Bolivaliana de Venezuela web site, *Misiones 2012- Enero*, 2013. <http://www.ine.gov.ve/documentos/Social/Misiones/pdf/Misiones_enero2013.pdf>.
35) Michael A. Lebowitz, *op.cit.*, p. 44.
36) Steve Ellner, "Social and Political Diversity and the Democratic Road to Change in Venezuela", in Steve Ellner ed., *Latina America's Radical Left: Challenges and Complexities of Political Power in the Twenty-First Century*, Rowman&Littlefield, 2014, p. 79.
37) スティーブ・エルナー（所康弘訳）「ベネズエラのチャベス運動における四大潮流と二大社会計画」藤田和子、松下洌編著『新自由主義に揺れるグローバル・サウス―いま世界をどう見るか―』ミネルヴァ書房、2012年、158～165ページ。
38) 同上書、156ページ。
39) 林和宏「第五共和国運動から社会主義革命へ―チャベス政権下ベネズエラにおける『参加型民主主義』の変容―」『イベロアメリカ研究』上智大学イベロアメリカ研究所、第30巻第1号、2008年、35～36ページ。
40) スティーブ・エルナー、前掲書、169ページ。
41) Steve Ellner, *op.cit.*, p. 91.
42) スティーブ・エルナー、前掲書、169ページ。
43) 同上書、169ページ。
44) Steve Ellner, *op.cit.*, p. 85.
45) スティーブ・エルナー、前掲書、169ページ。
46) 同上書、169～170ページ。
47) Steve Ellner, *op.cit.*, p. 81.
48) INE web site, *Hogares y personas pobres por ingreso, según situación de pobreza, 1 er semestre 1997- 2 do semestre 2013*. <http://www.ine.gov.ve/>.

49) INE web site, *Medidas de desigualdad económica, según coeficiente de GINI y quintiles de ingreso percápita de los hogares, 1 eros semestres 1997-2012.* <http://www.ine.gov.ve/>.
50) IMF web site, *Data and Statistics.* <http://www.imf.org/external/data.htm>.（2014年12月閲覧）。
51) 坂口安紀「ベネズエラのチャベス政権―誕生の背景と『ボリバル革命』の実態―」遅野井茂雄、宇佐見耕一編『21世紀ラテンアメリカの左派政権―虚像と実像―』アジア経済研究所、2008年、56～57ページ。
52) 坂口安紀「チャベス政権下の政治・社会・経済政策の概要」坂口安紀編『2012年ベネズエラの大統領選と地方選挙―今後の展望―』アジア経済研究所、2013年、8ページ。<http://www.ide.go.jp/Japanese/Publish/Download/Kidou/pdf/2013_venezuela_01.pdf>.
53) INE web site, *Exportaciones según países 1998 – I Sem 2014.* INE web site, *Importaciones por países 1998 – I Sem 2014.* <http://www.ine.gov.ve/>.
54) 日本貿易振興機構（ジェトロ）ホームページ『世界貿易投資報告：ベネズエラ編 2014年度（pdf版）』、4ページ。<https://www.jetro.go.jp/world/gtir/2014/pdf/2014-ve.pdf>.
以下、ベネズエラの貿易統計数値は全て同書より。
55) 坂口安紀「ベネズエラの石油産業―資源ナショナリズムと経営原理のせめぎあい―」坂口安紀編『発展途上国における石油産業の政治経済学的分析 ―資料集―』調査研究報告書、アジア経済研究所、2008年、12ページ。<http://www.ide.go.jp/Japanese/Publish/Download/Report/pdf/2007_04_16_02.pdf>.
56) ECLAC, *Foreign Direct Investment in Latin America and the Caribbean 2011*, United Nations, 2012, p. 27.
57) INE, *IV Censo Economico 2007-2008 primeros resultados*, 2010, p. 9. <http://www.ine.gov.ve/documentos/Economia/IVCensoEconomico/pdf/InformeIVCE.pdf>. なお、公的部門の業種別の内訳（ユニット数）は以下である。教育部門11,090ユニット、医療部門9,593ユニット、行政部門4,152ユニット、スポーツ部門3,453ユニット、安全保障・防衛部門1,023ユニット、その他の部門2,626ユニット。
58) ECLAC, *Latin America and the Caribbean in the World 2011-2012*, United Nations, 2012, p. 54, table Ⅱ.3.
59) *Ibid.*, p. 54, table Ⅱ.3.
60) The Official James Petras web site, *Beyond President Chavez Electoral Victory: Socialism in a Rentier State*, 2012. <http://petras.lahaine.org/?p=1914>.
61) ECLAC, *Natural Resources: Status and trends towards a regional development agenda in Latin America and the Caribbean*, United Nations, 2013, p. 9.
62) *Ibid.*, p. 56. なお、以下の数値も同資料を参照。
63) Banco Central de Venezuela, *Resultados de Índice Nacional de Precios al Consumidor, Producto Interno Bruto y Blanza de Pagos: Tercer trimestre de 2015*, 2016a, p. 2. <http://www.bcv.org.ve/Upload/Comunicados/aviso150116.pdf>.
64) *La Jornada*, 30 de Diciembre, 2014. <http://www.jornada.unam.mx/ultimas/2014/12/30/venezuela-cayo-en-recesion-en-2014-con-inflacion-record-de-63-6-5901.html>.
65) Banco Central de Venezuela website, *Resultados de Índice Nacional de Precios al Consumidor, Producto Interno Bruto y Blanza de Pagos: Cuarto trimestre de 2015-cierre del año de 2015*, 2016b, p. 5. <http://www.bcv.org.ve/Upload/Comunicados/aviso180216.pdf>.
66) Banco Central de Venezuela website, *Resultados de la Economía durante el año 2014*, 2014, p. 2. <http://www.bcv.org.ve/Upload/Comunicados/aviso301214.pdf>.
なお、2014年の数値は1月～11月までの期間の数値である。

67) Banco Central de Venezuela website, *op.cit.*, 2016b, p. 2 .
68) Banco Central de Venezuela website, *op.cit.*, 2016a, p. 5 .
69) ジェームズ・ペトラス、前掲書、242ページ。

終　章

米州からアジア太平洋地域へ
アジア進出の橋頭堡：TPP

　米国がTPPを推進した背景には、世界GDPの40％近くを占める最大の地域経済圏であるTPPを発効させることで、米国が将来的にアジア太平洋経済協力機構（APEC：Asia-Pacific Economic Cooperation）域内の関税撤廃とアジア太平洋自由貿易圏（FTAAP：Free Trade Area of the Asia-Pacific）の創設をも視野に入れていたことがあった。2期8年続いたオバマ政権は米国のアジア進出の橋頭堡として、TPPをその枢要な一環とする通商戦略を採った。米国はNAFTAの姿に似せてFTAAPを創設し、米国の経済的ならびに軍事的諸利害の軸足を、米州からアジア太平洋地域へと均衡回復（リバランス）させる狙いがあった。米国がアジア太平洋市場に照準を当てた背景として、2008年世界金融・経済危機による激しい景気後退局面の中、オバマ大統領は「グローバル・インバランス（Global Imbalances）」、すなわち米国側の経常収支赤字と東アジア・中国側の対米輸出・経常収支黒字という世界的な経常収支不均衡の改善を図り、同市場への輸出拡大をもって国内雇用対策とした経緯があった。

　そもそもTPPはチリ、ブルネイ、ニュージーランド、シンガポールの小国4ヵ国で2006年に締結されたFTAの「P-4（Partnership-4）」協定に起源を持つ。その後、米国、オーストラリア、ペルー、ベトナム、マレーシアが順次参加し、2012年にメキシコ、カナダ、2013年に日本が加わり、環太平洋地域12ヵ国が加盟する協定となった。ひとつ留意すべきは、日本は（経済小国のニュージーランドを例外にすると）米国とカナダ以外のTPP参加国とEPAすでに締結していた点である。しかるに日本に関しては、TPPは表面的には12ヵ国による多国間協定に見えるものの、実質的に米国とカナダを対象相手国とした地域貿易協定であった。

1 NAFTAとTPPの類似点と相違点

表7-1は2015年に合意したTPP全章の概要一覧である。

同協定は全30章から構成される。他方、NAFTAは全22章構成である。章項目はTPPと比べて少ないものの、TPPとNAFTAは制度面で多くの類似点がみられた。まずはTPPの前身である「P-4」協定（全20章）とNAFTAの条文構造を比較してみる。

表7-2の通り、「P-4」協定の主な項目は、3章 物品貿易、4章 原産地規則、5章 税関手続、7章 衛生植物検疫措置、9章 競争政策、10章 知的財産権、11章 政府調達、12章 サービス貿易、13章 一時的入国、15章 紛争解決、であった。NAFTAとの相違点は、NAFTA条文の中に11章 投資および紛争解決、14章 金融サービス、の2つが規定されていた点にある。

但し、「P-4」の文中にも発効後2年経過したら投資分野と金融サービス分野の交渉を開始すると明記されていた。この点こそ米国がTPP参加を決めた大きな要因であった[1]。

次にNAFTAとTPPを比較し、両者の類似点や相違点について若干の指摘を行う。第1にTPPとNAFTAは制度面で類似点がみられた。両協定とも直接的な関税および非関税障壁の撤廃にとどまらず、投資、サービス、知的財産権、政府調達、紛争解決手続きなど広範囲に渡る、「WTOプラス」水準の包括的枠組みであった。関税撤廃に関する基準は両協定ともに高水準が求められた。これは米国がNAFTA発効以降、一貫して同協定を基準にして2000年代以降の自由貿易協定交渉を推進してきたことに起因する。

第2に両協定の加盟国構成をみると、類似点として両者とも「先進国＋途上国」型であった。NAFTAの場合は3ヵ国の多国間協定にあって米国一国の経済規模は圧倒的で、NAFTAは「拡大アメリカ経済圏」の実相を持つ。米国とメキシコの名目GDP総額（2015年）の差は約15.7倍、米国とカナダの同差も11.6倍であった。一方、TPP加盟国の名目GDP総額（2015年）をみると、例えば、ベトナムは1,935億ドル、マレーシアは2,962億ドルで、米国とベトナムの差は約92.7倍、米国とマレーシアの差は約60.6倍へ極端に跳ね上がる[2]。し

表 7-1 TPP の条文構造と概要

章	規定の概要	章	規定の概要
1	冒頭規定・一般的定義	1994 年の GATT 第 24 条及び GATS 第 5 条の規定に適合する自由貿易地域の設定、他の国際約束との関係並びに本協定における用語の一般的定義	9	投資	投資財産の設立段階及び設立後の内国民待遇及び最恵国待遇、投資財産に対する公正衡平待遇並びに十分な保護及び保障、特定措置の履行要求の原則禁止、正当な補償等を伴わない収用の禁止等を規定、投資家と国との間の紛争解決（ISDS）手続を規定
2	内国民待遇及び物品の市場アクセス	各国の譲許表に従い関税を撤廃等することを規定、内国民待遇、輸出入の制限、再製造品の取扱い、輸入許可手続、輸出許可手続の透明性、行政上の手数料及び手続、輸出税等の基本的なルール	10	国境を越えるサービスの貿易	国境を越える取引、海外における消費の形態によるサービスの提供等
3	原産地規則及び原産地手続	輸入される産品について、関税の撤廃・引下げの関税上の特恵待遇の対象となる TPP 協定域内の原産品として認められるための要件及び特恵待遇を受けるための証明手続	11	金融サービス	投資家及びその投資財産並びに越境での金融サービスの提供に関するものについて、内国民待遇、最恵国待遇、市場アクセス制限の禁止、行政における透明性の確保
4	繊維及び繊維製品	繊維又は繊維製品の貿易に関する原産地規則及び緊急措置	12	ビジネス関係者の一時的な入国	締約国間のビジネス関係者の一時的な入国の許可、その要件、申請手続の迅速化
5	税関当局及び貿易円滑化	税関手続について予見可能性、一貫性及び透明性のある適用を確保、通関等の手続の迅速化、行政上及び司法上の審査の確保	13	電気通信	公衆電気通信サービスへのアクセス及びその利用に関する措置
6	貿易上の救済	輸入急増による国内産業への重大な損害を防止するため、一時的に緊急措置をとることができる旨を規定、ダンピング防止措置及び相殺関税措置	14	電子商取引	電子商取引を阻害するような過剰な規制が導入されないような各種規律
7	衛生植物検疫（SPS）措置	人、動物又は植物の生命又は健康を保護しつつ、各締約国が実施する衛生植物検疫措置が貿易に対する不当な障害をもたらすことのないようにすること	15	政府調達	特定の調達機関が基準額以上の物品及びサービスを調達する際の規律を規定
8	貿易の技術的障害（TBT）	強制規格、任意規格及び適合性評価手続を作成する際に、これらが貿易の不必要な障害とならないようにするための手続やその透明性の確保	16	競争政策	各締約国は、競争法令を制定し、又は維持すること

17	国有企業及び指定独占企業	締約国は、国有企業及び指定独占企業が、物品又はサービスを購入又は販売する際に、商業的考慮に従い行動すること、及び他の締約国の企業に対して無差別待遇を与えることを確保	24	中小企業	中小企業に関する小委員会を設置して中小企業が本協定による商業上の機会を利用することを支援
18	知的財産	商標、地理的表示、特許、意匠、著作権、開示されていない情報等の知的財産を対象とし、これらの知的財産の保護	25	規制の整合性	自国の対象規制措置の範囲を決定すること、対象規制措置の案に関する機関相互間の効果的な調整
19	労働	国際的に認められた労働者の権利に直接関係する締約国の法律等を執行	26	透明性及び腐敗行為の防止	法令等を公表すること、意見提出のための合理的な機会を与えること、行政上の行為の審査及び是正のための司法裁判所等を採用
20	環境	相互に補完的な貿易及び環境に関する政策の促進、高い水準の環境の保護及び効果的な環境法令の執行の促進	27	運用及び制度に関する規定	協定の実施、運用等に関する問題の検討等を行うTPP委員会の設置
21	協力及び能力開発	本協定の実施及び本協定の利益の増大を支援するための協力及び能力開発の活動	28	紛争解決	本協定の解釈又は適用に関する締約国間の紛争等を解決する際の手続
22	競争力及びビジネスの円滑化	競争力及びビジネスの円滑化に関する小委員会を設置し、自由貿易地域における経済統合及び開発を促進する競争的な環境を形成する努力を支援	29	例外	協定の適用の例外が認められる場合について規定
23	開発	開発を支援するための福祉の向上、貧困の削減、生活水準の向上及び新たな雇用機会の創出を目指す開かれた貿易及び投資の環境を促進	30	最終規定	協定の改正、加入、効力発生、脱退等の手続、寄託者、協定の正文等

(出所) 内閣官房 TPP 政府対策本部『環太平洋パートナーシップ協定（TPP 協定）の全章概要』2015年.〈http://www.cas.go.jp/jp/tpp/pdf/2015/13/151105_tpp_zensyougaiyou.pdf〉. より作成。

表 7-2　NAFTA と P-4 の条文構造の比較

章	NAFTA	P-4	章	NAFTA	P-4
1	目的	目的	12	サービス貿易	サービス貿易
2	一般定義	一般定義	13	電気通信	一時的入国
3	内国民待遇・市場アクセス	物品貿易	14	金融サービス	透明性
4	原産地規則	原産地規則	15	競争政策	紛争解決
5	税関手続	税関手続	16	業務一時入国	戦略的連携
6	エネルギー	貿易救済措置	17	知的財産権	行政と制度的条項
7	農業・衛生植物検疫措置	衛生植物検疫措置	18	法の執行	一般条項
8	緊急措置	貿易の技術的基準	19	アンチダンピング税など	例外規定
9	技術基準	競争政策	20	組織体制・紛争解決	最終条項
10	政府調達	知的財産権	21	例外規定	
11	投資・紛争解決	政府調達	22	最終条項	

(出所)　NAFTA のホームページより作成.〈http://www.nafta-sec-alena.org/〉.
　　　　ニュージーランド外務貿易省のホームページ（P-4協定）〈http://www.mfat.govt.nz/downloads/trade-agreement/transpacific/main-agreement.pdf〉. より作成。

たがって、NAFTAとTPPの相違点は、加盟国間の経済規模格差が隔絶している点が指摘できる。加盟国間の階層性＝政治・経済力の非対称性という点では、TPPの方がより強力であった。

第3に農業部門に関して、NAFTAは農業力劣位にあるメキシコ農業（主要基礎穀物部門）に甚大な影響を与えた。これには関税撤廃による食料輸入の急増、そして国営食糧公社（CONASUPO）解体および価格支援制度廃止などの部門内の構造改革＝規制緩和の衝撃も大きかった。政府から多額の補助金を受ける米国当該部門の国際競争力は、メキシコと比べて段違いである。

トランプ大統領誕生によって12ヵ国での発効が事実上白紙になったものの（但し、2017年7月時点で米国を除く11ヵ国でのTPP発効の可能性が模索されている）、仮にTPPが発効されていた場合、あるいは同大統領が今後積極的に推進する可能性が指摘される二国間FTAが締結された場合でも、農業貿易自由化を通じた米国からの（例えば基礎穀物部門などが劣位にある）締約国への輸出攻勢が強まることは容易に予測される。日本でもTPP交渉において農・畜産業が基幹産業となっている地域で、TPP反対が根強かった。ところが、政府側は岩盤規制改革と称した農協改革＝JA全農の株式会社化などをTPP協議と並行して議論してきた経緯がある。この改革の方向性と、メキシコ農業部門で行われた規制緩和・構造改革との間には、類似性があった。

第4に加盟国の資本移動自由化を推進する点で、TPPとNAFTAは類似点がみられた。特に米国や日本といった先進主要国から（途上国を中心とした）加盟国へのFDIの増加とその経済的効果も喧伝されてきた。だが、逆にNAFTA発効後20数年の経験を経たメキシコでは、FDIの経済的なポジティブ効果は低調だった。一例をあげる。著名な保守系論客で、かつて親米右派の新自由主義政権下でメキシコ外相（国民行動党フォックス大統領下で2000〜03年在職）を務めたホルヘ・カスタニェーダ（Jorge Castañeda）は、『フォーリン・アフェアーズ』誌上で、こう率直に認めている。

　NATFAを通じてメキシコは、FDIの規模を、GDPの5％へと引き上げたいと考えていた。だが、それも見果てぬ夢だった。NAFTAが発効する前年の1993年、メキシコへのFDIは44億ドルと、GDPの1.1％程度だった。1994年にはそれが110億ドルに増え

て、GDP の2.5％へと上昇したが、その後、GDP の4.8％に達する2001年まで横ばいをたどり、2001年以降、FDI は着実に低下していった。……2012年と……2013年を平均すると、メキシコに投下されている FDI は年約220億ドル程度となる。これは GDP の２％弱でしかなく、ブラジル、チリ、コロンビア、コスタリカ、ペルーへの FDI と比べても大きく見劣りする。[3]

　そのうち TPP 加盟国であるチリとペルーへの FDI の形態は、2000年代以降激化する多国籍資源メジャーによる天然資源部門への資本投下によるものだった。第５章で論じたように、この形態の FDI は現地雇用や国民生活水準の向上に寄与する結果となっていない。

　FDI 受入れによるメキシコの雇用拡大効果も期待はずれだった。とりわけ集中的に FDI を吸収してきた NAFTA 下のマキラドーラでは、「過去20年で70万程度、平均すると年３万５千程度の雇用しか生み出せていない。この時期に、毎年ほぼ100万人のメキシコ人の若者が新たに労働力に参入して」いたにもかかわらず、であった。[4] メキシコの現実は、TPP への加盟途上国に対しても FDI 流入およびそれに起因する雇用拡大が順調に、かつ中長期的に継続することを無条件に約束しないことを示唆する。

　第５に TPP と NAFTA は、ともにサービス分野の自由化を規定していた。中でも金融・保険分野は米国の比較優位産業である。いまや市場開放したメキシコ銀行部門は本書で触れたように、外資系銀行が総資産シェアなどで圧倒している（第３章参照）。金融自由化と同分野の資本移動の自由化以降、全般的な外資化と寡占化が劇的に進んだ。同様に保険分野でも外資の市場占有率が急拡大しており、業界トップは国営企業 Hidalgo を買収した米国メットライフ（MetLife）である。この一社だけで保険料収入の市場シェアは14.2％を有するというデータもあった。[5] それゆえ NAFTA 下のメキシコ同様、仮に12ヵ国で TPP が発効されていた場合、米国の銀行・保険関連企業は加盟国に対して積極的な進出を進めたものと考えられる。

　第６に TPP も NAFTA も単なる経済上の連携強化を目指すものではなかった。両者は安全保障上の同盟強化に直結するという類似点があった。NAFTA は発効後10年の2005年に「NAFTA プラス」のための再定義が行われ、「北米の安全と繁栄のためのパートナーシップ（SPP）」の協定が創設された。第２

章で触れた通り、これは「繁栄のためのアジェンダ」と「安全保障のためのアジェンダ」の双方を包含している。とりわけ重視すべきは安全保障アジェンダの方であった。

翻ってTPPにおいても日本政府の公式会見で、TPPを通じて「経済的な相互依存関係を深めていくことは、我が国の安全保障にとっても、また、アジア太平洋地域の安定にも大きく寄与する」と表明してきた（傍点、引用者）[6]。

この点について、萩原伸次郎は現行の日米安全保障の本質を、第1に経済成長の著しいアジア太平洋地域で経済的利益を上げるために日本の防衛力が適切な役割を果たすべきであり、第2に米国が軍事的プレゼンスを維持するべきであり、第3に日本での米軍維持のために接受国支援を通じて寄与を継続するべきである、という同盟枠組みであると指摘した[7]。

そのうえで萩原は、「日米同盟」強化を通じて日米多国籍企業のアジア太平洋地域の経済活動を米軍の指揮下で、日本の「国防軍」がそれを従属的に支える体制を整えようとしていると看破した[8]。この文脈下でこの数年間の日本での事態を想起すると——特定秘密保護法案の採決と施行、国家安全保障会議（日本版NSC）の創設と国家安全保障局の発足、辺野古への軍事基地移設計画、集団的自衛権行使を容認する安保法案の採決——それらもこの体制構築への一環として位置づけて把握すべきであろう。NAFTAを通じた「米墨同盟」強化と、TPPを通じた「日米同盟」強化に関して、両者に類似点が確認できる[9]。

2　日本の通商戦略とTPP

日本は2013年3月、それまで国論を二分したTPPへの参加を正式に表明した。日本の通商戦略はEPAがこれまで中軸を担ってきた。表7-3の通り、日本は2002年シンガポールを皮切りに、これまで14ヵ国・1つの地域とEPAを発効させた。日本の進めるEPAは、その範囲を貿易自由化とそのための関税撤廃・削減以外にも拡大し、投資、サービス、知的財産権、人の移動を協定に組み込むとともに、発展途上国に対しては技術・職業教育訓練、人材育成などの二国間協力分野もセットにしてきた。

2005年の対メキシコEPAの含意は、日本が初めて農・畜産物の市場開放を

表 7-3　日本の EPA 発効状況（相手国）

発効年	相手国
2002	シンガポール
2005	メキシコ
2006	マレーシア　チリ
2007	タイ
2008	インドネシア　ブルネイ　フィリピン　ASEAN
2009	ベトナム　スイス
2011	インド
2012	ペルー
2015	オーストリア
2016	モンゴル

(注)　年度は全て発効年。なお、ASEAN は漸次的に各国発効が進行中。
(出所)　外務省ホームページ『我が国の経済連携協定（EPA）の取組2016年8月現在』。〈http://www.mofa.go.jp/mofaj/files/000037892.pdf〉、より作成。

組み込んだ包括的な協定だった点にある。その結果、日本側のセンシティブ5品目（豚肉、オレンジジュース、オレンジ生果、牛肉、鶏肉）が初めて輸入枠拡大の対象となった。その後、2013年7月にTPP交渉に加わった日本は、同10月のAPEC開催に合わせて「日米事前協議」合意事項を発表し、さらに包括的な米国側の優先要求を受け入れるに至った。

　製造業部門は日本から米国などTPP加盟国に対して、自動車を中心に工業製品の輸出増が期待されてきた。だが、この「事前協議」で米国自動車業界への譲歩（乗用車への輸入関税2.5％の5年超維持、トラックへの同関税25％の10年超維持などを含む優遇措置）を強いられるなど、その交渉結果は同部門にとって望ましいものではなかった。他方、日本の比較劣位部門である第一次産業は大幅な市場開放・関税撤廃が決定し、関連産業も含めて甚大な影響が出ることが予測される事態となった。[10]

　特にコメ、小麦・大麦、牛・豚肉、砂糖、乳製品など聖域5品目である高関税品目は、市場開放を通じて米国からコメや肉・肉加工品類の、ニュージーランドから乳製品の、オーストラリアから肉・肉加工品類の、それぞれ対日輸出拡大が見込まれる内容となった。内閣官房発表の通り、TPP交渉によって全輸入品目9,018品目のうち最終的な関税撤廃数は8,575品目となり、その比率は

過去最大の95.1％に達した。農林水産業品目に関しては、2,328品目中1,885品目が対象となり、撤廃比率は81.0％となった。聖域5品目も例外ではなく、586品目中174品目が対象となり、撤廃比率は29.7％であった。[11]

　関税だけではない。コメでは発効13年目以降、米国とオーストラリアに対して7.84万トン（米国だけで7万トン）の特別輸入枠を、小麦では発効7年目以降、米国とカナダとオーストラリアに対して25.3万トン（米国だけで15万トン）の特別輸入枠を設ける結果に至った。[12]

　この数値的な事実は、米国の農産物輸出市場として日本が重要な位置を占めている証左である。と同時に、米国通商代表部（USTR）が述べたように、日本以外のアジア太平洋地域が「2030年までに32億人の中間層の消費者が居住することになり、彼らは主要穀物、生鮮果実・生鮮野菜、乳製品、肉類、その他農産物の世界最大の需要者となる[13]」ことを見越して、米国の農産物輸出戦略の中軸としてTPPが位置づけられていた。

TPPとサービス貿易

　TPPはその影響が農業分野に限定される内容でもない。金融・保険・流通など広範囲に渡るサービス分野も市場開放・自由化の対象となる。現行の国際貿易では財貿易以外にサービス貿易が多様な形態で展開され、WTOの「サービス貿易に関する一般協定（GATS：General Agreement on Trade in Services）」というサービス貿易自由化のための多国間国際協定も存在する。

　日本にとってサービス貿易は重要な対外活動であり、貿易全体に占める比率も急増中である。現地法人の業種別企業数は2000年代半ば以降、製造業よりも非製造業が上回っている。表7-4から売上額でも非製造業が製造業を上回っていることが看取できる。海外現地法人数の推移（2007〜14年）では、製造業は8,318→10,592社と1.27倍増であったのに対し、非製造業は8,414→13,419社と1.59倍増であった。今後、非製造業の進出の勢いは増す趨勢である。[14]進出先の地域別（2014年）ではアジアが圧倒的でその数は15,234社に上り、対全体比で約66.5％、そのうち特に中国への進出企業は7,604社と顕著であった。次いで米国が2,955社、EUが2,767社、中南米が1,243社であった。[15]

　経済産業省は日本の同業種における対GDPに占める対外直接投資残高比率が主要先進国に比べて低水準であるため、一層の事業拡大が肝要だと主張す

表 7-4 海外現地法人の業種別動向

(単位：100万円)

(企業数)	2007年	2008年	2009年	2010年	2012年	2014年
合 計	16,732	17,658	18,201	18,599	23,351	24,011
製 造 業	8,318	8,147	8,399	8,412	10,425	10,592
非製造業	8,414	9,511	9,802	10,187	12,926	13,419
情報通信	463	567	565	575	786	827
運 輸 業	1,032	1,062	990	1,019	1,322	1,294
卸 売 業	4,290	4,821	4,982	5,134	6,381	6,641
小 売 業	400	466	479	494	705	660
サービス	778	1,080	1,314	1,398	1,918	2,105
(売上額)	2007年	2008年	2009年	2010年	2012年	2014年
合 計	236,208,099	201,679,131	164,466,063	183,194,818	199,034,419	272,156,103
製 造 業	111,040,510	91,180,733	78,305,761	89,327,934	98,384,657	129,712,997
非製造業	125,167,589	110,498,398	86,160,302	93,866,884	100,649,762	142,443,106
情報通信	1,531,568	2,512,098	2,207,386	1,993,547	2,308,107	2,512,165
運 輸 業	3,211,399	2,991,975	2,393,785	2,805,088	2,852,838	3,777,902
卸 売 業	101,522,485	85,553,354	66,572,090	70,017,106	72,421,076	101,394,509
小 売 業	6,065,394	5,778,311	4,645,167	5,105,883	6,372,995	8,992,149
サービス	1,885,072	2,275,379	2,242,943	3,307,629	5,489,720	11,328,668
(経常利益)	2007年	2008年	2009年	2010年	2012年	2014年
合 計	11,352,577	7,283,212	6,973,659	10,900,398	7,643,631	10,792,000
製 造 業	5,519,326	2,698,146	3,493,637	5,280,353	4,160,430	5,722,437
非製造業	5,833,251	4,585,066	3,480,022	5,620,045	3,483,201	5,069,563
情報通信	121,955	215,818	174,127	54,471	30,511	51,821
運 輸 業	148,612	151,030	57,561	69,903	86,290	177,528
卸 売 業	2,374,989	1,161,232	976,585	1,605,309	1,315,272	2,328,594
小 売 業	126,452	82,592	134,419	136,214	134,235	162,486
サービス	129,347	318,747	233,303	305,812	582,601	675,994

(出所) 経済産業省『海外事業活動基本調査』経済産業省ホームページ、各年実績（2016年11月閲覧）。〈http://www.meti.go.jp/statistics/tyo/kaigaizi/result/result_43.html〉.

る。ゆえに海外進出を狙う広範なサービス業界にとって各国でビジネスをし易くし、同業種の様々な国家規制を撤廃するTPP推進は、重要事項であった。

　サービス貿易を考える上での視座として、GATSの決定的争点を明らかにしたスーザン・ジョージ（Susan George）の以下の指摘がある。

　GATSがかかわるサービスは、単に貿易取引……だけではなくて、およそありとあらゆる人間活動におよんでいる。「サービス」という、この一見、なんの変哲もない言葉が、実は11の──「その他」というカテゴリーを入れると12の──大きな分野を包摂していて、そのなかで160にものぼる下位分野が絶えず進化を遂げている。……しかしながらこのリストは、WTOの意図が実際にどれくらいの範囲にまで広がっているかを考えたら、そのごく一部しか体現していないといわねばならない。[16]

　サービス分野の定義はそのつど無限に拡大解釈できる可能性を持っており、本質的な問題は自由化を通じたサービス貿易（あるいはサービス関連企業の海外進出）の量的拡大にあるのではなく、その質的拡大にある。その上、自由化から除外する業種・業態リストがGATSの「ポジティブ・リスト」からTPPでは「ネガティブ・リスト」へと方式転換されたため、その適用範囲はGATS以上に拡大する可能性も指摘されてきた。[17]

　他面、同じ文脈で米国のサービス業種も同様に日本で事業活動し易くなる。特に米国が高い国際競争力を持つ金融・保険、医療サービス分野に関して、例えば保険分野での「日米事前協議」の合意項目がすでに公表された。かんぽ生命保険が提供するがん保険の新商品販売を数年間許可しないこと、日本郵政は全国2万店の郵便局で、アフラック（アメリカンファミリー生命保険）のがん保険を販売することなど、米国保険業界に譲歩した内容が決定された。[18]

　また、医療分野では日本医師会が、TPP交渉参加によって「①知的財産分野における薬価や医療技術など、②金融サービスにおける私的医療保険の拡大、③投資分野における株式会社の参入が対象になれば、国民皆保険の崩壊につながる」などと主張してきた。[19]特に①に関しては、低価格のジェネリック薬（後発医薬品）の市場参入の阻止、特許保護期間の事実上の延長、特許薬の高価格の維持と独占的権利の強化が懸念されてきたし、実際の大筋合意でも医薬品の知的財産権強化のための制度導入が規定された。

混合診療解禁と株式会社の医療機関経営への参入も危惧されており[20]、TPPの医療サービス自由化を根拠にそれらを米国が要求する可能性も全くないとはいえない状況であった[21]。混合診療の全面的解禁は米国の製薬会社や保険会社にとって大きなビジネス機会となったであろうし、株式会社参入が許可されれば米国資本側は自由診療拡大も期待できたからである[22]。

「グローバル」企業の海外事業活動

次に指摘すべき点は、「日本」企業という名の「グローバル」企業が海外市場で売上げを伸ばし、海外現地法人で外国人を雇用し、外国政府へ各種税金を支払うことが、日本の雇用拡大や政府財源の拡充に繋がるのか否かという論点である。グローバル企業の海外収益が継続的に日本へ還流し、それが内部留保として蓄積されず、内需拡大型投資に振り向けられるのかも留意すべき点である。表7-5は第一次所得収支動向の細目を示している。2013年は過去最高だったリーマン・ショック直前期（2007年）の水準にまで回復し、2015年の同収支額は過去最高の約20.6兆円を記録した。

表7-6の通り日本国際収支は、2011年以降、2015年に至るまで財・サービス貿易収支赤字を記録する一方、第一次所得収支黒字は2004〜05年前後から急増した。こうして日本は投資立国の様相を呈し、であればこそTPPによる一層の資本移動の自由化と海外市場進出の促進が歓迎される所以であった。投資収益動向に関して経済産業省は国内還流と海外再投資の推移の特徴について、2007年以前は現地法人の経常利益の増加に比べると国内（本邦）還流の増加幅は緩慢だったが、2009年以降はそれが逆転し国内還流分が増加したと分析する[23]。表7-5から配当金・配分済支店収益額の推移は2008年の最高額の1.64兆円程度にとどまっていたが、2015年は4.59兆円にまで急増している。

同省はその要因に第1に2008年世界経済・金融危機の本社利益減少分の補填、第2に2009年に新導入された外国子会社配当益金不算入の制度、があったとしている[24]。確かにその通りであるが、併せて指摘されるべきは製造業の現地法人設備投資額と海外設備投資比率［現地法人設備投資額／（現地法人設備投資額＋国内法人設備投資額）×100］がこの間、年度によって多少の増減はあるものの順調に増加している点である。

同額・同比率は、2006年3.9兆円・20.0％、2008年3.6兆円・18.4％、2010年2.3

表 7-5　国際収支表＝第一次所得収支構成細目表

(単位：億円)

	第一次所得収支								
		雇用者報酬	投資収益						
			計	直接投資収益				証券投資収益	その他投資収益
				計	配当金・配分済支店収益	再投資収益	利子所得等		
1996	61,544	-3	61,547	15,364	8,663	5,121	1,580	43,589	2,594
1997	68,733	13	68,720	13,004	6,930	4,272	1,802	53,477	2,239
1998	66,146	24	66,122	7,682	7,868	-1,331	1,145	52,762	5,678
1999	64,953	44	64,908	3,554	1,342	1,212	1,000	49,364	11,991
2000	76,914	-4	76,917	17,942	6,974	10,054	914	51,124	7,851
2001	82,009	-49	82,058	13,434	7,747	4,575	1,112	62,269	6,355
2002	78,105	-105	78,209	9,879	5,464	3,866	550	63,455	4,875
2003	86,398	-138	86,536	13,017	5,455	7,255	308	68,209	5,310
2004	103,488	-121	103,610	24,431	8,987	15,105	340	74,304	4,874
2005	118,503	-141	118,644	27,367	9,710	17,083	573	86,480	4,798
2006	142,277	-34	142,311	34,503	13,158	20,609	737	105,558	2,249
2007	164,818	-71	164,890	35,805	16,301	18,643	861	122,515	6,569
2008	143,402	-25	143,428	20,284	16,468	3,323	493	113,278	9,865
2009	126,312	-35	126,347	33,171	23,727	8,995	449	87,922	5,253
2010	136,173	-45	136,218	40,537	24,063	16,132	342	89,930	5,751
2011	146,210	-59	146,269	44,044	25,468	18,477	99	95,386	6,839
2012	139,914	-53	139,967	39,332	22,477	16,637	218	93,960	6,675
2013	176,978	-47	177,025	66,091	35,721	29,795	575	105,179	5,756
2014	193,738	-38	194,948	77,862	42,639	34,680	543	110,044	7,041
2015	206,526	-115	207,540	81,151	45,913	34,181	1,057	121,099	5,290

(出所)　財務省『国際収支状況』財務省ホームページ（2016年11月閲覧）。〈http://www.mof.go.jp/international_policy/reference/balance_of_payments/〉.

兆円・17.1％、2012年3.8兆円・25.8％、2013年4.6兆円・29.4％、2014年4.6兆円・28.1％で推移した。配当金・配分済支店収益を通じた国内還流額それ自体は増加している一方、他方で近年は海外設備投資比率が3割近くも占める。

　これと関連して、経済産業省『第45回 海外事業活動基本調査（2015年7月1日調査）概要』によれば、2014年度の製造業の海外生産比率（国内全法人ベース）は24.3％の過去最高水準を記録し、業種別では輸送機械（46.9％）、はん用機械（34.2％）、情報通信機械（30.7％）などの海外生産が顕著であった。日本の代表的産業の自動車産業では新興国での事業展開が加速化し、かつ国内工場の停滞・

表 7-6　日本の国際収支動向

(単位：億円)

年度	経常収支			金融収支		
		財・サービス貿易収支	第一次所得収支		直接投資	証券投資
1996	74,943	23,174	61,544	72,723	28,648	37,082
1998	149,981	95,299	66,146	136,226	22,141	57,989
2000	140,616	74,298	76,914	148,757	36,900	38,470
2002	136,837	64,690	78,105	133,968	24,331	131,486
2004	196,941	101,961	103,488	160,928	35,789	-23,403
2006	203,307	73,460	142,277	160,494	70,191	-147,961
2007	249,490	98,253	164,818	263,775	60,203	-82,515
2008	148,786	18,899	143,402	186,502	89,243	281,887
2009	135,925	21,249	126,312	156,292	57,294	199,485
2010	193,828	68,571	136,173	217,099	62,511	127,014
2011	104,013	-31,101	146,210	126,294	93,101	-135,245
2012	47,640	-80,829	139,914	41,925	93,591	24,435
2013	44,566	-122,521	176,978	-4,087	142,459	-265,652
2014	38,805	-134,988	193,738	62,371	125,466	-48,330
2015	164,127	-23,072	206,526	211,452	158,451	160,620

(出所)　財務省ホームページ『国際収支状況』(2016年3月閲覧)。
〈http://www.mof.go.jp/international_policy/reference/balance_of_payments/〉.

縮小が進んでいる[27]。同部品産業でも急速にモジュール化が進展し、部品メーカーと完成車メーカーの系列関係の紐帯解体が今後一層進む可能性すらある[28]。

一例をあげる。2005年の日本・メキシコEPA発効以降、両国貿易・投資関係は自動車産業・同部品産業に強く規定されるようになった。2015年の自動車生産台数ではメキシコはすでにタイ、ブラジル、ロシアを抜いて、韓国やインドに迫る勢いである。ゆえに「自動車生産大国」であるメキシコは、日系自動車・同部品メーカーの巨大生産集積地ならびに対米国や対中南米向けの戦略的輸出基地になっている。2008年頃から同産業を中心に日系企業の（特に中央部Guanajuato州Bajio地方への）対メキシコ進出ラッシュが続き、同国にとっていまや日本は2番目のFDI受入国になっている[29]。

もし12ヵ国によるTPPが順調に批准・発効となっていれば、両国間の国際的分業構造（完成品や部品の生産・貿易取引、および自動車産業関連の投資関係）にも影響が及ぶことが予想された。TPP第3章「原産地規則及び原産地手続き」で規定される「完全累積制度の実現」と「自動車産業の域内付加価値基準

55％」によって、（TPP以前の自動車におけるNAFTA原産地規則の域内付加価値基準はより厳格な62.5％であったため）日系自動車部品メーカーの対墨投資行動および、メキシコに拠点を持つ日系メーカーのサプライ・チェーンに戦略的変化（TPP加盟国への調達先のシフトや新たなサプライ・チェーンの形成）が生じる可能性があったからである。TPPは国内雇用とは直接関連しない現地生産およびその現地販売・第三国輸出に加えて、現地での部品生産や部品調達を一層、加速化・補完する可能性をも秘めていた。[30]

3　むすびに代えて──「市民」目線に立った貿易

　メキシコ経済省の公式見解では、同国にとってのNAFTAおよびTPPの意義がこう強調されていた。

　北米との関係においては、メキシコと米国の戦略的な関係に鑑み、TPPは、さらに我々の輸出の従来からの統合を一層深化させ、シナジーをさらに向上させることを可能にすると同時に、貿易の機会とより良い雇用を増加させることを可能にする。アジア方面においては、メキシコは、サプライ・チェーンへの参加を通して、アジア地域の経済統合における重要な要素であることを示すことができた。[31]

　だが、NAFTA下の同国の結果・現状を考慮すると、こうした関係官庁の楽観的な見通しがどこまで実現可能であったかは大きな疑問が残る。
　繰り返しになるが、NAFTAと同様、TPPの通商ルールの構築と交渉は、米国政府ならびに同国の特定分野（主に金融・保険・医薬品・アグリビジネス業界などを中心とした）多国籍諸企業＝「TPPのための米国企業連合（U.S. Business Coalition for TPP）」によって主導的に進められてきた。特に知的財産権交渉は製薬会社やアグリビジネス、メディア・娯楽業界などの利害の最大化が重視されてきた。薬の特許保護の強化は安価な後発医薬品生産の阻害要因となり、途上国の人々の健康問題に直結する問題である。また、強大な米国の銀行・保険企業も積極的な海外進出の機会を狙っている。
　グローバル化が進む現代、貿易の果たす役割はもとより重要である。とはいえ前述した通り、もはや野放図な自由貿易や資本移動の自由化、そしてその制

度化であるFTAやEPAを、無条件で良いものだと受け入れるだけでは済まなくなっている。フランス人学者エマニュエル・トッド（Emmanuel Todd）は、次のように論じる。

「自由貿易」という言葉は、一見、美しく、「自由」にはよい響きがある。しかし自由貿易の現実とは、そうではありません。万人が万人に対して経済戦争を仕掛けている。自由貿易の現実とは、そのようなものです。ですから、あちらこちらで経済対立が起こり、万人の賃金に圧縮がかかる。そして、あらゆる先進国において、格差拡大と生活水準の低下が起こる[32]。

むろんトッドも自由貿易それ自体は市場のパイを拡大し、経済活動を増大させるための良いシステムで、歴史を振り返ると自由貿易がうまく機能した時代もあったとするが、自由貿易を唯一の正答とするのではなく、歴史の各局面においてそれぞれ異なる解決策が必要だと主張した[33]。問題は自由貿易か、さもなければ保護貿易か、という単純な二項対立では解決され得ない。

トランプ米国大統領が選挙期間中も就任後も政策公約としてTPPに反対した理由のひとつは、NAFTAなどの自由貿易と資本移動の自由化によって製造業を中心とした自国の多国籍企業が海外へ次々と出ていき、他方、海外からメイドイン中国やメキシコの安価な商品が大量に流入した結果、米国製造業の基盤が弱体化し、また米国人雇用が奪われたという主張・言説が、米国民の大きな支持を得たからであった。NAFTAによって米国自動車企業など製造業多国籍企業の国境を越えた対墨進出やそれに伴う本国工場閉鎖・移転が加速したことは間違いないし、それによって失業などの打撃を受けた「ラストベルト（錆びついた工業地帯）」などでは、同大統領の就任演説の際の"We must protect our borders from the ravages of other countries making our products, stealing our companies, and destroying our jobs"のフレーズは説得力を持って迎えられた。

とはいえ、慎重に議論すべき論点も多々ある。確かにNAFTAによって米国は対メキシコ自動車輸入では大幅な貿易赤字を記録し続け、かつメキシコへ工場移転も進んだ。だが、他方で米国多国籍企業それ自体は金融・保険・小売・アグリビジネスなど広範囲な業種に渡って、メキシコ市場で収益を上げてい

る。また、自動車産業を中心とする米国製造業多国籍企業は組立加工工程のメキシコ移転によって、同国の低賃金労働力の活用によるコスト削減のメリットを享受している。したがって、トランプ大統領が「NAFTAは史上最悪の貿易取引であった（NAFTA was the worst trade deal）」と断ずることはあまりに一面的であり、むしろ「ラストベルト」の有権者・没落する中間層向けのレトリックであるとも考えられる。加えてNAFTAによって国内企業がメキシコへ工場を移転した結果、国内雇用者の職が奪われてしまったと同大統領は主張するが、自動車産業に関してはその通りであるが電気電子産業やアパレル産業を含むその他諸部門の工場はすでにメキシコから撤退し、賃金水準のさらに低い中国や中米・カリブ海諸国などへ移転済みである。これら産業の工場移転には、NAFTAが直接関係しているわけではない。

　同時に、注意すべきは米墨国境沿いの「トランプの壁」建設の議論によって問題提起されたメキシコ移民に関して、である。すでに本書で触れたように移民の流入数それ自体は2000年半ばから急減しており、強制送還や国境警備の強化、リーマン・ショック後の景気低迷に起因する失職からの本国帰国を通じて、現在は米国からメキシコへの移民流出傾向の方が強まっている。また、中米自由貿易協定（CAFTA）によって、メキシコ以外の中米諸国の多くの農民や貧民たちが不法移民として米国へ流入している。彼らは米国で需要のある低賃金職種の従事者として、米国労働市場に吸収されている。

　トランプ政権誕生後、米国内での移民排斥・排外主義が高揚する一方、移民送り出し国側からみれば対米移民達の送金が母国の国際収支・経常収支に与える影響は近年、極めて大きくなっている。例えばメキシコの移民送金項目が含まれる経常移転収支額の推移をみると、2000年の69.9億ドルからリーマン・ショック直前の2006年は259.4億ドルと過去最高額を記録し、2015年は243億ドルであった。同年の財・サービス貿易収支額がほぼこれと同額のマイナス239.7億ドルであることから、移民送金は同国経常収支赤字の縮小に大きな役割を果たしている。また、移民送金が母国に残された貧困世帯の家計収入と貧困緩和に与える影響も無視できない水準となっている。

「市民」目線に立った貿易

　このようにメキシコやその他中米諸国、そして米国においても、高水準の自

由貿易や資本移動の自由化を追求する新自由主義的貿易協定によって格差と貧困、地域的な二極分解が拡散・深化している。そのため各国の経済発展段階の相違や加盟国間の政治・経済権力の不均衡性を考慮しつつ、加えてある特定の国の、ある特定業界の多国籍企業ならびに投資家・富裕層の利益に資するだけではない、フェアトレードの普及などを通じたより互恵的な貿易・投資関係を構想し、コモンズ（人類共有財産）の略奪・簒奪に立脚しない形での、持続可能な発展モデルを構想していくことが今後、重要であると思われる。

そのためには階級的な活動を活性化し、公共益のために行動し、政策を立案することのできる市民の一層のエンパワーメントが重要となろう。TPPや貿易協定の文脈に即していえば、あらゆるFTA・EPA交渉の経過や内容に市民一人ひとりが関心を持ち、情報を集め、その協定が加盟国に対していかなる意味を持つかを理解する必要がある。ゆえに交渉過程そのものを逐一、監視していくことも必要となろう。

その点で2016年4月の衆議院特別委員会でTPP交渉経過文書が守秘義務契約を盾に、表題以外全て黒塗りで開示されたことは憂慮すべき事態である。市民生活・地域社会に多大な影響を及ぼす貿易協定であるにもかかわらず、このような秘密主義は民主主義の根幹である「国民の知る権利」と逆行するからである。秘密交渉主義に対しては、日本のみならず他のTPP加盟国の市民・労働者や専門家らの間でも、当初より強い疑念が表明されてきた。

ましてや巨大多国籍企業の権力はいまや市民と比べて圧倒的である。例えばTPP交渉の合意に必要な「米国大統領貿易推進権限（TPA：Trade Promotion Authority）」は2015年5月末に上院で可決・成立した一方、その背後にはTPP慎重派の議員に対するTPP推進派の巨大企業からの巨額の献金があった。[36]

トランプ政権誕生によって、NAFTAやTPPなどの多国間貿易協定の扱いが大きく変化し、今後は二国間貿易協定を積極的に推進する方針が掲げられている。「アメリカ第一主義（America first）」の信条、選挙公約と世論の後押しを受ける形で、対日輸出増加ための日本側への関税撤廃要求および日本市場への参入促進のための非関税障壁の撤廃・規制緩和要求が、新たに提起される可能性も大きい。急進的な変化やシステム変容など、今後、予測し得ない事態も発生しかねない。したがって、わが国は国家安全保障上の観点から防衛・軍事

予算の拡充のみに傾斜するのではなく、併せて土地・国土の保全と食料主権・食料安全保障の確立などにも注力すべきだと思われる。また、飢餓や食糧難に苦しむ貧困国や膨大な難民達に対する食糧援助・支援を通じた国際協力貢献にも尽力すべきであろう。

■注

1) 磯田宏「アメリカはTPPで何を狙うか」田代洋一編『TPP問題の新局面—とめなければならないこれだけの理由—』大月書店、2012年、54ページ。
2) World Bank HP, *World Bank Open Date*. <http://data.worldbank.org/>. (2016年10月閲覧)。
3) ホルヘ・カスタニェーダ「自由貿易協定．20年後の現実—NAFTAとメキシコ—」『フォーリン・アフェアーズ・リポート』フォーリン・アフェアーズ・ジャパン、2014年第2号、93ページ。
4) 同上書、93ページ。
5) 中畑貴雄『メキシコ経済の基礎知識』日本貿易振興機構(ジェトロ)、2010年、67~68ページおよび表4-3。
6) 首相官邸ホームページ『2013年3月15日 安倍内閣総理大臣記者会見』。<http://www.kantei.go.jp/jp/96_abe/statement/2013/0315kaiken.html>.
7) 萩原伸次郎「TPPと日米同盟—安倍政権は、なぜTPPを推し進めるのか—」『経済』新日本出版社、2013年7月号、56ページ。
8) 同上論文、56ページ。
9) 加えて、西川純子はオバマ大統領のリバランス政策で2010年以降米国の武器輸出額が急増した地域はアジア太平洋地域だったと分析する。TPPを契機に当該地域と経済的、かつ安全保障上の軍事的な繋がりを深化させることで、「アメリカ軍需産業のための新たな武器市場を開拓」できるのである。西川純子「オバマ政権下のアメリカ軍需産業」『経済』新日本出版社、2014年8月号、79~80ページ。
10) 一例として、北海道庁の試算(2013年3月)を紹介すると、同庁は関税撤廃の影響で農業産出額(12品目を対象)は、4,931億円減少するとしている。これ以外に食品加工や物流・販売を含む関連産業では3,532億円、飲食業・商店を含めた地域経済全体では7,383億円、計1兆5,846億円もの損失が出ると公表している。北海道農政部『関税撤廃による北海道農業等による影響試算』2013年。<http://www.pref.hokkaido.lg.jp/ns/nsi/seisakug/koushou/eikyo130319.pdf>.

加えて、TPPによる農業生産減少額を生産額(農水省試算)のみならず、所得額で試算(品目別・各地域別)した興味深い研究(三好・関論文)もある。同論文によれば、17品目(農水省試算では2.5兆円の生産額減)を対象にした場合、第1に全国の農業所得減少額は4,081億円(総所得2.9兆円の13.9%に相当)である点、第2に所得額減少には地域間格差がある点、第3にとりわけ被災地への影響が深刻である点を指摘している。例えば、岩手、宮城県の試算額は全国平均の生産額減を下回っており、うち岩手県は全国ワースト7位、宮城は同10位と試算されている。また、所得額ベースの試算では、被災県の福島は184億円減少(全国ワースト4位)、宮城県は同ワースト6位の減少額となっている。

以上、三好ゆう、関耕平「試算 TPPによる農業生産・所得への影響—47都道府県・19品目を中心に—」『経済』新日本出版社、2013年10月号。同様の方法で8品目を対象に試算を行ったものとしては、三好ゆう、関耕平「試算 TPPによる農業生産・所得への影響—主要8品目を中心に—」『経済』新日本出版社、2013年8月号。

ところが、影響はこれにとどまらない。土井英二は経済取引を通じた他地域への「跳ね返り

効果」をも計測している。例として、東京都自身の農林水産物等の減少額はわずか31億円に過ぎないが、他道府県の生産減が東京都の加工食品、肥料、農薬、運搬など関連産業に与える影響額は1兆907億円にまで跳ね上がると指摘している。生産減少倍率は実に349.2倍である。同じく神奈川県の同倍率は17.2倍、大阪府も40.1倍である。しかるに土井は、TPPは地方の問題ではなく都市部の問題でもあると主張する。

　以上、土井英二(「TPP参加交渉からの即時脱退を求める大学教員の会」ホームページ)『2013年7月17日　第3次TPP影響試算の結果発表　記者会見』. <http://atpp.cocolog-nifty.com/blog/2013/07/717-3-16e3.html>.

　なお、日本農業が「守られ過ぎで競争力が失われた」という議論は誤りだという議論もある。事実は逆で、むしろ日本の農業保護度は先進国中で際立って低い。鈴木宣弘らは、例えば農業産出額に対する農業予算の割合(国による財政の農業支援度の比率、2005年)は、米国65％、ドイツ62％、フランス44％、イギリス42％に対して、日本は27％に過ぎないと論じている。鈴木宣弘、木下順子『よくわかるTPP 48のまちがい』農文協、2011年、18ページ。

　また、中期的スパンでみても、1980年代以降、同部門で多国籍企業化と市場原理的な潮流が進み、1984年の日米諮問委員会報告、1986年前川レポート、農政審議会答申を通じて、アメリカ向けの農業市場の開放と規制緩和が深化してきたことは間違いない。以上、暉峻衆三「日本の農業と食の安全を破壊するTPP」『経済』新日本出版社、2013年7月号、66ページ。

11)　内閣官房ホームページ『TPPの効果』2015年。<http://www.cas.go.jp/jp/tpp/kouka/pdf/151224/151224_tpp_bunyabetsu01.pdf>.
12)　同上ホームページ。
13)　USTR (US Trade Representative) HP, *The Trans Pacific Partnership*, 2015.<https://medium.com/the-trans-pacific-partnership/national-treatment-and-market-access-for-goods-741f0639c2de#.o712pidw5>.
14)　非製造業の展開事例として、経済産業省は宅配サービス(ヤマトグループの宅急便)、コンビニエンスストア、観光業(老舗旅館の海外進出)、外食産業(吉野家やモスバーガーなど)をあげている。経済産業省『通商白書2010』参照。
15)　経済産業省『海外事業活動基本調査』経済産業省ホームページ。<http://www.meti.go.jp/statistics/tyo/kaigaizi/result/result_43.html>.
16)　スーザン・ジョージ(杉村昌昭訳)『WTO徹底批判!』作品社、2002年、52〜53ページ。
17)　内田聖子、真嶋良孝、寺尾正之、磯田宏「座談会 TPP協定文徹底検討—国民の生活、産業をつぶす貿易協定—」『経済』新日本出版社、2016年6月号、95ページ。
18)　これに関連して、孫崎享は以下の指摘をする。「日米の企業経営者らが、政治や経済情勢を討議する日米財界人会議が2012年11月8日、都内のホテルで開幕した。ここでは『日本がTPP交渉に参加することを強く支持』とした共同声明を採択した。では、米側議長は誰であったろうか。それは、生命・医療保険会社アフラック日本のレイク代表だったのだ。ここにこそ、米国がTPPで何を目指しているかがもっとも明確にあらわれている」。孫崎享「国家主権投げ捨てる安倍政権」『世界』岩波書店、2013年4月号、54ページ。
19)　日本医師会ホームページ『TPP交渉参加判断に対する意見』2013年。<http://dl.med.or.jp/dl-med/nichikara/tpp/tpp20130315.pdf>.
20)　安倍政権は2014年6月に新成長戦略の一環として、混合診療の対象を2015年度から拡大する方針を決定し、拡大幅をどこまでにするかの新制度案の策定に入った。『日本経済新聞web版』2014年6月4日。<http://www.nikkei.com/article/DGXNASFS0304F_T00C14A6EE8000/>.
21)　日本医師会ホームページ『TPP交渉参加判断に対する意見・関連資料』2013年。<http://dl.med.or.jp/dl-med/teireikaiken/20130227_12.pdf>.
22)　上記の日本医師会は、不採算部門・不採算地域からの撤退(＝無医村の拡大)、優良顧客(＝

高額所得者患者）の選別、コスト削減の優先による安全性の揺らぎ、などを問題点としてあげていた。
23) 経済産業省『ものづくり白書2011』経済産業省ホームページ、19ページ。<http://www.meti.go.jp/report/whitepaper/mono/2011/pdf/honbun01_01_02.pdf>.
24) 同上書、19ページ。
25) 経済産業省ホームページ『第45回 海外事業活動基本調査（2015年7月1日調査）概要』18ページ。< http://www.meti.go.jp/statistics/tyo/kaigaizi/result/result_45/pdf/h2c45kaku1.pdf>.
26) 同上調査書、12ページ。
27) 一例をあげると、第1に日産中期経営計画「日産パワー88」では、世界販売シェアを8％へ引き上げることと海外投資を加速化（対中国投資、対インドネシア投資、対メキシコ投資）すること、第2にトヨタ「グローバルビジョン」では、新興国の世界販売シェアを2015年までに50％に引き上げること、第3にホンダでは、メキシコ、ブラジルなど新興国への投資計画＝海外生産促進を実現すること、などがあげられる。日本国内ではその影響は工場ラインの縮小にとどまらない。以上は、坂本雅子「日本の自動車産業は空洞化するか（上）・（下）」『経済』新日本出版社、2013年9月および10月号。
28) 坂本雅子「日本の自動車は空洞化するか（下）」『経済』新日本出版社、2013年9月号、150〜154ページ。
29) Melba Falck Reyes. "Red de inversión japonesa en México", *México y la Cuenca del Pacífico*, 5 (14), 2016, pp.13-17.
30) 前掲の経済産業省『海外事業活動基本調査』によれば、2014年度の製造業現地法人の現地・域内調達比率は2005年度と比べて、現地調達比率（地域別）では北米、アジア、ヨーロッパはともに上昇し、一方で日本からの調達比率はアジア、ヨーロッパ、北米ともに低下したというデータも示されている。経済産業省ホームページ、前掲調査書。
31) メキシコ経済省資料（日本外務省訳）『メキシコ及びカナダのTPP交渉参加に関する関係国発表』外務省ホームページ、2012年。<http://www.mofa.go.jp/mofaj/gaiko/tpp/pdfs/tpp1207.pdf>.
32) エマニュエル・トッド著、石崎晴己編『自由貿易は、民主主義を滅ぼす』藤原書店、2010年、14ページ。
33) 同上書、19〜20ページ。
34) ECLAC, *Economic Survey of Latin America and the Caribbean 2014*, United Nations, 2014. および、ECLAC, *Economic Survey of Latin America and the Caribbean 2016*, United Nations, 2016. を参照。
35) 例えば、国連ラテンアメリカ・カリブ経済委員会が各国の貧困率を算出する基準は、米国などへの出稼ぎ労働者・移民労働者からの「海外送金」をも貧困世帯の家計部門として加算している。同委員会によれば、例えばラテンアメリカ最大の海外移民送金依存国家であるメキシコでは、2002年時点の移民送金収支累積額は105.02億ドル、140万以上の世帯の家計（大部分は貧困世帯）が同送金に依存し生活していると指摘した。

同委員会はこの「送金部分」を所得勘定から差引いて貧困率を再計算した数値も算出した。それによると、同国の同年の貧困人口率は、送金を含めると39.4％、含めないと40.7％へと上昇し、極貧人口率も、送金を含めると12.6％、含めないと14.2％へと、両率とも2％程度上昇することになる。CEPAL, *Panorama Social de de América Latina 2005*, CEPAL, 2005.
36) イギリスのガーディアン紙は、TPA法に賛成した2016年選挙で再選を目指す3人の民主党議員が特に巨額の献金を受け取ったと報道した。共和党・民主党を問わず、それ以外の大勢の上院議員に対する献金の事実も明らかにされた。*The Guardian web site*, 27-May, 2015. <https://www.theguardian.com/business/2015/may/27/corporations-paid-us-senators-fast-track-tpp>.

■ 参考文献

【欧文】

Akaki, Pablo Pérez, "Ganadores y perdedores en el Campo mexicano taras la firma del TLCAN", José Luis de la Cruz Gallegos y Mario G. Valdés, *Efectos del TLCAN en Mexico después de 15 años de operación*, M. A. Porrúa, 2011.

Álvarez y, Lourdes y Cuadros, Liliana, "Las importaciones Chinas y su impacto en el mercado de autopartes de repuesto mexicano", *Revista Problemas del desarrollo*, no. 169, UNAM, 2012.

Alvarez, Mariano, *Los 20 años del MERCOSUR: una integración a dos velocidades*, Naciones Unidas, 2011.

Armella, Pedro Aspe, *El camino mexicano de la transformación económica*, Fond de Cultura Económica, 1993.

Asociación Latinoamericana de Integración, *Sistema de Información de Comercio Exterior*, 2012. <http://consultaweb.aladi.org/sicoex/jsf/home.seam>.

Bair, Jennifer and Gereffi, Gary, "Los Conglomerados Locales en las Cadenas globales: la industria maquiladora de confección en Trreón, México", *Comercio Exterior*, vol. 53, núm. 4 , Boncomext, 2003.

Balassa, Béla, *The Theory of Economic Integration*, Richard D. Irwin, 1961.

Ban, Cornel, "Brazil's liberal neo-developmentalism: New paradigm or edited orthodoxy", *Review of International Political Economy*, vol. 20, no. 2 , Routledge, 2013.

Banco Central de Venezuela, *Resultados de la Economia durante el año 2014*, 2014. <http://www.bcv.org.ve/Upload/Comunicados/aviso301214.pdf>.

Banco Central de Venezuela, *Resultados de Índice Nacional de Precios al Consumidor, Producto Interno Bruto y Blanza de Pagos: Tercer trimestre de 2015*, 2016a. <http://www.bcv.org.ve/Upload/Comunicados/aviso150116.pdf>.

Banco Central de Venezuela, *Resultados de Índice Nacional de Precios al Consumidor, Producto Interno Bruto y Blanza de Pagos: Cuarto trimestre de 2015 – cierre del año de 2015*, 2016b. <http://www.bcv.org.ve/Upload/Comunicados/aviso180216.pdf>.

Banco de México, *The Mexican Economy*, 2000.

Bancomext, *The Automotive Industry in Mexico: Business Opportunities 2002*, internet version, 2002.

Belloni, Paula y Wainer, Andrés, "El Rol del Capital Extranjero y su Inserción en la América del Sur Posneoliberal", *Revista Problemas del Desarrollo*, UNAM, vol. 45, no. 177, 2014.

Beristain and Trigueros, "The Three Major Debtor: Mexico", in Williamson, John ed., *Latin*

America Adjustment: How much has happened ?, Institute for International Economics, 1990.

Bernal-Meza, R. and Fryba, S, "Latin Americas Political and Economic Responses to the Process of Globalization", Nilsson, M and Gustafsson, J. ed., *Latin American Responses to Globalization in the 21st Century*, Palgrave, 2012.

Bhagwati, Jagdish, "The Capital Myth: The Difference between Trade in Widgets and Dollars", *Foreign Affairs*, vol. 77, no. 3 , 1998.

Bhagwati, Jagdish, *Free Trade Today*, Princeton University Press, 2002.

BIS, *Triennial Central Bank Survey: foreign exchange and derivatives market activity*, 2007.

BP, *Statistical Review of World Energy June 2014*, 2014.

Briceño, José, "Unión de Naciones del Sur: El proceso político del su creación y susu resultados", en Alfred Guerra Borges ed., *Panorama actual de la integración latinoamericana y caribeña*, UANM-IIE, 2012

Buckley, Peter and Casson, Mark, *The Future of the Multinational Enterprise*, Macmillan, 1976.

Calva, José Luis, *Probables efectos de un tratado de libre comercio en el campo mexicano*, Fontamara, 1991.

Calva, José Luis, "Reforma económica para el crecimiento sostenido con equidad", *ECONOMÍA-UNAM*, vol. 7 , no. 21, UNAM, 2010.

Carlsen, Laura, *Armoing NAFTA: the battleground for Mexico's future*, Nacla: North American congress con Latin America, 2008. <http://nacla.org/news/armoring-nafta-battleground-mexico%E 2 %80%99s-future>.

Castañeda, Jorge, "Latin America's Left Turn", *Foreign Affairs*, 85（3）, 2006.

CEPAL, *Panorama Social de América Latina 2005*, 2005.

CEPAL, *Panorama Social de América Latina*, Naciones Unidas, 2007.

CEPAL, *Anuario Estadístico de América Latina y el Caribe*, Naciones Unidas, 2012.

Chong, Alberto and López de Silanes, Florencio ed., *Privatization in Latin America: myths and reality*, Stanford Economics and Finances, Stanford University Press and the World Bank, 2005.

Comisión Nacional Bancaria y de Valores, *Boletines Estadísticos de Banca Múltiple*, Agosto de 2012. <http://www.cnbv.gob.mx/>.

Cruz, Kenya García, "Crédito Bancario a la Pequeña Industria en México", en Irma Manrique Campos ed., *Arquitectura de la Crisis Financiera*, UNAM, 2011.

Cypher, James y Delgado, Raúl, "El modelo de exportación de fuerza de trabajo barata en México", *ECONOMIA-UNAM*, vol. 4 , no. 12, UNAM, 2007.

Democracy Now, *Plan Mexico and the US-Funded Militarization of Mexico*, 31/07/2008. <http://www.democracynow.org/2008/ 7 /31/plan_mexico>.

Dunning, John, *Alliance Capitalism and Global Business*, Routledge, 1997.

ECLAC, *External debt in Latin America adjustment policies and renegotiation*, UN, 1985.

ECLAC, *Foreign Direct Investment in Latin America and the Caribbean 2011*, United Nations, 2012.
ECLAC, *Latin America and the Caribbean in the World 2011-2012*, United Nations, 2012.
ECLAC, *Latin America and the Caribbean in the World Economy: Continuing crisis in the center and new opportunities for developing economies 2011-2012*, UN, 2012.
ECLAC, *Foreign Direct Investment in Latin America and the Caribbean 2012*, United Nations, 2013.
ECLAC, *Natural Resources: Status and trends towards a regional development agenda in Latin America and the Caribbean*, United Nations, 2013.
ECLAC, *Foreign Direct Investment in Latin America and the Caribbean 2013*, United Nations, 2014.
ECLAC, *Economic Survey of Latin America and the Caribbean 2014*, United Nations, 2014.
ECLAC, *Economic Survey of Latin America and the Caribbean 2016*, United Nations, 2016.
ECLAC, *La Alianza del Pacífico y el Mercosur*, Naciones Unidas, 2014.
Ellner, Steve, "Social and Political Diversity and the Democratic Road to Change in Venezuela", Steve Ellner ed., *Latina America's Radical Left: Challenges and Complexities of Political Power in the Twenty-First Century*, Rowman&Littlefield, 2014.
Enrique Peña Nieto Presidente de la República, *Primera Informe de Gobierno 2012-2013*, 2014. <http://www.presidencia.gob.mx/informe/>.
Flores-Macías, Gustavo A, *After Neoliberalism?*, Oxford University Press, 2012.
FRB, *Flow of Funds Accounts of the United States*, march, 2009.
Frieden, Jeffry, *Studies in International Finance*, Garland Publishing, 1993.
Frobel, F., Heincrichs, J. and Kreye, O., *The New International Division of Labour*, Cambridge Univ. Press, 1980.
Galván, Álvarez, Luis, José y Peters, Dussel, "Causas y efectos de los programas de Promoción Sectorial en la Economía mexicana: ¿un segundo TLCAN para con tereceros países?", *Comercio Exterior*, vol. 51, no. 5, Bancomext, 2001.
Gambina, Julio, García, Alfredo, Borzel, Mariano, Crivelli, Agustín y Casparrino, Claudio, "Integración Regional: Realidad y Potencialidad: Una Mirada desde el Sur", *La inserción de América Latina en la economía internacional*, CLACSO y siglo veintiuno editores, 2006.
Gambrill, Monica, "El Impacto del TLCAN en las Remuneraciones pagadas en la Industria de la Transformación en México", *El Impacto del TLCAN en México a los 10 años (disco compacto)*, UNAM, México, 2004.
Gardini, Gian Luca, *Latin America in the 21st century: Nations, Regionalism*, Globalization, Zed Books, 2012.
Gardini, Gian Luca, *The Origins of MERCOSUR: Democracy and Regionalization in South America*, Palgrave, 2012.

Girón, Alicia y Correa, Eugenia "Burbujas y negocios financieros", en Alicia Girón, Eugenia Correa y Patricia Rodríguez ed., *México: filiales exitosas y fracaso económico*, UNAM, 2010.

Green, Rosario, *Estado y Banca Transnacional en México*, CEESTEM y la editorial nueva imagen, 1981.

Guerrera, Alfred ed., *Panorama Actual de la Integración: Latinoamericana y Carribeña*, UNAM, 2012.

Higginbottom, Andrew, "The Political economy of foreign investment in Latin America: Dependency revisited", *Latin America Perspective*, vol. 40, no. 3 , 2013.

Hirschman, Albert O. , *National Power and the Structure of Foreign Trade*, University of California Press.

Huerta, Arturo, "Política macroeconómica: (in) estabilidad versus crecimiento", *ECONOMIA-UNAM*, vol. 4 , no. 10, UNAM, 2007.

Huerta, Arturo, "La liberalización económica y la estabilidad macroeconómica: modelo fracasado de desarrollo", *ECONOMIA-UNAM*, vol. 6 , no. 18, UNAM, 2009.

IMF, *International Capital Markets: Developments, Prospects, and Key Policy Issue*, 1997.

INE, *IV Censo Economico 2007-2008 primeros resultados*, 2010. <http://www.ine.gov.ve/documentos/Economia/IVCensoEconomico/pdf/InformeIVCE.pdf>.

INE, *Medidas de desigualdad económica, según coeficiente de GINI y quintiles de ingreso percápita de los hogares, 1 eros semestres 1997-2012*. <http://www.ine.gov.ve/>.

INE, *Misiones 2012-Enero*, 2013. <http://www.ine.gov.ve/documentos/Social/Misiones/pdf/Misiones_enero2013.pdf>.

INE, *Hogares y personas pobres por ingreso, según situación de pobreza, 1 er semestre 1997- 2 do semestre 2013*. <http://www.ine.gov.ve/>.

INE, *Exportaciones según países 1998 – I Sem 2014*. <http://www.ine.gov.ve/>.

INE, *Importaciones por países 1998 – I Sem 2014*. <http://www.ine.gov.ve/>.

INE, *oferta y demanda gbbal*, 2014.

INEGI, *Censo Agropecuario 2007, VIII Censo Agrícola, Ganadero y Forestal*. <http://www.inegi.org.mx/est/contenidos/proyectos/agro/ca2007/resultados_agricola/default.aspx>.

INEGI, *Matríz Insumo- Producto 2003*. <http://www.inegi.org.mx/>.

Jenkins, Barbara, *The Paradox of Continental Production: National Investment Policies in North America*, Cornell University Press, 1992.

Kolko, Joyce, *Restructuring the World Economy*, Pantheon Books, 1988.

Krugman, Paul, *Geography and Trade*, Leuven University press and the MIT press, 1991.

Labra, Armando, "Reformar las reformas: consenso de México a debate" *ECONOMIA-UNAM*, vol. 1 , no. 1 , UNAM, 2004.

Lebowitz, Michael A, "A good Example of the Bad Left of Latin America", *Monthly Review*, 59 (3), 2007.

Lieuwin, Edwin, *Venezuela*, Oxford University Press, 1961.

Margain, Eduardo, *El Tratado de Libre Comercio y la Crisis del Neoliberalismo Mexicano*, UNAM, 1995.

Medialdea, Bibiana, "Límites estructurales al desarrollo económico: Brasil (1950-2005)", *Revista Problemas del desarrollo*, vol. 43, no. 171, UNAM, 2012.

Mikuson, I., Economic Integration: under U.S. Control or against the U.S.A ?, *International Affairs*, no. 4 , 1963.

Moreno-Brid y Peres, *Foreign Investment in Mexico after Economic Reform*, UN, 2002.

Mortimore, Michael, "Competitividad Ilusoria: el modelo de ensamblaje de prendas de vestir en la cuenca del Caribe", *Comercio Exterior,* vol. 53, núm. 4 , Bancomext, 2003.

Nahuel, Carlos y Durán, Susana, *Comunidad Sudamericana de Naciones: Recreando escenarios de integración regional*, CEDEX- Universidad de Palermo en Argentina. <http://www.palermo.edu/cedex/pdf/articulo_comunidad_sudamericana_de_naciones.pdf>.

Observatorio latinoamericano de conflictos ambientales web site, *Base de datos de conflictos mineros, proyectos y empresas mineras en América Latina*. <http://www.olca.cl/oca/index.htm>.

OECD StatExtracts, *OECD-WTO Trade in Value Added (TiVA)* , May 2013. <http://stats.oecd.org/>.

Ortiz, Luis Ángel, "La estructura oligopólica y oligopsónica de la banca mexicana", en Irma M. Campos ed., *Arquitectura de la Crisis Financiera*, UNAM, 2011.

Peters, Enrique Dussel, *El Tratado de Libre Comercio de Norteamérica y el Desempeño de la Economía en México*, CEPAL, 2000.

Peters, Enrique Dussel, "La polarización de la economía mexicana: aspectos económicos y regionales", en John Bailey ed., *Impactos del TLC en México y Estado Unidos*, M. A. Porrúa, 2003.

Peters, Enrique Dussel, "Hacia una política de competitividad", *ECONOMIA*-UNAM, vol. 3 , no. 9 , UNAM, 2006.

PND, *Plan Nacional de Desarrollo 2007-2012*, Precidencia de la República, 2007.

Public Citizen's Global Trade Watch, *NAFTA's 20-Year Legacy and the Fate of the Trans-Pacific Partnership*, 2014. <www.tradewatch.org>

Reyes, Melba Falck, "Red de inversión japonesa en México" , *México y la Cuenca del Pacífico*, 5 (14), 2016.

Rivarola, Andrés and Briceño, José, *Resilience of Regionalism in Latin America and the Caribbean*, Palgrave macmillan, 2013.

Rosales, A. and Cerezal, M., "The SUCRE and the ALBA-TCP monetary union: responses from the South to the global crisis", Muhr, Thomas, ed., *Counter-Globalization and Socialism in the 21st century*, Routledge, 2013.

Rostow, Walt W, *The Stages of Economic Growth: A Non-Communist Manifest*, Cambridge

University Press, 1960.

Sacristán, Emilio, "Las privatización en Mexico", *ECONOMIA-UNAM*, vol. 3, no. 9, UNAM, 2006.

Sassen, Saskia, *The Global City: New York, London, Tokyo*, Princeton University Press, 2001.

Secretaría de Economía, *Información Estadistica y arancelaria*. <http://www.economia.gob.mx/comunidad-negocios/comercio-exterior/informacion-estadistica-y-arancelaria>.

Simón, Nadima y Rueda, Isabel, "Comportamiento de la industria del vestido de México y China en el mercado de Estados Unidos", en Simón, Nadima, Rueda, Isabel y González, María Luisa ed., *La industria de la Confección en México y China ante globalización*, M. A. Porrúa, 2004.

The Official James Petras web site, *Latin America's Twenty-First Century Socialism in Historical Perspective*, 2009. <http://www.lahaine.org/petras/b 2 -img/petras_hist.pdf>.

The Official James Petras web site, *Latin America's Twenty-First Century Socialism in Historical Perspective*, 2010a. <http://petras.lahaine.org/?p=1823>.

The Official James Petras web site, *Lula's Legacy*, 2010b. <http://petras.lahaine.org/?p=1802>.

The Official James Petras web site, *Beyond President Chavez Electoral Victory: Socialism in a Rentier State*, 2012. <http://petras.lahaine.org/?p=1914>.

The Official James Petras web site, *Latin America: Class Struggle and Resistance in the age of Extractive Capitalism*, 2013a. <http://petras.lahaine.org/?p=1949>.

The Official James Petras web site, *The Most Radical Conservative Regime: Bolivia under Evo Morales*, 2013b. <http://petras.lahaine.org/?p=1968>.

The Official James Petras web site, *Brasil: Extractive Capitalism and the Great Leap Backward*, 2013c. <http://petras.lahaine.org/?p=1945>.

The Official James Petras web site, *Latin America: Class struggle from Above and Below*, 2014a. <http://petras.lahaine.org/?p=1982>.

The Official James Petras web site, *Latin America and the Paradoxes of Anti-Imperialism and Class Struggle*, 2014b. <http://petras.lahaine.org/b 2 -img/petras_paradoxes.pdf>.

Turner, Henry, "La Industria Maquiladora de Exportación Mexicana en los Procesos de Integración de América del Norte", in Vidal, G. ed., *México en la Región de Amécica del Norte: Problemas y Perspectivas*, M. A. Porrúa, 2004.

U.S. Bureau of Labor Statistics, *Employment and Earnings Online*, January 2011 issue, March 2011. <http://www.bls.gov/opub/ee/home.htm> and <http://www.bls.gov/cps/home.htm>.

U.S. Dept. of Commerce, Economics and Statistics Administration, *Annual survey of Manufactures*. <http://www.census.gov/mcd/asm-as 1 .html>.

U.S. Dept. of Commerce, BEA, International Trade Administration, *Office of Automotive*

Industry Affairs, 2008.
U.S. Dept. of Commerce, BEA, *Survey of Current Business*, November, 2008.
U.S. Dept. of Commerce, BEA, *U.S. International Transactions Accounts Data*. <http://www.bea.gov/>.
U.S. Dept. of Commerce, BEA, *U.S. International Trade Data*, 2010. <https://www.census.gov/foreign-trade/statistics/product/enduse/exports/c2010.html>.
U.S. Dept. of Commerce, BEA, *National Income and Product Accounts Data*.
U.S. Dept. of Commerce, BEA, *Survey of Current Business Online*, September 1966. <http://www.bea.gov/scb/date_guide.asp>.
U.S. Dept. of Commerce, BEA, *Survey of Current Business Online*, July 2016. <http://www.bea.gov/scb/>.
U.S. Dept. of Commerce, ITA, *U.S. Foreign Trade Highlight*. < http://censtats.census.gov/sitc/sitc.shtml>.
UNCTAD, *World Investment Report 2013: Overview Global Investment Trends*, 2013. <http://unctad.org/en/PublicationsLibrary/wir2013overview_en.pdf>.
USTR (US Trade Representative), *The Trans Pacific Partnership*, 2015. <https://medium.com/the-trans-pacific-partnership/national-treatment-and-market-access-for-goods-741f0639c 2 de#.o712pidw 5 >.
Vega, Gomez, "El Desarrollo de la Industria de la Maquila en México", *Problema del Desarrollo*, vol. 35, no. 138, IIEs de la UNAM, 2004.
Veltmeyer, Henry, "Extractive capital and the policy dynamics of the post-neoliberal state", Veltmeyer, H, ed., *Development in an era of neoliberal globalization*, Routledge, 2013.
Veltmeyer, Henry and Petras, James, *The New Extractivism: A Post-Neoliberal Development Model or Imperialism of the Twenty-First Century?*, Zed Books, 2014.
Villareal, René y Ramos de Villarreal, Rocio, *México competitivo 2020: Un modelo de competitividad sistémica para el desarrollo*, Oceano, 2002.
Viner, Jacob, *The Customs Union Issue*, Garland Publishing, Reprint version 1983. Originally published by Carnegie Endowment for International Peace, 1950.
Wade, Robert and Veneroso, Frank, "The Asian Crisis: The High Debt Model Versus the Wall Street-Treasury-IMF Complex", *New Left Review*, no. 288, 1998.
Wadgymar, Ortiz A, *Introducción al Comercio y Finanzas Internacionales de México: evolución y problemas hacia el año 2000*, Editorial Nuestro Tiempo, 2000.
Wallerstein, Immanuel, *What Have the Zapatistas Accomplished ?*, 2008. <http://iwallerstein.com/what-have-the-zapatistas-accomplished/>.
Wallerstein, Immanuel, *The Neo-Zapatistas: Twenty Years After*, 2014. <http://iwallerstein.com/neozapatistas-twenty-years/>.
Williamson, John, "What Washington means by policy reform", in J. Williamson ed., *Latin America Adjustment: How much has happened?*, Institute for International Economies,

1990.

Witker, Jorge, "El TLCAN, entre el ASPAN y la UNASUR", Arturo Oropeza Garcia ed., *América del Norte en el siglo XXI*, UNAM, 2010.

World Bank, *World Development Report*, Oxford University Press, 1987.

World Bank, *World Investment Report 2007*. <http://www.worldbank.org/>.

World Bank, *International Debt Statistics 2014*, 2014. <http://datatopics.worldbank.org/debt/ids/>.

Young, John A, *Global Competition the New Reality: Result of President's Commission on Industrial Competitiveness*, 1995. <http://channelingreality.com/Competitiveness/Global_Competition_New_Reality_typed.pdf>.

Zanatta, Rafael A. F., *The Risk of the New Developmentalism: 'Brasil Maior' Plan and Bureaucratic Rings*, University of São Paulo Faculty of Law Working Papers Series, 2012.

Zedillo, Ernesto, "Mexico", in Lessard and Williamson, John ed., *Capital flight and third world debt*, Institute for International Economics, 1987.

Zedillo, Ernesto, *Sexto informe de gobierno*, Anexo, 2000.

〈Web pege and Newspaper〉

Diario Oficial de la Federación, 31 de diciembre de 2000.

La Jornada, 16 de octubre, 2004.

La Jornada, 18 de Julio, 2014.

La Jornada, 19 de Julio, 2014.

La Jornada, 23 de Julio, 2014.

The Guardian web site, 27-May, 2015. <https://www.theguardian.com/business/2015/may/27/corporations-paid-us-senators-fast-track-tpp>.

La Jornada, 30 de Diciembre, 2014. <http://www.jornada.unam.mx/ultimas/2014/12/30/venezuela-cayo-en-recesion-en-2014-con-inflacion-record-de-63-6-5901.html>.

REFORMA, 22 de Agosto, 2012.

Asociación Mexicana de la Industria Automotriz <http://www.amia.com.mx/>.

ALBA-TCP <http://alba-tcp.org/>.

Banco Central de Bolivia <http://www.bcb.gob.bo/?q=estadisticas/sector_externo>.

CONAPO <http://www.conapo.gob.mx>.

Expanción <http://www.cnnexpancion.com/>.

IMF, *Data and Statistics*. <http://www.imf.org/external/data.htm>.

NAFTA <http://www.nafta-sec-alena.org/>.

New Zealand Foreign Affairs and Trade <http://www.mfat.govt.nz/downloads/trade-agreement/transpacific/main-agreement.pdf>.

Observatorio latinoamericano de conflictos ambientales <http://www.olca.cl/oca/index.htm>.

SUCRE-ALBA <http://www.sucrealba.org/>.
U.S. Dept. of Commerce, BEA, *International Economic Accounts*. <http://www.bea.gov/intarnational/>.
U.S. Dept. of Commerce, BEA, *Survey of Current Business Online*. <http://www.bea.gov/scb/index.htm>.
U.S. Dept. of Commerce, BEA, *U.S. Direct Investment Abroad*. <http://www.bea.gov/intarnational/>.
U.S. Dept. of Commerce, BEA, *Statistical Abstract of the United States*. <http://www.bea.gov/>.
World Bank Open date. <http://data.worldbank.org/>.

【邦訳・邦文】
合田寛「現代の租税国家の危機とタックスヘイブン」『経済』新日本出版社，2013年8月号。
石井章『ラテンアメリカ農地改革論』学術出版会，2008年。
磯田宏「アメリカはTPPで何を狙うか」田代洋一編『TPP問題の新局面―とめなければならないこれだけの理由―』大月書店，2012年。
伊高浩昭「『バナナ共和国』に成り下がったブラジル―事実上のクーデターでルセフ大統領弾劾へ―」『世界』岩波書店，2016年7月号。
伊豫谷登志翁「アメリカ合衆国におけるメキシコ人移民労働」森田桐郎編『国際労働力移動』東京大学出版会，1987年。
ウィリアムズ，エリック（川北稔訳）『コロンブスからカストロまで Ⅱ』岩波現代文庫，2014年。
ウォーラーステイン，イマニュエル（川北稔訳）『近代世界システムⅠ』岩波現代選書，1981年。
宇佐見耕一，浜口伸明「一次産品輸出経済から輸入代替工業化へ」宇佐見耕一ほか『図説ラテンアメリカ経済』日本評論社，2009年。
内田聖子，真嶋良孝，寺尾正之，磯田宏「座談会 TPP協定文徹底検討―国民の生活，産業をつぶす貿易協定―」『経済』新日本出版社，2016年6月号。
エイルウィン，ホセ（環太平洋経済問題研究会，農林中金総合研究所訳）「TPPと先住民―ラテンアメリカの教訓―」ケルシー，ジェーン編著『異常な契約―TPPの仮面を剥ぐ―』農文協，2011年。
エスカット，ユベール，猪俣哲史編著『東アジアの貿易構造と国際価値連鎖―モノの貿易から「価値」の貿易へ―』日本貿易振興機構（ジェトロ），2011年。
<http://www.ide.go.jp/Japanese/Publish/Books/Sonota/pdf/201110/SNT001100_012.pdf>.
エスパ，ラルフ「NAFTAを超えた自由貿易―メキシコの二国間貿易主義の経済的および制度的正当性―」ヴィニョード・K. アガワル，浦田秀次郎編著『FTAの政治経済分析―アジア太平洋地域の二国間貿易主義―』文眞堂，2010年。

エルナー，スティーブ（所康弘訳）「ベネズエラのチャベス運動における四大潮流と二大社会計画」藤田和子，松下冽編著『新自由主義に揺れるグローバル・サウス―いま世界をどう見るか―』ミネルヴァ書房，2012年。

岡倉古志郎，寺本光朗編『チリにおける革命と反革命』大月書店，1975年。

奥田宏司「1990年代のアメリカ国際収支構造とマネーフロー―ドル体制の『回復』局面への移行と流動資金による信用連鎖―」『立命館国際研究』立命館大学，第12巻第2号，1999年。

奥村皓一『グローバル資本主義と巨大企業合併』日本経済評論社，2007年。

カイ，クリストバル（吾郷健二監訳）『ラテンアメリカ従属論の系譜―ラテンアメリカ：開発と低開発の理論―』大村書店，2002年。

外務省ホームページ『南米諸国連合（UNASUR）概要』<http://www.mofa.go.jp/mofaj/area/latinamerica/kikan/unasur/gaiyo.html>.

外務省ホームページ『我が国の経済連携協定（EPA）の取組 2016年8月現在』<http://www.mofa.go.jp/mofaj/files/000037892.pdf>.

柿崎繁「IC産業の特質について」『明大商学論叢』明治大学商学研究所，第72巻第1号，1989年。

柿崎繁「米国エレクトロニクス産業の競争力強化をめぐる諸問題―1990年商務省報告『米エレクトロニクス部門の競争力の状況』を素材として―」『明大商学論叢』明治大学商学研究所，第75巻第2・3・4号，1992年。

柿崎繁『現代グローバリゼーションとアメリカ資本主義』大月書店，2016年。

梶田朗「RTAの経済効果」浦田秀次郎編『FTAガイドブック―自由貿易協定―』日本貿易振興会（ジェトロ），2002年。

樫村愛子「2010年代の日本における個人化とベックの理論」ベック・ウルリッヒ，鈴木宗徳，伊藤美登里編『リスク化する日本社会―ウルリッヒ・ベックとの対話』岩波書店，2011年。

カスタニェーダ，ホルヘ「自由貿易協定，20年後の現実―NAFTAとメキシコ―」『フォーリン・アフェアーズ・リポート』フォーリン・アフェアーズ・ジャパン，2014年第2号。

カルドーゾ，エンリケ・フェルナンド，ファレット，エンソ（鈴木茂ほか訳）『ラテンアメリカにおける従属と発展―グローバリゼーションの歴史社会学―』東京外国語大学出版会，2012年。

クエバ，アグスティン（アジア・アフリカ研究所訳）『ラテンアメリカにおける資本主義の発展』大月書店，1981年。

国本伊代『概説ラテンアメリカ史』新評論，1992年。

クライン，ナオミ（松島聖子訳）『貧困と不正を生む資本主義を潰せ―企業によるグローバル化の悪を糾弾する人々の記録―』はまの出版，2003年。

クライン，ナオミ（幾島幸子，村上由見子訳）『ショック・ドクトリン―惨事便乗型資本主義の正体を暴く―（上）』岩波書店，2011年。

グランディン，グレッグ（松下冽監訳）『アメリカ帝国のワークショップ―米国のラテンアメリカ・中東政策と新自由主義の深層―』明石書店，2008年。

グリン，アンドルー（横川信治，伊藤誠訳）『狂奔する資本主義―格差社会から新たな福祉社会へ―』ダイヤモンド社，2007年。
クロスビー，アルフレッド（佐々木昭夫訳）『ヨーロッパ帝国主義の謎―エコロジーから見た10〜20世紀―』岩波書店，1998年。
桑原小百合「ラテンアメリカの金融部門への外資参入」『ラテン・アメリカ政経論集』ラテン・アメリカ政経学会，第37号，2003年。
経済産業省『海外事業活動基本調査』経済産業省，各年版。<http://www.meti.go.jp/statistics/tyo/kaigaizi/result/result_43.html>.
経済産業省『経済白書2003』
経済産業省『通商白書2010』
経済産業省『不公正貿易白書 2011』
　　<http://www.meti.go.jp/committee/summary/0004532/2011_03_05.pdf>.
経済産業省『不公正貿易白書 2013』
　　<http://www.meti.go.jp/committee/summary/0004532/2013_03_05.pdf>.
経済産業省『ものづくり白書2011』
　　<http://www.meti.go.jp/report/whitepaper/mono/2011/pdf/honbun01_01_02.pdf>.
経済産業省『第45回 海外事業活動基本調査（2015年7月1日調査）概要』
　　< http://www.meti.go.jp/statistics/tyo/kaigaizi/result/result_45/pdf/h 2 c45saku 1 . pdf>.
小林晋一郎「金融市場の開放と金融・保険業」NAFTA研究会編著『新生するメキシコ産業―NAFTA効果の検証―』日本貿易振興会，1998年。
近田亮平「ブラジルのルーラ労働者党政権」遅野井茂雄，宇佐見耕一編『21世紀ラテンアメリカの左派政権―虚像と実像―』アジア経済研究所，2008年。
近藤仁之『ラテンアメリカ銀と近世資本主義』行路社，2011年。
斉藤広志，中川文雄『ラテンアメリカ現代史Ⅰ』山川出版社，1978年。
財務省ホームページ『国際収支状況』財務省（2016年11月閲覧）。
　　<http://www.mof.go.jp/international_policy/reference/balance_of_payments/>.
坂井昭夫「ニュー・エコノミー論の虚像」関下稔，坂井昭夫編著『アメリカ経済の変貌―ニュー・エコノミー論を検証する―』同文舘，2000年。
坂口安紀「ベネズエラの石油産業―資源ナショナリズムと経営原理のせめぎあい―」坂口安紀編『発展途上国における石油産業の政治経済学的分析―資料集―』調査研究報告書，アジア経済研究所，2008年。
坂口安紀「ベネズエラのチャベス政権―誕生の背景と『ボリバル革命』の実態―」遅野井茂雄，宇佐見耕一編『21世紀ラテンアメリカの左派政権―虚像と実像―』アジア経済研究所，2008年。
坂口安紀「チャベス政権下の政治・社会・経済政策の概要」坂口安紀編『2012年ベネズエラの大統領選と地方選挙―今後の展望―』アジア経済研究所，2013年。
坂本雅子「日本の自動車産業は空洞化するか（上）」『経済』新日本出版社，2013年9月号。
坂本雅子「日本の自動車産業は空洞化するか（下）」『経済』新日本出版社，2013年10月号。

佐々木高成「米国市場における中国とメキシコの競合」『季刊 国際貿易と投資』国際貿易投資研究所，第72号，2008年。

サッセン，サスキア（森田桐郎ほか訳）『労働と資本の国際移動―世界都市と移民労働者―』岩波書店，1992年。

佐藤定幸『多国籍企業の政治経済学』有斐閣，1984年。

ドス・サントス，テオトニオ（青木芳夫ほか訳）『帝国主義と従属』柘植書房，1983年。

シャクソン，ニコラス（藤井清美訳）『タックス・ヘイブンの闇―世界の富は盗まれている！―』朝日新聞出版，2012年。

首相官邸ホームページ『2013年3月15日 安倍内閣総理大臣記者会見』
　　<http://www.kantei.go.jp/jp/96_abe/statement/2013/0315kaiken.html>．

ジョージ，スーザン（杉村昌昭訳）『WTO徹底批判！』作品社，2002年。

ショット，ジェフリー，コトチュウォー，バーバラ，ミュール，ジュリア（浦田秀次郎監訳，前野高章，三浦秀之訳）『米国の研究者が書いたTPPがよくわかる本』日本経済新聞出版社，2013年。

鈴木宣弘，木下順子『よくわかる TPP48のまちがい―TPPが日本の暮らしと経済を壊すこれだけの理由―』農文協，2012年。

鈴木春二『20世紀社会主義の諸問題』八朔社，1997年。

スティグリッツ，ジョセフ（鈴木主税訳）『世界を不幸にしたグローバリズムの正体』徳間書店，2002年。

スミス，アダム（水田洋監訳，杉山忠平訳）『国富論(3)』岩波文庫，2001年。

セーモ，エンリケ（原田金一郎監訳）『メキシコ資本主義史―その起源1521‐1763年―』大村書店，1994年。

関下稔「ポスト冷戦時代のアメリカ経済―国内産業再生と対日交渉の政策史的展開をもとにして―」『土地制度史學』土地制度史学会，第147号，1995年。

関下稔『21世紀の多国籍企業―アメリカ企業の変容とグローバリゼーションの深化―』文眞堂，2012年。

関下稔『日米経済摩擦の新展開』大月書店，1989年。

大統領経済諮問委員会（萩原伸次郎監訳）『2001年 米国経済白書』エコノミスト臨時増刊号，毎日新聞社，2001年。

高懸雄治「途上国の国際金融 債務危機と金融危機」信用理論研究学会編『金融グローバリゼーションの理論』大月書店，2006年。

高橋均，網野徹哉『ラテンアメリカ文明の興亡』中央公論社，1997年。

竹内恒理「『シカゴ・ボーイズ』とチリ―ネオリベラリズム『理念』の形成と浸透―」仙石学，村上勇介編『ネオリベラリズムの実践現場』京都大学学術出版会，2013年。

田島陽一『グローバリズムとリージョナリズムの相克―メキシコの開発戦略―』晃洋書房，2006年。

立石剛「アメリカ金融活況と国際通貨金融システム」立石剛，津守貴之，星野郁『現代世界経済システム―グローバル市場主義とアメリカ・ヨーロッパ・東アジアの対応―』八千代出版，2004年。

立石剛「国際金融システム不安とドル本位制」萩原伸次郎，中本悟編『現代アメリカ経済―アメリカン・グローバリゼーションの構造―』日本評論社，2005年．

田中祐二「メルコスル（南米南部共同市場）と地域主義の性格」田中祐二，中本悟編著『地域共同体とグローバリゼーション』晃洋書房，2010年．

谷洋之「NAFTAを逆手に取る―メキシコハリスコ州におけるトウモロコシ・トマト生産の事例から―」谷洋之，リンダ・グローブ共編『トランスナショナル・ネットワークの生成と変容―生産・流通・消費―』上智大学出版，2008年．

谷洋之「メキシコにおける農地所有制度の変遷」北野浩一編『ラテンアメリカの土地制度とアグリビジネス』アジア経済研究所，2013年．

谷口恵理「南米地域統合―現状整理とブラジルの位置付け―」『アジ研ワールド・トレンド』アジア経済研究所，第14巻第2号，2008年．

鶴田廣巳「グローバリゼーションと租税国家の課題」『経済』新日本出版社，2013年8月号．

鶴田利恵「国際経済のグローバリゼーションとMERCOSURの地域主義」『四日市大学論集』，2001年．

ディッケン，ピーター(宮町良広監訳)『グローバル・シフト―変容する世界経済地図―（上）』古今書院，2001年．

デモクラシーナウ（中野真紀子監修）「『プラン・メキシコ』麻薬撲滅に名を借りたNAFTAの軍事化」デモクラシーナウ ホームページ．<http://democracynow.jp/video/20080731-2>．

暉峻衆三「日本の農業と食の安全を破壊するTPP」『経済』新日本出版社，2013年7月号．

土井英二（「TPP参加交渉からの即時脱退を求める大学教員の会」ホームページ）『2013年7月17日 第3次 TPP 影響試算の結果発表 記者会見』．<http://atpp.cocolog-nifty.com/blog/2013/07/717-3-16e3.html>．

トゥーサン，エリック(大倉純子訳)『世界銀行―その隠されたアジェンダ―』柘植書房新社，2013年．

所康弘「米国の地域統合戦略とNAFTA」平川均，小林尚朗，森元晶文編『東アジア地域協力の共同設計』西田書店，2009年．

所康弘『北米地域統合と途上国経済―NAFTA：多国籍企業・地域経済―』西田書店，2009年．

特許庁ホームページ「北米自由貿易協定 目次」
<http://www.jpo.go.jp/shiryou/s_sonota/fips/nafta/nafta/chap2.htm#anchor1sho>．

トッド，エマニュエル（石崎晴己訳）『帝国以後―アメリカ・システムの崩壊―』藤原書店，2003年．

トッド，エマニュエル著，石崎晴己編『自由貿易は，民主主義を減ぼす』藤原書店，2010年．

トッド，エマニュエル，チャン，ハジュン，柴山桂太，中野剛志，藤井聡，堀茂樹『グローバリズムが世界を減ぼす』文春新書，2014年．

内閣官房TPP政府対策本部ホームページ『TPPの効果』2015年．
<http://www.cas.go.jp/jp/tpp/kouka/pdf/151224/151224_tpp_bunyabetsu01.pdf>．

内閣官房TPP政府対策本部ホームページ『環太平洋パートナーシップ協定（TPP協定）の全章概要』．

　　　　<http://www.cas.go.jp/jp/tpp/pdf/2015/13/151105_tpp_zensyougaiyou.pdf>.
中畑貴雄『メキシコ経済の基礎知識』日本貿易振興機構（ジェトロ），2010年。
中本悟「アメリカン・グローバリズム：展開と対立の構造」中本悟編『アメリカン・グローバリズム─水平な競争と拡大する格差─』日本経済評論社，2007年。
中本悟「NAFTAの展開と米墨経済関係の変化」田中祐二，中本悟編著『地域共同体とグローバリゼーション』晃洋書房，2010年。
中山智香子『経済ジェノサイド─フリードマンと世界経済の半世紀─』平凡社新書，2013年。
西川純子「アメリカ：ブッシュ軍拡とアメリカの兵器産業」『季刊 軍縮地球市民』明治大学軍縮平和研究所，第4号，2006年。
西川純子「アメリカの軍需産業に関する12章」『経済』新日本出版社，2008年6月号。
西川純子「オバマ政権下のアメリカ軍需産業」『経済』新日本出版社，2014年8月号。
西村潔「メキシコ経済の現状と展望」『海外投資研究所報7月号』日本輸出入銀行，1993年。
二宮康史「環境変化に応じ新たな関係を模索する企業の三脚構造」近田亮平編『躍動するブラジル ─新しい変容と挑戦─』アジア経済研究所・日本貿易振興機構，2013年。
二瓶敏「冷戦体制とその解体について─山本孝則氏の批判に答える─」『専修経済学論集』専修大学経済学会，第33巻第2号，1998年。
二瓶敏「現代（ポスト冷戦期）帝国主義をめぐって」経済理論学会編『季刊 経済理論』桜井書店，第41号第3号，2004年。
日本医師会ホームページ『TPP交渉参加判断に対する意見』2013年。<http://dl.med.or.jp/dl-med/nichikara/tpp/tpp20130315.pdf>.
日本医師会ホームページ『TPP交渉参加判断に対する意見・関連資料』2013年。<http://dl.med.or.jp/dl-med/teireikaiken/20130227_12.pdf>.
日本貿易振興機構（ジェトロ）ホームページ『外資に関する奨励』
　　　　<http://www.jetro.go.jp/world/cs_america/mx/invest_03/>.
日本貿易振興機構（ジェトロ）ホームページ『メキシコにおける貿易手続きの基本』2005年。<http://www.jetro.go.jp/jfile/report/05001253/05001253_001_BUP_0.pdf>.
日本貿易振興機構（ジェトロ）ホームページ『世界貿易投資報告：ベネズエラ編　2014年度（pdf版）』
　　　　<https://www.jetro.go.jp/world/gtir/2014/pdf/2014-ve.pdf>.
日本貿易振興機構（ジェトロ）『世界貿易投資白書』2016年。
ネグリ，アントニオ（廣瀬純訳，ラフ・バルボラ・シェルジ編）『未来派左翼─グローバル民主主義の可能性をさぐる─（上）』NHKブックス，2008年。
ネグリ，アントニオ（廣瀬純訳，ラフ・バルボラ・シェルジ編）『未来派左翼─グローバル民主主義の可能性をさぐる─（下）』NHKブックス，2008年。
ネグリ，アントニオ，ハート，マイケル（水嶋一憲監訳，幾島幸子，古賀祥子訳）『コモンウェルス ─＜帝国＞を超える革命論─』NHKブックス，2012年。
ハーヴェイ，デヴィッド（松石勝彦ほか訳）『空間編成の経済理論─資本の限界─（下）』大明堂，1990年。
ハーヴェイ，デヴィッド（本橋哲也訳）『ニュー・インペリアリズム』青木書店，2005年。

ハーヴェイ，デヴィッド（渡辺治監訳，森田成也ほか訳）『新自由主義―その歴史的展開と現在―』作品社，2007年。

ハーヴェイ，デヴィッド（森田成也ほか訳）『資本の＜謎＞―世界金融恐慌と21世紀資本主義』作品社，2012年。

ハーシュマン，アルバート（飯田敬輔監訳）『国力と外国貿易の構造』勁草書房，2011年。

萩原伸次郎「NAFTAと農業問題」進藤榮一，豊田隆，鈴木宣弘編『農が拓く東アジア共同体』日本経済評論社，2007年。

萩原伸次郎『アメリカ経済政策史―戦後「ケインズ連合」の興亡―』有斐閣，1996年。

萩原伸次郎『米国経済はいかにして世界経済を支配したか』青灯社，2008年。

萩原伸次郎「TPPと日米同盟―安倍政権は，なぜTPPを推し進めるのか―」『経済』新日本出版社，2013年7月号。

バグワティ，ジャグティッシュ（北村行伸，妹尾美起訳）『自由貿易への道―グローバル化時代の貿易システムを求めて―』ダイヤモンド社，2004年。

浜口伸明「ブラジル経済のコモディティ化と産業政策」『ラテンアメリカ時報』ラテンアメリカ協会，第1398号，2012年。

林和宏「ベネズエラにおける『地域住民委員会』の台頭―社会主義化と市民社会への介入―」『ラテンアメリカ・リポート』アジア経済研究所，第24巻第2号，2007年。

林和宏「第五共和国運動から社会主義革命へ」『イベロアメリカ研究』上智大学イベロアメリカ研究所，第30巻第1号，2008年。

パルマー＝トーマス，ビクター（田中高，榎股一索，鶴田利恵訳）『ラテンアメリカ経済史』名古屋大学出版会，2001年。

ピーテルス，ヤン・ネーデルフェーン（原田太津男，尹春志訳）『グローバル化か帝国か』法政大学出版会，2007年。

廣瀬純『闘争の最小回路―南米の政治空間に学ぶ変革のレッスン―』人文書院，2006年。

フィッティング，エリザベス（里見実訳）『壊国の契約―NAFTA下 メキシコの苦悩と抵抗―』農文協，2012年。

フェレール，アルド（松下洋訳）『アルゼンチン経済史』新世界社，1974年。

福田邦夫「一次産品経済と対外累積債務 ―サハラ以南のアフリカ諸国―」『明治大学社会科学研究所紀要』明治大学社会科学研究所，第38巻第1号，1999年。

福田邦夫「世界経済システムと第三世界 ―サハラ以南のアフリカ―」福田邦夫編著『21世紀の経済と社会』西田書店，2015年。

藤井嘉祥「グアテマラにおけるアパレル・マキラドーラ産業の多様性」谷洋之，リンダ・グローブ共編『トランスナショナル・ネットワークの生成と変容―生産・流通・消費―』上智大学出版，2008年。

藤井嘉祥「メキシコにおける輸出工業化と移民予備軍の形成―輸出アパレル産業の発展にともなう労働観の変容―」池田光穂編『コンフリクトと移民―新しい研究の射程―』大阪大学出版会，2012年。

舟木弥和子『ボリビア：資源ナショナリズム体制下で増える天然資源生産量の謎 ―ベネズエラ，エクアドルとの比較―』JOGMECホームページ，2014年。<http://oilgas-info.

jogmec.go.jp/>.
プラシャド,ヴィジャイ（粟飯原文子訳）『褐色の世界史 ―第三世界とはなにか―』水声社, 2013年。
プラド,カイオ（山田睦男訳）『ブラジル経済史』新世界社, 1978年。
フランク,アンドレ・グンダー（大崎正治訳）『世界資本主義と低開発―収奪の＜中枢－衛星＞構造―』柘植書房, 1976年。
フランク,アンドレ・グンダー（西川潤訳）『世界資本主義とラテンアメリカ―ルンペン・ブルジョワジーとルンペン的発展―』岩波書店, 1978年。
フランク,アンドレ・グンダー（山下範久訳）『リオリエント』藤原書店, 2000年。
ブレナー,ロバート（石倉雅男,渡辺雅男訳）『ブームとバブル―世界経済のなかのアメリカ―』こぶし書房, 2005年。
プレビッシュ,ラウル（外務省訳）『新しい貿易政策を求めて―プレビシュ報告―』国際日本協会, 1964年。
プレビッシュ,ラウル（大来佐武郎監修,竹内照高訳）『中南米の変革と発展―プレビュシュ報告―』国際開発ジャーナル, 1971年。
米国商務省（室田泰弘訳）『ディジタル・エコノミー II』東洋経済新報社, 1999年。
ベック,ウルリッヒ（木前利秋,中村健吾監訳）『グローバル化の社会学：グローバリズムの語謬―グローバル化への応答―〔第３版〕』国文社, 2009年。
ペトラス,ジェームズ（高尾菜つこ訳）『「帝国アメリカ」の真の支配者は誰か ―金融支配階級が進める民営化・搾取・格差・貧困―』三交社, 2008年。
ペルクマンス,ジャック（田中素香訳）『EU経済統合―深化と拡大の総合分析―』文眞堂, 2004年。
ボー,ミシェル（筆宝康之,勝俣誠訳）『資本主義の世界史』藤原書店, 1996年。
細野昭雄,恒川惠市『ラテンアメリカ危機の構図』有斐閣, 1986年。
細野昭雄『ラテンアメリカの経済』東京大学出版会, 1983年。
細野昭雄「累積債務問題」小池洋一,西島章次編『ラテンアメリカの経済』新評論, 1993年。
北海道農政部ホームページ『関税撤廃による北海道農業等への影響試算』2013年。
<http://www.pref.hokkaido.lg.jp/ns/nsi/seisakug/koushou/eikyo130319.pdf>.
堀坂浩太郎「南米地域インフラ統合計画―市場統合を補完する物的基盤の整備―」『イベロアメリカ研究』上智大学イベロアメリカ研究所, 2005年。
ボワイエ,ロベール（井上康夫監訳,中原隆幸,新井美佐子訳）『ニュー・エコノミーの研究―21世紀型経済成長とは何か―』藤原書店, 2007年。
本間芳江「サリナス政権と経財界―対外貿易企業間調整委員会COEECが北米自由貿易協定NAFTA締結に果たした役割」『ラテンアメリカ・カリブ研究』第11号, 2004年。
マディソン,アンガス（金森久雄監訳,〔財〕政治経済研究所訳）『世界経済の成長史 1820～1992年―199ヵ国を対象とする分析―』東洋経済新報社, 2000年。
マーシャル,アルフレッド（馬場啓之助訳）『経済学原理 II』東洋経済新報社, 1966年。
孫崎享「国家主権投げ捨てる安倍政権」『世界』岩波書店, 2013年4月号。
増田壽男「ポスト冷戦と『21世紀型危機』」『経済志林』法政大学, 第71巻第4号, 2004年。

増田正人「グローバリゼーションとパックス・アメリカーナの再編」萩原伸次郎，中本悟編『現代アメリカ経済―アメリカン・グローバリゼーションの構造―』日本評論社，2005年．

増田義郎「ラテン・アメリカの植民地時代と文化的アイデンティティーの問題」増田義郎編『ラテンアメリカのナショナリズム』アジア経済研究所，1977年．

松井謙一郎「メルコスールの通貨制度を考える視点」『国際経済金融論考』国際通貨研究所，2010年．

松下洋「ラテンアメリカの左傾化をめぐって ―ネオポピュリズムとの比較の視点から―」『ラテンアメリカレポート』アジア経済研究所，vol. 24，no. 1，2007年．

松下冽「メキシコ農村から見たNAFTAの軌跡と現実―農村の貧困化とトルティーリャ危機―（上）」『アジア・アフリカ研究』アジア・アフリカ研究所，第48巻第1号，2008年．

松下冽「メキシコ農村から見たNAFTAの軌跡と現実―農村の貧困化とトルティーリャ危機―（下）」『アジア・アフリカ研究』アジア・アフリカ研究所，第48巻第2号，2008年．

松下冽『現代メキシコの国家と政治―グローバル化と市民社会の交差から―』御茶の水書房，2010年．

松下冽『グローバル・サウスにおける重層的ガヴァナンス構築 ―参加・民主主義・社会運動―』ミネルヴァ書房，2012年．

松村文武『債務国アメリカの構造』同文舘，1988年．

松村文武『体制支持金融の世界―ドルのブラックホール化―』青木書店，1993年．

松本八重子『地域経済統合と重層的ガバナンス―ラテンアメリカ，カリブの事例を中心に―』中央公論事業出版，2005年．

マルコス，イボン・ル・ボ（佐々木真一訳）『サパティスタの夢―たくさんの世界から成る世界を求めて』現代企画室，2005年．

ミクーソン，イ（アジア・アフリカ研究所訳）「ラテン・アメリカの経済統合と二つの道」『アジア・アフリカ研究』アジア・アフリカ研究所，第3巻6月号，1963年．

南克巳「アメリカ資本主義の歴史的段階」『土地制度史學』土地制度史学会，第47号，1970年．

南克巳「ME＝情報革命の基本的性格―『ポスト冷戦』段階への基礎視角―」『三田学会雑誌』慶応義塾大学，第87巻第2号，1994年．

南克巳「冷戦体制解体とME＝情報革命」『土地制度史學』土地制度史学会，第147号，1995年．

南克巳『情報革命の歴史的位相―インターネットの生成史に照らして―』（ポスト冷戦研究会報告要旨），2002年．<http://www.fdev.ce.hiroshima-cu.ac.jp/~keizai/ARCHIVE/011215/011215KM.PDF>.

三好ゆう，関耕平「試算TPPによる農業生産・所得への影響―主要8品目を中心に―」『経済』新日本出版社，2013年8月号．

三好ゆう，関耕平「試算TPPによる農業生産・所得への影響 ―47都道府県・19品目を中心に―」『経済』新日本出版社，2013年10月号．

武藤一羊「アメリカ帝国と『グローバル化』の歴史的位相」渡辺治，後藤道夫編『「新しい戦争」の時代と日本』大月書店，2003年．

メキシコ経済省資料（日本外務省訳）『メキシコ及びカナダのTPP交渉参加に関する関係国

発表』外務省ホームページ，2012年。<http://www.mofa.go.jp/mofaj/gaiko/tpp/pdfs/tpp1207.pdf>.
メジャフェ，ローランド（清水透訳）『ラテンアメリカと奴隷制』岩波現代選書，1979年。
毛利良一「アメリカ主導の金融グローバル化とアーキテクチャ改革」信用理論研究学会編『金融グローバリゼーションの理論』大月書店，2006年。
安原毅『メキシコ経済の金融不安定性―金融自由化・開放化政策の批判的研究―』新評論，2003年。
矢吹満男「現代帝国主義の構造とスタグフレーション」『社会科学年報』専修大学社会科学研究所，第19号，1985年。
矢吹満男「現代帝国主義の構造的危機の現局面」『専修経済学論集』専修大学，第42号，1987年。
矢吹満男「1990年代アメリカ資本主義の新展開」大西勝明・二瓶敏編『日本の産業構造―ポスト冷戦期の展開―』青木書店，1999年。
吉川久治「『失われた10年』と中南米」『経済』新日本出版社，2005年6月号。
吉川元忠『マネー敗戦』文春新書，1998年。
ラグマン，アラン（江夏健一ほか訳）『多国籍企業と内部化理論』ミネルヴァ書房，1983年。
ラス・カサス（染田秀藤訳）『インディアスの破壊についての簡潔な報告〔改版〕』岩波文庫，2013年。
レジョ，フェルナンド（木田剛訳）「メキシコとサハラ以南のアフリカにおける構造改革」藤田和子，松下冽編著『新自由主義に揺れるグローバル・サウス―いま世界をどう見るか―』ミネルヴァ書房，2012年。
ロストウ，ウォルト（木村健康，久保まち子，村上泰亮訳）『経済成長の諸段階』ダイヤモンド社，1961年。
涌井秀行『東アジア経済論―外からの資本主義発展の道―』大月書店，2005年。
〈新聞・ホームページ〉
朝日新聞web版
日本経済新聞web版
外務省ホームページ　<http://www.mofa.go.jp/>
財務省ホームページ　<http://www.mof.go.jp/>
首相官邸ホームページ　<http://www.kantei.go.jp/>
経済産業省ホームページ　<http://www.meti.go.jp/>
特許庁ホームページ　<http://www.jpo.go.jp/>
内閣官房ホームページ　<http://www.cas.go.jp/>
日本医師会ホームページ　<http://dl.med.or.jp/>
日本貿易振興機構（ジェトロ）ホームページ　<https://www.jetro.go.jp/>
北海道庁ホームページ　<http://www.pref.hokkaido.lg.jp/>
メキシコ国立統計地理情報院ホームページ　<http://www.inegi.org.mx/>

■ 初出一覧

　本書の執筆にあたっては、以下の既論文をもとに、それらを修正、加筆、組み合わせて完成させた。一つの論文が分割されて複数章にまたがっている場合も一部ある。なお、既論文を掲げていないものは、書下ろしである。

序　章
「ラテンアメリカ経済・貿易の構造と史的展開」
（福田邦夫監修『世界経済の解剖学』法律文化社、第6章所収、2014年）
「現代アメリカと対外経済関係―ポスト冷戦期を中心に―」
（アジア・アフリカ研究所『アジア・アフリカ研究』第49巻第3号、2009年）

第1章
「現代アメリカと対外経済関係―ポスト冷戦期を中心に―」
（アジア・アフリカ研究所『アジア・アフリカ研究』第49巻第3号、2009年）
「米国の地域統合戦略とNAFTA」
（平川均ほか編『東アジア地域協力の共同設計』西田書店、第3章所収、2009年）
「アメリカの対外経済関係とNAFTA」
（藤田和子、松下冽編著『新自由主義に揺れるグローバル・サウス―いま世界をどう見るか―』ミネルヴァ書房、第2章所収、2012年）

第2章
「北米自由貿易協定（NAFTA）下のメキシコ社会・経済的諸問題」
（『経済』新日本出版社、2013年2月号）
「地域的貿易協定の展開とその論点に関する一考察―NAFTAとTPPの類似点と相違点を巡って―」
（福田邦夫編『21世紀の経済と社会』西田書店、第6章所収、2015年）

第3章
「新自由主義的開発政策とメキシコ経済リスク」
（郭洋春編『開発リスクの政治経済学』文眞堂、第3章所収、2013年）

第4章
「地域的分業と貿易に関する一考察―米州貿易秩序の再編を事例として―」

（千葉商科大学国府台学会『千葉商大論叢』第51巻第2号、2014年）
「新興国・途上国の政治経済体制の変遷と対外経済関係の新展開―ラテンアメリカ地域の事例研究―」
（千葉商科大学経済研究所『国府台経済研究』第25巻第1号、第4章所収、2015年）
「米州の地域統合―その歴史と現在―」
（後藤政子、山崎圭一編『ラテンアメリカはどこへ行く』ミネルヴァ書房、第4章所収、2017年）

第5章
「海外直接投資と途上国貿易に関する一考察―米州地域の事例研究―」
（アジア・アフリカ研究所『アジア・アフリカ研究』第54巻第3号、2014年）
「地域的分業と貿易に関する一考察―米州貿易秩序の再編を事例として―」
（千葉商科大学国府台学会『千葉商大論叢』第51巻第2号、2014年）

第6章
「新自由主義と途上国経済―ラテンアメリカ地域の事例―」
（明治大学商学研究所『明大商學論叢』第97巻第3号、2015年）
「新興国・途上国の政治経済体制の変遷と対外経済関係の新展開―ラテンアメリカ地域の事例研究―」
（千葉商科大学経済研究所『国府台経済研究』第25巻第1号、第4章所収、2015年）

終　章
「地域的貿易協定の展開とその論点に関する一考察―NAFTAとTPPの類似点と相違点を巡って―」
（福田邦夫編『21世紀の経済と社会』西田書店、第6章所収、2015年）

索　引

あ 行

ISDS(Investor-State Dispute Settlement)条項　88
IMFコンディショナリティ　81
IT(information technology)革命　28
アウト・ソーシング　46
アジア太平洋経済協力機構(APEC：Asia-Pacific Economic Cooperation)　227
アジア太平洋自由貿易圏(FTAAP：Free Trade Area of the Asia-Pacific)　227
新しい国際分業(new international division of labour)　iii
アメリカ第一主義(America first)　244
新たな開発主義(new developmentalism)　185
新たな採掘主義(New Extractivism)　191
ウォール街＝米財務省＝IMF複合体　26
エチェベリア，ルイス(Echeverria, Luis)　79
エヒード　94
ME(micro electronics)革命　28
エンコミエンダ(encomienda)　13
オフショア金融センター　179

か 行

寡頭制支配(オリガルキー)　16
環太平洋パートナーシップ(TPP：Trans-Pacific Partnership)　i
競争的自由化(competitive-liberalization)戦略　47
グローバル・インバランス(Global Imbalances)　227
グローバル価値連鎖(GVCs：gloval value chains)　168
グローバル・シティ　71
構造調整政策　81
国際戦略提携　46
国連貿易開発会議(UNCTAD)　143

コモディティ・ブーム　156
コレア，ラファエル(Correa, Rafael)　182

さ 行

債務依存型工業化(indebted industrialization)　80
サブプライムローン　34
サプライチェーン　166
サリナス，カルロス(Salinas de Gortari, Carlos)　84
三角貿易　15
シカゴ・ボーイズ(Chicago Boys)　22
資源採掘型資本主義　191
資源ナショナリズム　202
重商主義　15
"job-less"リカバリー　66
"job-loss"リカバリー　66
シンガポール・イシュー　46
新債務返済戦略(ブレディ構想)　27
新自由主義コーン体制　101
スリム，カルロス(Slim Helú, Carlos)　114
折衷理論(paradigm of eclectic theory)　165
戦後ニューディール体制　69

た 行

太平洋同盟(AP)　151
タックスヘイブン(tax haven)　179
WTO(World Trade Organization)　1
地域通貨スクレ(SUCRE：Sistema Unitario de Compensación Regional)　155
チャベス，ウゴ(Chávez, Hugo)　182
チャベス運動(chavismo)　205
中米自由貿易協定(CAFTA：Central America Free Trade Agreement)　2
ツイン・プラント(twin plant)　54
TPPのための米国企業連合(U.S. Business Coalition for TPP)　241
デ・ラ・マドリ，ミゲル(de la Madrid, Miguel)　82, 83

269

低開発の開発（development of under-development） 20
テキーラ危機 127
土地なし農民運動（MST：Movimento dos Trabalhadores Rurais Sem Terra） 188
トランプ，ドナルド（Trump, Donald J.） i

　　　　　　な　行

南米共同体（CSN：Comunidad Sudamericana de Naciones） 154
南米諸国連合（UNASUR：Unión de Naciones Suramericanas） 148
南米南部共同市場（Mercosur：Mercado Común del Sur） 8
21世紀の社会主義 199
日米事前協議 237
ニュー・エコノミー（論） 33, 73

　　　　　　は　行

パトロン＝クライアント関係 209
ヒスパニック 71
フェアトレード 244
ブエノスアイレス・コンセンサス 148
付加価値貿易 165
双子の赤字 81
プラット修正条項（Platt Amendment） 19
プレビッシュ，ラウル（Prebisch, Raúl） 143
プントフィホ（punto fijo）体制 203
米州自由貿易地域（FTAA：Free Trade Area of the Americas） 46
米州ボリバル同盟・人民貿易協定（ALBA:Alianza Bolivariana para los Pueblos de Nuestra América-Tratado de Comercio de los Pueblos） 147
北米自由貿易協定（NAFTA：North American Free Trade Agreement） i
北米の安全と繁栄のためのパートナーシップ（SPP） 232
ボリバル，シモン（Bolívar, Simón） 149

ボリバル的外交戦略 149
ポルティージョ，ロペス（Portillo, López） 79
本源的喪失（desacumulación originaria） 14

　　　　　　ま　行

マキラドーラ 4, 68
マドゥーロ，ニコラス（Maduro, Nicolás） 216
マネタリズム 22
ミシオン計画 204
南の銀行（Banco del Sur） 156
南のシリコンバレー 70
ミニフンディオ（minifundio） 14
モノカルチャー（単一換金作物） 17
モラーレス，エボ（Morales, Evo） 182
モンロー・ドクトリン（Monroe Doctrine） 18

　　　　　や〜わ行

輸入代替工業化戦略 143
ラストベルト（錆びついた工業地帯） 242
ラティフンディオ（latifundio） 14
ラテンアメリカ自由貿易連合（LAFTA：Latin American Free Trade Association） 142
リーマン・ショック 1
略奪的貸出（predatory lending） 75
略奪による蓄積（accumulation by dispossession） 202
累積債務危機 6
ルーラ（ルーラ・ダ・シルヴァ），ルイス・イナシオ（Lula da Silva, Luiz Inácio） 185
ルセフ，ジルマ（Rousseff, Dilma Vana） 150
連携従属的発展（associated-dependent development） 20
ワシントン・コンセンサス（Washington Consensus） 7

■著者紹介

所　康弘（ところ　やすひろ）

1975年　東京都生まれ。
2003〜05年　メキシコ国立自治大学経済研究所客員研究員。
2008年　明治大学大学院商学研究科博士後期課程修了。
現　在　明治大学商学部専任准教授，博士（商学）。
専門分野：国際政治経済学，貿易論，ラテンアメリカ地域研究。

主な著書

『貿易入門』（共編著）大月書店，2017年。『ラテンアメリカはどこへ行く』（共著，後藤政子・山崎圭一編）ミネルヴァ書房，2017年。『21世紀の経済と社会』（共著，福田邦夫編）西田書店，2015年。『世界経済の解剖学』（共著，福田邦夫監修）法律文化社，2014年。『開発リスクの政治経済学』（共著，郭洋春編）文眞堂，2013年。『新自由主義に揺れるグローバル・サウス』（共著，松下洌・藤田和子編）ミネルヴァ書房，2012年。『東アジア地域協力の共同設計』（共著，平川均・小林尚朗・森元晶文編）西田書店，2010年。『北米地域統合と途上国経済』（単著）西田書店，2009年。『チャベス革命入門』（河合恒生・所康弘著）澤田出版，2006年。『グローバリゼーションと国際貿易』（共著，福田邦夫・小林尚朗編）大月書店，2006年。　ほか論文多数。

Horitsu Bunka Sha

米州の貿易・開発と地域統合
──新自由主義とポスト新自由主義を巡る相克

2017年9月15日　初版第1刷発行

著　者　　所　　康　弘
発行者　　田　靡　純　子
発行所　　株式会社　法律文化社
　　　　　〒603-8053
　　　　　京都市北区上賀茂岩ヶ垣内町71
　　　　　電話 075(791)7131　FAX 075(721)8400
　　　　　http://www.hou-bun.com/

＊乱丁など不良本がありましたら，ご連絡ください。
　お取り替えいたします。

印刷：西濃印刷㈱／製本：㈱藤沢製本
装幀：前田俊平

ISBN 978-4-589-03864-7

Ⓒ 2017 Yasuhiro Tokoro Printed in Japan

JCOPY 〈(社)出版者著作権管理機構　委託出版物〉

本書の無断複写は著作権法上での例外を除き禁じられています。複写される場合は，そのつど事前に，(社)出版者著作権管理機構（電話03-3513-6969，FAX03-3513-6979，e-mail: info@jcopy.or.jp）の許諾を得てください。

福田邦夫監修
小林尚朗・吉田 敦・森元晶文編著
世界経済の解剖学
―亡益論入門―
A5判・296頁・2600円

資本主義が地球全体を覆っていく過程をたどり、多くの犠牲と引き換えに〈繁栄〉がもたらされ、一握りの少数者が資本を独占するいびつな構造を明らかにする。世界各地の事例から最新の問題状況を抽出したコラムも収録。

奥田宏司・代田 純・櫻井公人編
現代国際金融〔第3版〕
―構図と解明―
四六判・240頁・2600円

グローバル経済を金融が大きく左右する現代において、国際金融の構図と動態のダイナミズムをとらえるためのわかりやすい概説書。2010年の第2版刊行後の状況変化をフォローし、各章で現代的な諸問題に言及した最新版。

南川文里著
アメリカ多文化社会論
―「多からなる一」の系譜と現在―
A5判・228頁・2800円

「多からなる一」というアメリカを支える理念が、様々な困難や葛藤を抱えつつ市民的編入の実現や人々の実践、制度構築などの歴史的展開の中で、どのように具現化されてきたのか包括的に考察。日本の多文化共生社会の構想への示唆に富む。

中谷義和・川村仁子・高橋 進・松下 冽編
ポピュリズムのグローバル化を問う
―揺らぐ民主主義のゆくえ―
A5判・278頁・4800円

いま世界を席巻しているポピュリズムの動態を分析し、その理論化を試みる。欧米、ロシア、南米、東南アジアおよび日本のポピュリズム現象を多角的に検討し、揺らぐ「民主主義」の新たな課題を模索する。

中谷義和・朱 恩佑・張 振江編
新自由主義的グローバル化と東アジア
―連携と反発の動態分析―
A5判・324頁・7000円

新自由主義的グローバル化を展開軸として相互依存が高まるなか、東アジアにおける国家と社会の変容を理論的かつ実証的に分析する。連携と反発の動態を考察した日中韓による国際的・学際的な共同研究の成果。

———法律文化社———

表示価格は本体(税別)価格です